该丛书出版受对外经济贸易大学重点学科建设项目资助

戴长征 主编

贸大国关学术论丛：中国与世界

Study on the International Energy Strategy of the U.S. After the Cold War

冷战后美国国际能源战略研究

李扬 ◎ 著

中国社会科学出版社

图书在版编目（CIP）数据

冷战后美国国际能源战略研究／李扬著．—北京：中国社会科学出版社，
2015.8
（贸大国关学术论丛：中国与世界／戴长征主编）
ISBN 978 - 7 - 5161 - 6513 - 3

Ⅰ.①冷…　Ⅱ.①李…　Ⅲ.①能源战略—研究—美国　Ⅳ.①F471.262

中国版本图书馆 CIP 数据核字（2015）第 159942 号

出 版 人　赵剑英
责任编辑　赵　丽
责任校对　闫　翠
责任印制　王　超

出　　　版　中国社会科学出版社
社　　　址　北京鼓楼西大街甲 158 号
邮　　　编　100720
网　　　址　http://www.csspw.cn
发 行 部　010 - 84083685
门 市 部　010 - 84029450
经　　　销　新华书店及其他书店

印刷装订　北京君升印刷有限公司
版　　　次　2015 年 8 月第 1 版
印　　　次　2015 年 8 月第 1 次印刷

开　　　本　710×1000　1/16
印　　　张　22
插　　　页　2
字　　　数　372 千字
定　　　价　76.00 元

贸大国关学术论丛:中国与世界
总序

  在当代人文社会科学的学科丛林中,国际关系学科,乃至其源头政治学学科都成为魅力日益彰显,价值被普遍认可的"显学"。在中国,这两个学科在经过长期曲折发展后,正在成为一片茂密的知识森林,一道亮丽的学术风景带,既让无数学人沉迷其中流连忘返,也为中国的进步和世界的发展贡献着思想上的源头活水。

  国际关系和政治学学科之所以有着越来越重要的学科和学术地位,主要在于其学科的外在要求和内在规定。就其外在要求来说,无论人类历史的昨天、今天和可预见的明天的状况如何,总体来说它一直处于"政治社会"之中。政治环境、政治关系、政治生态构成人类社会最关键的活动基础,活动于这其中并与其不断互动的政治行为体,是人类社会最重要的主体。当然,这不是说经济、文化、乃至军事这些社会构成部分、社会关系、以及活动于其中的行为体就不重要,相反,它们非常重要,并且在某些特定的时期,甚至比政治更加重要。但是,政治作为人类组成社会进行有目的改造自然和发展自身的主轴和关键地位,是毋庸置疑的。人们当然还会想起马克思关于经济基础和上层建筑之间关系的著名论断,但是,不应忘记的是,马克思所强调的经济基础的决定作用,是要通过一系列中介一系列变量一系列过程才能实现的,并且在这一实现过程中,政治这一上层建筑从来就不是作为外在于经济基础并被决定的力量而存在,而是持续参与其中,与经济基础不断互动、不断交换能量、不断更新自我,以与经济相互决定的方式而存在的。因此,作为处于人类社会活动主轴和关键地位的政治,无论其现象或本质如何,必然成为人们最重要的认识对象,国际关系和政治学学科为我们提供了基本的认识工具和观察形式。

但是问题在于，就当代国际关系而言，战后 70 年的变化发展，使其具有了不同于以往任何历史时期的内容和实质。国际秩序、国际格局、国际力量对比、地缘政治关系发展到今天，呈现出异常复杂的面貌，也不断为国际关系学科提出有待认识和解决的新命题新课题。任何既有的理论逻辑和解释框架，对今天的国际关系和世界政治来说，运用起来都难免存在捉襟见肘的尴尬。原因在于，全球范围的政治关系和政治生活的发展，远远超出了某种整合的"理论想象"和"知识框定"。不存在一种理论，既可以预测战争与和平、安全与稳定这样的"高"政治，又可以解释货币战争、气候变化、能源危机这样的"低"政治。也不存在一种理论，既可以回答全球化（globalization）带来的挑战和问题，又可以回答区域化（regionalization）和地方化（localization）这些反向运动所带来的困惑和焦虑。对于国际关系学科来说，似乎面临着某种两难悖论：如果人们试图提供一种整合性理论解释，就难免与实际碰撞后遭遇漏洞百出，不能自圆其说；如果人们试图从实际问题出发，提供工具性回答，就难免牺牲理论的整全而遭遇知识和认识的碎片化局面。

对于政治学而言，挑战似乎比国际关系学科还要多。在很长的历史时期中，人类一直渴望找到或建立能够保障基本安全和生活秩序的联合形式（共同体），这些形式或是城邦国家、或是王朝、或是城市共和、或是帝国，直到近现代的民族国家。对于近现代国家，即民族国家，人们曾寄予深切厚望，认为它可能是到目前为止解决政治难题的最高形式，以至不断歌颂之、赞美之、批判之、挑剔之，目的都在于改造之完善之。但是，事实却是国家导致的问题可能和解决的问题一样多。强大的国家，给予人民的压迫，可能一点也不比弱小国家少；弱小的国家，遭遇的外部欺凌和内在困局，使其国之不国。哪里才有"理想国"，哪个国家才是现实存在着的"理想国"？那么，对国家的超越可能是一种选择，但这样的超越，又给政治学带来极大的困惑。欧盟是一种超越形式，但希腊的危机和欧盟内部的治理难题，使得人们对这一超国家形式心生畏惧。至于"伊凡特—伊斯兰国"，与其说它是对国家的超越，还不如说是对国家的僭越，它只是一种恶的"集合"形式。不宁唯是，政治学不但在国家这一根本问题的回答上少有共同之处，在诸如正义、民主、平等这些根本价值问题上，更是充满歧见。作为现代国家基石的民主，曾给人们带来无上的向往，无穷的想象。但民主在实践中正在被杀死，在理论中正在被任意扭曲肢解。一些号称民主的国家正在干着最不民主的事情；一些朝着民主方向前进的国家，却发现自己被困在了一片泥泞沼泽之地。这是理论的现实，也是现实的理论。

那么，国际关系学科和政治学学科还能做什么？回答是，这两个学科不可能拔起自己的头发，实现自我脱离。相反，问题产生的地方，就是学科性之所生，命之所系的地方。换句话说，只有将学科的根须深深扎入现实，并延伸到历史深处，才能获得学科生命；也只有不断将根须加以拓展延伸，才能丰富壮大自己的学科生命。也因此，学科的内在规定才最终与学科的外部要求结合了起来。对国际关系和政治学学科而言，其学科内在的规定就是要使已形成的一整套理论适应客观的现实性要求，不断自我补充、自我修正、自我完善，实现学科工具性目的和现实价值性目的的进一步结合。因此而言，在变化急速、纷纭复杂的现实政治面前，国际关系和政治学学科的无能为力，正是其能力所生的地方，这就像矛和盾的关系一样，盾的坚韧，正必须矛的锐利。是故，国际关系和政治学学科的内在规定，其一是说，这两个学科已经有了区别于其他学科并经过长期锻造而来的工具，其二是说，这样的工具，还不能满足人们对它削铁如泥，披荆斩棘能力的期待。但是，这样的能力却不是在等待中能够获得的，具体而言，无论是国际关系学科还是政治学学科，都应该在两个面向上加强努力。一方面，应该聚焦具体的问题领域，就是学术研究要做好"立地"的工作。立地的研究看似琐碎、细致、不统一、不连续，甚至给人以"碎片"的感觉，但任何具体研究不可能不贯穿着认识论方法论。经年累月的"立地"的量的积累，不经意间恰会带来认识论和方法论的突破，这正如蚕蛹的破茧而出，新竹的拔地而生。在学术思想史上，这样的例子比比皆是。另一方面，不能放弃哲学的思考和理论的批判，换句话说，要做好"顶天"的工作。"顶天"的研究看似玄妙，莫测高深，甚至虚无缥缈，但任何顶天的研究，无不充满对历史和现实存在的深切关照。顶天的意义在于，跳出思维的窠臼，打破具体问题的藩篱，指出出路和方向；顶天的意义还在于，吐故纳新、推陈出新，不断地在批判中扬弃，实现理论和思想的超越。在儒家学说史上，从原始儒家到阳明心学的嬗变；在政治学说史上，从城邦政治学到马基雅维利乃至摩根索的跃进，无不说明这一道理。或许，这样的突破未必会在一批人一代人中实现，甚至经过几批人几代人也未必见效，但学术探索的价值也正在于此。这恰如对一口井的深挖，不到第一滴清泉喷涌而出的当口，就难言成功的滋味。但挖井的意义绝不仅仅在此，挖井的过程才具有本质的意义。

在中国国际关系学科乃至政治学学科的发展进程中，对外经济贸易大学国际关系学院是一个后来者。但后来者先天的后发优势，在这个年轻的学院中得到了充分的发挥。从 2006 年建院至今不满 10 年时间，贸大国关学院从国内外名校和科研院所撷取到近 30 名学术精英。依靠这批年轻的力量，贸大的国际关系和政治学学科不但实现了零的突破，而且实现了跨越式发展。贸大国关现在拥有两个层次，六种类型的学生，既本科生、本科生留学生、本科生留学生英文项目，研究生、研究生留学生、研究生留学生英文项目，涵盖国际关系学科和政治学学科绝大多数专业，近 400 名学生。对外经济贸易大学国际关系学院的发展，大大有赖于"学术强院"战略的实施。事实证明，科研和学术永远是学科建设和发展的推动力量和不竭源泉，这在贸大国关学院发展过程中表现得尤为突出。别的不说，就纵向的国家课题和省部课题而言，在不到 10 年时间里，学院已结项和在研的国家社科基金就达到了 14 项，教育部和北京市社科基金近 30 项。学院教师累计在各类学术期刊发表了近 500 篇论文，其中不乏在国内外顶级期刊的发表。

正是基于对科研和学术重要性的认识，学院决定集中力量以另外一种形式即学术丛书的形式展示已有的学术积累。这里要感谢中国社会科学出版社的大力支持，特别要感谢赵丽编辑的耐心和艰苦努力，使得丛书的出版成为可能。即将出版的和纳入丛书出版计划的学术著作，有的是在年轻学者博士论文的基础上修改而成的，有的是学院教师的新著，涉及的研究领域和主题多种多样，研究取向和方法各异。但是，这些论著都有着共同的特点，那就是勇于迎接学术挑战，尽最大努力回答国际关系学科和政治学学科在政治现实方面遭遇的新课题新命题。丛书中有的尝试着"立地"，有的尝试着"顶天"，立地者有时难免看起来"支离"，顶天者有时难免看起来"玄虚"，甚至存在着相当的"遗漏的不满"和"选择的遗憾"。但这种"支离"和"遗漏的不满"，以及"玄虚"和"选择的遗憾"恰是学术进路的必须。学术是一个永不停歇的进程，它的意义不在于一本书或一篇论文的自足和圆满，而在于无数片段的连续所形成的动态图景。通过这一连续的动态图景，对现实的理论和理论的现实的进一步关照和沉思，才会进入新的层次和境界。在这个意义上，丛书作者们的努力有着丰富的价值，也有着令人感动的份量。

是为序。

戴长征

2015 年 8 月于北京惠园

目　录

第一章

引　言

第一节　研究背景

作为基础性战略商品，能源尤其是石油、天然气等传统能源，在维护国家经济安全与社会稳定方面发挥着举足轻重的作用。同时，由于传统油气资源地理分布的不均衡性，进口能源对世界主要经济体的重要性不言而喻。鉴于进口能源的重要战略地位，世界各国纷纷出台国际能源战略与政策，希望借助在能源领域的对外战略确保进口能源的来源安全、价格稳定，进而维护本国的能源利益。世界各国围绕能源展开的博弈塑造了国际能源的政治经济秩序。

冷战结束后，随着美苏两极格局轰然倒塌，美国成为世界上唯一的超级大国，苏联作为世界最大的能源生产国、消费国的地位也被美国所取代。美国在国际能源政治经济格局中发挥着不可替代的作用：一方面，冷战后美国国际能源战略塑造并主导着国际能源的政治经济格局；另一方面，美国国际能源战略目的的确定、战略途径与战略手段的选择也受到国际能源政治经济环境及其他战略影响因素的牵制。在这种背景下，对冷战后美国对外能源政策与实践的系统梳理、对美国国际能源战略形成与演变逻辑的分析、对美国国际能源战略内容、特点及存在问题的总结具有非常重要的理论与现实意义。

一　进口能源对美国的重要意义

作为当今世界上最大的发达国家，美国的能源蕴藏量、生产量、消费量都相当惊人，是名副其实的"超级能源大国"。从 20 世纪 50 年代开始，美国就已成为能源净进口国；20 世纪 80 年代，美国对进口能源的依存度（尤其是石油）明显增大；20 世纪 90 年代后半叶，美国一次能源消费量超过了 20 亿吨油当量，相当于世界一次能源总产量的 24%。① 从第一次石油危机至 20 世纪 90 年代，能源进口额占到美国商品进口总额的 10% 以上，美国国内市场对进口石油的依存度上升了 17 个百分点，从 35% 升至 52%；对进口天然气的依存度上升了 10 个百分点，从 5% 升至 15%；② 美国每 1000 美元国内生产总值约消费 0.42 吨油当量的能源。③

冷战结束以来，随着美国经济的稳步增长，能源消费量迅速攀升，相比之下美国国内能源生产总量却相对稳定。在过去 10 年中，美国能源消费量增加了 17%，但生产量却仅仅增加了 2.3%，④ 自冷战结束后至 2007 年间美国能源供需缺口呈持续增大趋势，截止到 2012 年美国依然存在约 15 亿英国热量单位的能源总缺口（如图 1-1 所示）。因此，进口能源是弥补美国国内能源缺口、维持经济和社会发展的重要战略性资源。

从美国国内的能源消费构成（如图 1-2 所示）来看，石油、天然气和煤炭资源等化石能源依然是最主要的能源来源。1990—2012 年的二十余年间，美国的石油消费量最多，占美国能源消费总量的 40% 左右；其次是天然气和煤炭资源，所占比例分别为 26% 和 24%，而包括核能在内的可再生能源消费量仅占到美国能源消费总量的 11% 左右。因此，石油、天然气和煤炭在美国能源消费结构中占有重要地位，是美国三大支柱性能源，美国经济发展与社会稳定依然以对石油、天然气和煤炭等传统能源的依赖为基础。

然而，除煤炭资源之外，美国仍需要大量进口石油和天然气资源才能满足国内经济与社会发展的需要。冷战结束以来，这三种能源的进口量均整体呈现攀升的态势（如图 1-3a 所示）。不过值得关注的是煤炭资源的

---

①　［俄］斯·日兹宁：《国际能源政治与外交》，强晓云等译，华东师范大学出版社 2005 年版，第 143 页。

②　Administrator of Energy Information Administration，U. S. Department of Energy，*Statement of Guy Caruso*，March 4，2008.

③　［俄］斯·日兹宁：《国际能源政治与外交》，强晓云等译，华东师范大学出版社 2005 年版，第 143 页。

④　数据来源于美国能源信息署（EIA）的能源数据统计系统（State Energy Data System，SEDS）。具体数据请参见 http：//www. eia. gov/state/seds/；U. S. Energy Information Administration，EIA，*Annual Energy Review*（AER），Washington，D. C.：Office of Energy Markets and End Use（http：//www. eia. gov/totalenergy/data/annual/index. cfm）；*Monthly Energy Review*（MER），（http：//www. eia. gov/totalenergy/data/monthly/）.

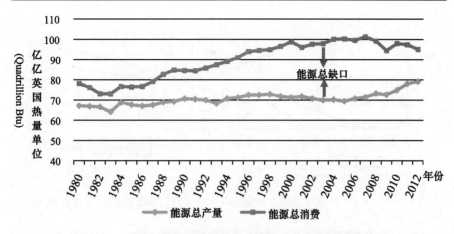

图 1-1 1980—2012 年美国能源总产量与能源总消费量趋势

资料来源：U. S. Energy Information Administration，EIA，"Total Energy，" *International Energy Statistics*（http：//www. eia. gov/cfapps/ipdbproject/IEDIndex3. cfm）.

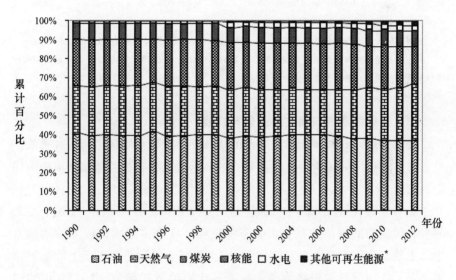

图 1-2 1990—2012 年美国能源消费结构

资料来源：BP Corporation，*BP Statistical Review of World Energy 2001*；*BP Statistical Review of World Energy June 2013*（http：//www. bp. com/statisticalreview）。

*其他可再生能源包括：以可再生资源发电总量为基准。包括风能、地热能、太阳能、生物质能和垃圾发电。

出口量大于进口量，而石油和天然气的进口量却远远大于出口量，净进口量一直居高不下（如图 1-3b 所示）。

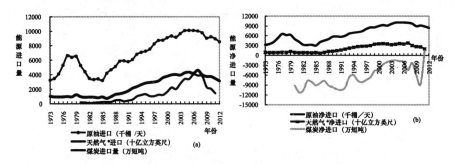

图 1 - 3　1973—2012 年美国主要能源进口量（a）、净进口量（b）平滑曲线

资料来源：根据美国能源信息署（EIA）的数据计算、绘制。其中，石油和天然气资料来源 U. S. Energy Information Administration, EIA, "Oil: Crude and Petroleum Products Explained," "Natural Gas Explained," *Energy Explained* (http://www. eia. gov/energyexplained/index. cfm)；煤炭资料来源 U. S. Energy Information Administration, EIA, "International Energy Statistics" (http://www. eia. gov/cfapps/ipdbproject/IEDIndex3. cfm)。

*进口的天然气资源包括：管道进口天然气（Pipeline）和进口的液化天然气（LNG）；

其中，石油净进口数据来源美国能源信息署的直接数据，天然气和煤炭净进口数据由美国能源信息署提供的进口量与出口量之差计算而得。

二　美国能源进口面临的问题与挑战

美国对国际石油和天然气资源的依赖使得美国面临诸多问题和挑战。

第一，国际能源价格，尤其是石油和天然气价格的频繁波动威胁美国能源安全。

世界能源价格，尤其是石油价格的变化受到政治、经济、金融、生态等各种因素的影响，具有极大的不稳定性。在众多影响国际油价的因素中，宏观经济因素具有决定性作用，[①] 主要影响国际能源市场上能源的供求关系。以国际石油市场为例，从第一次石油危机到 20 世纪 80 年代中期，由于西方主要能源消费国业已形成了对石油消费的强大依赖，致使国际石油市场一直处于供不应求的卖方市场，欧佩克顺势成为国际石油市场的支配者，并强力实施高油价政策，进而造成石油生产国与石油消费国之间的尖锐矛盾。与此同时，欧佩克凭借其强大的实力，通过"石油革命"

---

① ［俄］斯·日兹宁：《国际能源政治与外交》，强晓云等译，华东师范大学出版社 2005 年版，第 29 页。

的方式驱逐西方跨国石油公司在中东地区的势力，将其逐步赶出中东产油的核心地带，[①] 致使这些跨国石油公司在国际石油市场上所占的份额从20世纪70年代初的90%下降到1981年的55%，到20世纪90年代初，这一数字已经下降到1981年的40%左右。[②] 进入20世纪90年代，国际石油市场的实力对比发生了巨大的变化，主要表现为石油供应来源的多元化和石油消费国的多样化。石油生产国和消费国在油价问题上逐步达成共识，并通过平衡供求关系等市场化手段来平抑油价，[③] 它们之间的关系也从对抗走向了合作，这对稳定国际油价是有益的。[④]

国际政治与军事因素也是影响国际石油价格不容忽视的因素。国际政治和军事因素主要通过影响石油供给、破坏世界市场石油的供求关系等方式造成国际石油价格的震荡。冷战结束以来，以美国为首的西方国家，以人权、民主、大规模杀伤性武器等为由，通过政治、经济、军事等手段干预世界主要产油区国家及重要的能源过境运输国的事务，对一些重要的产油国及能源过境运输国，如伊拉克、伊朗、利比亚、阿富汗等国家进行政治孤立、经济封锁和军事打击。西方国家的此类行为招致了这些重要产油国以石油为武器进行打击报复行动，因而造成石油生产中断、国际石油市场供应减少、国际油价震荡上升等后果。

除了以上提到的宏观经济因素、政治与军事因素之外，国际石油价格还受到各种突发因素的影响。油价的巨大波动似乎成为一种常态，天然气市场也不例外。图1-4显示了从1947—2011年国际石油价格受各种因素影响而波动的情况。

美国是名副其实的能源消费大国和能源进口大国，国际能源价格，尤其是传统油气资源价格的上涨会给美国带来不可估量的损失，最直接的表现即为能源购买成本的大幅度提升。巨大的能源进口量使得美国不得不面对世界能源价格波动给其经济和国家安全带来的种种挑战。

---

① 王波：《美国石油政策研究》，世界知识出版社2008年版，第40页。
② Thomas L. Neff, "The Changing World Oil Market," David A. Deese and Joseph Nye, eds., *Energy and Security*, Cambridge：Ballinger Public Co., 1981, pp. 40–46.
③ Francisco Parra, *Oil Politics：A Modern History of Petroleum*, New York：I. B. Tauris, 2004, pp. 337–340.
④ Edward L. Morse and Amy Myers Jaffe, *Strategic Energy Policy Challenges for the 21st Century*, New York：Council on Foreign Relations, CFR, April, 2001, p. 1.

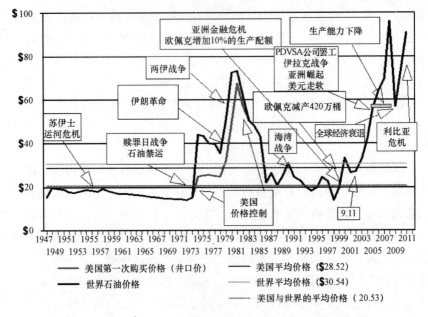

图 1 - 4　1947—2011 年国际油价的波动及影响因素示意图

资料来源：WTRG Economics, *Oil Price History and Analysis*, 2011（http：//www. wtrg. com/prices. htm）.

第二，能源来源地区的不稳定性。

OPEC 产油国，尤其是中东地区重要的产油国是美国进口石油资源的主要来源之一。冷战结束以来，美国约 50% 的石油资源来自 OPEC 产油国，其中约 1/5 来自中东产油国（如图 1 - 5 所示）。[①] 然而，由于复杂的地缘政治及历史因素，该地区冲突不断，威胁石油正常生产；此外，该地区一些重要的产油国经常以石油为武器对抗美国。石油进口来源地的不稳定是威胁美国能源安全与经济发展的重要因素。

中东地区是伊斯兰世界的核心区域，由于历史因素和价值观念等因素的影响，中东地区不同宗教派系之间的冲突不断，充满了种族暴力、宗教冲突与政治斗争，该地区也成为世界上最不稳定的地区之一。此外，该地区还是恐怖主义、极端势力重要的滋生地之一，正如亨廷顿所讲的那样，

---

① 根据美国能源信息署的数据计算。U. S. Energy Information Administration, *U. S. Net Imports by Country*,（http：//www. eia. gov/energyexplained/index. cfm? page = oil_ home#tab2）.

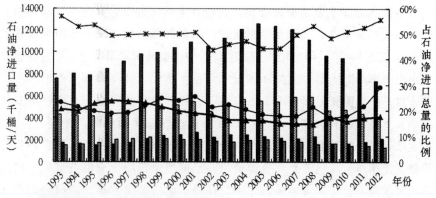

美国石油及产品净进口总量（千桶/天）
美国在OPEC国家的石油及产品净进口量（千桶/天）
美国在中东（波斯湾）地区的石油及产品净进口量（千桶/天）
美国在中南美洲国家的石油及产品净进口量（千桶/天）
美国从OPEC国家进口石油及产品净进口量占美国净进口总量的比例
美国从中东（波斯湾）地区进口石油及产品净进口量占美国净进口总量的比例
美国从中南美洲国家进口石油及产品净进口量占美国净进口总量的比例

**图 1-5 1993—2012 年美国净进口石油量、从中东地区和 OPEC
国家的净进口量及趋势**

资料来源：U. S. Energy Information Administration, EIA, "U. S. Net Imports from OPEC
Countries/Persian Gulf Countries/Brazil/Colombia/Mexico/Peru/Trinidad and Tobago/of Crude Oil
and Petroleum Products," (Thousand Barrels per Day), "*U. S. Net Imports by Country* (http：//
www. eia. gov/energyexplained/index. cfm? page = oil_ home#tab2).

* OPEC 国家包括：阿尔及利亚、安哥拉、厄瓜多尔、伊朗、伊拉克、科威特、利比亚、
尼日利亚、卡塔尔、沙特阿拉伯、阿联酋、委内瑞拉；

* 中东（波斯湾）地区国家包括：巴林、伊朗、伊拉克、科威特、沙特阿拉伯、阿联酋
和中立区（科威特和沙特阿拉伯之间地区）；

* 中南美洲国家包括：委内瑞拉、巴西、阿根廷、哥伦比亚、特立尼达和多巴哥、
秘鲁。

伊斯兰文明和基督教文明之间存在着激烈的"文明的冲突"，不断升级的
冲突严重威胁着包括美国在内的西方国家的安全，[①] 而美国又不得不依赖
这个全球最动荡、地缘政治最复杂、高度军事化，并且仇视美国的地区的

---

① ［美］萨缪尔·亨廷顿：《文明的冲突与社会秩序的重建》，新华出版社 2002 年版，第
201 页。

石油资源。[①]

　　中南美洲国家也是美国重要的石油及天然气来源地区之一，以石油为例，冷战结束至今，美国从该地区进口石油的数量约占其石油净进口量的18%（见表1-1）。但与中东国家类似，中南美洲国家局势也不稳定，然而与中东国家不同的是中南美洲国家的动荡主要源于经济因素。由于矿产资源丰富，中南美洲国家形成了以自然资源和矿产资源行业为主要经济支柱的单一化经济结构，矿产资源出口成为这些国家重要的收入来源。然而，过度依赖矿产资源出口的经济结构使中南美洲国家的经济与国际市场资源价格紧密相连，其经济受到资源价格波动的严重影响，这也是造成中南美洲国家政局不稳定的重要原因之一。此外，中南美洲主要产油国内部存在巨大的贫富差距，如重要的石油输出国委内瑞拉、巴拉圭、玻利维亚等国，其最富裕的20%的人口拥有超过60%的国家财富，而最贫穷的20%的人口所占有的国家财富不足5%，[②]巨大的贫富差距加剧了社会的动荡。与此同时，毒品走私和毒品贸易在该地区盛行，如在委内瑞拉、哥伦比亚境内，大毒枭拥有私人军队，为了对抗政府军队，大毒枭会以破坏石油和天然气出口输出管道、占据重要的油田等为手段进行威胁。这些因素为中南美洲产油国对美国石油、天然气资源的稳定供应平添了许多变数。

表1-1　冷战后（1993—2013年）美国从中东地区和OPEC国家进口
原油及成品油的净进口量占总进口量的比例

年份	OPEC	中东	中南美	年份	OPEC	中东	中南美
1993	56.83%	23.29%	20.62%	2004	47.02%	20.58%	16.41%
1994	52.53%	21.39%	19.84%	2005	44.36%	18.57%	16.35%
1995	53.37%	19.82%	22.90%	2006	44.23%	17.82%	15.20%
1996	49.35%	18.77%	23.89%	2007	49.40%	17.94%	15.06%
1997	49.60%	19.08%	23.71%	2008	53.08%	21.31%	14.81%
1998	49.98%	21.84%	23.20%	2009	48.36%	17.36%	17.31%
1999	49.78%	24.81%	21.62%	2010	50.70%	18.06%	15.96%

---

　　① ［美］Amory B. Lovins, E. Kyle Datta：《石油博弈解困之道：通向利润、就业和国家安全》，李政、江宁译，清华大学出版社2009年版，第9页。

　　② Wikipedia, *South America*（http：//en. wikipedia. org/wiki/South_ America）.

年份	OPEC	中东	中南美	年份	OPEC	中东	中南美
2000	49.73%	23.83%	19.83%	2011	52.41%	21.80%	17.18%
2001	50.54%	25.29%	19.06%	2012	55.36%	29.07%	17.77%
2002	43.50%	21.48%	18.46%	2013	56.02%	32.05%	15.10%
2003	45.77%	22.22%	16.45%	平均	50.09%	21.73%	18.61%

资料来源：U. S. Energy Information Administration, EIA, *Oil: Crude and Petroleum Products Explained-Energy Explained*（http://www.eia.gov/energyexplained/index.cfm? page = oil_ home#tab2; http://www.eia.gov/dnav/pet/pet_ move_ neti_ a_ ep00_ IMN_ mbblpd_ a.htm）.

综上所述，鉴于世界主要能源生产国和输出国政治、经济形势的动荡，依赖从这些地区进口能源的美国就不得不面对进口能源供给不稳定性的局面。为此，为了保障能源的稳定供应，美国必须支出额外的成本用于维护主要能源产地的生产能力和重点能源过境运输通道的通畅，这些成本就是美国进口能源的潜在成本。

第三，美国进口能源的现实成本与潜在成本高昂。

美国进口能源的成本包括现实成本和潜在成本两个部分。"现实成本"即美国购买进口能源的成本，主要体现在能源价格方面。美国进口石油和进口天然气的价格就是美国为这些资源支付的现实成本。"潜在成本"即美国为了保障关键能源进口来源地区的稳定所需要支付的政治、经济、军事等额外成本，如对主要产油国的经济援助、对不稳定产油地区的军事保护、对恐怖主义的打击、对进口油气资源支付的政府补贴等。

毋庸置疑，能源短缺将制约社会经济的发展。2014 年之前高位运行的国际石油价格加剧了人们的这种担心，也引发了能源进口国对石油资源的争夺。[①] 国际石油价格的上涨直接造成美国进口能源的现实成本大幅提高，此外，美国为进口能源（尤其是指石油）所支付的潜在成本也会随之大幅度提升，潜在成本的存在使美国进口石油的真实价格至少翻了一番。[②]

---

① 梅永红、王元主编：《全球能源大棋局》，时事出版社 2005 年版，第 32 页。

② ［美］Amory B. Lovins, E. Kyle Datta：《石油博弈解困之道：通向利润、就业和国家安全》，李政、江宁译，清华大学出版社 2009 年版，第 19 页。

　　以进口石油资源为例，冷战后美国为进口石油资源支付的潜在成本包括以下几个方面：（1）军事成本的扩张。为了确保关键产油地区石油产量的稳定和石油运输通道的通畅，当这些地区出现专制腐朽政权、恐怖主义或内战等威胁地区稳定的情况时，美国必然会进行军事干预。冷战结束至今，美国发动的战争中至少有五次是直接或间接地以保护关键石油生产、运输地区的稳定为目的，如1991年的海湾战争、1999年的科索沃战争、2001年的阿富汗战争、2003年的伊拉克战争和2011年的利比亚战争。"美国在中东地区的军事存在是该地区无法改变的事实……在冷战结束后的十年间，美国在中东地区的军事力量的部署呈现几何式增长……维持美国在中东地区的军事应急力量是保障美国国家安全利益的必要手段。"① 美国在关键产油区和过境运输地区的军事存在对保障石油的稳定供应功不可没，但美国也为此支付了高昂的成本。以1991年的海湾战争为例，美国军费开支约70亿美元，相当于美国每桶石油的价格上涨1美元，由此引起的价格上涨持续了1年的时间。据相关统计，20世纪90年代，美国为了维护中东地区稳定所进行的军事部署的开支高达每年540亿—850亿美元（以2000年美元为基准），② 相当于从该地区购买石油支出的2—3倍之多。③（2）社会成本的增加。除了潜在的军事成本，美国还要支付高昂的社会成本。社会成本大体包括三个部分：①联邦政府为进口石油提供的直接联邦补贴，包括税收补贴、科研补贴、运输补贴、低价销售补贴等。根据美国国际科技评估中心的统计，美国1997年用于对石油行业的补贴高达1260亿—2730亿美元；而美国考普罗和马丁的统计报告称，1998年美国国内的石油补贴约为每桶1.2—2.8美元，总额高达52亿—102亿美元。②石油消费的环境外部性——空气污染成本和气候变化成本。石油的燃烧会带来环境污染和气候变化问题，据统计，美国使用石油资源的空气污染成本约为每桶1—15美元，而气候变化成本约为每桶

①　Thomas Donnelly, Donald. Kagan and Gary Schmitt, *Rebuilding America's Defenses*, Washington, D. C.："The Project for the New American Century", September 2000, p. 14, p. 17（www. newamericancentury. org/RebuildingAmericasDefenses. pdf）.

②　Douglas Koplow and Aaron Martin, *Fueling Global Warming*：*Federal Subsidies to Oil in the Unite States*, Washington, D. C：Greenpeace, June 1998（www. greenpeace. org/～ climate/oil/fdsuboil. pdf）.

③　［美］Amory B. Lovins, E. Kyle Datta：《石油博弈解困之道：通向利润、就业和国家安全》，李政、江宁译，清华大学出版社2009年版，第21—22页。

2—5 美元。① ③国家安全成本。进口石油的国家安全成本是指因进口石油
而增加的国防开支及购买战略石油储备而增加的开支。加利福尼亚州立大
学的达尔文·C. 霍尔教授用计量经济学的方法测算了由美国进口各种能
源产生的外部性所带来的成本，如表 1 - 2 所示。

表 1 - 2　　　美国进口各种能源的外部性成本　　　（以 2000 年美元为基准）

能源类型	市场价格的成本	外部边际成本					社会边际成本
		补贴	碳排放	空气污染	国家安全	其他外部性	
天然气（＄/mmbtu）	5.80	—	0.24	0.39	0	—	6.46
原油（＄/bbl）	29.50	—	1.92	14.88	12.7	—	59.20
煤炭（＄/ton）	31.70	—	9.05	17.98	0	—	58.73
核能（＄/MWh）	6.75	1.80	0	0	0.12	1.80	8.68
太阳热能（＄/MWh）	9.51	—	0	0	0	—	9.51

资料来源：Darwin C. Hall, "External Costs of Energy," *Encyclopedia of Energy*, Volume 2, 2004, Table 1; Darwin C. Hall, "Social Cost of CO$_2$ Abatement from Energy Efficiency and Soloar Power in the United States," *Environment Resources Economy*, Volume 2, 1992; Darwin C. Hall, "Oil and National Security," *Energy Policy*, Volume 20, No. 11, 1992.

综上所述，尽管近年来美国能源自给能力持续增强，但作为世界能源
生产大国和能源消费大国，美国依然面临较大的能源缺口，石油、天然气
资源等传统能源的进口对美国至关重要。但鉴于世界关键石油生产和输出
国政治、经济的不稳定性，美国的石油进口受到严重威胁，美国不得不
为进口石油和天然气资源支付高额的潜在成本。因此，从这个角度来
讲，冷战后美国国际能源战略将主要围绕石油和天然气，尤其是石油资
源展开。其主要目的是保证美国石油和天然气资源供应畅通、保持石油
和天然气资源的价格合理，这是冷战后美国历届政府所关心的核心问题
之一，也是美国国际能源战略的重要目标。为此，冷战后美国历届政府
均试图通过控制世界油气资源、完善石油战略储备体系、提高能源使用效
率等手段来保障国际能源市场上石油、天然气等传统能源的稳定供应和价

① Darwin C. Hall, "External Costs of Energy," *Encyclopedia of Energy*, Volume 2, 2004.

在国际能源战略，但却没有明确、一致、统一的表述。然而，对于美国普通民众和非能源专业学生来讲，他们认为美国不存在对能源的战略性规划，美国的能源政策是"问题引导性"的应激性政策，缺乏战略性思考和安排。

在中国，不乏对美国国际能源战略的研究，但其研究的起点并不是"美国是否存在国际能源战略"，而是基于美国已经存在国际能源战略这个假设，认为美国存在对国际能源资源及格局的战略性安排，并且大多研究是对美国现有能源战略或政策文献的解读。

为了更好地研究冷战后美国国际能源战略，全面了解美国在能源领域的对外战略的发展和演变过程，笔者在研究过程中采取了自下而上的研究方式，即以冷战后美国历届政府国际能源战略日程（或称为对外能源政策与实践）为起点，对其对外能源政策和对外能源实践进行归纳，并借助相关理论建立分析冷战后美国国际能源战略形成与发展机制的理论框架，进而判断——冷战后美国是否存在全面而系统的国际能源战略？如果存在，美国国际能源战略的形成与发展经历了哪些阶段？其内容和特点是什么？执行效果和国际影响如何？这是本书研究的核心问题。

第三节　研究的目的与意义

一　研究目的

社会科学研究的目的有三：探索、描述与解释。本书以冷战后美国历届政府的对外能源政策和实践为入手点，通过其对主要能源战略地区的政策和行为的系统梳理，探索"冷战后美国是否存在国际能源战略"？并结合战略理论和国际政治理论的相关知识，对其国际能源战略的具体内容和过程进行描述，最后再对美国国际能源战略的执行效果和影响进行解释。因此，本书的主要研究目的是：（1）通过"理论抽象"、"实践解析"和"效果验证"三个环节对冷战后美国国际能源战略的全过程进行探索、描述和解释；（2）为我国了解冷战后美国国际能源战略、掌握国际能源政治经济格局的发展趋势、调整我国国际能源战略提供必要的理论和实践支撑。

在"理论抽象"层面，本书借助战略理论和国家利益理论，找到了影响美国国际能源战略制定及内容的核心因素：国际能源利益。其中"客观国际能源利益"是美国战略决策者制定战略的出发点和落脚点，"主观国际能源利益"则是战略决策者确定战略目的（对客观国际能源利益内容的认知）、选择战略途径与战略手段（对实现客观国际能源利益的途径与手段的认知）的决定性因素。此外，本书还以战略理论为依据，抽象出影响冷战后美国国际能源战略的"战略三因素"：战略实力、战略环境和战略文化，从而构建了研究冷战后美国国际能源战略的"战略三因素—主观国家利益—国家战略"理论分析框架，并运用层次分析法，逐层探讨美国国际能源战略的形成逻辑与形成机制。

在"实践解析"层面，本书以"理论抽象"层面形成的理论框架为分析逻辑，以冷战后美国历届政府的具体对外能源实践和政策为对象，对其进行系统的归纳、总结和剖析，进而为判断"冷战后美国国际能源战略"是否存在、归纳其内容和发展阶段提供实践层面上的依据。该层面的研究也是对冷战后美国国际能源战略的案例研究，同时也进一步验证了所建构理论分析框架的恰当性。

在"效果验证"层面，本书得出"冷战后美国是否存在全面、系统的国际能源战略"的结论，并对其发展阶段、具体内容等进行总结。同时，借助定量和定性分析法，具体评价和评估冷战后美国国际能源战略的执行效果，以及对国际能源政治经济格局和国际能源发展趋势的影响。

二 研究意义

（一）理论意义

第一，跨领域理论分析框架的构建，将战略理论与利益理论有机融合。在浩瀚的学术文献中，不乏对美国能源战略和国际能源战略的研究，但大部分学者的研究常常只是就事论事，仅是基于美国的政策文献、战略文本对美国国际能源战略进行描述、汇总或归纳，而缺乏系统性的理论指导。本书在论证过程中，灵活应用国际政治和国际关系相关理论，尝试将战略理论中的战略实力、战略文化和战略环境与利益理论中的客观利益和主观利益有机结合，构建了"战略实力、战略环境与战略文化（战略三

因素）—主观国家利益—国家战略"的理论分析框架，并将此理论框架
应用到冷战后美国国际能源战略的实践分析当中，以具体解析冷战后美国
对外能源战略实践和政策。此外，通过对冷战后美国对外能源战略实践与
政策的系统梳理和汇总，又反过来验证了"战略三因素—主观国家利
益—国家战略"理论分析框架的科学性与可行性。笔者认为，"战略三因
素—主观国家利益—国家战略"理论分析框架同样可以应用到其他领域、
其他国家或地区的战略研究中去，具有一定的普适性，因此，此理论分析
框架的构建具有一定的学术贡献和理论价值。

第二，跨学科研究方法的综合运用。在研究方法角度，本书整体采用
了国际政治和国际关系的经典研究方法——层次分析方法，将分析冷战后
美国国际能源战略的视角划分为系统、国家两个层面，对两个层面内影响
美国国际能源战略制定、实施的因素进行归纳和总结，并以这些因素为基
础构建理论分析框架。在战略评估部分，本书又引入了 HHA① 方法等定
量分析法，并借助计量经济学统计软件 Eviews 6.0 对冷战后美国国际能源
战略进行了定量分析。通过定量分析，本书衡量了冷战后美国能源进口
的多元化程度、评估了美国能源进口的风险，并分析了冷战后美国国际
能源战略对美国经济的影响程度。在国际政治和国际关系领域，一些学
者一直致力于实证定量方法的应用与推广，进而使该领域的研究无论从
方法上，还是理论上更具科学性，研究结果更为人们所信服。然而对国
际政治和国际关系问题的定量研究并不是一件容易的事情。因此，本书
在借鉴他人研究的基础上将计量经济学和统计学等定量分析工具引入到
美国国际能源战略的研究之中，并探索系统性研究方法，具有一定的理
论价值。

（二）现实意义

本书对冷战后美国国际能源战略的研究具有十分重要的现实意义。冷
战后，随着两极格局的瓦解，美国凭借其强大的政治和经济实力成为唯一
的超级大国。为了维持美国经济的高速运转、维系美国遍布全球的军事行
动，美国成为世界数一数二的能源消费大国。同时，由于美国长期执行保
护国内资源、限制国内资源开发的能源政策，美国又成为全球数一数二的

---

① HHA（Herfindahl – Hirschman Agiobenebo，HHA）分析法是在赫芬达尔—赫施曼指数分
析方法的基础上发展而来的。

能源进口大国，尤其是石油进口大国，美国的能源对外依存度居高不下。鉴于能源资源，尤其是石油资源对美国政治、经济、军事等发展的重要意义，冷战后美国历届政府均积极致力于对外能源政策的制定与对外能源行动的部署。因此，对冷战后美国国际能源战略的研究具有重要的现实意义，具体表现为以下几点。

第一，有助于理解美国的国际能源战略思维，形成对美国国际能源战略的理性判断，并对美国对外能源战略行为进行准确的预测。对冷战后美国历届政府对外能源实践和政策的梳理和汇总有利于形成对美国国际能源战略思维的恰当、正确的理解。

第二，有助于预测未来国际能源政治经济格局。美国是当今世界唯一的超级大国，作为世界的领导者，美国会按照自己的意愿构建和塑造世界能源政治经济格局。因此，冷战后美国的国际能源战略不仅会影响美国能源形势，也会起到塑造世界能源政治经济格局的作用。因此，对美国国际能源战略的深入了解有助于对未来国际能源格局形成理性的判断。

第三，有助于判断国际能源发展趋势。美国能源消费结构是世界能源消费结构调整的风向标，引领着国际能源发展的新潮流和新趋势。冷战后，美国历届政府认识到调整能源消费结构、发展可替代能源的重要意义，并有意识地在全球范围内大力发展替代能源、低碳能源。尤其是奥巴马总统上任以来，美国身体力行，投入大量人力、物力和财力致力于可再生能源、提高能效、节能减排等技术的研发，并致力于降低美国石油进口的对外依存度。奥巴马掀起的"绿色风暴"席卷全球，欧盟、亚太和美洲国家纷纷响应大力发展低碳能源、节能减排的号召，这势必会对国际能源消费结构的转型带来革命性的影响。因此，通过对冷战后美国国际能源战略的研究，有利于我国及时洞悉和辨析国际能源发展的新趋势和新潮流，对我国顺应新趋势及时调整能源结构、发展新能源技术、抢占国际能源行业新的制高点、掌握主动权具有重要的现实意义。

第四，有助于我国以美国为鉴，制定恰当的国际能源战略。冷战后美国出台了一系列对外能源政策、部署了一系列对外能源行动，但并不是所有的政策与行动都维护了美国的能源安全和国家安全、维护了美国的利益，有些政策与行为甚至适得其反，直接或间接地危害了美国的国家能源安全和国家利益。因此，通过对冷战后美国国际能源战略的研究，我国也可以以美国为鉴，制定"多赢"的国际能源战略，为我国经济发展营造良好的国际能源环境。

第四节　研究方法

一　理论研究方法

层次分析法是分析国际政治和国际关系问题的经典方法。在分析国际政治和国际关系问题时，"自变量"即"解释来源"，一般来自不同层次，因此层次分析的方法可以帮助研究者区分或辨析处于不同层次的"自变量"所发挥的不同的作用。[①] 层次分析法的主要目的就是协助研究者"发现国际关系问题中处于不同分析层次的关键变量，并建立能够进行检验的因果假设"[②]。

层次分析法是在 20 世纪 50 年代发展起来的，"行为主义学派"大力倡导采用更加科学、严谨的方法进行国际政治和国际关系问题研究，号召以自然、社会科学的研究方法取代传统的人文学科方法，这使得国际政治与国际关系的研究更加严谨，从而推动了国际关系学科的发展。这就是"行为主义革命"，是国际政治与国际关系理论发展史上的里程碑。[③]

对于分析的层次，国际关系领域也存在着争论，但经过几十年的发展，对于分析层次的划分越来越具体、越来越细致。早在 20 世纪 50 年代末，肯尼思·沃尔兹首先使用了层次分析的方法，用"决策者个人"、"国内因素"和"国际系统因素"三个层次的自变量阐述了战争爆发的根源。[④] 戴维·辛格随后提出从"国际系统"与"国家"两个层面来研究

---

① 吴征宇：《关于层次分析的若干问题》，《欧洲》2001 年第 6 期。

② 王波：《美国石油政策研究》，世界知识出版社 2008 年版，第 18 页。

③ William Olson and Nicholas Onuf, "The Growth of a Discipline" in Steve Sith eds., *International Relations: British and American Perspectives*, Oxford: Basil Blackwell Ltd, 1985, pp. 1 – 28, 转引自吴征宇《关于层次分析的若干问题》，《欧洲》2001 年第 6 期。

④ 肯尼思·沃尔兹采用层次分析方法完成的著作为 1959 年出版的《人、国家与战争》（*Man, The State and War*, New York: Columbia University Press, 1959），转引自秦亚青《层次分析法与国际关系研究》，《欧洲》1998 年第 3 期。

国际政治和国际关系问题。① 在华尔兹和辛格的基础上，后继的学者对研究层次进行了完善。按照从微观到宏观的顺序，詹姆斯·罗斯诺提出了"个人、角色、政府、社会和国际系统"五个分析层次变量，其中，"个人"和"角色"是由决策者细化而来，分别代指"具体的决策者个人"和"决策者职务"，而"政府"和"社会"则是由国家细化而来，分别代指"抽象的国家"和"特定国家的政治特点"，② 这种划分方式的本质与华尔兹的划分方式大同小异，只不过对其中的某些层次进行了细化。阎学通等教授认为国内层面的因素对国家战略和政策会产生更为重要的影响，必须划分不同的变量层次，由于国际系统的多变性，层次划分应以简单为宜。因此，阎学通教授将国际政治分析的变量划分为以国内因素为重点的五项：（1）个人变量，即与决策者相关的变量，如世界观、个人能力、政治背景等；（2）角色变量，即抽象的职务，如总统、军官等的作用；（3）社会变量，即利益集团、政治文化等；（4）国家变量，如国家实力、战略文化等；（5）国际体系变量，如国际秩序、国际政治思潮等。③ 阎学通教授认为这样的划分方式虽然可以提高分析的可靠性，但是实际操作十分不便，所以他建议研究者在实践中将这五个层次简化为"体系"、"组织"和"个人"三个层次。布鲁斯·拉西特等人把阎学通、罗斯诺等人提出的层次体系中的"国际系统"细化为"国际关系"和"世界系统"两个层次，他认为"国际关系"具体指国家之间的关系，"世界系统"具体指国际环境（如时代特征、科技水平等），因此，拉西特的划分从微观到宏观共包括六个层次。④ 秦亚青教授进行了逐级递进分

---

① 戴维·辛格于 1961 年发表的《国际关系中的层次分析问题》一文，在该文中，他将层次分析法作为专门的国际关系学研究方法加以应用。辛格认为，对"国际系统"层面因素的分析可以帮助研究者从宏观上把握国际关系的特征与规律；对"国家"层面因素的分析可以帮助研究者从微观层面分析国家政策和行为的细节。请参见 J. David Singer, "The Level-of-Analysis Problem in International Relations," in Klans Knorr and Sidney Verba eds., *The International System*: *Theeoretical Essays*, Princetton: Princeton University Press, 1961, pp. 77 - 92, 转引自秦亚青《层次分析法与国际关系研究》，《欧洲》1998 年第 3 期。

② James Rosenau, *The Scientific Study of Foreign Policy*, London: Frances Printer, 1980, pp. 115 - 169, 转引阎学通、孙雪峰《国际关系研究实用方法》，人民出版社 2007 年版，第 79 页。

③ 阎学通、孙雪峰：《国际关系研究实用方法》，人民出版社 2007 年版，第 79—80 页。

④ 这六个层次分别为：决策者个人、决策者角色、国家政府、国内社会、国际关系和世界系统。请参见 Bruce Russett and Harvey Starr, *World Politics*: *The Menu for Choice*, New York: W. H. Freeman, 1992, pp. 11 - 17, 转引自秦亚青《层次分析法与国际关系研究》，《欧洲》1998 年第 3 期。

层的方式，他先划分了"国内系统"和"国际系统"两个大的层次，再在此基础上对两个大的层次进行进一步的划分，他将"国内系统"又细化为"国内系统结构"和"国内系统进程"，将"国际系统"细化为"国际系统结构"和"国际系统进程"，此外还增加了一个"决策者"层次，通过逐级细化，秦亚青教授的层次分析法具体包括五个层次，即"决策者、国内系统结构、国内系统进程、国际系统结构、国际系统进程"①。这样的划分方式与阎学通、拉西特和斯塔尔的划分方式有异曲同工之处，秦亚青教授的划分方式比较抽象，但包容性很强。

综上所述，学者们对于国际政治与国际关系研究的层次分析法的层次划分越来越细致，且趋于一致，请见表1-3。但是，需要明确的是，对于分析层次的划分并不是越具体、越详细越好，而是要根据分析的需要有针对性、有目的性地划分分析层次。

表1-3　　　　　　　　　　层次分析法的层次划分

	华尔兹	戴维·辛格	詹姆斯·罗斯诺	阎学通孙海峰	拉西特斯塔尔	秦亚青
微观 ↕ 宏观	决策者个人 国家 国际系统	国家 国际系统	个人 角色 政府 社会 国际系统	个人变量 角色变量 社会变量 国家变量 国际体系	决策者个人 决策者角色 国家政府 国内社会 国际关系 世界系统	决策者 国内系统结构 国内系统进程 国际系统结构 国际系统进程

本书根据研究的需要，在分析冷战后美国国际能源战略时，将主要采用戴维·辛格的"国际体系—国家"的层次划分方式，依据"国际体系"和"国家个体"两个层面上的因素对美国的国际能源战略的影响因素加以分析。

二　具体研究方法

在具体研究方法方面，本书采取定性研究与定量研究相结合，定性研

① 秦亚青：《霸权体系与国际冲突》，上海人民出版社1999年版，第73—74页。

究为主、定量研究为辅的方式。

（一）定性研究方法

定性研究的主要方法是文献研究法，本书采用的历史资料、统计数据来自各类文献。各类文献主要有以下几种来源。

第一，美国政府部门的官方文件、法律与统计数据。本书使用的资料与数据主要来自美国官方公开的信息，包括美国白宫、国务院、能源部、国防部、能源信息署、商务部等政府职能部门和国会参众两院立法部门的文件报告、领导讲话、会议记录、统计数据、法律法规等资料。本书通过对这些资料的梳理和汇总，归纳出冷战后美国历届政府对国际能源事务的主要观点和主导立场。同时，结合研究目的，本书对冷战后美国国际能源战略形成与演变机制进行整体性、系统性的描述。

第二，美国智库报告。智库又称为“思想库”，智库凭借其强大的参政能力和过硬的研究能力，在美国战略和政策的酝酿、制定、执行与评估的过程中发挥着举足轻重的作用，左右着美国在政治、经济、军事、外交、社会等各个领域的关键战略政策与行为，被称为是继行政、立法、司法、媒体之后的“第五种权力”。从性质上划分，美国的智库可分为有政府背景智库、高校背景智库、民间独立智库和政党背景智库；从政治倾向来划分，可以分为自由派智库、保守派智库和中间派智库。布鲁金斯学会、兰德公司、对外关系委员会、战略与国际问题研究中心、传统基金会、卡内基国际和平基金会、斯坦福大学胡佛中心，以及哈佛大学等高校中的研究机构均为美国著名的智库，它们通过研究前沿课题、向政府输送研究人员等形式为美国历届政府制定各项国内外战略与政策出谋划策，并推广思想主张、引导社会舆论方向。

在论证过程中，本书以美国国家利益委员会、哈佛大学肯尼迪政府学院科学与国际事务中心、尼克松中心、兰德公司、皮尤慈善信托基金会等智库的前沿问题研究报告和统计数据作为论据。

第三，国际组织、国际能源公司的报告。能源相关的国际组织、大型国际能源公司的相关统计资料和研究报告也为本书的研究提供了充实的数据和史实支撑。本书主要借鉴的资料来源包括：石油输出国组织欧佩克出版的年度统计报告、英国石油公司出版的《BP世界能源统计年鉴》，以及国际能源机构、国际货币基金组织提供的相关数据等。

第四，国内外学者的相关研究成果。在研究过程中本书对国内外学者的相关学术成果进行了综述。在文献综述、理论综述和历史资料核实部分，本书主要借助二手资料；在美国对外能源战略实践和政策方面，笔者通过实地访谈，收集了大量的一手资料。主要访谈对象包括美国能源领域的官员和学者，其中包括约瑟夫·奈、原兰德公司亚太政策中心主任威廉·奥弗霍尔德、哈佛大学能源问题专家威廉·霍根、威廉·克拉克、亨利·李等教授；还包括一些政府官员和非营利组织的官员，如马萨诸塞州能源资源部专员菲尔·鸠迪斯、马萨诸塞州能源技术合作委员会高级顾问兼可再生能源信托主管沃伦·莱昂、马萨诸塞州的清洁能源中心执行主任帕特里克·克罗尼、美国能源与清洁技术实践集团主席托马斯·伯顿三世、新英格兰清洁能源理事会执行主任尼克等。通过一手和二手资料的汇总和分析，笔者在理论与实践等方面系统掌握了冷战后美国对外能源战略政策与具体实践。

（二）定量研究方法

在定量研究方面，本书主要应用了统计学与计量经济学的相关方法，如：描述性统计、Granger 因果分析等；还借助 HHA 方法对美国进口能源，尤其是进口石油资源的多样化程度和风险进行分析。

（1）描述性统计，主要是对相关能源数据进行加工处理，借助 Excel，通过计算或绘图的方式，化繁为简，简单明了地展示相关状况，对论述观点进行必要的辅助说明与支撑。

（2）Granger 因果分析，主要用于对冷战后美国国际能源战略的技术性评估。在技术性评估部分，本书评估了冷战后美国国际能源战略对美国经济的影响。其中，冷战后美国国际能源战略用赋予了"风险程度（R）的石油进口量（EI）"来衡量，对美国经济的影响用"美国实际 GDP"来衡量。由于美国实际 GDP 和石油进口量均为时间序列变量，如果直接对两组变量通过回归分析进行因果关系检验容易出现伪回归现象，因此，在进行 Granger 因果检验之前，本书又应用平稳性分析、协整性分析对美国实际 GDP 和石油进口量两组时间序列变量进行了平稳性和协整性检验。

（3）HHA 方法，该方法是国际贸易理论中用来衡量市场集中程度的经典方法，主要用于衡量某个国家某种商品进口多元化程度，也适用于某种商品供应可靠性的度量。本书采用 HHA 方法对冷战后美国进口石油的多元化程度进行计算。此外，本书还借助魏一鸣教授的相关研究，引入了

风险权系数 ω，对原有的 HHA 方法进行了优化，进而计算出冷战后美国能源进口风险指数 R，并以此作为衡量冷战后美国国际能源战略执行效果的指标之一。

第 二 章

文献综述与实践解析

冷战后，美国对外能源战略与政策成为学术界研究的热点，学术成果丰硕。综合看来，现有文献主要有两个研究路径，其一是对美国国际石油战略与政策的研究，其二是对美国清洁能源战略与政策的研究。下面分别进行综述。

第一节　美国国际石油战略与政策研究

1948 年美国首次成为石油净进口国，自 1950 年起，美国国内石油消费量首次超过煤炭消费量，并一直在美国能源消费结构中占据第一把交椅。[①] 自此，石油逐渐成为美国经济发展、社会繁荣的命脉。作为战略性能源，石油资源的稳定供应对保障美国能源安全具有重要意义，尤其是 20 世纪 70 年代初爆发第一次海湾石油危机以来，美国政府将确保石油安全列为生死攸关的国家利益之一。为此，国内外学者对美国对外石油战略与政策也给予特别关注，关于美国石油战略与政策、美国石油安全的研究成果倍出。本节将从以下三个视角进行综述，即国际石油体系研究、美国对外石油政策的阶段性研究和区域性研究。

一　国际石油体系研究

对一个国家战略的研究离不开宏观战略环境的剖析，在对美国石油战略与政策的研究之中，不乏对国际石油体系与国际石油政治经济秩序的研究。

---

① 舒源：《国际关系中的石油问题》，云南人民出版社 2010 年版，第 108 页。

（一）国际石油体系的界定

根据肯尼思·华尔兹对"体系"的界定，"体系"包括一个系统的结构及其运行规律，[1] 因此，"国际石油体系"是指各个行为体的组成结构以及彼此之间的作用规则。[2]

与国际政治行为体不同，国际石油体系中的行为体除了包含国家层面的行为体之外，还包括非国家层面的行为体，如产油国联盟、消费国联盟、跨国石油公司联盟、国际组织等，它们在国际石油体系中的作用同样重要。国际石油体系中的行为体对石油资源的控制能力受到三个因素的制约，这三个因素分别为：国际石油体系的权力结构、国际石油市场的供需状况与国际政治体系的结构，三项因素共同决定国际石油秩序的状态。

（二）国际石油体系的状态与结构

根据行为体的相互关系，国际石油秩序可以划分为三种不同的状态，即合作状态（规制状态）、强制状态和无序状态，如表 2-1 所示。

表 2-1　　　　　　　　　　国际石油体系的三种状态

状态		体系结构	行为体接受程度	稳定性	案例
无序状态		多种游戏规则	规则未得到承认	不稳定	1973—1974 年中东石油危机
有序	强制状态	一套游戏规则，但缺乏合法性	规则得到承认但不合法	稳定	1973—1985 年欧佩克主导的国际石油秩序
	合作状态	一套规范性、合法性的游戏规则	规则合法且得到承认	稳定	1999 年以来的国际石油秩序

资料来源：Hans Jacob Bull-Berg, *American International Oil Policy：Causal Factors and Effect*, New York：St. Martin's Press, 1987, p. 141；王波：《美国石油政策研究》，世界知识出版社 2008 年版，第 23—26 页。

（三）国际石油体系的发展阶段

根据王波的分析，从第一次世界大战结束至今，国际石油体系整体进入了有序状态，先后经历了英国、美国、欧佩克强制主导的国际石油秩

[1]　Kenneth N. Waltz, *Theory of International Politics*, New York：Random House, 1979, p. 40.
[2]　王波：《美国石油政策研究》，世界知识出版社 2008 年版，第 23 页。

序，自由市场主义国际石油秩序与美国主导下的合作与规制的国际石油秩
序五个发展阶段，如表2－2所示。

表2－2　　　　　　　　　　**国际石油体系的发展阶段**

时间节点	国际石油体系 发展阶段	体系状态	内容与特征
1918—1939	英国主导体系	强制状态	英国依靠一战胜利签署的《石油条例》取得除北美之外主要产油区控制权
1939—1973	美国主导的垄断寡头体系	强制状态	以美国为主的国际石油公司组成的"七姐妹"①垄断国际石油市场，美国成为中东石油最大拥有者
1973—1985	欧佩克主导体系	强制状态	阿拉伯产油国采取"干预主义规则"对国际石油体系进行干预，倡导"减产保价"对西方石油消费国进行石油禁运
1986—1998	有管理的自由市场主义体系	强制与合作并存	产油国之间在自由市场规则下进行竞争和合作，产油国之间的矛盾、产油国与消费国之间的矛盾并存；市场份额战与价格战并存
1999年至今	美国霸权下合作与规制体系	合作状态雏形	产油国与消费国之间、欧佩克产油国与非欧佩克产油国之间就国际石油秩序的议题达成共识，国际石油体系出现合作与规制新格局

资料来源：王波：《美国石油政策研究》，世界知识出版社2008年版，第28—56页。

从表2－2可知，冷战结束后，国际石油体系总体处于有序状态，以
1998年为界，前期处于强制与合作状态并存，后期处于合作状态。但无
论是"有管理的自由市场主义体系"阶段还是"美国霸权下的合作与规
制体系"，国际石油体系的结果和规则均受到美国的影响，尤其是进入21
世纪以来，美国在国际石油体系中的影响力与其在国际秩序中的地位

---

① "七姐妹"（Seven Sisters）指的是七家国际石油公司，被称为"国际石油卡特尔"。它们
分别是：新泽西标准石油（Standard of New Jersey，后来的埃克森 Exxon）、壳牌（Royal-Dutch/
Shell）、德士古（Texaco，后倒闭，2001年被雪佛龙吞并）、索科尼（Socony，后来的美孚 Mobil，
1998年埃克森与美孚合并成立了埃克森美孚石油公司 ExxonMobil）、海湾石油（Gulf Oil，1984年
被雪佛龙收购）、加利福尼亚标准石油（Standard of California，雪佛龙 Chevron 前身）和英国波斯
石油公司（Anglo Iranian，英国石油公司 BP 前身）。

相当。

2008 年肇始于美国的次贷危机迅速演变为席卷全球的金融危机，带来了全球性的金融和经济震荡，包括美国在内的主要发达国家的整体实力受到了严重的打击。在国际格局中，由发达国家和主要发展中国家组成的 20 国集团（G20）逐渐取代了以美欧为主导的 8 国集团（G8），发挥了塑造国际秩序和制定国际规则的重要作用。G20 时代的来临也深刻地影响着国际石油体系和国际能源格局的变迁。在 G20 时代，由于原有石油生产国（欧佩克）和主要石油消费国（美国、欧盟等国）自身实力的相对下降，其对国际石油体系的影响力日趋削弱；而新兴经济体（中国、印度等）和非欧佩克石油生产和输出国（俄罗斯、加拿大、墨西哥等）对国际石油体系的影响力与日俱增，国际石油体系出现从"生产国集团和消费国集团"的"两极结构"向"多极结构"转变。在国际石油体系"多极结构"时代，单一的石油生产国或消费国都难以依靠自身力量左右国际石油价格，这在客观上推进了欧佩克产油国与非欧佩克产油国之间、产油国与消费国之间进行合作。① 因此，在 G20 时代，在各方实力与利益的交织下，国际石油体系的合作状态从雏形走向了成熟与完善。

二　美国对外石油政策的阶段性研究

美国是两党制政体，由于民主党与共和党在能源理念上有较大的差异，它们对对外能源政策关注的侧重点也有所不同。因此，两党交替执政的体系使得不同总统执政时期的石油政策会随之调整，因而具有不同的特征。目前，有相当多的学者致力于对美国对外石油政策的阶段性研究，其中，现有研究成果中最多的文献集中在对小布什政府对外石油政策与战略的研究，其次是克林顿政府，下面按时间先后分别进行综述。

（一）老布什政府时期

老布什总统执政时期国际格局发生了革命性的转变，东欧剧变、苏联解体使国际格局从两极格局向"一超多强"的多极化格局转变。美国对外战略的重心从"应对苏联的全球挑战"转变为"应对地区性威胁"、

① 管清友：《G20 时代国际能源新秩序》，《中国石化报》2009 年 4 月 16 日（http：//enews. sinopecnews. com. cn/shb/html/2009 - 04/16/content_ 68846. htm）。

"建立美国主导的'世界新秩序'",① 这一战略诉求体现在能源领域即为构建以美国为主导的国际石油新秩序。

　　冷战的结束助推了美国经济的飞速发展，经济的提速大幅度提高了美国对石油资源的需求量，但鉴于美国国内石油产量的下降，其对进口石油资源的依赖程度不断加深。1991 年 2 月，老布什政府出台了《国家能源战略法案》，该战略将美国对外能源战略的主导方针确定为：开拓国际能源市场、改善国际能源环境、增强国际能源体制的安全性、提升美国进口能源供给的稳定性和安全性；其能源战略的总体目标是通过各种手段为美国经济的发展提供充足的全球资源，从而保证美国经济的持续发展、维护美国经济大国地位；具体战略目标表现为三个方面：保证能源供应的安全、减少对不稳定地区能源的依赖性、保护国际能源生态环境。② 1991 年《国家能源战略法案》是美国历史上第一个关于能源问题的战略性文件，为美国获取更有效、更安全的能源奠定了全面的基础，③ 其中关于国外石油资源的相关政策成为老布什政府国际石油战略的战略指导方针。

　　冷战结束前后，中东地区是世界上石油储量丰富、生产成本低廉、质量最好、产量最高的地区。1990 年中东地区石油生产成本仅为 2.25 美元/桶，每桶成本比美国低 1.85 美元，单井产量更是美国的几千倍。④ 鉴于中东地区在石油生产方面的巨大优势，老布什政府将对外能源战略的重心集中在中东地区，希望通过推翻敌对美国的产油国政权，平衡中东地区产油国的权力，按照美国意愿塑造"中东新秩序"，从而保障国际石油市场的供需平衡与价格稳定。此阶段，老布什政府为谋取中东地区石油霸权的主要举措为：（1）以海湾危机为名，打着联合国正义的旗号，发动海湾战争，打击敌对势力萨达姆政权，同时震慑其他敌对产油国，进而保护石油战略利益、维护石油霸权；⑤ （2）笼络中东友好产油国，如沙特，致力于构筑美国主导的中东石油安全体系；（3）美国军队进驻中东地

---

　　① 王缉思：《高处不胜寒：冷战后美国的全球战略和世界地位》，世界知识出版社 1999 年版，第 191 页。

　　② 蒋俊：《冷战后美国能源战略探析》，硕士学位论文，中国政法大学，2007 年，第 16 页。

　　③ ［美］维托·斯泰格利埃诺：《美国能源政策：历史、过程与博弈》，石油工业出版社 2008 年版，第 231 页。

　　④ 同上书，第 209 页。

　　⑤ 舒先林：《美军军事介入中东石油战略利益之透析》，《阿拉伯世界研究》2007 年第 5 期。

区，以强大的军事实力为后盾，控制了中东地区主要的石油产地和具有战略意义的石油运输管线通道;[①]（4）首次动用战略石油储备，利用战略石油储备调控国际石油市场的供需状况，进而左右国际石油市场的石油价格。[②]

老布什总统在中东的石油政策与措施在一定程度上确保了中东的石油资源以较低价格源源不断地流入美国，这对美国能源稳定供应、经济发展繁荣是不无裨益的；但另一方面，作为连接"三洲、五海、三洋、两海峡"[③]的战略要地，中东地区自古以来就具有重要战略意义，地缘政治形势纷繁复杂。老布什政府在冷战结束初期推出的针对中东地区的石油政策激化了其内部固有的民族和宗教矛盾，深化了大国之间在中东地区争夺石油资源的矛盾，这成为后来中东地区冲突不断的导火索，也为国际石油秩序的动荡埋下了隐患。[④]

（二）克林顿政府时期

在克林顿政府的大部分时期，石油资源供应稳定、石油价格稳中有降，并没有出现大规模严重的石油供给中断，因此，国际能源战略并没有在克林顿政府和国会议事日程上占据重要位置。尤其当 1992 年克林顿总统提出针对化石能源热量消耗征收能源税的提议遭到国会否决之后，克林顿政府在能源领域再无新的努力和尝试。直至克林顿政府后期，国际石油价格开始攀升，逐渐出现石油供不应求的现象。[⑤]

虽然《国家能源战略》早在老布什政府时期已经出台，但由于克林顿政府时期国际国内能源环境优越，《国家能源战略》的一系列举措并未得到应有的重视，也没有得到贯彻实施。由于克林顿政府对环境保护尤为重视，美国国内的石油资源开发受到严格限制，致使国内产油量大幅度下

---

① 王鸽：《冷战后美国的中东政策与中东局势》，硕士学位论文，吉林大学，2008 年，第 10—11 页。

② 任光凌：《美国石油安全战略的历史演变》，硕士学位论文，山西大学，2003 年，第 16 页。

③ 三洲：欧洲、非洲、亚洲；五海：地中海、黑海、阿拉伯海、红海、里海；三洋：印度洋、大西洋、太平洋；两海峡：霍尔木兹海峡、黑海海峡。请参见王鸽《冷战后美国的中东政策与中东局势》，硕士学位论文，吉林大学，2008 年，第 4 页。

④ 王鸽：《冷战后美国的中东政策与中东局势》，硕士学位论文，吉林大学，2008 年，第 4—11 页。

⑤ Paul L Joskow, *U. S. Energy Policy during the 1990s*, 2001, pp. 1 - 2（http://econ-www. mit. edu/files/1144）.

降，加剧了美国对进口石油的依赖。① 纵观克林顿政府时期，其对外石油战略与政策具有两个显著的特征：第一，非常重视能源开发与利用对环境带来的负面影响，重视环境保护；第二，开始注意到进口石油来源多元化的重要性，鉴于中亚—里海地区重要的战略意义，克林顿政府将关注的目光首先投向中亚—里海地区，并积极与俄罗斯争夺该地区的石油、天然气资源，即主动参与油气过境运输管道的修建。中亚—里海地区成为美国与俄罗斯进行长期权力斗争与资源争夺的舞台。②

克林顿政府对中亚—里海地区石油资源的关注并非偶然，而是进一步削弱俄罗斯实力、巩固全球霸权的重要战略部署，一举两得。中亚—里海地区在克林顿政府国际石油战略布局中的重要战略意义主要表现为三点：其一，夺取俄罗斯在该地区的石油霸权；其二，实现石油来源多元化，提高进口石油的安全性；其三，加强美国对该地区石油、天然气资源的垄断与油气过境运输管线的控制，降低欧佩克对国际石油市场的垄断，增强非欧佩克产油国的力量，协助包括美国及其盟友的西方石油公司参与中亚—里海地区石油资源的开发和运输。③

综合众多学者的分析，克林顿政府针对中亚—里海地区的石油政策主要承担五项任务：（1）争夺该地区的石油和天然气资源，充实美国进口能源的来源，增加稳定的石油供给，削弱两伊、俄罗斯在西方能源经济中的决定性作用；④（2）防止除美国及其盟友之外的国家垄断该地区的石油资源，在战略层面打击俄罗斯在该地区的石油霸权、⑤ 坚决禁止伊朗在该地区从事石油开采、运输等相关行为；（3）控制该地区关键的石油、天然气输出管线。为此，克林顿政府还专门于1998年任命了处理中亚—里海地区问题的"总统特别顾问"，将油气管线建设协商列为重要的外交任

---

① Paul L. Joskow, *U. S. Energy Policy during the 1990s*, 2001, pp. 1 – 2（http：//econ-www. mit. edu/files/1144）.

② ［美］迈克尔·T. 克莱尔：《资源战争：全球冲突的新场景》，上海译文出版社2002年版，第85页。

③ 任光凌：《美国石油安全战略的历史演变》，硕士学位论文，山西大学，2003年，第19页。

④ 同上书，第20页。

⑤ 许勤华：《新地缘政治：中亚能源与中国》，当代世界出版社2007年版，第100页。

务；① （4）通过获取该地区的石油霸权，进一步将美国的政治、经济、军事等实力部署到欧亚大陆的心脏地带，借助参与中亚—里海地区的地缘政治角逐，获取在该地区的地缘政治优势，建立以美国为主导的欧亚大陆安全体系和地缘政治格局，② 为美国的全球霸权战略服务；（5）还有学者认为，与中东地区相比，中亚—里海地区的石油储量并不能直接满足美国保持进口石油稳定供应的目标，因此，克林顿政府针对该地区的石油战略部署更重要的目的则是在全球范围内平衡能源供应、稳定油价、实现石油供给多元化，保障全球能源市场的稳定。③

（三）小布什政府时期

小布什政府时期美国全球战略发生了重大转折，其国际石油政策也随之发生了重大调整。这一时期，对小布什政府国际石油战略与政策的研究成果井喷式增加，众多学者从不同视角进行了较为详尽的研究。下面从小布什政府国际石油战略与政策转变的原因、内容及影响三个方面进行综述。

1. 小布什政府国际石油战略转变的原因

小布什政府国际石油战略与对外石油政策发生转变的主要影响因素来自于国内与国际两个层面，具体原因总结如下。

从国际角度讲，原因有二：（1）国际石油体系中竞争加剧，国际能源形势严峻。④ 尤其是伴随新兴国家的异军突起，其对石油资源的需求量强劲增长，给美国及其盟友进口石油安全带来了巨大挑战；（2）国际石油市场供求平衡屡被打破，国际油价持续震荡上涨，潜在的石油危机如影随形。⑤

从美国国内角度来讲，原因体现在六个方面：（1）美国石油储备/生产量与消费需求量之间的矛盾日益尖锐，进口石油对外依存度不断推高；（2）小布什家族有深厚的石油背景，与美国石油财团关系密切，小布什

---

① 任光凌：《美国石油安全战略的历史演变》，硕士学位论文，山西大学，2003年，第19页。

② 王焕丽：《冷战后美国对里海地区能源外交》，硕士学位论文，武汉大学，2005年，第4页。

③ 罗振兴：《美国在中亚—里海地区的能源政策评析》，《美国研究》2005年第2期。

④ 陈青：《小布什政府能源战略》，硕士学位论文，暨南大学，2007年，第10页。

⑤ 张毅：《小布什政府石油战略的中东向度》，硕士学位论文，华东师范大学，2005年，第4页。

政府内阁中有相当一部分人代表着石油产业的利益，被人视为"石油内阁"；（3）国内大选与飓风等危机事件催化了小布什政府对石油的关注程度。一方面小布什总统希望通过有利的石油政策赢得石油财团的支持，而"伊万"、"卡特里娜"、"丽塔"等飓风对墨西哥湾石油设施的打击严重破坏了国内石油生产能力，加剧了小布什政府对国际石油问题的关注；（4）"9·11"事件的爆发深刻影响了美国国家安全战略，美国国内从政府高层到普通民众对确保和加强进口石油安全的呼声不断高涨；[1]（5）小布什政府"鹰派"势力的上升，使得美国在处理国际石油问题、保障进口石油稳定供给问题上拿起"干涉主义"的大棒，对挑战美国的产油国采取强硬手段，甚至不惜发动"先发制人"的战争；[2]（6）国内民众对进口石油的重视程度空前高涨。1998 年由芝加哥外交关系委员会发布的美国舆论抽样调查报告显示，"确保足够的能源供给"排在"美国非常重要的外交政策目标"的第五位。[3]

在以上国际和国内因素的共同作用下，小布什政府的国际能源战略与政策更加重视石油资源，更加关注在国际能源市场上对石油资源的争夺，其石油战略的外向型特征日趋明显；[4] 在国际石油体系中，小布什政府也更加倾向于采用武力等强硬手段来保障进口石油安全。

2. 小布什政府国际石油战略的主要内容

在小布什政府时期，美国形成了较为全面的国际石油战略。具体内容如下。

第一，在全球范围内拓展石油霸权，主导国际石油体系，垄断石油市场，操纵国际石油价格。小布什政府的这些举措增加了美国进口石油的安全系数，推动了美国进口石油来源的多元化进程。小布什政府拓展全球石油霸权的主要举措可以概括为以下三个方面：（1）拓展石油霸权的边界。小布什政府将争夺石油资源的战场从中东地区拓展到中亚—里海地区、非洲、亚洲等地区。在中东地区，通过发动伊拉克战争打击敌对势力，进一

---

① 陈青：《小布什政府能源战略》，硕士学位论文，暨南大学，2007 年，第 9—14 页。

② 舒先林：《美国中东石油战略研究》，石油工业出版社 2010 年版，第 176 页。

③ Johan E. Rielly，"Americans and the World：A Survey at Century's End，" *Foreign Policy*，Spring，1999：97 - 113，转引自楚树龙《国际关系基本理论》，清华大学出版社 2003 年版，第 27—28 页。

④ 孙波正：《本世纪初美国能源安全战略探悉》，硕士学位论文，华东师范大学，2009 年，第 10 页。

步强化对该地区的控制；在中亚—里海地区，与俄罗斯斗智斗勇，蚕食俄罗斯在该地区的石油霸权；在非洲，将美国政治、经济、军事势力渗透到几内亚湾的产油国等；① （2）抢夺重要的石油运输管线。石油运输管线分为海上运输管线和陆路运输管线。在争夺陆路运输管线方面，中亚—里海地区是主要战场，美国的主要竞争对手是俄罗斯和刚刚崛起的中国。为了获取最大利益，小布什政府致力于打破俄罗斯对该地区石油出口运输管线的垄断，并积极参与和筹划对美国有利的油气运输管线的建设；② 在海路方面，美国依靠强大海空军事力量及战略威慑力捍卫国际上三条主要的能源运输航线。③ （3）垄断国际石油市场，操纵国际石油价格，极力维持"石油美元"体系。"石油美元"体系是指在国际石油贸易中以美元为结算货币的国际贸易体系，这一体系最早开始于 20 世纪 70 年代的石油危机，其目的是以贸易和金融手段建立相互依赖的机制性经济制度，以此实现对中东石油的绝对控制。④ 然而，随着欧盟政治经济一体化进程的加快、欧元的诞生与推广，美元在国际石油贸易中的地位受到了挑战，为此小布什政府不惜采用军事力量保护"石油美元体系"，以便依靠强力垄断国际石油市场。⑤

第二，踊跃参加国际能源合作，积极开展能源外交，提高美国石油资源来源的多元化程度。2006 年年初，美国参议院向国会提交了《能源外交与安全法》草案，希望美国加强国际能源合作，建议美国与主要能源

---

① 许勤华：《新地缘政治：中亚能源与中国》，当代世界出版社 2007 年版；舒先林：《美国中东石油战略研究》，石油工业出版社 2010 年版；Daniel Volman, "The Bush Adminstration & African Oil: The Security Implication of US Energy Policy," *Review of African Political Economy*, Vol. 98, No. 30, 2003.

② 赵良英、沈田：《"9·11"事件以来美国的中亚战略及其影响》，《世界经济与政治论坛》2006 年第 2 期。

③ 这三条主要的国际海上石油运输航线分别指的是：（1）波斯湾—霍尔木兹海峡—印度洋—好望角—大西洋—美国；（2）波斯湾—霍尔木兹海峡—印度洋—马六甲海峡—南中国海—东亚日本、中国等；（3）波斯湾—霍尔木兹海峡—印度洋—曼德海峡—红海—苏伊士运河—地中海—直布罗陀海峡—大西洋—多佛尔海峡—北海—西欧国家。请参见马小军、惠春琳《美国全球能源战略控制态势评估》，《现代国际关系》2006 年第 1 期。

④ 舒先林：《美国中东石油战略的经济机制及启示》，《世界经济与政治论坛》2005 年第 1 期；杨力：《试论"石油美元体系"对美国在中东利益中的作用》，《阿拉伯世界》2005 年第 4 期。

⑤ 岳汉景：《"大中东计划"背后的"石油美元"》，《西亚非洲》2008 年第 7 期。

生产国与消费国在能源合作领域建立或加强战略伙伴关系,[①] 进一步巩固同欧佩克友好产油国之间的关系,拉拢非欧佩克产油国。在这样的战略理念下,小布什政府加强了同加拿大和沙特阿拉伯的贸易关系,改善了同委内瑞拉、墨西哥的贸易关系,强化了同巴西的能源合作,舒缓了同俄罗斯的能源对抗、就能源合作议题达成共识,并开始加紧开展同撒哈拉以南非洲产油国的合作。[②]

第三,积极参与国际性或地区性、政府性或非政府性的能源组织,强化美国在这些国际能源组织中的地位。在与国际性能源组织的合作中,小布什政府特别重视国际能源机构在保障美国及其盟友能源安全的作用。在国际能源机构中,美国依靠"平衡选票"原则占据在该组织中的主导地位,并利用国际能源机构为美国的能源利益和能源目标服务;此外,欧佩克、独立石油输出国集团等产油国组成的国际性组织也是美国合作的重点对象;联合国是美国开展国际能源合作的重要推手。在地区性组织中,美国参与的能源合作遵循选择性优先原则,采取区别对待政策。首先,北美自由贸易区是重中之重,小布什政府希望借此建立北美内部统一的能源市场,同时带动与拉丁美洲产油国的合作;其次在亚洲,小布什政府依托于亚太经合组织,希冀依托该组织下的能源工作组建立机制化的地区性能源合作机构等。[③]

第四,降低美国的石油对外依存度。"9·11"事件爆发以后,尤其是小布什政府后期,来自中东等不稳定地区的进口石油资源的安全性与稳定性屡受挑战,为此,小布什总统不止一次告诫美国人民要"戒除石油瘾",[④] 要通过开发国内石油资源、发展清洁替代能源来降低美国进口石油量。2008年,小布什总统更是在国情咨文中明确指出:"为了保障美国未来能源供应、保障美国安全、经济繁荣与发展……必须开发新一代清洁

---

① 舒源:《国际关系中的石油问题》,云南人民出版社2010年版,第119页。

② 同上书,第120页;孙波正:《本世纪初美国能源安全战略探悉》,硕士学位论文,华东师范大学,2009年,第13—15页。

③ [俄]斯·日兹宁:《国际能源:政治与外交》,强晓云等译,华东师范大学出版社2005年版。

④ 雷越、陈建荣:《美国降低石油对外依存度的战略动向》,《国际石油经济》2011年第4期。

能源技术……减少对进口石油的依赖。"①

3. 小布什政府国际石油战略的重要影响

小布什政府的国际石油战略对全球能源政治经济格局产生了重大影响。主要表现在两个方面:②

第一,从国际石油政治秩序来讲,小布什政府凭借政治、经济、军事、文化、外交等手段,将美国的力量深入到中东、中亚—里海、美洲、非洲等主要产油地区和产油国,控制了全球主要的油气运输管线,打破了原有的国际能源地缘政治格局,强化了美国在国际石油体系中的霸主地位;但是,美国对敌对产油国的政治、经济制裁和军事干涉也造成了局部产油地区的冲突与动荡、大国之间关系紧张等现实矛盾。

第二,从国际石油经济秩序来讲,一方面,小布什政府在一定程度上捍卫了"石油美元"体系;另一方面,美国对全球产油国与地区的强行干预,加剧了能源消费大国之间争夺石油资源的竞争,扰乱了国际石油市场的供需平衡,推动了国际石油价格的高涨。

(四) 奥巴马政府时期

奥巴马政府国际石油战略的目标延续了小布什政府后期的思想,依然是"降低对化石燃料的依赖,特别是对进口石油的依赖性"③。2011 年 3月,奥巴马总统更是宣布在今后十年内,将美国进口石油量削减 1/3,以进一步提高美国能源的独立性。④ 奥巴马政府降低石油对外依存度的主要方式有三:增加国内石油产量、提高石油使用效率和发展清洁能源等替代性能源。⑤

目前,对奥巴马政府对外石油政策的研究主要集中在其对中东主要产油国的政策领域。

第一,从战略目标来讲,奥巴马政府对中东地区石油政策的目标主要

---

① 孙波正:《本世纪初美国能源安全战略探悉》,硕士学位论文,华东师范大学,2009 年,第 21 页。

② 陈青:《小布什政府能源战略》,硕士学位论文,暨南大学,2007 年,第 38—39 页。

③ 方小美、冯丹、孙波:《奥巴马的能源政策和中东政策取向及其影响》,《国际石油经济》2008 年第 12 期。

④ 蒋骢骁:《奥巴马欲减石油进口量》,《中华工商时报》2011 年 4 月 6 日;雷越、陈建荣:《美国降低石油对外依存度的战略动向》,《国际石油经济》2011 年第 4 期。

⑤ 褚王涛:《从美国能源政策演进看奥巴马能源政策宣言》,《生产力研究》2010 年第 1 期。

体现在两个方面：① （1）巩固美国在中东地区的石油霸权，确保该地区对美国的石油供给；（2）控制中东地区的石油生产和运输通道。第二，在战略手段方面，采取外交手段与军事手段相结合的方式：（1）从伊拉克撤军；（2）联合北约，采用武力推翻反美的卡扎菲政权，夺回利比亚境内石油资源的控制权，保障利比亚石油产量的稳定；（3）对伊朗采取软硬结合的方式，坚决反对并遏制伊朗制造和拥有核武器，② 并通过武力确保霍尔木兹海峡通畅。

与前几任总统相比，奥巴马总统的国际能源战略重心发生了重大转折，关注的焦点从传统能源领域转移到清洁能源与非传统能源领域，本章第二节将详细阐述。

三　美国对外石油政策的区域性研究

本节第二部分以时间为线索，纵向综述了国内外学者对冷战后美国对外石油战略与政策的研究。由于不同地区对美国石油供给的作用与意义各不相同，本小节将以地区为线索，横向综述现有文献对美国针对不同区域实施的石油战略与政策的研究。

（一）中东地区

鉴于中东地区丰富的石油储量和巨大的石油产量，其在美国国际石油战略中占据重要的地位。尽管近年来美国从中东地区进口的石油数量呈现下降趋势，但中东地区的战略地位不曾撼动，美国也必将在该地区扮演重要角色。③ 综合看来，对美国针对中东地区的石油战略的研究可以总结为两个方面：一是美国中东石油战略的经济机制分析，二是美国中东石油战略的政治机制分析。

1. 美国中东石油战略的经济机制分析

丰饶的石油资源储量是中东敌对产油国敢于对抗美国的强大"权力"来源，这些国家常常以石油资源为武器威胁美国石油供给、打破国际石油市场供需平衡。舒先林教授认为，美国可以通过联合盟友塑造新的权力中

---

① 方小美、冯丹、孙波：《奥巴马的能源政策和中东政策取向及其影响》，《国际石油经济》2008 年第 12 期。

② 刘宝莱：《奥巴马中东"新政"的变与不变》，《亚非纵横》2010 年第 1 期。

③ Michael T. Klare, "The Bush/Cheney Energy Strategy: Implications for U. S. Foreign and Military Policy," *International Law and Politics*, Vol. 36, 2004.

心来改变国际石油秩序中的"权力来源"。① 因此，以美国为首的西方国家可以在国际石油市场中构建以西方国家的技术、资金、金融体系为核心的新的经济制度，并使中东产油国对其产生严重的依赖性，进而对中东敌对产油国形成牵制。美国构建的机制化经济制度包括以下三个方面的内容。

第一，建立和巩固"石油美元"② 体系，迫使欧佩克国家进行石油交易时必须以美元为结算货币，保障美元在石油交易中的垄断地位，确保以美元为国际货币基础的体制给美国带来的利益，进而从经济和金融层面巩固美国在中东石油贸易中的霸权地位。因此，"石油美元体系"是美国构建中东石油霸权的经济基础，③ 为保障美国在中东地区的石油利益提供有效的金融支持。④

第二，提高中东地区产油国对美国及西方金融市场的依赖程度，其主要方式表现为两个方面：（1）目前，美国是全球最大的石油产业投资国和资本运营国，⑤ 美国石油公司的跨国资本对中东地区产油国的石油产业基础设施建设、石油产业的发展与扩张意义重大；（2）美国以资本盈利性和安全性为诱饵，吸引中东地区产油国将剩余的石油美元收入存放到美国金融体系中。具体措施包括：允许中东国家将石油贸易收入等海外资产以石油美元形式存入美国的银行、允许其将石油美元投资于美国的证券市场、允许其购买美国的动产与不动产等。这样就将美国对石油稳定供给的

---

① 舒先林：《美国中东石油战略的经济机制及启示》，《世界经济与政治论坛》2005 年第 1 期。

② "美元石油"与"石油美元"的概念辨析："美元石油"是相对于"欧元石油"、"日元石油"、"英镑石油"等概念而言的，是指"除了以美元作为计价基础的美国石油公司生产的石油以外，还包括其他币值与美元挂钩的国家所生产的石油"。与此对应，"欧元石油"是指由欧盟国家生产的石油，"英镑石油"是指由英镑集团国家生产的石油。具体请参考江红《为石油而战——美国石油霸权的历史透视》，东方出版社 2002 年版，第 224 页；"石油美元"是指产油国因从事石油贸易而获得的美元收入，通常人们将"以美元作为国际石油贸易计价和结算货币的货币金融体制"也简称为"石油美元"。具体请参考舒先林《美国中东石油战略研究》，石油工业出版社 2010 年版，第 98 页。

③ 舒先林：《美国中东石油战略的经济机制及启示》，《世界经济与政治论坛》2005 年第 1 期。

④ 杨力：《试论"石油美元体系"对美国在中东利益中的作用》，《阿拉伯世界》2005 年第 4 期。

⑤ 马小军、惠春琳：《美国全球能源战略控制态势评估》，《现代国际关系》2006 年第 1 期。

需求与中东产油国对石油美元在美国金融市场的海外资产投资收益紧密联系在一起,① 增加了其对美国金融体系的依赖性,从而使中东产油国的利益与美国的利益绑定起来。因此,美国可以以金融手段为武器对中东地区敌对产油国的石油武器进行制约。

第三,增加中东地区产油国对美国技术和武器贸易的依赖程度。中东地区的产油国需要依靠引进西方国家先进的技术、拓展海外市场以改变单一石油经济的脆弱性,实现经济的多元化。美国以此为契机,大力支持其跨国石油公司对中东产油国石油产业的基础设施建设、技术革新进行大规模投资,中东产油国对美国技术与资金的依赖性越来越大。② 此外,中东地区终年动荡,该地区的产油国对武器装备的需求十分旺盛。作为世界上最大的军火供应商,美国将中东地区作为其军火的首要出口目的地,③ 中东产油国对美国军火贸易的依赖性也与日俱增。

2. 美国中东石油战略的政治机制分析

美国中东石油战略的政治机制主要是指美国通过政治、经济、文化和军事等手段,推动中东地区的民主改造进程,使其向西方的政治体制靠拢。具体途径如下。

第一,美国以西方的"民主"与"和平"理念对中东地区产油国进行强制的政治干预和政治改造。主要表现在四个方面:(1)支持其进行民主运动,推动民主改革,并将其列为美国在该地区外交活动的"优先议程"④。(2)美国政府直接参与策划并实施推翻反美产油国的执政政权。⑤ 伊拉克的萨达姆政权和利比亚的卡扎菲政权都是直接或间接地在美国的打击下土崩瓦解。(3)化解"文明的冲突",推动阿以和平进程,缓和阿拉伯产油国同美国的紧张关系,从而达到消减伊斯兰世界人民对美国

---

① 马小军、惠春琳:《美国全球能源战略控制态势评估》,《现代国际关系》2006 年第 1 期;舒先林:《美国中东石油战略的经济机制及启示》,《世界经济与政治论坛》2005 年第 1 期;杨光:《美国的中东石油外交》,《国际经济评论》2003 年第 5—6 期。

② 杨光:《美国的中东石油外交》,《国际经济评论》2003 年第 5—6 期。

③ 刘月琴:《冷战后海湾地区国际关系》,社会科学文献出版社 2002 年版,第 413—414 页。

④ 徐建山、孙依敏、戴家权等:《奥巴马"中东新政"影响分析》,《国际石油经济》2011 年第 5 期。

⑤ 舒先林:《美国中东石油战略研究》,石油工业出版社 2010 年版,第 120 页。

的仇视、保障进口石油安全的双重目的。① （4）美国政府借助其在中东地区的跨国石油公司，间接插手中东产油国的内政。美国的石油公司虽为私人公司，但其与政府及其外交活动联系密切。② 在一定程度上，美国政府是美国跨国石油公司的保护伞，而美国在中东地区的跨国石油公司则是美国政府的代言人和驻中东"办事处"。③

第二，美国在中东地区产油国推行"分而处之"、"双重标准"的经济策略。④ 美国政府对友好产油国进行经济援助，对敌对产油国进行经济制裁。伊朗、伊拉克、利比亚、叙利亚等重要产油国都曾遭受到美国单方面经济制裁；⑤ 而沙特阿拉伯、以色列等国家不仅接受过美国的经济援助，还同他们建立并保持特殊、紧密的石油战略合作关系。⑥

第三，美国以强大的军事实力为后盾对中东地区进行军事干预，甚至不惜发动战争。美国对中东地区的军事干预和武力干预似乎成为一种永远的存在，⑦ 美国军事干预的方式主要有两种：一种是直接发动战争，如两次海湾战争、利比亚战争等；另外一种是对友好产油国进行军事援助，从而形成对敌对产油国的间接制衡，如美国对沙特、科威特、阿联酋等国转让武器、进行联合军事演习、提供军事教练与指导等。

（二）中亚—里海地区

美国针对中亚—里海地区的石油战略与计划形成于 20 世纪 90 年代初的克林顿政府时期。⑧ 下面简要综述美国针对中亚—里海地区的石油战略的目的与内容。

1. 战略目的与意义

冷战结束以后，中亚—里海地区对美国而言具有十分重要的战略意

---

① 王鸽：《冷战后美国的中东政策与中东局势》，硕士学位论文，吉林大学，2008 年，第 8 页。

② 勃·弗·拉奇科夫：《石油与世界政治》，上海人民出版社 1977 年版，第 24 页。

③ 舒先林：《美国中东石油战略研究》，石油工业出版社 2010 年版，第 114—116 页。

④ 徐建山、孙依敏、戴家权等：《奥巴马"中东新政"影响分析》，《国际石油经济》2011 年第 5 期。

⑤ 杨光：《美国的中东石油外交》，《国际经济评论》2003 年第 5—6 期。

⑥ 舒先林：《美国中东石油战略研究》，石油工业出版社 2010 年版，第 137 页。

⑦ Michael T. Klare, *Resource Wars: The New Landscape of Global Conflict*, New York: Metropolitan Books Henry Holt and Company, LLC, 2001.

⑧ 许勤华：《新地缘政治：中亚能源与中国》，当代世界出版社 2007 年版，第 103 页。

义。（1）自古以来，该地区是"三大文明"和"三大宗教"① 交会之地，具有重要的政治意义；（2）该地区位于亚欧大陆的"心脏地带"，是连接亚欧大陆的"地理枢纽"，因此是美国势力渗透至亚欧大陆内部的重要途径，在地缘政治中举足轻重，战略意义非凡；② （3）冷战结束前，该地区是俄罗斯的"后院"，美国虽然觊觎却无法进入，而冷战的结束、苏联的解体为美国势力进入该地区，并进一步削弱俄罗斯在中亚—里海地区的霸权创造了机遇。美国希望通过对该地区的干预使刚从苏联分离出来的中亚—里海国家保持独立性；③ （4）该地区石油、天然气资源丰富，美国前国务卿詹姆斯·贝克认为中亚—里海地区的石油可能同中东地区的石油一样重要，④ 因此，美国希望使其成为"美国 21 世纪的战略能源基地"⑤。但也有学者认为，中亚—里海地区的石油资源并不能够满足美国长期的石油消费需求，该地区更重要的作用是助推美国长远能源战略目标的实现，如用于"稳定国际能源市场的石油价格"和"保障美国进口石油来源的多元化"；⑥ （5）美国另外一个目的是争夺该地区的能源运输管线控制权，以控制国际石油市场的石油供给量。

综合各种观点，冷战后美国针对中亚—里海地区的石油战略主要有四个目的：第一，增加美国石油和天然气等化石燃料的供给；第二，打破俄罗斯对该地区石油出口管线的垄断权，⑦ 防止任何国家垄断该地区的油气资源的生产与运输；第三，夺取并控制该地区主要的油气运输管线；第

---

① "三大文明"是指：东方文化、伊斯兰文化和斯拉夫文化；"三大宗教"是指：佛教、伊斯兰教和基督教。请参见闫巨禄《美国的中亚战略及对中国安全环境的影响》，《现代国际关系》1999 年第 12 期。

② 闫巨禄：《美国的中亚战略及对中国安全环境的影响》，《现代国际关系》1999 年第 12 期。

③ Michael Gfoeller and Tatiana Gfoeller, *United by the Caspian: Pursuing U. S. National Interests in Central Asia and the Caucasus*, Institute for the Study of Diplomacy, Georgetown University, 2002, pp. 85 – 86.

④ ［美］贝克：《美国在"新丝绸之路"的至关重要的利益》，《纽约时报》1997 年 7 月 21 日，转引自王焕丽《冷战后美国对里海地区能源外交》，硕士学位论文，武汉大学，2005 年，第 16 页。

⑤ 王春永、申华：《美国的新中亚战略及中亚地区战略格局走向分析》，《俄罗斯研究》2001 年第 1 期。

⑥ 罗振兴：《美国在中亚—里海地区的能源政策评析》，《美国研究》2005 年第 2 期。

⑦ 赵良英、沈田：《"9·11"事件以来美国的中亚战略及其影响》，《世界经济与政治论坛》2006 年第 2 期。

四，进一步打击俄罗斯和伊朗在该地区的势力和影响，为美国争夺地区霸权服务。① 因此，美国针对中亚—里海地区的石油战略的动机服务于美国全球整体战略，② 目的在于谋求长期性战略利益。

2. 主要内容

为了达到以上目的，冷战后美国提出了"新中亚战略"，对中亚—里海地区的产油国和石油过境运输国实施了"以经济援助为先导、以军事援助为保障、以政治拉拢和渗透为手段"的综合战略与行动。③

第一，经济上，美国对中亚—里海地区产油国进行有针对性的经济援助，并推进经济合作。美国对该地区的经济援助以"9·11"事件和2005年"颜色革命"为分界线，划分为两个阶段。（1）1995年以后，美国就已经成为该地区最大的经济施援国，美国在该地区的能源开发中获得了比较优势。这一阶段的主要援助方式为提供"人道主义救助"、提供"改革起动资金"等，④ 这些援助主要用于安全和执法领域；⑤（2）"9·11"事件爆发后，尤其是"颜色革命"爆发以后，小布什总统充分意识到了中亚—里海地区的战略意义，大幅提高了对该地区的援助力度。此阶段美国对中亚—里海地区的经济援助主要是配合美国"大中亚计划"，通过支持经济建设、社会改革等方式帮助中亚—里海国家建立统一的能源市场、消除能源贸易阻碍、推进能源合作等。⑥美国政府除了通过美国国际开发署对中亚—里海地区国家进行经济援助之外，还支持美国跨国石油公司和财团扩大对该地区产油国油气产业的投资力度，积极参与石油相关产业的资源开发、运输管线建设等项目，

---

① 任光凌：《美国石油安全战略的历史演变》，硕士学位论文，山西大学，2003年，第20页。

② 时殷弘：《当今中亚大国政治：出自中国视角的评估》，《国际经济评论》2003年第7—8期。

③ 王焕丽：《冷战后美国对里海地区能源外交》，硕士学位论文，武汉大学，2005年，第20页。

④ 闫巨禄：《美国的中亚战略及对中国安全环境的影响》，《现代国际关系》1999年第12期。

⑤ 张宁：《中亚能源大国博弈》，长春出版社2009年版，第208页。

⑥ 同上书，第208—209页。

增进在能源领域的经济合作。① 例如，美国参与修建能源基础设施、开发石油产业辅助服务项目、联合开采田吉兹等油田、推动"土—阿—巴—印管线"建设等，② 进而通过经济方式垄断该地区的石油开采、控制油气运输管线。

第二，军事上，美国对中亚—里海地区重点产油国进行全面的军事渗透。美国在该地区的军事渗透举措主要体现为两个方面：③（1）谋求在中亚—里海地区长期驻军的合法化。美国先后与哈萨克斯坦、乌兹别克斯坦等建立了双边军事关系，④ 尤其是"9·11"事件以来，美国更是以反恐为名在该地区广泛建立军事基地、部署作战部队；⑤（2）在中亚—里海地区推广"和平伙伴计划"，并在该框架下为该地区提供武器援助、联合演习、军官培训服务等。⑥

第三，政治上，美国致力于增进同该地区重要产油国的关系，瓦解和切断苏联解体后新近成立的重要石油生产国同俄罗斯、伊朗的关系。⑦ 美国政府主要通过官方推进的方式进行政治拉拢和政治渗透，主要表现为：①利用冷战结束初期该地区出现的短期"意识形态空白期"的机遇，通过美国媒体加强对意识形态、西方价值观的灌输与渗透；⑧ ②增进美国与中亚—里海地区国家高层领导人之间的会晤与对话，全面提升政治关系，逐步扩大美国在该地区的政治影响力；⑨ ③积极直接或间接地参与中亚—

---

① 闫巨禄：《美国的中亚战略及对中国安全环境的影响》，《现代国际关系》1999 年第 12 期；王焕丽：《冷战后美国对里海地区能源外交》，硕士学位论文，武汉大学，2005 年，第 21—22 页。

② 张宁：《中亚能源大国博弈》，长春出版社 2009 年版，第 211—213 页。

③ 王焕丽：《冷战后美国对里海地区能源外交》，硕士学位论文，武汉大学，2005 年，第 23—24 页。

④ Michael T. Klare and Daniel Volman，"The African 'Oil Rush' and U. S National Security," *Third World Quarterly*，Vol. 27，No. 4，2006.

⑤ Michael T. Klare，*Resource Wars：The New Landscape of Global Conflict*，New York：Metropolitan Books Henry Holt and Company，LLC，2001，pp. 81 – 108.

⑥ 王焕丽：《冷战后美国对里海地区能源外交》，硕士学位论文，武汉大学，2005 年，第 23 页。

⑦ 杨光主编：《防范石油危机的国际经验》，社会科学文献出版社 2005 年版，第 125 页。

⑧ 王焕丽：《冷战后美国对里海地区能源外交》，硕士学位论文，武汉大学，2005 年，第 20 页。

⑨ 王焕丽：《冷战后美国对里海地区能源外交》，硕士学位论文，武汉大学，2005 年，第 20 页；[美]迈克尔·T. 克莱尔：《资源战争：全球冲突的新场景》，上海译文出版社 2002 年版，第 93 页。

里海地区国家的政治、经济体制改革与重构，潜移默化地向该地区渗透
"民主"、"人权"、"选举"等西方理念，掀起"颜色革命"。①

（三）非洲地区②

"9·11"事件爆发之后，美国一改往日"在非洲没有重要战略利益
和安全利益诉求"的态度，③ 开始关注非洲地区，并为与非洲主要国家建
立更为密切的联系奠定基础而做积极的准备。④ 下面分别从美国转变对非
战略与政策的目的、对非石油战略的主要措施、结果与影响三个方面进行
综述。

1. 美国转变对非战略与政策的目的

小布什政府对非政策大幅调整主要有三个方面的原因：第一，抢占非
洲新兴的商品销售市场；第二，争夺非洲富饶的原料产地，尤其是丰富的
石油资源；第三，消除非洲恐怖主义滋生的温床，保障美国国家安全。⑤
其中，争夺非洲地区丰沛的石油资源是最为关键的一个因素。非洲的石油
资源是帮助美国实现进口石油来源多元化的重要途径之一，对确保美国能
源安全具有十分重要的意义。⑥ 与中东地区的石油相比，非洲的石油资源
对美国有三大好处：（1）非洲石油储量丰富，现有产量和出口量增幅很
快，做为新兴的石油出口地区，非洲地位的重要性与中东地区不相伯仲；
（2）非洲地区的石油勘探与开采历史较短，矛盾冲突不集中，因此相对
比较安全；（3）从运输角度来讲，非洲的石油可以通过几内亚湾横跨大
西洋，直接运到美国的东海沿岸，距离更短、更加安全。⑦

---

① 许勤华：《新地缘政治：中亚能源与中国》，当代世界出版社 2007 年版，第 112 页。

② 本书所指的"非洲地区"没有特殊说明均是指"撒哈拉以南的非洲"地区。

③ ［美］迈克尔·克拉夫：《美国与非洲：自私自利的脱离接触》，《现代历史》1992 年第
5 期，转引自杜小林《冷战后美国对非政策的演变、特点及趋势》，《现代国际关系》2006 年第 3
期。

④ ［美］约翰·伽思维尼恩：《能源战争：非洲石油资源与生存状态大揭秘》，武铁、唐晓
丽译，国际文化出版公司 2008 年版，第 75 页。

⑤ 刘玲：《冷战后美国对非洲的政策》，硕士学位论文，青岛大学，2009 年，第 16—
17 页。

⑥ 杜小林：《冷战后美国对非政策的演变、特点及趋势》，《现代国际关系》2006 年
第 3 期。

⑦ Ikechi Nwosu, "Upbeat in United States African Agenda Despite Hurdles," *Guardian*, 2003 -
09 - 10, 转引自刘玲《冷战后美国对非洲的政策》，硕士学位论文，青岛大学，2009 年，第 16—
17 页。

2. 美国对非石油战略的主要措施

为推动与非洲主要产油国的合作，促使非洲成为美国安全的石油进口备选地区，美国主要做了五个方面的努力：进行发展援助、促进政治民主、加快经济增长、① 提供军事援助和外交斡旋。

第一，在发展援助方面，美国单独或者通过联合国为非洲地区提供防治艾滋病、减少贫困行动的援助资金。

第二，在政治民主方面，①美国在非洲掀起了"民主化浪潮"，将西方的民主制度和价值观强加给非洲国家，并以"民主"、"人权"、"反恐"等为借口强行干预非洲国家的内政与外交；②美国通过操纵世界银行和国际货币基金组织在非洲强力推行"结构调整"，推广"华盛顿共识"，力图将非洲纳入以美国为主导的资本主义体系。②

第三，在经济发展方面，美国的政策集中在两个方面：①鼓励美国的跨国石油公司对非洲石油产业进行技术和资金输出，抢先与非洲产油国签订石油开发和运输合作协议，进而一方面推动非洲主要产油国石油产业的发展；另一方面控制非洲的油气资源。③ 据统计，美国对非投资的 2/3 进入了非洲的石油产业；④ ②巩固美非经贸关系。在国际贸易领域，美国给予非洲关键产油国优惠，以期获得更多的石油资源和产品。在美非经贸往来中，美国从非洲地区进口最多的产品为能源类原料和产品。⑤

第四，在军事方面，美国以反恐为名，提供军事援助，加强了美军在非洲地区的军事存在，并趁机扩张军事部署，⑥ 甚至建立了专门的非洲司令部。⑦ 除了反恐目的之外，美国在非建立军事基地、与非洲产油国进行军事合作、与非洲军队进行联合演习等军事部署更为重要的目的是通过武

---

① 舒源：《国际关系中的石油问题》，云南人民出版社 2010 年版，第 120 页。

② 杜小林：《冷战后美国对非政策的演变、特点及趋势》，《现代国际关系》2006 年第 3 期。

③ 梅永红、王元主编：《全球能源大棋局》，时事出版社 2005 年版，第 170 页。

④ 刘玲：《冷战后美国对非洲的政策》，硕士学位论文，青岛大学，2009 年，第 8 页。

⑤ 同上书，第 17 页。

⑥ 杜小林：《冷战后美国对非政策的演变、特点及趋势》，《现代国际关系》2006 年第 3 期。

⑦ Daniel Volman, "U. S to Create New Regional Military Command for Africa: AFRICOM," *Review of African Political Economy*, Vol. 34, No. 114, 2007；梅永红、王元主编：《全球能源大棋局》，时事出版社 2005 年版，第 171 页。

力途径保障非洲石油开采、运输的安全性，① 从而为美国控制非洲的石油资源保驾护航。

第五，在外交领域，美国不断强化同非洲产油国间的双边外交关系。② 除了频繁的高层外交互访之外，美国更是与关键的产油国恢复外交关系、重建大使馆。在这样的背景下，2006 年美国驻赤道几内亚大使馆得以重建。③

3. 美国对非石油战略的结果与影响

在美国有计划地推进对非石油政策的影响下，21 世纪以来，非洲石油经济的繁荣被深深地刻上了"美国印记"，整个石油产业具备鲜明的"美国特色"：④ 第一，非洲石油出口严重依赖美国市场，非洲产油国经济发展状况与美国经济发展状况紧密相连；第二，非洲产油国的石油产业严重依赖美国的资金和技术支持，这主要归结于两方面的原因：①美国跨国石油公司（如埃克森、马拉松等）成为非洲主要产油国石油产业的关键投资者和开采者；②美国跨国石油公司和石油财团是非洲石油运输管道的主要投资者，并提供基础设施建设等服务。

因此，在美国紧锣密鼓的规划下，美国在一定程度上控制了非洲地区的石油资源，非洲也成为美国确保进口石油多元化的关键地区。

第二节　美国清洁能源⑤战略研究

自奥巴马总统执政以来，大力推动清洁能源的发展，美国的国际能源

---

① Daniel Volman，"The Bush Adminstration & African Oil：The Security Implication of US Energy Policy," *Review of African Political Economy*，Vol. 30，No. 98，2003.

② 梅永红、王元主编：《全球能源大棋局》，时事出版社 2005 年版，第 170—171 页。

③ ［美］约翰·伽思维尼恩：《能源战争：非洲石油资源与生存状态大揭秘》，武铁、唐晓丽译，国际文化出版公司 2008 年版，第 145 页。

④ 同上书，第 136—139 页。

⑤ "新能源"也称为"非常规能源"，是与"常规能源"相对而言的。按照联合国开发计划署的定义，"新能源"划分为三个类别：（1）传统生物质能；（2）大中型水电；（3）新可再生能源，如太阳能、风能、现代生物制能、小水电、地热能、潮汐能。通常来讲，"常规能源"是指已经被广泛开发利用的能源，"新能源"则是指正处于研发过程、并未得到大规模推广和利用能源。因此，核能、氢能等也通常被称为"新能源"。从这个角度来讲，"新能源"的概念与"清洁能源"的概念如出一辙，均包括太阳能、风能、地热能、潮汐能、生物质能、核能等不会给环境造成污染的能源。资料来源：http://baike.baidu.com/view/53645.htm. 本书统一使用"清洁能源"这一概念。

政策也被贴上了"绿色标签"。其实，美国清洁能源的开发利用具有较为悠久的历史。

一　美国清洁能源开发利用历史回顾

20 世纪 50 年代，美国清洁能源的发展初露端倪。1953 年，艾森豪威尔总统同意进行"和平利用核能计划"，将核能技术向民用领域推广；肯尼迪政府时期，他敦促美国原子能委员会[①]积极推动核能技术的和平应用，美国垦务局和陆军工程部也开始筹建水利大坝等。[②]

美国政府对清洁能源的关注始于 20 世纪 70 年代初第一次中东石油危机之后。由于欧佩克产油国的石油禁运给美国带来了巨大的打击，此后的尼克松、福特和卡特三位总统在其各自任期内都为能源危机所累。为此，他们希望能够在一定程度上实现"能源自给"，这为清洁能源的发展创造了机遇。尼克松政府时期，他指示美国原子能委员会开发高级核能反应堆、增殖反应堆技术，并进行商业推广；要求环保局提供资金进行"硫化物控制技术"研究，即里根政府"洁净煤计划"的前身；号召美国宇航局对太阳能的利用价值和技术进行评估等。[③] 卡特总统也开始关注替代能源的开发，尤其是核能发展对国家能源安全的重要性。1975 年，他推动了"核能和替代能源系统"研究；1977 年又倡导开发煤炭新技术。[④]

里根政府后期，国际石油价格崩盘，价格大幅下跌，再加之里根总统的共和党背景，该时期美国清洁能源的研发略显缓慢。1979 年三厘岛核

---

① 美国原子能委员会成立于 1947 年，目的是推广原子能用于科技等和平领域；1974 年 10 月，根据美国《1974 年能源重组法案》，"美国原子能委员会"的核能管理业务移交给了"美国核能管理委员会"，促进核能推广、利用的业务移交给了"美国能源研究与发展局"，"美国能源研究与发展局"后并与美国能源部。资料来源维基百科：http: // zh. wikipedia. org/wiki/% E7% BE% 8E% E5% 9B% BD% E5% 8E% 9F% E5% AD% 90% E8% 83% BD% E5% A7% 94% E5% 91% 98% E4% BC% 9A。

② ［美］维托·斯泰格利埃诺：《美国能源政策：历史、过程与博弈》，郑世高等译，石油工业出版社 2008 年版，第 8—9 页；W. Barber, "Studied Inaction in the Kennedy Years," in Goodwin C. ed, *Energy Policy in Perspective*, Washington DC: Brookings Institution, 1981, pp. 324 – 330.

③ ［美］维托·斯泰格利埃诺：《美国能源政策：历史、过程与博弈》，郑世高等译，石油工业出版社 2008 年版，第 13、18 页。

④ Twentieth Century Fund (Task Force on United States Energy Policy), "Background Paper by Richard B. Mancke," *Providing for Eenergy*, New York: McGraw-Hill, 1977; Jimmy Carter, *Keeping Faith: Memoris of a President*, New York: Bantam Books, 1982, p. 91; 维托·斯泰格利埃诺：《美国能源政策：历史、过程与博弈》，郑世高等译，石油工业出版社 2008 年版，第 91 页。

泄漏事故的发生沉重打击了美国核能的发展，因此，在里根政府时期，美国没有新建核电站，同时大量削减了在节能和可再生能源领域的预算投入。[①] 不过在此期间，美国洁净煤技术得到了一定程度的发展，但发展缓慢。

冷战结束后，美国出台了 1991 年《国家能源战略》，在该战略拟定过程中，美国政府内部就是否大力支持可再生能源发展的议题展开了激烈的讨论，并最终将美国能源战略的目标确定为"实现能源供给多样化、增加燃料可选性、提高能源效率、增强节能意识、鼓励能源新技术的研发"。1991 年《国家能源战略》是美国历史上第一次提出要实现更清洁、更有效、更安全的能源发展战略目标。[②] 但由于老布什总统深厚的石油背景，且美国当时正忙于通过第一次海湾战争争夺中东地区的石油霸权，这份战略中关于发展清洁能源的政策并没有得到真正的贯彻实施。

克林顿政府的能源政策深受环保主义者的影响，克林顿总统本人重视发展清洁能源，十分关注温室气体减排和全球变暖问题。在其任期内，他设立专门的项目用于研发可再生能源技术、提高能效技术、清洁能源汽车技术，并建议对清洁能源的使用提供税收优惠政策等。但克林顿政府关于发展清洁能源的提案遭到了共和党领导的国会的阻挠，国会拒绝在预算中增加对这些项目或政策研发经费和财政补贴的支出。[③] 与此同时，在克林顿政府大部分时期，国际油价低位运行，石油进口压力较小，这在一定程度上也打击了本届政府发展清洁能源的积极性。因此，虽然克林顿政府十分关注清洁能源的发展，但鉴于国内外能源环境制约，该届政府并没有出台任何推动清洁能源发展的法案，清洁能源产业的跨越式发展受限。

小布什政府时期是美国向清洁能源战略转型的重要时期。由于小布什总统具有深厚的石油背景，在其任期初期，他对清洁能源开发的兴趣不大。然而"9·11"事件的爆发、持续飙升的国际油价引发了小布什政府

---

① Department of Energy, DOE, *Budget Submissions: 1980*, pp. 81 – 84; U. S. Energy Information Administration, EIA, *World Nuclear Capacity and Fuel Cycle Requirements 1993*, DOE/EIA 0436 (93)，转引自［美］维托·斯泰格利埃诺《美国能源政策：历史、过程与博弈》，郑世高等译，石油工业出版社 2008 年版，第 34 页。

② ［美］维托·斯泰格利埃诺：《美国能源政策：历史、过程与博弈》，郑世高等译，石油工业出版社 2008 年版，第 231 页。

③ Paul L. Joskow, *U. S. Energy Policy during the 1990s*, 2001, http://econ-www.mit.edu/files/1144.

对进口石油安全的担忧，发展清洁能源自此进入决策者视野。2001 年，小布什政府出台了《国家能源政策》，开始强调发展清洁能源、提高能效、节约能源和对传统能源产业进行升级改造；2005 年，小布什总统签署了《国家能源政策法案》，强调要进一步降低对进口石油的依赖，实现"能源独立"，这标志着美国能源战略出现重大调整，也标志着美国在实现能源安全方面迈出了重要一步。① 在这些政策的鼓励和推动下，清洁能源领域的技术研发得到了充足的财政支持，氢能、太阳能、风能、地热能、生物质能等开发项目也获得了资金资助和优惠税收的支持。② 同时，小布什政府还鼓励民众和企业使用低碳、清洁的能源，以改变以往高能耗的生活和生产方式。在国际上，美国政府带头研发清洁能源技术，为此专门设立了新的"国际清洁技术基金"，希望通过建立"温室气体减排协议"来推动清洁能源在发展中国家的使用和推广。小布什政府后期发展清洁能源的一系列举措为奥巴马政府的"新能源革命"奠定了基础。③

　　奥巴马政府中的能源战略与政策制定者多为具有环保主义和非石油背景的官员，在能源领域中，他们更为关注气候变化、清洁能源技术研发与推广、节能增效等议题。④ 在金融风暴中临危受命的奥巴马总统也希望将能源安全、气候变化等能源领域亟待解决的问题同实现美国经济复苏联系起来，一并解决。⑤ 随着 2009 年《美国复兴和再投资法案》的颁布，清洁能源行业成为重振美国经济的重要领域之一，美国清洁能源行业因此得到了历史性、突破性、跨越式的发展。清洁能源的开发与利用对美国进一步实现进口石油的多元化、摆脱对中东地区进口石油的过度依赖作出了突出贡献。

二　美国"清洁能源外交"与"气候外交"

　　在国际上，奥巴马总统极力将美国发展清洁能源的理念推广至全球。因此，奥巴马政府主要通过"清洁能源外交"和"气候外交"方式，与

---

　　① 孙波正：《本世纪初美国能源安全战略探悉》，硕士学位论文，华东师范大学，2009 年，第 21 页。

　　② 陈青：《小布什政府能源战略》，硕士学位论文，暨南大学，2007 年，第 15—16 页。

　　③ 孙波正：《本世纪初美国能源安全战略探悉》，硕士学位论文，华东师范大学，2009 年，第 23 页。

　　④ 杨玉峰：《奥巴马政府能源新政及潜在影响》，《中国能源》2009 年第 6 期。

　　⑤ 赵宏图、黄放：《奥巴马能源、环境新政分析》，《现代国际关系》2009 年第 3 期。

发达国家和主要发展中国家开展广泛的国际清洁能源合作和气候合作。下面从目的和途径两个方面进行综述。

首先，奥巴马政府希望通过"清洁能源外交"和"气候外交"达到以下几个具体的目的：（1）通过在国内推广节能减排向低碳经济转型，掌握全球气候变化问题的主导权；① （2）通过积极参与并推动国际气候变化大会的顺利开展，使美国摆脱在国际气候变化领域的孤立地位和被动处境，重塑美国在国际事务中的道义权威，修复美国在国际社会中的形象；② （3）通过在全球范围内率先发展清洁能源技术、推广清洁能源实践、占据世界清洁能源产业发展的先机，为美国创造新的经济增长点；（4）通过在清洁能源领域和低碳经济领域的投资，为美国经济打入"强心针"，创造就业岗位，推动美国经济复苏，帮助美国逐步走出经济危机的阴霾；③ （5）通过开发和利用清洁能源、倡导节能和提高能源效率，逐步减少美国对进口石油的依赖，保障美国能源安全。

其次，从实现途径和方式来讲，奥巴马政府主要通过多边和双边两个层面开展"清洁能源外交"和"气候外交"。（1）建立和参与国际机制，在联合国等能源和气候国际组织的号召下，开展清洁能源和气候变化的多边合作，并树立美国在这些国际组织和国际机制中的领导地位；④ （2）开展广泛的双边合作，建立双边合作机制，与全球主要经济体、发展中国家开展清洁能源和气候合作。⑤

三　美国国际清洁能源战略与政策的影响与前景

奥巴马政府积极参与国际气候变化大会，在国际舞台上大力推广"清洁能源外交"和"气候外交"，开展了广泛的国际清洁能源合作，主要产生了以下几个方面的影响。第一，在一定程度上修复了美国在国际气候和环境领域的声誉与威望，改善了孤立的处境；⑥ 第二，美国重返国际气候变化大会谈判，签署《京都议定书》，推动了全球应对气候变化、节

---

① 谢莉娇：《气候议题：奥巴马政府形象外交之重》，《当代世界》2010 年第 3 期。
② 夏正伟、梅溪：《试析奥巴马的环境外交》，《国际问题研究》2011 年第 2 期。
③ 肖炼：《奥巴马执政对中美能源合作的影响》，《资源与人居环境》2009 年第 7 期。
④ 谢莉娇：《气候议题：奥巴马政府形象外交之重》，《当代世界》2010 年第 3 期。
⑤ 张立平：《奥巴马的气候外交》，《世界知识》2009 年第 20 期。
⑥ 夏正伟、梅溪：《试析奥巴马的环境外交》，《国际问题研究》2011 年第 2 期。

能减排的顺利实施；① 第三，在全球范围内掀起了"清洁能源"发展浪潮，推动清洁能源产业的蓬勃发展；第四，推动世界各国围绕清洁能源技术、节能增效技术等展开广泛的合作。

奥巴马政府着力推行的"清洁能源外交"和"气候外交"影响并改变着全球各国能源战略与政策的走向，在全球范围内产生了广泛而深远的影响。然而，对于美国清洁能源的发展是否具有可持续性，国内外学者普遍认为这是个未知数，这主要取决于三个因素：是否能够对持续推动美国经济复苏有实质性效果、是否可以有效地确保美国的能源安全、是否能够增强美国的国际领导力。② 因此，国内外学术界对于未来美国"清洁能源外交"和"气候外交"的走向还存在以下担忧：①在国际气候谈判中，美国会继续坚持不合理、不公平的温室气体减排原则，从而使国际气候谈判再度陷入僵局；②在《京都议定书》问题上，美国依然保持消极的态度，仅承诺到 2020 年减排 4%（以 1990 年为基点）。美国消极的减排态度在一定程度上也会削减其他发达国家的减排意愿和责任；③ ③清洁能源的发展需要大量的前期投资，还需要较长时间进行技术研发和推广示范，投资数额巨大、投资周期较长，因此，世界各国发展清洁能源的可持续性受到挑战。

第三节　文献综述小结

本书对冷战后美国国际石油战略与政策、国际清洁能源战略与政策的相关文献的梳理按照时间维度和空间维度，即从阶段性研究和区域性研究两个维度展开。顾名思义，所谓阶段性研究就是以时间为划分依据，将冷战后美国国际能源战略与对外能源政策的研究划分为不同的时间阶段进行研究。通过对文献的梳理，相关研究主要集中在老布什政府时期、克林顿政府时期、小布什政府时期和奥巴马政府时期；区域性研究就是对美国针对进口能源来源的关键地区或能源过境运输的重点区域的政策与行为进行的研究。从冷战结束至今，有相当多的文献将研究焦点集中在美国对中东

---

① 肖炼：《奥巴马执政对中美能源合作的影响》，《资源与人居环境》2009 年第 7 期。
② 谢莉娇：《气候议题：奥巴马政府形象外交之重》，《当代世界》2010 年第 3 期。
③ 夏正伟、梅溪：《试析奥巴马的环境外交》，《国际问题研究》2011 年第 2 期。

地区能源战略与政策；从克林顿政府时期开始，对美国在中亚—里海地区能源政策的研究开始增加。从小布什政府后期至今，随着全球多极化趋势的加强以及新兴国家在国际能源市场上竞争力的增强，非洲、美洲等新兴地区也逐渐成为美国对外能源政策涉足的新领域，各种研究纷至沓来。综上，现有文献从区域性视角对冷战后美国国际能源战略、对外能源政策的研究重点地区为中东地区、中亚—里海地区和非洲地区等。

阶段性研究和区域性研究对于了解冷战后美国国际能源战略具有十分重要的意义。但通过文献梳理可知，现有文献对于冷战后美国对外能源政策研究大多是对某届政府对外能源政策与行为或针对某个重点地区的分析，缺乏系统性和整体性，且分析切入的角度各不相同，缺乏统一的理论指导。因此，"阶段性研究"和"区域性研究"对于全面、系统了解冷战后美国国际能源战略尚显不足，这就需要综合横纵两个维度，并建构相关理论分析框架，以理论为指导将阶段性研究和区域性研究整合起来，描绘冷战后美国国际能源战略的整体蓝图。

第四节　创新空间——综合性战略性研究

时下学术界对于美国国际能源战略与政策的研究可谓汗牛充栋，但存在以下不足与局限性。

第一，缺乏严格意义上的战略分析。"战略"具有严格的定义，"战略研究"应该以战略的基本定义和基本特征为基础。而当下，大多数对美国国际能源战略的研究停留在政策分析层面，多为对刚刚出台的美国能源战略的对外战略部分及对外能源政策文本的解读，且局限为区域性和阶段性研究，缺少对冷战后美国国际能源战略全面（时间、空间）而系统、广泛而深入的研究。

第二，缺乏系统的理论支撑。现有对冷战后美国能源战略与政策的研究"重实践、轻理论"，大多是对美国历任政府对外能源政策与实践行为的梳理与解读，缺乏系统而全面的理论体系支撑。

第三，缺乏对美国国际能源战略有效性的分析。战略执行效果，即战略有效性是战略目标是否实现的重要标准。然而，现有对美国对外能源政策或战略文本的研究几乎没有涉及对战略或政策有效性的深入剖析。

第四，缺乏定量研究、缺少大规模的数据支撑。在交叉学科蓬勃发展的今天，定量研究方法也开始逐渐引入到国际政治与国际关系问题的研究中来，但从现有对美国国际能源战略研究的文献来看，这一研究方法并没有得到广泛的应用，定性研究依然占据着主导地位。

鉴于以上的局限性，本书尝试以相关理论为基础，构建较为系统的理论分析框架，再结合冷战后美国对外能源政策与实践，以大量的案例和数据为支撑，总结和归纳冷战后美国对外能源政策的内容与特点，同时以战略理论为基础对"冷战后美国是否存在全面、系统国际能源战略？"这个核心问题进行判断，并对政策或战略的执行效果进行定量分析和定性分析，最后为我国的国际能源战略发展方向提出建议。

第 三 章

理论综述与框架构建

第一节　国家战略理论综述

一　战略的概念

"我们都更需要发展一种思想方法，使我们能够控制事变，而不受事变的左右。这就是战略为什么在当前如此重要、如此值得研究的缘故。"

"战略无知即为送命的错误！"

——安德烈·博弗尔

"战略"是一个耳熟能详的词语，被广泛应用到各种领域，但由于使用者缺乏对"战略"概念的透彻理解和领会，其中不乏滥用之嫌。"战略"一词具有深刻的内涵和意义，现代意义上的战略概念经历了多个发展阶段，是人类战略思想长期发展、演变、完善的结果，① 是一个不断发展、完善的概念。本章将从战略内涵的发展与演变出发，通过梳理战略概念的发展阶段来揭示战略的本质和特征，并厘清战略的概念丛林，对当今社会上流行的一些战略用语进行区分。

（一）战略概念的发展与演变

现代意义上的"战略"一词发源于西方。"战略"在英文中为"strategy"，其词根是希腊语"stratos"，意为"军队"，后来以这个词为基础先后衍生出了多个相关的词语，如"将军"（strategos）、"将道"

---

① 李少军：《论战略观念的起源》，《世界经济与政治》2002 年第 7 期。

（strategeia）、"诡计"（strategems）等。① 虽然"战略"一词起源于希腊，但是希腊并没有正统的战略著作传世，直到公元580年东罗马拜占庭时代，才出现 *Strategikon* 一书，书名意为"将军之学"，这是西方第一部战略学著作。② 在西方进入中世纪后的近千年时间里，关于战略的名词和观念都销声匿迹了，直到1777年，法国人梅齐乐正式用到了"战略"一词，自此，战略作为专业术语开始逐渐被人们所接受，并于19世纪初期风靡于欧洲大陆。传统的战略思想也在诺米尼和克劳塞维茨两位大师的推动下于19世纪初到20世纪初达到登峰造极的境界。③ 在我国的文献记载中，"战略"一词最早出现在西晋司马彪的著作中，但其内容与战略毫无关联。第一位将"战略"作为概念进行使用的是南北朝时期的沈约。④ 而真正集我国古代战略思想之大全的著作非《孙子兵法》莫属，它标志着"中国古典战略研究的成熟"，孙武则是中国历史上提出完整战略理论的第一人，⑤ 此后战略思想被大量应用到实践当中。

"战略"的概念经历了一个不断发展、完善的过程。纵观"战略"这一概念的发展历史，不同时期对战略的界定在范围上和程度上均有所不同，而后来的界定往往是对先前定义的完善与拓展，综合看来，"战略"概念的演变可以划分为以下两个阶段。

第一阶段为"军事术语阶段"，即狭义的战略概念。此阶段的战略范围局限在军事领域，目的为赢得战争。以战争规模和深度为依据，这个阶段又可划分为三个子阶段，即"小规模军事战斗"阶段、"全局战争"阶段和"军事与政治相通的军事战略"阶段。"小规模军事战斗"阶段主要是指中西方古典战略时期（18世纪以前）。在这一阶段，"战略"是指原始意义上的"将道"、"诡计"和"作战的谋略"，并没有明确地区分战略与战术，战略即小规模的军事斗争。⑥ "全局战争"阶段主要是指近代

①　钮先钟：《战略研究》，广西师范大学出版社2003年版，第2页。

②　钮先钟：《西方战略思想史》，台北麦田出版公司1995年版，第57页，转引自钮先钟《战略研究》，广西师范大学出版社2003年版，第3页。

③　钮先钟：《战略研究》，广西师范大学出版社2003年版，第4页。

④　沈约（441—513年）在《宋书》中写道："授以兵经战略"。沈约：《宋书》，卷82，列传第42，《周郎传·附兄峤传》，第2093页，转引自李少军《论战略观念的起源》，《世界经济与政治》2002年第7期。

⑤　李少军：《论战略观念的起源》，《世界经济与政治》2002年第7期。

⑥　周丕启：《大战略分析》，上海人民出版社2009年版，第2页。

战略时期（18 世纪末到第一次世界大战爆发）。在这一阶段，诺米尼和克劳塞维茨两位战略大师分别对战略的定义进行了拓展，并对战略与战术进行了区分，他们的战略理论"奠定了西方军事战略概念的基础"。[①] 诺米尼将战略定义为"全局范围内的战争艺术"，[②] 从而将战略拓展为全局范围的战争；克劳塞维茨在《战争论》中对战略和战术进行了区分，他认为"战略为使用战斗以达到战争目的的理论"，[③] 《战争论》则被誉为"战略的圣经"。"军事与政治相通的军事战略"阶段主要是指现代战略时期（第一次世界大战至第二次世界大战），此阶段战略依然没有跳出传统战略概念的界定范畴，战略依然是限制在军事战略范畴之内，不过此阶段的战略定义具有两个重要的特征：其一为"分配"概念的引入，其二为军事与政治的直接相关性。英国军事思想家利德尔·哈特在此阶段作出了杰出的贡献，他将战略定义为："战略为分配和使用军事工具以达到政策目标的艺术"，从而将"分配"的观念引入到战略的概念中来。[④] 同时，这个定义还包含着另外一层意思，即把军事手段与政治目的直接相连。周丕启指出，战略的这种界定在一定意义上就是强调应用军事手段来实现国家政治目的。[⑤] 与此同时，利德尔·哈特还提出了"大战略"（Grand Strategy）的概念，这个概念的提出使"战略"概念超出了传统的军事范畴，为"战略"概念发展到第二阶段奠定了基础。

第二阶段为"综合性多元化"阶段，即广义的战略概念，主要是指当代战略时期（第二次世界大战至今），此阶段国际体系中各个国家的竞争和较量更加复杂多变，从传统的军事领域逐步扩展到政治、经济、外交等更加广阔的领域，"战略"的概念也从对战争的指导拓展为对国家全局的指导。在此阶段，西方国家纷纷提出了"大战略"、"全面战略"、"国家战略"、"地区战略"、"部门战略"等概念，"战略"的概念突破了传统的军事范畴。具体表现为：战略的范围从"战时"拓展为"战时＋平

---

① 周丕启：《大战略分析》，上海人民出版社 2009 年版，第 2 页。

② ［瑞士］诺米尼：《战争艺术》，钮先钟译，台北麦田出版公司 1996 年版，第 72 页，转引自钮先钟《战略研究》，广西师范大学出版社 2003 年版，第 7 页。

③ ［德］克劳塞维茨：《战争论》，转引自钮先钟《战略研究》，广西师范大学出版社 2003 年版，第 10 页。

④ B. H. Liddell Hart, *Strategy: The Indirect Approach*, London: Faber and Faber, 1967, p. 335, 转引自钮先钟《战略研究》，广西师范大学出版社 2003 年版，第 11—12 页。

⑤ 周丕启：《大战略分析》，上海人民出版社 2009 年版，第 3 页。

时"，手段从单纯的"军事力量"拓展到"政治、经济、心理和军事力量相结合"，应用领域从单纯的军事领域拓展到经济、外交、能源等各个领域，相应地出现了"经济战略"、"能源战略"等新的概念，战略的内涵和外延得以广泛的拓展。"大战略"的概念由利德尔·哈特提出，对于"战略"的界定，利德尔·哈特虽然坚定地认为"战略"即为"军事战略"，但他同时还提出了一个比"战略"更高级的新概念，即"大战略"，他认为战略之上还有更高级别的战略，"正像战术是战略在较低层面的应用一样，战略也就是大战略在较低层面的应用"，"大战略的任务为协调和指导所有一切国家资源以达到战争的政治目的"，① 大战略不仅应该关注战时，也应该关注怎样实现和维护战后的和平；大战略不仅依靠军事实力，还要巧妙运用经济、外交等手段动员国内资源。后来的学者对利德尔·哈特的"大战略"概念进行了更进一步的发展，使"大战略"概念超出了以赢得战争胜利为目的的军事范畴，从而将广义的"战略"概念推向了更新、更高层次、更广泛意义的阶段。"国家战略"的概念在1953年美国参谋首长联席会议出版的《美国联合军事术语词典》中提出，战略是一种科学与艺术，具体是指在平时和战时国家通过各种手段实现国家目标，② 该定义将和平时期如何实现国家目标也纳入到"战略"的视阈，战略手段也更加多元化，"战略"概念的应用从单纯的以赢得战争胜利的军事领域推广到了更广泛的领域。法国战略大师博弗尔认为国家在"更为广泛的领域"的具体战略被称为"全面战略"③，用于"分配任务与协调行动"。④ 随着此概念的提出，并伴随着主权国家发展的需要，各种领域分门别类的战略概念纷纷出炉，"战略"的概念已经进入了一个多元化发展阶段，得到了更加广泛的应用。综合来看，"战略"的概念经历了从"军事术语阶段"到"综合性多元化阶段"两个发展阶段，"战略"概念

① B. H. Liddell-Hart, *Strategy：The Indirect Approach*, London：Faber and Faber, 1967, pp. 335 - 336，转引自钮先钟《战略研究》，广西师范大学出版社2003年版，第14—15页。

② 钮先钟：《战略研究》，广西师范大学出版社2003年版，第22—23页。

③ 博弗尔在这里提出的"全面战略"（overall strategy）概念是比"总体战略"（total strategy）低一级层次的概念，其本质为"分类战略"（categorical strategy），钮先钟先生在他的《战略研究》一书中的第31页对这两个概念进行了比较细致的区分，本书将在下文中对这些概念作出辨析。

④ André Beaufre, *An Introduction to Strategy*, London：Faber and Faber, 1965, pp. 30 - 31，转引自钮先钟《战略研究》，广西师范大学出版社2003年版，第30页。

的这一发展变革历程见图 3 - 1。

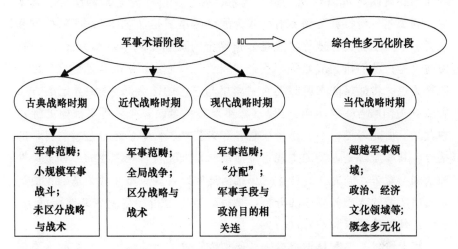

图 3 - 1　"战略"概念的发展演变阶段

　　日本学者伊藤宪一对"战略"的定义体现了"战略"内涵和"战略"外延的演变历史，即从狭义战略（战争技术）到广义战略（国家生存艺术）的历史，"狭义的战略专指国家间有关军事斗争的技术；广义的战略则泛指国家谋求生存与繁荣的艺术"①。

　　（二）战略的本质与特征

　　上一节对"战略"概念发展的历史进行了梳理，那么"战略"的本质到底是什么？它具有哪些特征？本部分将对这些内容进行回顾与整理。

　　对于战略的本质，大多数学者普遍认为是一种主观的东西或观念，或思想，或思维活动。钮先钟认为，"战略是一种观念，也是一种思想"；②李少军在《论战略观念的起源》一文中开篇写道："现代战略概念是战略思想发展演变的结果"，③从一定程度上讲他承认战略的本质就是思想；周丕启对战略的本质进行了详细的阐述，他指出，战略是一种主观思维活动，并且作为一种主观思维模式，战略包括认知的两个方面，即：主观是对客观的认知、主观反映是一种能动性的认知，并且主观的战略必须服务

　　①　［日］伊藤宪一：《国家与战略》，军事科学院外国军事研究部译，军事科学出版社 1989年版，第 14 页。

　　②　钮先钟：《西方战略思想史》，广西师范大学出版社 2003 年版，第 5 页。

　　③　李少军：《论战略观念的起源》，《世界经济与政治》2002 年第 7 期。

于客观的战略实践。综合看来，古往今来的战略家、思想家和学者对战略本质的理解基本可以归为三类：艺术、科学、科学与艺术的结合。诺米尼、利德尔·哈特和英国军方均认为战略的本质是"艺术"；苏联军方和学者、中国学者吴春秋等将战略分别界定为科学知识体系和综合性学科，由此可见，他们认为战略的本质是"科学"；美国军方和学者则结合以上两种观点，将战略的本质归类为"科学与艺术的结合"，这种界定的方法可从《美国联合军事术语词典》《军事及有关名词辞典》等对战略的界定中获知。由此可见，不管是将战略界定为艺术、科学，还是艺术与科学的结合，其本质都是人类的主观思维活动，是人类对客观事物的一种全局性的认知与意识。同时，这种主观思维活动要以客观战略实践为基础，通过对战略实践的本质和规律的分析、把握和判断来指导客观战略实践活动，从而达到维护国家利益的目的。①

综上所述，不管是思想也好，还是主观思维活动也罢，战略的本质都是一种主观的观念，只是用不同的词语表述而已。因此，从这个角度来讲，战略的本质即为观念，是战略观，这种战略观以国家利益为根本出发点，并将战略观物化为一系列具体可见的客观国家政策、措施，合理地利用国家战略实力来指导战略实践活动，从而有效地维护国家战略利益，这才是战略的本质所在。

纵观战略概念的发展演变史，历来的战略学家和学者均把战略定义为对全局性、长远性关键问题的规划和指导。因此，作为指导国家实践的战略，从范围上讲具有全局性，从时间上讲具有长远性，全局性和长远性是战略的重要特征，其中全局性是战略的基本特征。全局性是指战略的筹划、制定和实施必须立足于全局，必须具有宏观视野和综合性思维，同时要兼顾统筹宏观与微观、整体与局部之间的全局性关系；长远性是战略的内在特征，战略是对未来重大事件所进行的具有预见性的指导、谋划和安排，不管是战略目标也好，战略规划也罢，都是基于对未来的预期而进行的战略筹划，战略的作用要求战略应具有长远性的特征。我国的五年计划就充分地体现了战略的这两个特点。

---

① 周丕启：《大战略分析》，上海人民出版社 2009 年版，第 7—9 页。

　　战略还具有主动性①、稳定性、适应性和有效性②的特征，其中主动性是战略的本质性特征，稳定性、适应性和有效性则是影响主动性的重要因素。③ 国家对战略主动性的掌控能力直接影响国家的战略实力，它们之间的关系如图 3 - 2 所示。

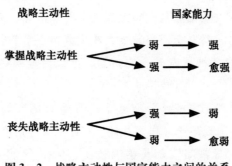

图 3 - 2　战略主动性与国家能力之间的关系

　　综上所述，从范围上讲，战略具有全局性的特征，这是战略的基本特征；从时间维度来讲，战略具有长远性特征；从本质上讲，战略具有主动性的特征，这种主动性特征表现为战略的稳定性、适应性和有效性。只有具备了这些重要的特征，战略才能够被称为战略，才能从宏观层面有效地指导国家战略实践。这三个特征也是本书判断冷战后美国是否形成全面、系统国际能源战略的重要标准。

---

　　① 　主动性就是国家保持、提高本身生存与发展的能力。主动性表现在战略的筹划过程中，并通过战略的实施得以实现，是战略能否取得成功的关键。国家战略主动性的强弱与国家保持和提高本身生存与发展的能力、维护国家利益的能力直接挂钩，国家战略的主动性越强，国家的相关能力越能得到发展和壮大，反之亦然。请参见陈维丰等《战略本质特征探析》，《军事经济研究》1992 年第 3 期。

　　② 　稳定性、适应性和有效性是构成主动性集合的基本要素因子。其中，稳定性是"主动性集合构成的内在效益因子"，是指当外在环境发生变化时，战略保持其"自身某种既有的特殊规定性的能力"，从而使战略在一定时期内保持持续性和连续性；适应性是与稳定性相对应的性质，是指为了适应外在环境的变化，通过适当地调整战略以更好地适应发展变化的要求，是"主动性集合构成的外在要素因子"；有效性则是衡量一个战略成功与否的重要因素，是"主动性集合构成的效益要素因子"。稳定性、适应性和有效性三个特性是相互影响、相互制约的，它们之间既相互联系又存在矛盾，"一个成功的战略就是要通过战略目标、战略方针和战略措施来协调稳定性、适应性和有效性之间的关系，使主动性达到最佳化"。请参见陈维丰等《战略本质特征探析》，《军事经济研究》1992 年第 3 期。

　　③ 　陈维丰等：《战略本质特征探析》，《军事经济研究》1992 年第 3 期。

　　（三）战略概念丛林的辨析：大战略、国家战略、总体战略与全面战略

　　经过以上理论梳理，本书对战略概念的发展和演变史进行了回顾，同时总结了战略的本质和基本特征，这对理解战略的概念提供了理论基础。然而，在当代，随着"战略"概念不断充实和多元化，各种与战略相关的概念层出不穷，令人眼花缭乱，如大战略、国家战略、总体战略、全面战略等，这些丛生的战略概念很容易令人产生混淆。本部分将简单梳理战略的概念丛林，明确各种战略概念的内涵，为以后准确应用这些概念奠定基础。

　　"大战略"和"国家战略"有着千丝万缕的联系，从时间角度上讲，"大战略"概念的出现早于"国家战略"；从发源地角度上讲，"大战略"源于欧洲，而"国家战略"却是美国独创。早在19世纪初，"大战略"的概念业已出现，克劳塞维茨曾于1830年提到过"大战略"一词，但并未给出详细的解释；直到20世纪初期，利德尔·哈特才对"大战略"的概念进行了深入的探讨。[1] 利德尔·哈特认为"大战略"高于"战略"，是"战略"在高级层面的应用，其任务是调动和协调国家资源以达到由国家基本政策决定的战争的政治目的。[2] 但他依然认为"大战略"的目的是获得军事上战争的胜利，所以从本质上讲"大战略"还是"军事战略"，只不过实现手段和工具更加多元化，这与1967年版《大英百科全书》中的定义异曲同工。美国预备役海军约翰·科林斯上校认为，"大战略"的目的不仅是赢得战争，而是应以维护国家安全为最终目的。[3] 丹尼斯·德鲁也从国家安全角度定义了"大战略"，他认为"大战略"是国家运用各种手段用以维护国家安全的科学与艺术，即"大战略"就是"国家安全战

---

　　① 钮先钟：《战略研究》，广西师范大学出版社2003年版，第14页。

　　② B. H. Liddell-Hart, *Strategy: The Indirect Approach*, London: Faber and Faber, 1967, pp. 335 –336，转引自钮先钟《战略研究》，广西师范大学出版社2003年版，第14—15页。

　　③ 约翰·科林斯（John M. Collins）在1973年出版的《大战略：理论与实践》（*Grand Strategy: Principles and Practices*）一书中明确指出，"大战略"就是通过使用国家的各种权力、采取各种手段来达到国家安全目标。请参见 John M. Collins, *Grand Strategy: Principles and Practices*, U. S. Naval Institute Press, 1973, p. 14，转引自钮先钟《战略研究》，广西师范大学出版社2003年版，第20—21页。

略"，① 这种观点在西方学者中占据主导地位。然而，有学者认为"大战略"应该包括国家安全在内的更广泛的目标。1963 年出版的《美利坚百科全书》对"大战略"的定义包含更广泛的目标，其与"国家战略"的概念如出一辙；② 1953 年美国参谋长联席会议出版的《美国联合军事术语词典》和 1979 年美国国防部出版的《军事及有关名词辞典》中均将"国家战略"定义为"在平时和战时，发展和应用国家政治、经济、心理（权力）、军事权力（武装部队），以达到国家目标的艺术和科学"；③ 科林斯认为"国家战略"即为"在一切环境下使用国家权力以达到国家目标的艺术与科学"。④ 因此，从这个角度来讲，"大战略"等同于"国家战略"。其实，"国家战略"作为专有名词出现在第二次世界大战结束以后，是美国官方为了区别于英国的"大战略"而自创的新名词，在观念上同"大战略"没有本质差别。⑤

　　由此可见，"大战略"比"国家战略"出现得更早，具有更广泛的内涵，"大战略"与"国家战略"的区别和联系如图 3 - 3 所示。从"大战略"概念的第三层内涵来讲，"大战略"与"国家战略"的概念相同。

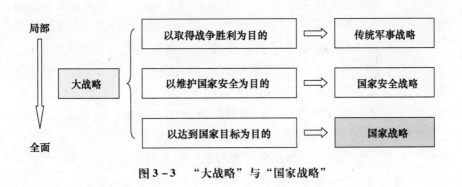

图 3 - 3　"大战略"与"国家战略"

　　① ［美］丹尼斯·德鲁：《国家安全战略的制定》，王辉青等译，军事科学出版社 1991 年版，第 16 页。
　　② 周丕启：《大战略分析》，上海人民出版社 2009 年版，第 5 页。
　　③ 钮先钟：《战略研究》，广西师范大学出版社 2003 年版，第 23 页。
　　④ John M. Collins, *Grand Strategy: Principles and Practices*, U. S. Naval Institute Press, 1973, p. 273, 转引自钮先钟《战略研究》，广西师范大学出版社 2003 年版，第 22—23 页。
　　⑤ 钮先钟：《战略研究》，广西师范大学出版社 2003 年版，第 22—23 页。

　　"总体战略"为法国战略大师博弗尔将军首创的名词，博弗尔在《战略绪论》一书中把"战略"比喻成金字塔，并创建了"战略金字塔理论"。博弗尔的"战略金字塔"理论将"战略"从高到低划分为三个层面，依次为：总体战略、全面战略和作战战略，如图 3 - 4 所示。其中，"总体战略"是最高级别的战略，博弗尔认为："……总体战略这个名词似乎要比英国人所常用的大战略，或美国人所用的国家战略都较为明确"，① 从这个角度来讲，总体战略的内涵与"大战略"和"国家战略"相同，但表述更明确、具体。最容易与"总体战略"相混淆的是"全面战略"②，"全面战略"是处于金字塔第二级层面的概念，指某一具体领域的全面战略，如经济战略、军事战略、外交战略等，其战略目标要服务于"总体战略"的战略目标，主要任务是全局性指导和协调各具体领域的活动。"作战战略"位于金字塔的最底层级，即第三层级，由于现在"作战战略"已经推广到广泛的非军事领域，所以当代学者将其译为"运作战略"，指应对每一领域内不同活动的特殊战略，是具体操作、执行层面的战略，其战略目的就是确保实现"全面战略"和"总体战略"。③ 但正如钮先钟先生所言，现代国家能够具备"总体战略"和"全面战略"已经实属不易，更谈不上在实际运作层面存在战略，因此，很难有国家具备包含三个层面的完整战略。

　　综上所述，"大战略"、"国家战略"、"总体战略"和"全面战略"这四个概念的关系如下："大战略"概念发展至今，其第二层面和第三层面的内涵还被当代学者广泛应用，所以时下，"大战略"的概念既包括狭义"国家安全战略"的含义，也包括广义"国家战略"的含义。因此，"大战略"第三个层面的意义与"国家战略"的概念异曲同工，即"国家战略"的概念等同于"总体战略"的概念，都是指全局性的战略；"全面战略"是比前三个战略低一层级的概念，是具体领域的战略。

---

　　① André Beaufre, *An Introduction to Strategy*, London：Faber and Faber, 1965, p. 30，转引自钮先钟《战略研究》，广西师范大学出版社 2003 年版，第 26—27 页。

　　② 钮先钟先生认为"全面战略"（Overall Strategy）的说法很容易与"总体战略"（Total Strategy）发生混淆，所以他提出，把"全面战略"改称为"分类战略"（Categorical Strategy）会更为明确、恰当。

　　③ 钮先钟：《战略研究》，广西师范大学出版社 2003 年版，第 30 页。

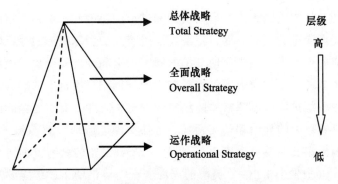

图 3 - 4 博弗尔的"战略金字塔"理论

资料来源：钮先钟：《战略研究》，广西师范大学出版社 2003 年版。

（四）能源战略、国际能源战略、能源安全与对外能源政策

根据博弗尔的"战略金字塔"理论，"能源战略"是处于战略概念第二级层面的概念，即是具体的能源领域的"全面战略"，其任务是对能源领域的活动进行全局性的规划、指导和协调，其主要的目标是服务于国家的"总体战略"，即国家战略。

"国际能源战略"就是能源战略的国际部分，即"能源领域的对外战略"，美国的国际能源战略是指"美国通过制定一系列能源领域的对外政策目标、任务、实施机制等，以实现美国在国际能源政治、经济格局的利益"，[①] 具有全局性、长远性、主动性的特征，其主要目的是保障"进口能源安全"。

泛泛而谈，"能源安全"是指"能源的供给能够保障国家安全、经济发展与社会稳定，并且维持能源供给稳定所需的社会成本最低、能源价格的波动幅度最小"[②]。具体来讲，"能源安全包括国内和国际两个层面"，在国际层面是指进口能源稳定，尤其是进口油气资源的持续、稳定的供给。[③]

---

① ［俄］斯·日兹宁：《国际能源：政治与外交》，强晓云等译，华东师范大学出版社 2005 年版，第 45 页。

② ［美］罗伯特·布莱斯著，陆妍译：《能源独立之路》，清华大学出版社 2010 年版，第 186 页。

③ ［俄］斯·日兹宁：《国际能源：政治与外交》，强晓云等译，华东师范大学出版社 2005 年版，第 45 页。

美国是世界上最大的能源消费国和进口国，因此，本书所指的能源安全即为能源安全的国际层面，指美国通过有效的国际能源战略保障国内能源的可靠而连续供应，进而使美国的国家安全和经济安全免受能源短缺威胁。美国能源安全的实现不仅需要美国加强能源自给自足的能力，也需要美国致力于维护国际能源格局的稳定和安全，因此，对美国国际能源战略的研究具有重要的理论和现实意义。时任美国能源部长萨缪尔·W.博德曼在美国国家石油委员会于 2007 年 7 月 18 日发布的名为《面对能源的现实真相》的报告中指出："美国的能源安全需要借助于放缓能源需求的增长速度、扩大国内能源供给的多样化、加强国际能源贸易和投资等措施来实现，而不是追求能源独立。""即使美国能够实现能源的自给自足，但美国依然不能够脱离国际能源贸易和金融等活动，因此，美国的能源安全离不开国际能源安全。"①

与国际能源战略密切相关的另外一个概念是"对外能源政策"，也可以称为"国际能源政策"。一个国家的国际能源战略需要通过该国具体的对外能源政策和在政策指导下的行动表现出来，因此，国际能源战略（能源领域的对外战略）决定对外能源政策，对外能源政策是国际能源战略的具体表现。"对外能源政策"是指"国家在保护由能源生产、运输和消费所决定的国家利益在国际关系方面的政策导向，包括对外能源政策的目的、任务、优先方向和主要内容，这些方面与外交政策紧密相关"。能源领域与外交相关的政策即为"能源外交政策"，是指"外交、经贸和能源等部门会同各个能源公司为实现对外能源政策的目的和任务而开展的各种实际活动"②。除了能源外交政策，对外能源政策还包括其他的政治、经济乃至军事手段。因此，美国国际能源战略与其国际政治战略、国际经济战略和国际军事战略紧密联系在一起，核心任务是保障美国的能源安全，并服务于美国的全球战略。

---

① National Petroleum Council（NPC），*Hard Truths*: *Facing the Hard Truths about Energy*，July 18, 2007, p. 2, p. 11（http://downloadcenter. connectlive. com/events/npc071807/pdf-downloads/NPC-Hard_ Truths-Executive_ Summary. pdf）.

② ［俄］斯·日兹宁:《国际能源:政治与外交》，强晓云等译，华东师范大学出版社 2005 年版，第 45 页。

二 战略的构成要素（战略要素）

学术界对战略构成要素的研究成果卷帙浩繁，本小节将对相关分析进行梳理和总结。

自克劳塞斯维茨开始，战略理论学家们都强调战略的"目的"与"手段"，以及两者之间的互动是构成"战略最重要的机理"；① 战略学大师利德尔·哈特也曾经明确地指出"战略是否成功主要取决于战略目标与战略手段是否相互适应"②。由此可见，经典战略学家们将"战略目标（目的）"和"战略手段"作为战略的两个重要构成要素。

现代的战略学家、军事学家和学者也继承了这样的观点，如丹尼斯·德鲁和保罗·肯尼迪均认为战略由"目的"和"手段"组成，③ 从而肯定了"战略目标"和"战略手段"是构成战略的两个关键因素。在此基础上，学者们还进一步丰富并完善了战略构成要素。1981 年，美国马克斯韦尔·泰勒将军提出了"战略三要素"公式：④

战略 = 目的 + 途径 + 手段　　　　　　　　　　　　　　　　　（3—1）

其中，"战略目的"是指战略追求的客观利益目标，"战略途径"是指实现战略目的的行动准则和行动方案，"战略手段"即为执行战略的工具，一般指国家实力，即实现国家战略目的的手段是国家实力的不断增强。⑤ 美国陆军学院的小阿瑟·莱克与泰勒的观点相似，他也认为战略由战略目的、战略途径和战略手段三个要素组成。

卢润德认为完整的战略由五个要素构成，即：战略使命、战略目标、战略方针、战略策略和战略行动方案。"使命"是组织的精神凝聚力，是组织存续的动力；"目标"是要达成的成果；"方针"是为实现目标而确立的行动指南；"策略"是为保证方针实施而确立的原则与准则；"行动

① 时殷弘：《国家大战略理论与中国的大战略实践》，《现代国际关系》2004 年第 3 期。
② B. H. Liddell Hart, *Strategy: The Indirect Approach*, London: Faber and Faber Ltd., 1967, pp. 335 - 336, 转引自门洪华《关于美国大战略的框架性分析》，《国际观察》2005 年第 1 期。
③ 丹尼斯·德鲁在《国家安全战略的制定》中写道："国家大战略在结构上由目标或国家利益，以及用于达成这些目标的国力手段组成"；保罗·肯尼迪《战争与和平的大战略》中也写道："战略是关乎目的与手段的平衡"。请参见周丕启《大战略分析》，上海人民出版社 2009 年版，第 14 页。
④ 李景治、罗天虹等：《国际战略学》，中国人民大学出版社 2003 年版，第 6—7 页。
⑤ 同上。

方案"则是指具体的措施和行动规划。这五个要素是相互作用、联系紧密的有机体系，他们之间的关系如图 3 - 5 所示，其中，实线箭头表示要素间逻辑先后顺序，虚线箭尾要素对箭头要素有支持作用，这种作用具有累加性。①

图 3 - 5　战略五要素的关系

资料来源：卢润德：《战略要素与特征新解析》，《社会科学家》2006 年 3 月第 S1 期。

卢润德的"战略五要素模型"对战略要素的划分十分具体而详细，但是本书认为这种过细的划分方式反而容易产生混淆，不利于战略的实际操作，因此，有些要素可以进行合并，如将"使命"和"目标"合并成为"战略目的"。若将"方针"、"策略"和"行动方案"合并为"战略途径"，可能更为简明、便捷，符合逻辑。

周丕启将"战略目标"、"战略途径"和"战略实力"列为构成战略的三个关键要素，其中，"战略目标"是战略的核心，"战略途径"是"战略目标"与"战略实力"的中介，起到了桥梁的作用。从本质上讲，"战略途径"其实就是国家实力的运用过程，通过"战略实力"实现具体的"战略目标"。"战略途径"的选择是由战略目的、战略实力等共同作用的结果，并要遵循"合理性、可行性和效益性"三原则。②

---

① 卢润德：《战略要素与特征新解析》，《社会科学家》2006 年 3 月第 S1 期。

② 周丕启还对"战略目标"、"战略目的"和"战略任务"三个相关概念进行了区分，他认为"战略目的"与国家的政治诉求与政治目的直接挂钩，具有鲜明的政治色彩，是国家实力运用的最终结果；而"战略目标"则不一定是国家实力运用的最终结果，而是一种产生全局性影响的结果；"战略任务"是指为了实现国家的战略目标所需要解决的全局性的问题。与"战略目的"相比，"战略目标"和"战略任务"的政治色彩相对较弱。在这三个概念中，"战略目的"的层次最高，决定"战略目标"的确定和"战略任务"的选择；"战略目标"则是"战略目的"在不同层次和不同领域具体化的体现，指向性十分明确，可以根据层次和领域细化为具体的目标，如阶段目标、经济目标等；"战略任务"则处于具体操作层面，是"战略目的"和"战略目标"的实践化结果。因此，"战略目标"和"战略任务"服务并服从于"战略目的"。不过，"战略目的"的地位和作用虽然很高，但从某种具体战略的角度来讲，"战略目的"由于其抽象性并不是某种具体战略的构成要素，"战略目标"是构成某种具体战略的核心要素。请参见周丕启《国家大战略：目标与途径》，《现代国际关系》2006 年第 10 期。

周丕启在 2009 年出版的《大战略分析》一书中，对战略的构成要素进行了修改，他认为有效的战略应该包括"战略目标"、"战略原则"和"战略手段"三个要素。[①] 其中，"战略目标"是战略的核心要素，"战略目标"的确定是战略成功与否的关键；[②]　"战略原则"是连接"战略目标"与"战略手段"的纽带，是战略运筹的依据和准则，包括战略全局原则、战略重心原则、目标与手段运用相协调原则、把握主动权原则、不战而胜原则等；"战略手段"则是运用战略实力的方式、方法。[③] 此处的"战略手段"与他 2006 年提出的"战略途径"实为同一个意思，都是通过对国家实力的运用来达到战略目标，其本质均为对国家战略实力的运用。同时，周丕启对"战略手段"的分类进行了进一步的完善，按照基本形态、时间、路径、领域、强度和国家间关系将"战略手段"分别划分为："进攻和防御"手段、"激进和渐进"手段、"直接和间接"手段、"军事和非军事"手段、"逐步升级和同时投入"手段与"自助和合作"手段。[④]

通过对周丕启关于战略构成要素的分析可知，"战略实力"其实是贯穿于"战略目标"确定和"战略途径（手段）"选择过程始末的客观影响因素，因此，"战略实力"并不是战略的构成要素，而是战略的影响因素；而先后出现的"战略途径"和"战略手段"其实是异词同义。因此，综合以上分析，周丕启对战略构成要素的判断实际上包括三个方面，即"战略目标"、"战略原则"和"战略途径/战略手段"。

综上所述，古往今来的战略家、军事家和学者对于战略构成要素的划分可谓见仁见智，虽然划分方式不尽相同，但基本观点却相似。通过综述及本书的分析需要，本书将战略的基本核心要素归结为三个，分别是"战略目的"、"战略途径"和"战略手段"，其中，"战略途径"和"战略手段"都是实现战略目的的方式，不过两者侧重的层面不尽相同，"战略途径"侧重于强调在宏观策略层面上如何实现战略目的行动准则与方案，而"战略手段"更侧重于强调在操作层面实现战略目的的具体工具。国家会根据自身的"战略环境"、"战略实力"和"战略文化"等战略影

---

① 周丕启：《大战略分析》，上海人民出版社 2009 年版，第 14 页。
② 同上书，第 17 页。
③ 同上书，第 19—25 页。
④ 同上书，第 25—40 页。

响因素来确定其"战略目的"，并选择恰当的"战略途径"和"战略手段"。

三 战略的影响因素（战略因素）

上文介绍了战略的构成要素，下面将简要介绍影响战略目的、战略途径和战略手段选择的战略影响因素。影响战略制定的因素有很多，综合看来，按照类别，可以划分为三个方面，即：战略环境、战略实力和战略文化。

（一）战略实力

实力是战略的物质基础，是影响战略目标确定和战略手段选择的重要因素。那么什么是战略实力？怎样评估一个国家的战略实力？战略实力究竟如何制约和影响战略呢？

1. 战略实力的内涵

战略实力是指一个国家在特定的时间和特定的领域内，通过对国家各种战略资源的有效运用以达成其战略目标的各种力量的总和，是处于运动中的力量。[①] 与国家实力[②]相似，战略实力也有"软"、"硬"之分，因此，国家战略实力的强弱则由"战略硬实力"和"战略软实力"的组合情况决定，"战略硬实力"表现为"国家战略资源的富足程度"，"战略软实力"表现为"国家动员、转化和运用战略资源的机制"。[③]

2. 战略实力的作用机理

由于战略实力由"战略硬实力"和"战略软实力"共同构成，因此，战略实力通过"国家战略资源的富足程度"和"国家动员、转化和运用战略资源的机制"这两个因素来影响和制约国家战略的制定与实施，战

---

① 周丕启：《大战略分析》，上海人民出版社 2009 年版，第 76、79 页。

② "国家实力"与"战略实力"的区别："国家实力"即为国家权力，也称为综合国力，是指国家所拥有的各种物质力量和精神力量的总和，是一种潜在的实力；"战略实力"是指一个国家在特定的时间和特定的领域内，通过对国家各种战略资源的有效运用以达成其战略目标的各种力量的总和，是处于运动中的力量。而战略资源是国家实力在国家战略中的集中表现，是指特定的时间和领域内，一个国家能够进行动员以实现国家战略目标的国家实力，是国家实力的一部分，是现实的、可以有效利用的国家实力，是可以直接制约和影响国家战略的力量，战略资源是国家实力在国家战略中的集中表现，战略资源具体包括经济资源、自然资源、军事资源、人力资源、知识资源、政府资源、资本资源等。请参见周丕启《大战略分析》，上海人民出版社 2009 年版，第 75—79 页；门洪华《关于美国大战略的框架性分析》，《国际观察》2005 年第 1 期。

③ 周丕启：《大战略分析》，上海人民出版社 2009 年版，第 79 页。

略实力是制定国家战略的物质性基础。[①]

　　周丕启认为"战略硬实力"与"国家战略资源的富足程度"、"战略软实力"与"国家动员、转化和运用战略资源的机制"之间存在一种正相关的关系，即"国家战略资源的富足程度"越高则"战略硬实力"越强，"国家动员、转化和运用战略资源的机制"越完善则"战略软实力"越强。基于此，周丕启提出了增强国家战略实力的两种途径：其一为"增强国家战略硬实力"，即拓展国家的战略资源，表现为尽可能多地将国家实力转化为战略资源，如增加国家财政收入、提高人口素质等；其二为"增强国家战略软实力"，即建立健全战略资源动员、转化和运用机制，表现为在尽可能短的时间内将国家所拥有的战略资源转化为战略实力。[②] 因此，从这个角度讲，两种途径都发挥着十分重要的作用，缺一不可。战略实力对战略产生影响的作用机理如图 3－6 所示。

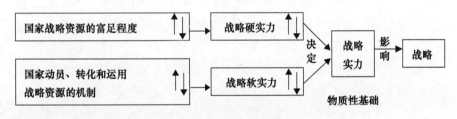

图 3－6　战略实力的作用机理

　　资料来源：Amos A. Jordan, William J. Taylor, Jr, and Lawrence J. Korb, *American Natioanl Security：Policy and Process*, Baltimore：Johns Hopkins University Press, 1989, p. 210., 转引自钮先钟《战略研究》, 广西师范大学出版社 2003 年版, 第 155 页。

3. 战略实力的评估

　　一个国家制定和选择战略的物质基础是客观战略实力，而观念基础则为战略决策者对其自身战略实力的主观认识和判断，因此，战略实力评估包括客观衡量（measurement）和主观判断（judgement）两个方面，[③] 而对权力的主观认知和判断是最困难的部分。

　　对国家战略硬实力的评估比较容易，即对国家战略资源的衡量，包括

---

① 周丕启：《大战略分析》，上海人民出版社 2009 年版，第 79 页。
② 同上。
③ 钮先钟：《战略研究》，广西师范大学出版社 2003 年版，第 162 页。

对国家经济资源、人口资源、自然资源、资本资源等与战略相关的客观资源总量的衡量，这些数据可以从历年的年终统计公报中获知；而对国家战略软实力的评估，即为对国家战略资源的动员、转化和运用机制的评估相对困难和复杂，因为对于机制有效性的判断涉及动员机制、转化机制和运用机制三种机制有效性的衡量，需要多种软指标来衡量，涉及国家战略意图、战略体制、政府绩效等。[①] 目前，中外学者提出了多种定量评估一个国家战略实力的方法。

德国物理学教授威廉·富克斯提出了"三要素国力方程"，即用人口数量、钢产量和能源产量三个要素对国家实力进行计算，富克斯的国力方程如下：

$$M_t = \left[(M_s)_t + (M_e)_t \right] / 2 \tag{3—2}$$

在这个公式中，M_t 表示 t 时期的国力指数，$(M_s)_t$ 和 $(M_e)_t$ 分别表示 t 时期钢和能源的指数，其中，$M_s = P_a \times S_b$，$M_e = P_a \times E_b$，P_a、S_b、E_b 分别代表人口数量、钢产量和能源产量。[②] 这种计算方式的要素过于简单，忽略了影响国家实力的一些重要因素。

美国学者克莱因采用指数的方法简化了对综合国力的评估，提出了著名的"克莱因国力方程"：[③]

$$P_P = (C + E + M) \times (S + W) \tag{3—3}$$

其中，P_P 表示认知权力；C 即临界质量，表示一国的基本有形实体的情况，具体是指人口与领土之和，满分 100 分，人口和领土各占 50 分，当人口与领土不达到一定的标准时不予记分；E 即为经济能力，是 GNP 和总资源之和，满分 200 分，总资源又等于能源、矿产、工业、粮食和贸易五项之和；M 即军事能力，等于战略核力量与常规力量之和，满分 200 分；S 即为战略目标；W 为追求国家战略的意志力，S 和 W 均在 0.5—1.0 之间取值，表示系数。在这五个影响国力的因素中，C、E、M 用于衡量一个国家的硬件部分，而 S 和 W 则代表该国软件部分的强弱。[④] 克莱因国

①　周丕启：《大战略分析》，上海人民出版社 2009 年版，第 81 页。

②　黄硕风：《大国较量：世界主要国家综合国力国际比较》，世界知识出版社 2006 年版，第 71 页。

③　钮先钟：《战略研究》，广西师范大学出版社 2003 年版，第 168—169 页；黄硕风：《大国较量：世界主要国家综合国力国际比较》，世界知识出版社 2006 年版，第 72 页。

④　同上。

力方程为定量计算国家权力提供了一个很好的框架，但是这个方程仅是一个静态模型，不能反映国家权力的动态发展。

日本学者福岛康仁则在克莱因模型的基础上，将"战略意图"（S）修改为"国内政治能力"（G），将"国家意志"（W）修改为"外交能力"（D），"修正的国力方程"公式为：[①]

$$P = (C + E + M) \times (G + D) \tag{3—4}$$

其中，国家基本实体（C）= 人口 + 领土 + 自然资源；经济能力（E）=（GNP + 人均 GNP + 实际增长率）+（工业实力 + 农业实力 + 商业实力）。[②]

1990 年，哈佛大学教授约瑟夫·S. 奈提出，应该将国家实力划分为"硬实力"和"软实力"，其中，"硬实力"包括资源、军事力量、经济力量、科技力量；"软实力"包括国家凝聚力、文化被普遍接受的程度、参与国际机构的程度。在衡量国家实力的过程中，硬实力与软实力的作用同等重要，并采取"强、中、弱"三等级比较法。[③] 奈对"硬实力"和"软实力"的划分对国家实力的衡量有重要意义，但是他用于衡量国家实力的方法主观色彩比较浓重。

黄硕风借助动力学和系统论的原理，提出了衡量国家实力的"综合国力动态函数模型"，试图采用多指标综合评价法对国家权力进行动态、准确的定量计算，但是由于数据来源问题，这种方法在计算上可能会遇到一些麻烦。"综合国力动态函数模型"为：

$$Y_t = K(t) \cdot X_1(t) \cdot X_2(t)$$

$$X_1(t) = \sum_{i=1}^{4} k_i x_{2i}(t)$$

$$X_2(t) = \sum_{j=1}^{3} k_j x_{2j}(t) \tag{3—5}$$

$$K(t) = f(k_i, k_j)$$

其中，$X_1(t)$ 为"硬国力函数"，$X_{2i}(t)$ 分别表示经济力、科技力、国防力和资源力，k_i 表示各要素权重；$X_2(t)$ 为"软国力函数"，$x_{2j}(t)$ 分别

---

① 黄硕风：《大国较量：世界主要国家综合国力国际比较》，世界知识出版社 2006 年版，第 74 页。

② 同上。

③ 同上书，第 75 页。

表示文教力、政治力、外交力，k_j表示这三个要素各自的权重；$K(t)$为"协同变量"，如政治体制、政府能力等。①

综上所述，国内外学者已经提出了较为丰富的国家实力评估方法，在进行战略实力评估时，要兼顾"战略硬实力"和"战略软实力"，不可偏颇。

（二）战略环境

1. 战略环境的内涵

战略环境，顾名思义，即为形成国家战略的环境，是指战略决策者在制定和实施战略的过程中所面临的客观条件，② 是对国家战略产生影响的国际政治、国际经济、外交等方面综合形成的客观状况。③ 因此，战略环境是一个动态的概念，随着国内外形势的发展而不断变化。

对于战略环境的划分，按照不同的划分依据有不同的划分方法。从领域上讲，战略环境包括政治环境、经济环境和军事环境等；从范围上讲，战略环境可划分为国内环境和国际环境；从时间上讲，战略环境可以划分为长期环境、中期环境和短期环境；从稳定性上讲，战略环境可以划分为和平环境、动荡环境与战争环境等；从利弊性上讲，战略环境可以划分为不同程度的利弊环境等。④ 钮先钟综合时间和空间两个因素，将战略环境划分为九个具体类型，如表3-1所示。在进行具体战略环境分析时，要根据研究的需要有针对性地选取划分指标，并进行必要的分类。

表3-1　　　　　　　　　　战略环境的类型

	全球	区域	局部
过去	全球过去战略环境	区域过去战略环境	局部过去战略环境
现在	全球现在战略环境	区域现在战略环境	局部现在战略环境
未来	全球未来战略环境	区域未来战略环境	局部未来战略环境

资料来源：钮先钟：《战略研究》，广西师范大学出版社2003年版，第175页。

---

① 黄硕风：《大国较量：世界主要国家综合国力国际比较》，世界知识出版社2006年版，第79—86页。

② 于成文：《中国共产党人对战略环境认识的演变及其启示》，《唯实》2008年第4期。

③ 周丕启：《大战略分析》，上海人民出版社2009年版，第47页。

④ 李景治、罗天虹等：《国际战略学》，中国人民大学出版社2003年版，第123页。

对于战略环境的构成要素，李景治等认为，基于服务于国家战略制定和实施、服务于国家利益的需要，战略环境应该包括"自然资源"、"国内环境"、"国际环境"这三项要素。① 本书认为，李景治等人的这种划分方法虽然全面，但略显笼统庞杂，如果按照这种方法划分，战略环境还会囊括国家实力、政治文化、国际体系等领域的概念，进而失去了其特质性。周丕启从国际视角定义了"战略环境"，他认为构成战略环境的要素主要有三个，即："时代特征"、"国际体系"和"地缘战略关系"②。本书更加认同周丕启对于战略环境构成要素的这种划分方法，认为战略环境主要是分析一国在制定本国战略时所面临的外在环境，即国际环境，而国内环境的分析实际上可以融入国家实力和国家战略文化的分析中去。

2. 战略环境的作用机理

战略环境是影响一个国家战略目标确定和战略选择的外在因素，是制约国家战略的重要客观因素。战略环境并不会直接影响一个国家战略的制定，而是通过决策者对战略环境的主观认知来影响国家战略，由此可见，战略环境分析是战略制定者判断国家利益的前提。③ 具体作用机理如下：战略制定者通过对客观战略环境的主观认知而形成其对本国战略环境情况的基本判断，战略制定者对战略环境的这种主观认知会逐步转化为其对战略形势的主观判断，而后，战略决策者再根据其对战略形势的判断来最终确定战略目的、选择战略途径与战略手段。从本质上来讲，战略环境对战略的作用是一个主观的过程，是从认知到判断，再到决策，即"认知—判断—决策"的动态过程。战略环境对战略的作用机理如图 3-7 所示：

---

① 其中，"自然资源"主要指具有战略价值的地理、人口、资源和生态环境等；"国内环境"包括国家实力、国内观念性因素、国内政治因素等；"国际环境"的基本构成要素是国际安全环境、国际政治格局、国际经济科技环境、地缘环境等。请参见李景治、罗天虹等《国际战略学》，中国人民大学出版社 2003 年版，第 125—129 页。

② 其中，"时代特征"包括"时代总体特征"和"时代安全主题"，"时代总体特征"是制约国家战略的根本要素，"时代安全主题"则确定特定时代一国所面临的主要安全问题；"国际体系"包括"国际格局"和"国际进程"，"国际格局"主要分析各个国家的实力对比情况，是国际体系的基础，"国际进程"是分析各个国家之间利益与观念互动的情况，从而明确国际进程中的主要矛盾和矛盾的主要方面；"地缘战略关系"是影响一国战略目标确定和战略选择的重要因素，可以分为中心国家和侧翼国家，其中，中心国家受到更多国家来自多个方向的制约和压力。请参见周丕启《大战略分析》，上海人民出版社 2009 年版，第 47—66 页。

③ 李景治、罗天虹等：《国际战略学》，中国人民大学出版社 2003 年版，第 125 页。

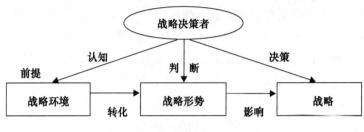

图 3 – 7　战略环境的作用机理

3. 战略环境的评估

战略环境的评估分为绝对性评估和相对性评估，绝对性评估是指对一个国家所处的客观外在环境的评估，如时代特征、国际经济形势、国际体系结构等；相对性评估是指对一个国家所处的相对环境的评估，如国际格局、政治关系、实力对比、经济依附度等。①

对战略环境的绝对性评估是判断整体外部环境的基础，是一个国家掌握国际整体发展方向、把握历史脉搏、保证战略方向正确的基础；对战略环境的相对性评估是判断一个国家在整个战略环境中的相对位置，是"知己知彼"的过程，是一个国家根据自身的实力来确立恰当的战略目标、选择正确的战略手段的基础。

（三）战略文化

战略实力和战略环境是影响战略目标确定和战略选择的客观物质性因素，而战略文化则是影响战略目标确定和战略选择的观念性因素，它通过价值观念、历史传统、文化传统和思维方式等主观认知因素来影响战略决策。②

1. 战略文化的内涵

第一个从学科角度提出"战略文化"的人是美国战略学家杰克·斯奈德，他在1977年出版的专著《苏联战略文化：有限核作战的含义》一书中率先对"战略文化"进行了界定，③ 从此，对于"战略文化"的研

---

① 周丕启：《大战略分析》，上海人民出版社 2009 年版，第 47—58 页。

② 同上书，第 82 页。

③ 同上。

究逐渐盛行。①

　　对于"战略文化"的具体含义，不同的学者从不同的角度给出了定义，学术界对此并没有形成统一的意见。总体看来，这些"战略文化"的定义可以划分为五类，即："行为模式说"、"价值取向说"、"偏好倾向说"、"思想观念说"和"综合因素说"。"行为模式说"的代表人物是"战略文化"的鼻祖杰克·斯奈德，他认为战略文化是"一国战略共同体的所有成员通过学习、模仿等方式获取并彼此间共享的关于核战略的观念、情感性反应和习惯性行为模式的总和"；② 中国学者宫玉振也从行为模式角度给出了定义，他认为"战略文化"是"国家在运用战略手段实现国家战略目标的过程中所表现出来的持久性的、相对稳定的价值取向与习惯性的行为模式。它是一个民族与文明的历史经验、民族特性、价值追求以及文化心理在战略领域的集中反映"③。美国的学者托马斯·伯杰从价值取向角度对"战略文化"进行了定义，他认为"战略文化"是"影响一个社会成员对国家安全、军事机构和国际关系中武力使用认识的文化信仰和价值观"④。更多的学者习惯于将"行为模式说"和"价值取向说"相结合来定义"战略文化"，如肯·布斯将"战略文化"定义为："一国之关于威胁或武力使用的传统、价值观、态度、行为模式、习惯、

---

① 周丕启总结了"战略文化"研究历程的四个阶段：（1）"决定论"时期（20世纪70年代末至80年代初），认为"战略文化"是国家出现不同战略行为的决定性因素，代表人物有：科林·格雷、卡恩斯·洛德；（2）"工具论"时期（20世纪80年代中期至80年代末），认为"战略文化"是战略决策领域政治主导权拥有者手中的工具，"战略文化"的研究视阈开始拓展到国内的战略决策，代表人物有：布莱德雷·克莱因；（3）"干预变量"时期（20世纪90年代至冷战结束），认为"战略文化"是一种干预变量，而不是决定性因素或工具，并且是可以变化的，代表人物有杰弗里·列格罗、伊丽莎白·科尔；（4）"体系层次论"时期（冷战结束后至今），此阶段对"战略文化"的研究视角从单元层次转变为体系层次，并从体系层次的角度研究"战略文化"对战略行为的影响，此阶段的代表人物有：彼得·卡赞斯坦、江忆恩和国内学者李际均等。请参见周丕启《西方的"战略文化"研究》，《国际政治研究》2002年第4期；周丕启《大战略分析》，上海人民出版社2009年版，第82—83页。

② Jack L. Snyder, *The Soviet Strategic Culture: Implications for Limited Nuclear Operations*, Santa Monica: The Rand Corporation, 1977, p. 8.

③ 宫玉振：《中国战略文化解析》，军事科学出版社2002年版，第10—11页。

④ Peter Katzenstein, ed., *The Culture of National Security*, New York: Columbia University Press, 1996, pp. 325 – 326, 转引自赵景芳《美国战略文化研究》，时事出版社2009年版，第34页。

象征、成就，以及特定的适应环境与解决问题的方式"；① 卡恩斯·洛德认为："战略文化是某个国家为实现其政治目标而组织和使用军事力量的传统实践和思维习惯"；② 中国学者周丕启认为"战略文化实质上是战略决策者在决定以军事力量来实现国家政治目标过程中所共有的习惯性行为模式和价值观"。③ 江忆恩是"偏好倾向说"的代表，他将"战略文化"定义为一套完整的符号系统，并"通过形成关于军事实力在国家之间的政治事务中所产生的作用、效果的概念，而建立起普遍和持久的战略偏好"，战略文化从本质上来讲表现为一种有限、有序的战略偏好。④ 很多中国学者从"思想观念说"角度对"战略文化"进行定义，这可能与中国人习惯于宏观思维有关。国内最早对"战略文化"进行定义的是李际均将军，他认为战略文化是战略与思想文化相结合的产物，他指出："战略文化是在一定的历史和民族文化传统的基础上所形成的战略思想和战略理论，并以这种思想和理论指导战略行为和影响社会文化思潮。它具有观念形态、历史继承性、国体和区域特征等属性"；⑤ 郭树勇认为，"战略文化"是指"一个民族或政治共同体贯穿于其世界观、战争观与和平观的带有长期性和根本性的观念"，"战略文化"既具有稳定性也会发生相应的改变。⑥ "综合因素说"是指将以上四种定义方法涉及的因素进行综合考虑而得出的定义，赵景芳就是结合综合因素给出了他对"战略文化"的定义，他指出："所谓战略文化，是指一套由国家战略决策体系内成员在国家安全事务方面共同享有的、以稳定战略价值观为基础的战略思维模式和优先排序的价值观、战略思维模式组成的复合体。从内涵看，包括战

①　Ken Booth, "The Concept of Strategic Culture Affirmed", in Carl Jacobsen, ed., *Stratetic Power*: *USA/USSR*, London: Macmillan, 1990, p. 121, 转引自赵景芳《美国战略文化研究》，时事出版社 2009 年版，第 34 页。

②　Carnes Lord, "American Stratetic Culture", *Comparative Strategy*, Vol. 5, March1985, 转引自李晓燕《战略文化与主导文化的一致性研究——以中国明代为个案》，博士学位论文，外交学院，2007 年，第 22 页。

③　周丕启：《论战略文化》，《现代国际关系》2001 年第 10 期。

④　Alastair Iain Johnston, *Cultural Realism*: *Strategic Culture and Grand Strategy in Chinese History*, Princeton University Press, 1995, pp. 28, 37 – 38.

⑤　李际均：《论战略文化》，《中国军事科学》1997 年第 1 期。

⑥　李少军主编：《国际战略报告：理论体系、现实挑战与中国的选择》，中国社会科学出版社 2005 年版，第 519 页。

略价值观、战略思维模式和战略行为偏向模式三部分";① 周丕启在近期
出版的著作中也进一步完善了其早期对"战略文化"的定义,"战略文化
是战略决策者和实施者即战略主体所拥有的与大战略构成要素、大战略制
约因素,以及大战略决策和实施相关的整体观念,这种观念由战略价值观
和战略偏好组成,而且战略偏好主要由战略价值观决定",② 周丕启突出
强调"战略价值观"应该在"战略文化"中处于核心地位。

　　综上所述,近年来,国内外学术界对"战略文化"的研究不断深入,
"战略文化"的概念不断充实、完善。目前,国内外学者更加倾向于从综
合因素的角度定义"战略文化",本书也赞同这种定义方式,并且认为战
略价值观是"战略文化"的核心和本质,国家的行为模式、战略思维模
式都通过战略价值观得以体现,而一国的战略价值观受到本国的历史文化
传统、政治体制、政治文化和主流意识形态的影响。根据研究需要,本书
借鉴赵景芳的定义,将"战略文化"的内涵阐述为两个部分,即:战略
价值观、战略思维和行为模式。

　　2. 战略文化的作用机理

　　作为一种主观观念,"战略文化"并不会自身发挥作用,而是要通过
作用于客观的战略实力和战略环境而发挥作用。从本质上来讲,"战略文
化"是内化于战略决策者本身的"认知框架",战略决策者在该框架下搜
集战略信息,并进行加工处理,从而左右大战略的决策与实施。③

　　周丕启指出了"战略文化"产生作用的途径和机理:(1) 战略文化
影响战略决策者对本国战略环境的认知与判断;(2) 战略文化影响战略
决策者对战略目的的确定;(3) 战略文化影响战略决策者对战略途径与
手段的选择。④ 由此可见,"战略文化"主要是通过影响决策者的思维方
式来影响其战略决策。由于历史传统、政治体制、意识形态的不同,各个
国家的战略文化也各不相同,因此,不同的战略文化作用于客观的战略环
境,并使各个国家的战略决策者对客观战略环境的认知和判断出现差异,
从而制定出具有不同的战略目的、各不相同的实现这些战略目的的战略途
径和战略手段。战略文化对战略的作用机理如图 3 - 8 所示。

---

① 赵景芳:《美国战略文化研究》,时事出版社 2009 年版,第 43 页。
② 周丕启:《大战略分析》,上海人民出版社 2009 年版,第 85 页。
③ 同上书,第 88 页。
④ 同上书,第 88—89 页。

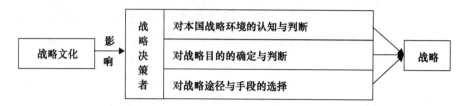

图 3 - 8   战略文化的作用机理

资料来源：周丕启：《大战略分析》，上海人民出版社 2009 年版，第 88 页。

3. 战略文化的评估

战略文化通过战略决策者来影响最终的战略决策，因此，在对某个特定国家的战略进行分析时，对其战略文化的评估十分重要。从本质上来讲，对"战略文化"的评估即对各种不同类型的战略文化的判断，因为不同类型的战略文化对战略会产生不同的影响。因此，"战略文化"评估的关键是确定"战略文化"类型，而明确战略价值观是判断"战略文化"类型的关键要素。① 战略价值观就是对国家实力、国际制度和观念等要素在维护国家利益上的重要性进行优先偏好的排序。②

江忆恩以冲突的频度、冲突的零合性质和暴力的功效三个维度为划分依据，将"战略文化"划分为现实的"冲突型战略文化"和理想的"合作型战略文化"③。处于"冲突型战略文化"影响下的国家战略决策者倾向于选择强硬的暴力手段，即采用进攻型战略来处理国家间的冲突；处于"合作型战略文化"影响下的国家战略制定者倾向于选择调和性、和平性的外交手段，即采用合作型战略来解决国家争端和冲突。④

国内学者周丕启在江忆恩的基础上对"战略文化"的类型进行了进一步的划分，他根据战略主体与客体、主体与环境之间的关系将"战略

① 周丕启：《大战略分析》，上海人民出版社 2009 年版，第 89 页。

② 同上书，第 87、89 页。

③ "冲突型战略文化"认为国与国之间的冲突的频度很高、冲突的结果是零合的，并且在冲突中应用暴力的国家会处于优势地位，暴力在冲突中会发挥很大的积极作用；"合作型战略文化"认为国与国之间的冲突频度较低、冲突的结果不一定是零合的，并且暴力不一定能够解决冲突。请参见 Alastair Iain Johnston, "Thinking about Strategic Culture," *International Security*, Vol. 19, No. 4, Spring, 1995。

④ Alastair Iain Johnston, "Thinking about Strategic Culture," *International Security*, Vol. 19, No. 4, Spring, 1995.

文化"分成了三种类型：冲突性战略文化、协调性战略文化、理想性战略文化。"冲突性战略文化"对实力的强调会导致国家之间的对抗；"协调性战略文化"会促使国家间通过合作的方式解决争端与矛盾；"理想性战略文化"会促使国家间通过观念的传播来实现合作。① 由此可见，周丕启对"战略文化"的划分方式与建构主义大师亚历山大·温特对无政府文化的划分方式有异曲同工之处。温特认为无政府状态下，文化可以划分为以敌意为特征的"霍布斯文化"、以竞争为特征的"洛克文化"和以友谊为特征的"康德文化"。② 因此，从一定意义上讲，周丕启的"冲突性战略文化"与"霍布斯文化"相对应，"协调性战略文化"与"洛克文化"相对应，"理想性战略文化"与"康德文化"相对应。

　　总之，在对某个国家的"战略文化"进行评估时，首先要辨析该国战略决策者对国家实力、国际制度和观念的重要性的排序，以确定其战略价值观；该战略价值观直接决定该国战略决策者所代表的主流战略文化类型，主流战略文化类型又进一步主导其战略思维和行为模式。战略文化的评估过程如图 3-9 所示。

　　综上所述，本节对战略的相关概念与理论进行了回顾和综述，分析了国家战略的三个组成要素，即战略目的、战略途径和战略手段；阐述了制约一个国家战略的三个影响因素，即战略实力、战略环境和战略文化。在战略三因素中，战略文化通过影响战略决策者对战略环境和战略实力的认知而影响其对战略目的的确定、战略途径和战略手段的选择，而国家利益则是战略决策者对战略环境和战略实力进行判断的根本依据，下一节将对国家利益理论进行综述。

---

　　① "冲突性战略文化"认为战略主体与客体、环境之间是冲突性的关系，在维护国家利益方面，与国际制度和观念相比，国家实力，尤其是军事实力作用更为显著；"协调性战略文化"认为战略主体与客体、环境之间是竞争性的关系，国家之间的矛盾可以协调，并且国家实力、国际制度和观念都能够在维护国家利益方面发挥积极作用；"理想性战略文化"认为战略主体与客体、环境之间是和谐性的关系，在这种战略文化下的决策者会特别重视国际制度和观念在维护国家利益方面的作用，反而会轻视国家实力的作用。请参见周丕启《大战略分析》，上海人民出版社 2009 年版，第 87 页。

　　② ［美］亚历山大·温特：《国际政治的社会理论》，秦亚青译，上海世纪出版集团上海人民出版社 2008 年版，第 251 页。

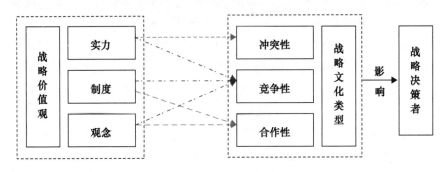

图 3-9 战略文化的评估过程

第二节 国家利益理论综述

"没有永恒的朋友，也没有永恒的敌人，只有永恒的利益。"[1]

——帕默斯顿

"天下熙熙，皆为利来；天下攘攘，皆为利往。"

——《史记·货殖列传》

利益是一切国家行为的基本动因，[2] 因此，实现国家利益是国家战略的最初动力与最终目标，是研究国家战略的基础。本节将对国家利益的相关理论进行系统的梳理和总结。

"国家利益"是人们经常提及和使用的概念，国内外国际政治与国际关系领域的学者从多个角度深入探讨了"国家利益"的概念与内涵。

"国家利益"作为一个专有名词在近代才出现，不过这一概念很早就曾被提及。从欧洲最早的民族国家形成至今，"国家利益"的概念经过了三个发展阶段：国家至上阶段、王朝利益阶段、真正意义上的国家利益阶段。[3] 20 世纪 30 年代，查尔斯·比尔德将"国家利益"内涵的发展与演变划分为两个阶段，即第一阶段的"王朝利益"和第二阶段的"国家利

---

① 19 世纪英国首相兼外交大臣帕默斯顿（Lord Palmerston）的名言。
② 唐永胜等：《国家利益的分析与实现》，《战略与管理》1996 年第 6 期。
③ 《政治学辞典》，上海辞书出版社 2009 年版，第 466—467 页。

益",①"随着其他利益与君主利益逐渐交融","王朝利益"这一概念逐渐演变为"国家利益"。②

国际关系三大流派（新）现实主义、新自由主义和建构主义分别从物质基础、机制基础与观念基础三个角度解释了国家利益的内涵与外延，为理解国家利益提供了理论基础。随着学者们对"国家利益"研究的不断深入，国家利益的概念也得到了极大的丰富，其内涵也随之变得越来越复杂。由于定义角度和侧重点的不同，学者们对"国家利益"的定义不尽相同，这无疑增加了理解"国家利益"基本含义的难度。为了深入理解"国际利益"的相关内容，本书尝试从整合的视角综述现代学者对于"国家利益"内涵和外延的界定，并阐述国家利益的判定、衡量和分层。

一　国家利益的概念——整合的视角

通过系统的文献综述，本书认为，对"国家利益"概念的理解可以归纳为对"内生性与外生性"、"主观性与客观性"、"一致性与冲突性"三对关系的理解。下面本书将尝试从一种整合的视角分析国家利益的内涵和外延。

（一）内生性与外生性

王逸舟将影响国家利益界定的要素划分为两大类，即给定的"先天性"常量和变量，给定的"先天性"常量包括一个国家的地理条件、自然资源、人口需求、文化传统等，这些"先天性"条件会决定"国家基本的发展方向和外交方略"；变量又可划分为"内生变量"和"外生变量"。"内生变量"，即国家利益的内部决定过程；"外生变量"，即国家利益的外部决定过程，两者共同构成影响国家利益的变量因素。③内生变量泛指"社会生产方式"与"国家政体形态"。其中，"社会生产方式"有"硬指标"和"软指标"之分，"硬指标"指科技水平、GDP、对外开放、贸易投资水平等，"软指标"则包括财富分配方式、阶级阶层经济地位变动、社会公平程度等；"国家政体形态"有"狭义"和"广义"之分，"狭义"的国家政治形态包括宪法、立法、司法、行政等基本条款，"广义"的定义则包括更为广泛的内容，如执政水平、政治开明程度、社会政治氛围

① 戴超武：《国家利益概念的变化及其对国家安全和外交决策的影响》，《世界经济与政治》2000 年第 12 期。

② 李少军：《论国家利益》，《世界经济与政治》2003 年第 1 期。

③ 王逸舟：《国际利益再思考》，《中国社会科学》2002 年第 2 期。

等，这在一定程度上决定了国家利益界定的弹性空间。① 因此，从国家利益的内部决定过程来讲，国家利益是"平行四边形合力"，是所有内外因素互动的结果。② 外生变量是指一个国家所面临的外部环境，如国际总体环境、国际格局、大国关系、世界经济总体状况、国际组织与非政府组织的能力和作用等。在全球化时代，这些外生变量通过国与国之间的互动直接或间接地影响着某个国家的国家利益，而对于一个国家来讲，对外生变量掌控的难度要远远大于内生变量，"外生变量的变动性极大"，③ 这就增加了国家界定本国国家利益的复杂性。经过以上分析可见，国家利益的概念是需要不断调整、修正、充实、完善和自我更新的，所以国家利益的判定是一个动态过程。④ 国家利益的内外因素决定过程可以由图 3 – 10 描述。

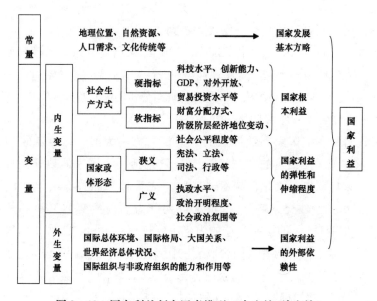

图 3 – 10　国家利益判定因素模型（内生性/外生性）

资料来源：王逸舟：《国际利益再思考》，《中国社会科学》2002 年第 2 期；宋雅琴：《国际制度、国家利益与国家行为：中国加入 GPA 问题研究》，博士学位论文，清华大学，2010 年，第 48 页。

---

① 王逸舟：《国际利益再思考》，《中国社会科学》2002 年第 2 期；宋雅琴：《国际制度、国家利益与国家行为：中国加入 GPA 问题研究》，博士学位论文，清华大学，2010 年，第 48 页。
② 王逸舟：《国际利益再思考》，《中国社会科学》2002 年第 2 期。
③ 同上。
④ 同上。

　　王逸舟对于国家利益内生性和外生性的解读，尤其是对影响国家利益内生变量的详细剖析，对全面理解国家利益的内部决定和外部决定过程，即客观国家利益的判定过程有深远的意义。

　　（二）客观性与主观性

　　俞可平用"客观实在"和"客观标准"来定义国家利益，国家利益是"一定的社会历史条件和国内外政治经济环境所规定的客观实在，是国家内外政策的基本目标和评价国家内外政策的客观标准"；① 阎学通认为国家利益包括物质和精神两个层面，即国家需要"物质层面的安全与发展，精神层面的国际承认与尊重"②。对国家利益概念的这种界定方式是从国家利益的客观性出发的；而阿姆斯特茨从国家利益的主观认知方面给出了定义，他认为："国家利益就是一个国家的基本需求与欲求。"③ 因此，从认识论角度来讲，这两类定义各有倚重，分别突出了国家利益的客观性和主观性。

　　国家利益的客观性，即客观国家利益，是国家制定国家战略、国家政策的客观限制条件和根本动力。邢悦在总结了摩根索、华尔兹、基欧汉和温特等经典三大流派代表学者对于国家利益的定义之后，将国家利益的客观性定义为"国家赖以生存与发展的基本条件"，主要包括生存、独立（自由）、经济财富和集体自尊四个因素，这四个因素构成了客观国家利益。④ 唐永胜等进一步指出了国家利益客观性的五个具体特征，即：（1）自发性——随着国家的出现而产生；⑤（2）普遍性——任何国家均有国家利益；（3）稳定性——在一定历史时期内国家利益相对稳定；（4）物质基础的不可选择性；（5）外部环境的不可选择性。以上这五种特征就决定了国家利益是客观存在的，具有客观性。⑥ 但在一定的历史条件下，不

　　① 俞可平对国家利益的定义为："一定的社会历史条件和国内外政治经济环境所规定的客观实在，是国家内外政策的基本目标和评价国家内外政策的客观标准。"请参见俞可平《权利政治与公益政治——当代西方政治哲学评析》，社会科学文献出版社 2000 年版，第 128 页。

　　② 阎学通：《中国国家利益分析》，天津人民出版社 1997 年版，第 10—11 页。

　　③ Mark R. Amstutz, *International Conflict and Cooperation*, Boston：Mc-Graw-Hill, 1999, p. 179, 转引自李少军《论国家利益》，《世界经济与政治》2003 年第 2 期。

　　④ 邢悦：《国家利益的客观性与主观性》，《世界经济与政治》2003 年第 5 期。

　　⑤ 李少军：《论国家利益》，《世界经济与政治》2003 年第 1 期。

　　⑥ 唐永胜等：《国家利益的分析与实现》，《战略与管理》1996 年第 6 期。

同国家对国家利益的理解和国家利益实现方式的认知存在很大的差异，因此，一个国家客观国家利益的表现形式和实现方式非常多样。出现这种现象主要是由于国家利益具有主观性，主观国家利益对客观国家利益具有塑造作用。

20 世纪 90 年代末，亨廷顿指出了国家利益主观性的重要性。[①] 他认为，国家利益来源于国家身份的认同，认同就是一种主观认知。在界定国家利益之前，必须弄明白我们是谁？从历史角度来讲，美国国家身份的认同有两个关键性构成因素，即文化（Culture）和信仰（Creed），文化包括价值观（Values）和制度（Institutions），信仰包括"一系列普适的观念和准则"，[②] 这些文化和信仰能够帮助人们正确地认知客观国家利益，从而形成对客观国家利益的认同和共识。邢悦在此基础上从文化学角度对国家利益的主观性进行了分析，她认为"主观国家利益是由文化建构的"，文化和文化价值观通过影响一个国家对客观国家利益及其实现方式的认识，从而使不同国家在界定客观国家利益、实现客观国家利益的方式上存在差异。[③] 洪兵将国家利益的主观性从文化层面上升到了观念层面，提出了"国家利益观"的概念，他认为国家利益的主观性就是"国家利益观"[④]。国家利益观一方面是构成国家利益的重要组成部分，但其更重要的作用在于它是决定国家利益发生变化的深层因素，国家之间在国家利益上发生的重大分歧大多由这些因素引起，这是由国家战略决策者对客观国家利益的主观认知不同而造成的。[⑤]

国家利益的主观性固然重要，但是国家利益的主观性并不能脱离客观性而单独发挥作用，客观国家利益（国家利益的客观性）是主观国家利益（国家利益的主观性）的基础，是一国制定国家战略和政策的根本性因素，它设立了国家对外战略和政策的基本框架；而主观国家利益则是一

---

① 亨廷顿在 1997 年撰写的《美国国家利益的侵蚀》（*The Erosion of American National Interests*）一文中强调了国家利益主观性的作用。

② Samuel P. Huntington, "The Erosion of American National Interests," *Foreign Affairs*, Vol. 76, No. 5, Sep. – Oct., 1997.

③ 邢悦：《国家利益的客观性与主观性》，《世界经济与政治》2003 年第 5 期。

④ 洪兵认为，"国家利益观"主要是指决策者"在考虑国家利益时所表现出来的民族性格、思维特点、价值观和哲学倾向等传统观念方面的内容"。请参见洪兵《国家利益论》，军事科学出版社 1999 年版，第 119 页。

⑤ 洪兵：《国家利益论》，军事科学出版社 1999 年版，第 119 页。

国在该客观框架下"对国家客观利益的内容及实现方式的认知"。因此，国家利益的客观性使得不同的国家可能存在相同的利益诉求，而国家利益的主观性使得不同国家对客观国家利益及实现方式的认知出现差异，导致国家利益存在特殊性和差异性。[①]

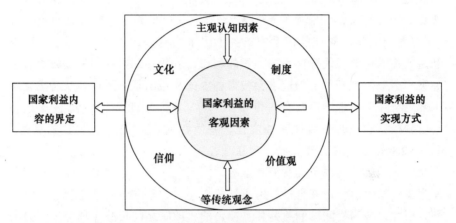

图 3－11　国家利益判定因素模型（客观性/主观性）

综上所述，从认识论角度可以将国家利益细化为客观国家利益和主观国家利益，这有助于人们更加全面而清晰地理解国家利益的概念。一国的生存、独立（自由）、经济财富和国家尊严等客观国家利益是界定国家利益的核心和基础，而文化、制度、信仰和价值观等传统观念是主观认知因素，它们以客观国家利益为基础，通过客观国家利益作用于主观国家利益，从而塑造国家战略决策者对国家利益的认知和实现国家利益的具体方式。图 3－11 概括了主观国家利益对客观国家利益的作用过程及作用结果。

（三）一致性与冲突性

根据国家利益客观性和主观性的分析，客观国家利益使国际体系中不同国家出现共性的国家利益，而主观国家利益使得国际体系中不同国家出现差异性的国家利益。这种现象不仅发生在国际社会中，也同样会发生在一个国家内部。由于认知因素的变化，战略决策者对国家利益的判定也会出现矛盾和冲突，这就是国家利益的一致性与冲突性。造成这种现象的主

_____

① 邢悦：《国家利益的客观性与主观性》，《世界经济与政治》2003 年第 5 期。

要原因即为战略决策者自身的主观因素影响其对国家利益的界定和国家利益实现方式的认知。下面分别讨论国家利益在国际体系层面和国家个体层面出现一致性和冲突性的原因。

在国际体系中，对于主权国家来讲，国家利益有两个层面，即"自利利益"和"共享利益"，这是一国国家利益出现一致性和冲突性的原因所在。顾名思义，"自利利益"是指仅对一个国家自身有利的利益，而"共享利益"则是对国际体系中的各个国家均有利的利益。① 国家对自利利益的追求会忽视国际体系中他国的利益，从而导致国家间利益的矛盾和冲突；国家对共享利益的追求会使得各国的利益出现一致性，从而推动国家间的合作，促进国际社会的和平与稳定。基欧汉的新自由制度主义也能够解释国家利益的一致性和冲突性。基欧汉对利益进行了"自我利益"和"共同利益"的区分。他认为在理性主义和利己主义的假定下，现实主义者认为国际体系是无政府状态的，国家之间是一种零和博弈，国家之间为争夺权力、保证安全进行着激烈的竞争，纷争和矛盾会盛行于国家之间，因此，各国之间的利益是相互冲突的，国家之间很难实现合作，突出表现为国家利益的冲突性；但新自由主义者认为，在有限理性的约束下，各个国家深受信息不对称、交易成本等因素的束缚，无法对自身利益进行精确计算，而此时国际机制能够提供其对国家自我利益的粗略计算，加入国际机制、采取合作的方式会使国家不用再一味地担心由他国继任者的偏好是否会发生变化所带来的利益损失，② 同时也会降低同其他国家发生冲突的交易成本。在这种考虑下，在相互依赖的国际体系中，利己性的政府能够充分认识到可以通过利用国际机制进行合作、通过实现共享利益来间接追求自利利益，③ 因此"共享利益"将进一步扩大，④ 国家利益的一致性也因此得以拓展，见图 3 - 12。

冷战结束以后，全球化的浪潮席卷全球，国际体系中各个国家间的相互依赖性进一步增强，各国也逐渐摒弃了"国家利益零和观"，并且认识到国家利益之间的矛盾是可以调解的，很多国家的自利利益其实是国际社

---

① 李少军：《论国家利益》，《世界经济与政治》2003 年第 1 期。
② ［美］罗伯特·基欧汉：《霸权之后——世界政治经济中的合作与纷争》，苏长和、信强等译，上海世纪出版集团上海人民出版社 2006 年版，第 128 页。
③ 同上书，第 106 页。
④ 同上书，第 122 页。

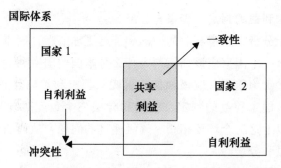

图 3 – 12　国际体系中国家利益的一致性与冲突性

会的共享利益，在维护国家利益方面，合作的方式可能比对抗的方式更有效。① 因此，在当今国际社会，国家利益的一致性特征逐渐凸显出来，成为当今国际体系的一大特色。

从国家个体层面来讲，同一个国家的国家利益也会出现一致性和冲突性，这主要是因为战略决策者对国家利益的不同判断而造成的，主要受到国内外环境变化、实力变化，以及战略决策者主观认知水平的影响。在不同历史时期，由于国际环境、国内环境、国家实力的变化等因素，国家利益必然会出现不同程度的变化，出现不一致性，从而使前后不同时期的国家利益出现冲突性，这是很容易理解的。但在同一历史时期，同一个国家的国家利益也会出现冲突性，这主要是由于国家利益的主观性（主观国家利益）在发挥作用，其通过影响战略决策者对历史发展趋势、时代特征和外部环境的主观认知来左右其对国家利益的判断。② 因此，即使是同一时期、同一国家对于国家利益的界定以及实现国家利益途径和方式的选择也会由于战略决策者的主观认识差异而出现不同，从而造成对国家利益界定的冲突性。

综上所述，国家利益的一致性和冲突性为理解国家利益提供了一个视角和分析框架，它不仅有助于理解国家利益本身，还有助于理解一个国家的战略决策者如何选择其实现国家利益的方式和手段（冲突还是合作）。

---

① 阎学通：《国家利益的判断》，《战略与管理》1996 年第 3 期。
② 同上。

二　国家利益的判定、衡量与分层

经过以上分析，国家利益的内涵和外延更加清晰，国家利益也有了明确概念。那么一个国家应该如何判定什么是本国的国家利益呢？在这些国家利益中哪些更为重要，应该如何衡量呢？国家利益到底有多少层次呢？本小节将会从国家利益的判定、衡量和分层三个角度对现有文献进行梳理，以解答以上这三个环环相扣、逐级递进的问题，从而明确对国家利益的判定、衡量和分层。

（一）国家利益的判定

层次分析法是判定国家利益的主要方法，本书开篇已经对层次分析法进行了综述，第一章的表 1-1 阐述了层次分析法中层次的划分问题，这为国家利益的判定提供了理论上和方法上的依据，国家利益的判定可以依据表 1-1 中提到任何一个标准来进行。但是，由于每个层次关注的因素不同，所以依据每一个层次的因素所判定的国家利益也各不相同。以秦亚青的五个层次为例，如马克思主义者认为"统治阶级的利益即国家利益"，因此，国家利益是由国内结构判定的；[①] 在国际关系领域，对于现实主义者来讲，判定国家利益的主要依据是国际系统的结构，国家在国际系统结构中的地位决定了国家的国际行为，因此可以通过国家在结构中的权力位置来判断国家利益；对于新自由主义者来讲，国际系统进程是判定国家利益的主要依据，国际制度制约国家利益的判定；[②] 对于建构主义者来说，判定国家利益的依据也是国际系统进程，"国家利益来源于国际社会的互动或进程"[③]。

由此可见，由于各个层次所关注变量的侧重点不同，依据不同层次的变量判定的国家利益也可能各不相同。所以，仅仅依靠单一层次的变量来判断的国家利益往往是片面而有失偏颇的，只有结合各个层次的变量综合权衡才能对国家利益做出比较客观科学的判定。若依据各个层次变量得出的分析结果一致性越高，则对国家利益判定的可靠性和准确性就越强。

---

①　马克思主义者认为国内结构是由"统治阶级"和"被统治阶级"构成的双重结构，"统治阶级在这种结构中占据主导地位，决定了国家利益的性质和内容"，因此，他们认为"国家利益是统治阶级利益的反映"。请参见周丕启《霸权的国家利益判定——结构与进程》，《太平洋学报》2003 年第 4 期。

②　[美] 罗伯特·基欧汉：《霸权之后——世界政治经济中的合作与纷争》，苏长和、信强等译，上海世纪出版集团上海人民出版社 2006 年版，第 62 页。

③　周丕启：《霸权的国家利益判定——结构与进程》，《太平洋学报》2003 年第 4 期。

阎学通阐述了如何应用层次分析法综合多个层次的变量来判定国家利益。他综合了决策者、国家和国际系统三个层次的变量，给出了判定国家利益的具体依据，即客观的"自身实力"、"国际环境"、"科技水平"及主观的"认识水平"。① 其中，自身实力②是指相对的综合国力（硬、软实力）；国际环境③是指国际格局及该国的位置；科技水平④既包括本国科技水平的绝对水平，也包括该国在世界科技发展水平中的相对位置；主观的认识水平⑤主要是指战略决策者对客观外界环境的认知能力，可以影响其对国际利益性质、重要性及实现可能性的判断。⑥ 国家利益的判定依据和影响方式见表3-2。

表3-2 国家利益的判定

分析层次	判定依据	影响方式
国际系统 国家决策者	国际环境	国家安全受威胁程度（军事层面）； 在国际社会中的认可程度（政治层面）； 对外经济关系受制约程度（经济层面）
	自身实力	不同的实力内容对国家利益判定的影响力各不同； 国家实力结构对国家利益的判定有重要影响
	科技水平	国家利益的内涵和外延随科技进步而拓展； 过时的传统国家利益随科技发展而被淘汰
	认识水平	决策者对历史发展趋势的认识影响其对国家利益合理性的判断； 决策者对时代特征的认识影响其对国家利益性质、重要性的判断； 决策者对外部环境的认识影响其实现国家利益可能性的认识

资料来源：阎学通：《国家利益的判断》，《战略与管理》1996年第3期。

---

① 阎学通：《国家利益的判断》，《战略与管理》1996年第3期。
② 自身实力是影响国家利益判定的战略性依据，包括经济实力、军事实力、政治实力和文化实力。请参见阎学通《国家利益的判断》，《战略与管理》1996年第3期。
③ 一个国家在判定国家利益时，考虑的国际环境因素主要有：国家安全的受威胁程度（军事）、国际社会的支持程度（政治）和对外经济的受约束程度（经济）。请参见阎学通《国家利益的判断》，《战略与管理》1996年第3期。
④ 科技水平是"判定国家利益具体内容的依据"，表现在两个方面：第一，科技进步为国家利益增加了新的内容；第二，科技发展淘汰了一些旧有的国家利益。请参见阎学通《国家利益的判断》，《战略与管理》1996年第3期。
⑤ 战略决策者的主观认识水平也会受到国内政治体制、社会文化等因素的影响与制约。
⑥ 阎学通：《国家利益的判断》，《战略与管理》1996年第3期。

　　此外，阎学通与孙雪峰认为，研究者要通过三个层次自变量的"合力结果"来判断国家利益。一般来讲，多个层面变量分析结果的影响力大于单一层面变量分析结果的影响力，但当多个层次自变量的分析结果出现明显不一致时，则说明来自各层次的变量对事件影响的方向不尽相同，此时应该依据影响力大的层次变量来判定国家利益。"如果来自多个层次的自变量对某一事件分析的结果各不相同，则说明分析方法有问题，需要换个方法重新分析。"①

　　综上所述，层次分析法是较为科学而严谨地判定国家利益的方法，其可以综合考虑一个国家在国际系统中各个层面中的变量，通过比对各个层次对国家利益分析的结果来准确判定国家利益：多层次分析一致性越高、对国家利益的判定越可靠。

　　（二）国家利益的衡量

　　采用层次分析的方法并综合各层面的因素可以形成对一国国家利益的基本判定。那么应该如何衡量不同利益的主次关系与大小关系呢？这就需要建立一种衡量国家利益的方法。

　　阎学通用"效用"来衡量国家利益，根据不同国家利益的"效用大小"来决定各种国家利益的优先顺序。因此，他根据国家利益的"重要性"和"紧迫性"，建立起一套由两级指标构成的"国家利益效用"衡量方法。其中，国家利益的"重要性"和"紧迫性"为一级指标，"次序"、"利益量"与"主观期望时间"、"客观必要时间"分别为与重要性和紧迫性相对应的两组二级指标。②

　　重要性是指某种国家利益的重要程度，包括某种国家利益的"次序"和"利益量"两项二级指标。③ 国家利益的"次序"遵循马斯洛的需求层次理论，呈现出从低级到高级逐级升级、对更高一级利益的需求以前一级需求的基本满足为前提的特征。④ 对于一个国家来讲，生存的需求是根本利益，是其他所有利益的基础，生存利益得以保障之后才会存在对政治、经济、世界贡献等利益的需求；国家利益的"利益量"则是指某种

---

　　①　阎学通、孙雪峰：《国际关系研究实用方法》，人民出版社 2007 年版，第 81 页。

　　②　阎学通：《国家利益的判断》，《战略与管理》1996 年第 3 期。

　　③　同上。

　　④　宋雅琴：《国际制度、国家利益与国家行为：中国加入 GPA 问题研究》，博士学位论文，清华大学，2010 年，第 53 页。

国家利益影响范围和影响力的大小，"利益量"的差异会导致同等次序国家利益出现不同。因此，以"次序"和"利益量"两项二级指标可以将国家利益划分为"主要国家利益"和"次要国家利益"。

紧迫性则是指实现某种国家利益所需要的时间，包括实现某种国家利益的"主观期望时间"和"客观必要时间"两项二级指标。以"紧迫性"为依据，国家利益可以划分为"当前国家利益"和"未来国家利益"。[①] 表3-3概述了衡量国家利益的"重要性—紧迫性"二级指标体系。

表3-3   衡量国家利益效用的指标体系

一级指标	二级指标	具体内容	国家利益分类
重要性	次序	国家各种利益的次序	重要国家利益
	利益量	涉及的范围、影响力大小	次要国家利益
紧迫性	主观期望时间	实现国家利益主观希望的时间	当前国家利益
	客观必要时间	实现国家利益客观需要的时间	未来国家利益

资料来源：阎学通：《国家利益的判断》，《战略与管理》1996年第3期。

"重要性—紧迫性"二级指标体系不仅对各种国家利益进行了两个维度的综合考量，还为衡量国家利益的效用提供了有效工具。阎学通以"1"为"国家利益效用指数"来区别国家利益的效用，具体方法是：以"1"为临界值，重要与紧迫的国家利益处于区间1—2，而非重要与非紧迫的国家利益则处于区间0—1。因此，依据四项二级指标可以划分为四种国家利益，其各自的效用指数区间如表3-4左栏所示。根据相关的数学定理，这种效用指数的区间是可以叠加的，所以，经过数学计算可以得出综合了"重要性"和"紧迫性"两项因素的四种国家利益的效用指数，计算过程及结果如表3-4中栏与右栏所示。从计算的结果可以很明显看出，"当前重要国家利益"（A）的效用最大，而"未来次要国家利益"（D）的效用最小，但是当"当前次要国家利益"（B）和"未来重要国家利益"（C）的效用得分相同时，应该根据"透视原理"，即一般可以认为"当前次要国家利益"（B）大于"未来重要国家利益"（C），除非当

---

① 阎学通：《国家利益的判断》，《战略与管理》1996年第3期。

"未来重要国家利益"（C）的效用很明显且远远大于"当前次要国家利益"（B）的效用。[①]

表 3 - 4　　　　"重要性—紧迫性"模型下国家利益效用的计算

不同国家利益的效用 （按二级指标分类）	计算方法	综合国家利益的效用 （重要性—紧迫性）
重要国家利益　$1 < a < 2$	$a + c = A$	当前重要国家利益　$2 < A < 4$
次要国家利益　$0 < b < 1$	$b + c = B$	当前次要国家利益　$1 < B < 3$
当前国家利益　$1 < c < 2$	$a + d = C$	未来重要国家利益　$1 < C < 3$
未来国家利益　$0 < d < 1$	$b + d = D$	未来次要国家利益　$0 < D < 2$

资料来源：阎学通：《国家利益的判断》，《战略与管理》1996 年第 3 期。

综上所述，阎学通将国家利益的效用作为确定各种国家利益的优先级和大小的衡量标准，并通过建构"重要性—紧迫性"二级指标体系来对各种国家利益进行划分和归类，综合重要性和紧迫性两个维度的因素总结出了四项综合性国家利益类别，并通过定量赋值的方法对这四项综合国家利益类别的效用进行计算和排序。衡量的目的是判断各种国家利益的优先级，即国家利益的分层问题，所以，从这个角度上讲，阎学通教授的分析方法不仅为我们衡量国家利益提供了一种方法论上的思路，还隐含着一个进一步的问题，即国家利益到底可以分成多少层次？应该如何划分？下面将主要回顾、总结和分析国家利益分层的问题。

（三）国家利益的分层

国家利益层次是指某种利益对一个国家的重要程度，即各种国家利益的优先顺序排序。不同层次的国家利益体现出不同的重要性和紧迫性，国家凭借国家利益的不同层次来确定自身战略目标的先后顺序，做出不同的国家战略选择。[②] 因此，对国家利益进行分层的本质是为了更好地指导国家制定相应的战略和政策。

---

① 阎学通：《国家利益的判断》，《战略与管理》1996 年第 3 期。
② 李少军：《论国家利益》，《世界经济与政治》2003 年第 1 期。

　　目前，由于划分依据的不同，对国家利益层次的划分存在多种方式。综合看来，划分依据主要有两类，即凭借单一维度划分与凭借多元维度划分，下面对相关研究进行梳理。

　　1. 凭借国家利益"重要性"程度的单一维度的划分方法

　　唐纳德·纽克特莱将国家利益层次称为"国家利益强度"，他以国家利益的"重要性"为依据，将国家利益强度分为四个级别，依次为：生存利益、生死攸关的利益、主要利益和次要利益，[①] 并以此来刻画国家利益的强度层次，见表 3–5。其中"生存利益是国家的根本利益"，是其他三种利益的基础，国家如果丧失了生存利益，其他利益将无从谈起。但是，纽克特莱的这种划分方法存在明显的逻辑缺陷——生存利益与其他三种利益并不处于同一逻辑层面，生存利益与生死攸关的利益并不应该是递进关系，反而是一种被包含与包含的关系，即生死攸关的利益包含生存利益。[②] 因此，纽克特莱对国家利益强度（层次）的划分可以简化为三个强度级别，按照强度由强到弱依次为：生死攸关的利益、主要利益和次要利益，这样的划分会更加符合逻辑。

表 3–5　　　　　　　　　　　国家利益强度级别及实现方式

强度级别	名称	实现方式
第一级强度	生存利益	使用武力
第二级强度	生死攸关的利益	使用武力
第三级强度	主要利益	无须使用武力，但尽力保护
第四级强度	次要利益	无须使用武力，但尽力保护

　　资料来源：Donald E. Nuechterlein, *America Overcommitted*：*United States National Interests in the 1980s*，Lexington：University of Kentucky Press，1985，p. 15，转引自洪兵《国家利益论》，军事科学出版社 1999 年版，第 22 页。

---

　　① Donald E. Nuechterlein, *America Over committed*：*United States National Interests in the 1980s*，Lexington：University of Kentucky Press，1985，p. 15，转引自洪兵《国家利益论》，军事科学出版社 1999 年版，第 22 页。

　　② 洪兵：《国家利益论》，军事科学出版社 1999 年版，第 22—23 页。

　　美国国家利益委员会在与哈佛大学肯尼迪政府学院科学与国际事务中心、尼克松中心和兰德公司共同发表的名为《美国的国家利益》的报告中，也按照国家利益的"重要性"这个单一因素对美国的国家利益进行了分层。该报告把美国的国家利益划分为四个层面，按照重要性由强到弱依次为："生死攸关的利益"①、"极其重大的利益"、"重要利益"和"次要利益"，②并详细列举了每个层次利益的具体内容。显然，这种划分方式要比纽克特莱的更有逻辑性，也具有很强的理论和实际意义。美国国家利益委员会对美国国家利益各层次具体内容的分析、美国智库和政界对美国国家能源利益的定位为本书研究美国国家能源战略提供了支撑。

　　这种依据单一维度对国家利益进行分层的方式十分简单，并且实践证明也非常有效。然而，从理论角度来讲，这种一维的分析方法忽视了时间和空间两个维度的因素，呈现的是一种平面的、静态的国家利益。而事实上，国家利益是一个动态过程，所以对于国家利益层次的判定还需要引入时间、空间等多个维度，进行多角度、动态的分析。

　　2. 凭借国家利益的"重要性"、"紧迫性"、"影响力"等综合因素的多元维度划分方法

　　西方国际政治学界的一些学者将国家利益进行了"国内利益"与"国际利益"的区分。③根据利益的重要性、时间紧迫程度和影响范围，"国内利益"可以划分为三对相对应的六种类型，即：根本与次要利益（重要性）、长远与可变利益（紧迫性）、总体与特殊利益（影响范围）；根据国家利益的冲突程度，"国际利益"包括三种类

　　① 《美国的国家利益》报告将"保障能源供给稳定"划为"生死攸关的利益"，把"防范波斯湾地区出现地区性霸权"划为"极其重大的利益"，由此可见，美国国际能源战略对保障美国国家利益意义重大。

　　② The Commission on America's National Interests, *America's National Interests*, July 2000, pp. 6 - 8（http://belfercenter. ksg. harvard. edu/publication/2058/americas_ national_ interests. html）.

　　③ 倪世雄等：《世纪风云的产儿——当代国际关系理论》，浙江人民出版社 1989 年版，第 31 页，转引自洪兵《国家利益论》，军事科学出版社 1999 年版，第 14—15 页。

型：认同利益、协调利益和冲突利益，[1] 各种类型国家利益的具体内容
参见表3－6。

表3－6　　国家利益的九种类型及具体内容（国内利益/国际利益）

划分依据		国家利益类型	具体内容
国内利益	重要性	根本利益	维护国家生存与统一的利益
	影响时间	次要利益	有利于增进根本利益的其他利益
	影响范围	长远利益	国家在较长历史阶段内相对不变的利益
		可变利益	国家在特定时期随时间推移而变化的利益
		总体利益	产生大面积（空间范围）影响的利益
		特殊利益	特定事件、特殊问题（特定空间范围）的利益
国际利益	冲突程度	认同利益	共同利益、双边利益
		协调利益	虽不一致但经协商可达成共识的利益
		冲突利益	不可调和的利益，可造成国家间的冲突与战争

资料来源：倪世雄等：《世纪风云的产儿——当代国际关系理论》，浙江人民出版社 1989 年版，第 31 页，转引自洪兵《国家利益论》，军事科学出版社 1999 年版，第 14—15 页。

　　这种从国内和国际两个角度划分国家利益的方法使国家利益的层次
感更加明晰，但是国内利益和国际利益并不是泾渭分明的，它们之间存
在出现交叉和重复的可能性。罗宾逊对国家利益层次的划分打破了国界
的限制，把国内利益和国际利益进行了融合，他按照优先性（重要
性）、特殊性（范围）和持久性（时间）三条标准将国家利益划分为三
对息息相关的利益类型：生死攸关利益和非生死攸关利益、一般性利益
和特定利益、永久利益和可变利益。[2] 这种划分的具体层次及相关内容请
参见表3－7。

---

　　① 倪世雄等：《世纪风云的产儿——当代国际关系理论》，浙江人民出版社 1989 年版，第
31 页，转引自洪兵《国家利益论》，军事科学出版社 1999 年版，第 14—15 页。
　　② Thomas Robinson, "National Interests," in James N. Rosenau ed., *International Politics and
Foreign Policy: A Reader in Research and Theory*, New York: Free Press, 1969, pp. 184 - 185, 转引
自李少军《论国家利益》，《世界经济与政治》2003 年第 1 期。

表 3 - 7　　　　　　　　　　国家利益的六种类型及具体内容

划分依据	国家利益类型	具体内容
优先性 (重要性)	生死攸关利益	关系国家基本目标、长期目标,不能妥协
	非生死攸关利益	关系国家需求的具体方面,可协商、妥协
特殊性 (范围)	一般性利益	指广泛性的、全球性的利害关系
	特定利益	指国家特定的目标
持久性 (时间)	永久利益	国家不变的战略目标
	可变利益	国家针对特定需要(地理、政治)的反应

　　虽然以上两种多维度分析方法所关注的角度略有不同,对国家利益层次的划分也有所差别,但都突出了划分国家利益层次的三个主要依据,即:重要程度、紧迫程度和影响范围。因此,本书认为,根据重要程度,可以将国家利益划分为"生死攸关的利益"和"非生死攸关的利益";根据紧迫程度,可以划分为"长远利益"和"暂时利益";根据影响范围,可以划分为"总体利益"和"特殊利益"。如表 3 - 8 所示。

表 3 - 8　　　　　　　　　　国家利益的分层

分层依据	层次
重要程度	生死攸关的利益
	非生死攸关的利益
紧迫程度	长远利益
	暂时利益
影响范围	总体利益
	特殊利益

　　综上所述,综合重要性、紧迫性和影响力等多种要素对国家利益进行分层,比一维的划分方法更加科学、实用。决策者可以以此为依据对国家利益进行层次的归类,明确某种国家利益的重要程度、紧迫程度和影响范围,从而指导国家相关战略和政策的制定。例如,以美国的能源利益为例,根据《美国的国家利益》的报告,从重要性角度来讲,能源利益属于"生死攸关的利益";从紧迫程度来讲,属于"长远利益";从影响的空间范围来讲,属于"总体利益"。因此,能源利益,尤其是能源安

全，在美国国家利益中的地位十分重要，是一种生死攸关的、长远的、总体的利益。美国对能源利益的这种定位必然会反映在其国际能源战略之中。

第三节 层次分析视角下整合理论分析框架的构建

"要实现国家利益，国家就必须根据自己的需求与欲求制定出具体的行动计划。这样的行动计划，实际上就是国家的战略。"[1]

——李少军《论国家利益》

一 层次分析视角下"利益—战略"整合理论分析框架的构建

国家战略的最初动力和最终目的都是实现既定的国家利益，因此，利益与战略是双向互动的关系，如图 3 - 13 所示。

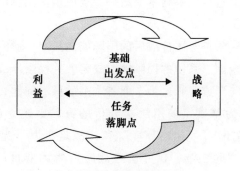

图 3 - 13 战略与利益的双向互动关系

根据上文对国家利益内涵的解读，国家的战略利益既有物质基础又有观念基础，国家利益因此存在客观国家利益和主观国家利益之分。客观国家利益是一国生存与发展的基础，因此，实现客观国家利益是一国制定国家战略的目的所在，客观国家利益的实现可以满足国家生存、发展的需求；而主观国家利益是战略决策者对客观国家利益的内容及其实现方式的认知，在战略领域体现为对战略目的、战略途径和战略手段的不同选择。在制定国家战略的过程中，战略决策者对客观国家利益的内容及实现方式

---

① 李少军：《论国家利益》，《世界经济与政治》2003 年第 1 期。

的判断，受到来自体系和国内两个层面因素的制约，即主观国家利益受到"战略三因素"，即战略环境、战略实力和战略文化的影响。其中战略环境是制定战略的客观条件，是来自体系层面的影响因素；战略实力和战略文化是来国国内层面的影响因素，战略实力则是制定战略的物质基础，是一国维护本国客观国家利益的能力的表现；而战略文化则是内化于战略决策者的认知框架，战略决策者在主导的战略文化下形成对战略环境的判断、对战略实力的认知。在冲突性的战略文化主导下，战略决策者往往强调国家实力的运用，认为战略环境是冲突的，从而在战略目的方面表现为对抗性、在战略途径和战略手段方面强调使用国家实力（尤其是军事实力）；在协调性战略文化主导下，战略决策者认为国家之间是竞争关系，国家强力和国际合作都可以维护客观国家利益，并倾向选择通过合作方式实现战略目的。由此可见，在战略三因素中，战略文化内化于战略决策者，在确定战略目的、选择战略途径和战略手段方面发挥最为重要的作用。战略与利益的这种关系为本书研究冷战后美国国际能源战略的形成机制提供了理论框架。

本书研究的对象是美国冷战后的国际能源战略，研究目的是判断冷战后美国是否存在全面、系统的国际能源战略？并探索冷战后美国国际能源战略的形成机制与形成逻辑。为了回答本书的核心问题，本书尝试以战略理论和利益理论为基础，采用层次分析的方法，建立起以"战略三因素"，即"战略文化"、"战略环境"和"战略实力"为自变量，以"主观国家利益"为中间变量，以"国家战略"为因变量的理论分析框架，如图3－14所示。

本书在分析冷战后美国国际能源战略的过程中，将美国的国际能源利益做出了主观和客观的划分，即"国际能源利益"包括"客观国际能源利益"和"主观国际能源利益"。其中，"客观国际能源利益"主要指物质性国际能源利益，即从美国以外地区获得的、可以保障美国国家安全、经济发展与社会繁荣的能源资源；"主观国际能源利益"是指战略决策者以本国的战略实力、战略文化为基础，并结合国际能源战略环境，对国家客观国际能源战略利益做出的主观判断，表现为战略目的、战略途径与战略手段。其中，战略目的即为实现美国战略决策者所认知的客观国际能源利益；"战略途径"和"战略手段"都是实现战略目的的方式，不过两者的侧重层面不尽相同："战略途径"侧重于宏观策略层面上实现战略目的

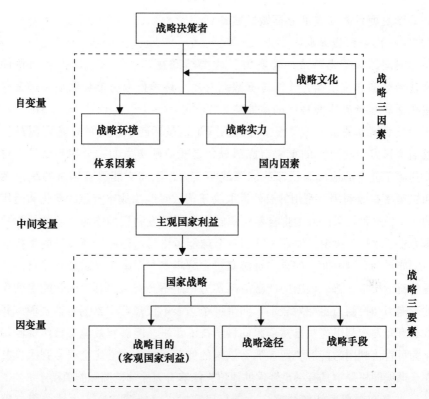

图 3 - 14　层次分析视角下"战略三因素—主观国家利益—国家战略"
整合理论分析框架

行动准则与方案，而"战略手段"则侧重于从操作层面实现战略目的的
具体工具。

　　下面，本书将结合冷战后美国的实践，对影响美国国际能源战略形
成与发展的"战略三因素"：战略实力、战略环境和战略文化进行
分解。

二　影响美国国际能源战略的"战略三因素"的分解

　　按照图 3 - 14 的分析框架，冷战后"战略实力"、"战略环境"和
"战略文化"三个战略因素通过影响美国战略决策者对客观国际能源利益
及其实现方式的认知，而决定冷战后美国国际能源战略的目的、战略途径
和战略手段。因此，本节将结合冷战后美国的现实对影响冷战后美国国际
能源战略的"战略实力"、"战略环境"和"战略文化"三个因素进行分

解，以便为后面的实证分析做好准备。

（一）美国能源战略实力

美国的国际能源"战略实力"主要体现在四个方面，即：美国整体的政治经济和军事实力、能源资源拥有量、科学技术力量和水平、对全球能源格局与世界能源秩序的掌控能力。

按照国际关系大师摩根索等人的理论，包括能源在内的自然资源是构成国家权力（实力）的重要组成部分，是能源硬实力的一个核心要件。自然资源不会自动地成为国家的能源战略实力，除非它能够被国家的统治者和决策者有效利用，利用的有效性取决于国家对能源战略资源的转化和运用的效果，这种效果由该国将自然资源转化为可开发利用的能源资源的科学技术力量的水平来决定，体现为该国对全球能源格局与国际能源秩序的掌控能力。如果一个国家拥有的自然资源储量十分丰富，但缺乏开发和转化自然资源的科学技术，那么该国的能源战略实力一定不会强大，其对国际能源秩序的影响力和控制力也相对较弱；如果一个国家不仅蕴藏丰富的自然资源，并且具有开发和利用这些自然资源的科学技术水平，能够有效地将自然资源转化为可直接利用的能源资源，那么该国的能源战略实力必定会非常强大，其在全球能源格局中具有举足轻重的地位，能够有力地掌控国际能源秩序。

本书在对美国能源战略实力进行研究时，将能源战略实力这个影响因素具体细分为美国的整体实力、能源资源拥有量、科学技术力量和水平以及美国对全球能源格局和国际能源秩序的掌控力四个影响因子。

（二）美国能源战略环境

战略环境一般是指战略决策者在制定战略时所处的宏观环境、在战略实施过程中所面临的客观条件。[①] 具体对美国能源领域的战略来讲，美国的国际能源战略环境就是美国在制定国际能源战略时所面对的客观宏观环境。在分析中，本书将美国能源战略环境限定在体系层面，或者说是国际层面，主要是指国际能源秩序，国际能源秩序可以明确地揭示各国在国际能源大棋局中的权力和地位。美国能源战略实力的大小可以在国际能源秩序中有所体现。具体来讲，国际能源秩序包括两个方面的细化因素，分别是：国际能源秩序的结构及美国在其中所处的地位、国际能源市场的供需情况（具体表现为石油的价格）。这样限定的原因很简单，就是为了避免

①　于成文：《中国共产党人对战略环境认识的演变及其启示》，《唯实》2008 年第 4 期。

对各种影响因素的重复考量，因为对美国国内能源战略环境的分析可以划分到对美国能源战略文化的分析中。

影响美国能源战略的国内战略环境是指能够直接影响美国国际能源战略制定的政策环境，主要包括美国国内政治文化、政党与政治体系、历史及文化传统、主流政治思潮、利益集团倾向性等要素，这些因素从一定意义上讲属于美国能源战略文化的研究范畴，因此，本书将对美国能源战略环境的研究局限在国际层面。

（三）美国能源战略文化

赵景芳认为，美国的战略文化由战略价值观、战略思维模式和战略选择偏向模式三部分组成，而战略选择模式则是前两者的外化表现。据此，本书将影响美国国际能源战略的战略文化的要素归纳为两点，即战略价值观、战略思维和行为模式。其中，战略价值观是更高级别、更宏观的指导，具有很强的稳定性和持续性，不轻易发生变化；而战略思维和行为模式是在战略价值观指导下的具体政治思潮，虽然在一定时期内具有稳定性，但存在变化和调整的可能性。[1]

综上所述，在美国国际能源战略研究的整合理论分析框架中，来自体系层次和国内层次的三个自变量战略环境、战略实力与战略文化可以根据美国的客观实际情况进行细化和分解，请见表3-9。本书将从这些具体因素入手，详细分析和研究冷战后美国的国际能源战略。

表3-9　　美国国际能源战略研究整合理论分析框架的因素分解

因素		因素分解
国内层次	战略实力	能源资源拥有量及生产能力
		科学技术力量和水平
		对世界能源秩序的掌控能力
	战略文化	战略价值观
		战略思维和行为模式
体系层次	战略环境	国际能源秩序的结构
		在国际能源秩序中所处的地位

① 赵景芳：《美国战略文化研究》，时事出版社2009年版，第93页。

本章小结

　　本章首先分别对战略理论和国家利益理论进行了系统回顾和详细综述，然后以"主观国家利益"为纽带，将战略理论和利益理论进行了融合，并利用国际政治和国际关系领域的层次分析法，构建了层次分析视角下理解和分析国家某一战略的"利益—战略"整合理论分析框架；在此简单框架的基础上，建立起了层次分析视角下分析冷战后美国国际能源战略形成机制的"战略三因素—主观国家利益—国家战略"，并结合美国能源实际对三个战略影响因素，即国际能源战略实力、国际能源战略环境和能源战略文化进行了分解，从而为后面进一步的分析奠定基础。

　　下一章将详细剖析冷战后影响美国国际能源战略形成与发展的自变量："战略三因素"，即战略环境、战略实力和战略文化的具体内涵。

第 四 章

冷战后美国国际能源战略环境、
战略实力与战略文化

第一节 冷战后美国宏观战略环境

东欧剧变、苏联解体标志着持续半个多世纪的冷战成为历史，美苏两极格局体系轰然坍塌，世界政治、经济格局重新洗牌，正如亨利·基辛格在 1994 年所预料的那样，"一个新的多极世界即将出现"，世界格局正朝着多极化的方向迈进。美国，作为冷战的优胜者、世界唯一一"极"，面临二战后又一个崛起的机会之窗，同时也面临着来自多极化格局的种种挑战。1991 年《美国国家安全战略报告》开篇即指出："冷战后的新时代给我们带来了极大的希望，然而，更大的不确定性、新的危机和不稳定也随着希望一并而来。"①

一 冷战后美国的新机遇

冷战结束后，和平与发展成为国际关系的主题，国家间尤其是大国之间的对抗与敌对状态基本消失，取而代之的是合作与共赢。优越的国际环境为美国提供了宽松优越的战略环境。

苏联的解体使得美国成为国际体系中唯一一"极"。在短短的时间内，庞大的苏联瞬时间解散为 12 个大小不一、实力悬殊的国家，其中实力最大的是俄罗斯联邦共和国，它是苏联的实际继承者。然而，俄罗斯的实力也遭到了极大的削弱，并且在经济、社会和民族等领域面临严重的矛

---

① The White House, *National Security of the United States*, 1991, Washington, D. C. : The White House, August 1991, p. 1.

盾与冲突，其国际地位急速下降，沦为"第三世界的一个地区性大国"。①
与之截然相反，"尽管冷战后新的力量中心已经初现，但美国依然是世界
上唯一的全球力量，美国的力量能够达到并且影响世界政治、经济、军事
的方方面面"②。冷战后，美国各个方面的实力得到了全面的巩固和加强：
美国的 GDP 由 1990 年的 5.98 万亿美元增加到 2013 年的 16.8 万亿美元
（美元时值），平均增长为 2.5%，③ 占世界经济的比重从 1991 年的
24.9%上升为 2001 年的 32.3%；④ 国防预算世界第一，在全球各地的关
键战略区域均有常备驻军；信息、通信等高精尖技术高度发达；美国文化
风靡全球。因此，冷战后，美国凭借其无可匹敌的军事力量、一马当先的
经济力量、高精尖端的技术力量和无限感召的文化力量，一举成为冷战后
唯一的、全面领先的、全球性的超级大国，⑤ 彰显了其国家力量，体现了
它在世界格局中的领导地位。冷战后，美国希望凭借其强大的政治、经
济、军事和文化实力扩大其优势，加强其在全球事务中的领导地位，履行
其世界领导者的职责，并逐渐建立起其在全球的霸权，实现美国一国独大
的"单极格局"。

二　冷战后美国的新挑战

然而，从国际关系的理论和实践来讲，一国独霸的单极体系只是一个
过渡阶段，是一种极其不稳定的状态，因此，美国的霸权也必将不断受到
挑战。事实也证明了这一点，尽管美国的综合国力在冷战后首屈一指，但
是，随着新兴国家的蓬勃发展，美国在冷战后初期建立起的优势地位逐渐
沦丧，"一超多强"国际格局的形成侵蚀着美国建立国际格局新秩序的构
想和建立美国领导下的"单极格局"的企图，美国在国际政治、经济、

---

① ［美］兹比格纽·布热津斯基：《大棋局：美国的首要地位及其地缘战略》，中国国际问
题研究所译，上海世纪出版集团上海人民出版社 2007 年版，第 71 页。

② The White House, *National Security of the United States*, 1991, Washington, D. C.: The
White House, August 1991, p. 2.

③ U. S. Department of Commerce, Bureau of Economic Analysis, *Gross Domestic Product*（GDP），
（*Current US $*）（http：//www. bea. gov/national/index. htm）；World Bank，*GDP Growth*（annual
%），*GPD*（*Current US $*）（http：//data. worldbank. org/indicator/NY. GDP. MKTP. KD. ZG）.

④ 根据 IMF 的数据计算，The World Bank, GDP Growth（annual %）（http：//
data. worldbank. org/indicator/NY. GDP. MKTP. KD. ZG/countries? display = default）.

⑤ ［美］兹比格纽·布热津斯基：《大棋局：美国的首要地位及其地缘战略》，中国国际问
题研究所译，上海世纪出版集团上海人民出版社 2007 年版，第 21 页。

文化等领域的领导地位受到全方位的挑战。表现在以下几个方面。

第一，新兴的政治大国与美国争夺全球和地区主导权。冷战后，随着一些国家的发展壮大，它们在政治上开始与美国分庭抗礼，比较突出的是欧盟、俄罗斯和中国。1993 年，集政治和经济为一身的欧洲联盟正式成立，拥有 27 个成员国的欧盟成为世界上最大的地区性组织。欧盟的成立是对美国建构其领导下的世界"单极格局"的直接对抗。欧盟的成立强化了欧洲各国的政治合力，促进了欧洲地区的和平、稳定和繁荣，构筑了欧洲政治新秩序，削弱了美国对欧洲政治事务的影响力和支配力；同时，欧盟在加快欧盟一体化进程的同时，还不断向世界扩展其政治影响力，引领着国际政治发展的新趋势，对美国的全球政治领导地位形成了挑战。①对于俄罗斯来讲，尽管东欧剧变、苏联解体给其带来了致命性的打击，使其综合国力一落千丈，但俄罗斯依然是传统的政治、军事强国。在政治方面，它是联合国五大常任理事国之一；在军事方面，它是超级核大国，是仅次于美国的第二大军事强国。冷战后俄罗斯一直努力致力于恢复它的强国地位，因此，俄罗斯在国际政治中的地位和作用不可小觑。进入 21 世纪以来，中国的政治大国地位逐渐凸现出来。同样作为联合国五个常任理事国之一，中国在国际政治舞台上拥有举足轻重的影响力。同时，随着中国经济的腾飞、睦邻友好外交政策的推行，中国的政治地位得到越来越多国家的认可，中国在建立国际政治新秩序进程中的影响力不断提升。由此可见，随着各国政治实力的不断发展，国际政治格局中的权力得到了重新分配，美国的政治优势受到越来越多的挑战。

第二，新兴经济大国挑战美国的经济主导地位。欧盟的成立促进了欧洲各国之间的经济合作，推动了欧洲统一市场的形成，并发行了欧盟的统一货币——欧元，欧元于 1999 年 1 月 1 日正式启用，并于 2002 年 1 月 1 日正式流通。这些措施都极大地调动了欧洲的经济要素，推动了整个欧洲经济的繁荣与发展，促使欧盟在经济上成为美国的强劲竞争者。亚洲的新兴国家同样挑战着美国在亚洲的经济主导地位。冷战后，日本经济虽然低迷，但依然保持世界第二大经济体的地位（2010 年被中国赶超）。中国经济自改革开放以来迅猛发展，中国的经济年均增长率均保持在 9% 以上，经济总量达到了每 8 年翻一番，成为有史以来经济增长速度最快的主要经

---

① 欧盟官方网站（http://europa.eu/about-eu）。

济体，① 经济发展态势势不可当，成为全球最热的经济投资目的地。如果说中国是亚洲一个现实存在的崛起的经济大国，那么印度是亚洲一个潜在的经济大国，时刻蓄势待发。从 1997—2007 年的十年间，印度经济的年均增长率达到了 6.9%，尤其是从 2002—2007 年的五年间，其经济增长速度甚至高达 8.5%，印度经济的累积效应十分显著。根据高盛公司对"金砖四国"经济的预测报告，截至 2015 年，印度的经济总量将与意大利齐平，截至 2020 年印度将赶上英国，截至 2040 年，印度将一举成为世界第三大经济体。② 随着新兴经济体的蓬勃发展，美国在世界经济中的地位遭到排挤，世界银行的数据表明，美国经济占世界经济的总量从 2002 年开始呈现下降趋势，从 2001 年的 32.3% 下降到 2008 年的 23.7%。③ 美国在经济领域的优势不断受到新兴经济体的挑战。

第三，文明的冲突威胁美国的安全。1996 年，美国著名学者萨缪尔·亨廷顿提出了轰动一时的"文明冲突论"，他认为冷战后的世界是包含七个或八个文明的世界，全球政治是多极的、多元化的；文化的差异导致不同文明国家对国家利益的界定出现分歧，因而，大规模的战争和地区冲突往往是由不同文明的国家和集团间的矛盾和冲突引发的。④ 虽然亨廷顿的这一论断在西方学界受到质疑和挑战，但国际社会接二连三发生的事件却证明了这一论断的合理性。2001 年"9·11"恐怖袭击事件的发生验证了亨廷顿的预言，伊斯兰文化和西方文化的冲突再次升级，直接导致了阿富汗战争的爆发，而美国因此对伊斯兰世界的反击行为，以及伊斯兰世界的反应将会使本已升级的文化冲突再次激化；1991 年的海湾战争、2003 年的伊拉克战争、2011 年的利比亚战争等虽然战争缘由各不相同，战争目的也各有所指，但不管战争是否起于"文明的冲突"，单单战争爆发的本身已经激化了本已矛盾重重的伊斯兰文化和西方文化，而这种文明冲突的升级必然会加剧双方的仇视心态；2011 年 5 月，"9·11"事件的策划者基地组织领导人本·拉登被美国特种部队在巴基斯坦击毙，此事件

---

① ［美］法里德·扎卡利亚：《后美国世界：大国崛起的经济新秩序时代》，赵广成、林民旺译，中信出版社 2009 年版，第 99 页。

② 同上书，第 128—131 页。

③ 根据 IMF 的数据计算而来，The World Bank，GDP Growth（annual %），http：// data. worldbank. org/indicator/NY. GDP. MKTP. KD. ZG/countries? display = default。

④ ［美］萨缪尔·亨廷顿：《文明的冲突与世界秩序的重建》，周琪等译，新华出版社 2002 年版，第 5—8 页。

再次激化了伊斯兰极端恐怖主义与西方文化的矛盾，为引发不同文明国家间更大的矛盾和冲突埋下了隐患。由此可见，尽管冷战后美国凭借其强大的综合国力和文明吸引力在世界格局中占据首屈一指的地位，但美国的威胁来源更加多元化，除了来自传统大国与新兴大国的传统挑战，还有来自伊斯兰极端势力的恐怖主义袭击。冷战后美国面临的挑战更加艰巨，美国的国家安全环境并不乐观。

综上所述，冷战的结束使美国暂时陷入了南柯一梦之中，但是随着传统大国恢复元气和新兴大国的不断涌现，美国在政治、经济、军事、文化等各个领域受到了全面的挑战，美国的超级大国地位被不断削弱。美国所期待建构的"单极格局"变得越来越不现实，与之相对的是"全球化"和"多极化格局"趋势的逐渐加强，并成为一股不可阻挡的潮流，美国面临的宏观战略环境不容乐观。与之对应，美国的国家战略也必将随着国际战略环境的变化而做出一定的调整。

第二节　冷战后美国国际能源战略环境

本书所指的冷战后美国国际能源战略环境即为美国在制定国际能源战略时所要面对的体系因素，即国际能源秩序的结构以及美国在其中的位置。国际能源秩序是由国际能源体系中所有参与能源生产和能源消费的各种力量共同塑造，这些塑造国际能源秩序的力量主要分布在三个层面，即个体层面、区域层面和国际层面。个体层面的力量是指那些具有较强实力，并且有能力影响国际能源消费和供给结构的主导性能源生产国和消费国，如沙特阿拉伯、美国等；区域层面的力量是指一些由能源消费国或生产国组成的地区性的区域组织，这些区域组织成立的主要目的或者目的之一是协调本区域国家的能源政策和能源活动，提高其成员国对能源产品的讨价还价的能力，保障利益最大化，如海湾阿拉伯委员会、欧洲能源宪章会议等；国际层面的力量则是指全球性的国际组织，主要作用是协调世界主要能源生产国（组织）、消费国（组织）和其他区域性组织的能源政策，促进各方力量在能源问题上的合作，推动世界统一的能源规则和秩序的建立与实施，如联合国、世界能源理事会等。这三个层面的力量中心相互作用塑造了国际能源政治经济格局和能源秩序。下面将对美国国际能源战略所面对的体系环境进行系统介绍。

一　国际能源体系中的力量中心（结构）

（一）国际能源体系中的力量互动

20 世纪初，随着石油资源开采规模的扩大与石油战略地位的提高，国际能源体系中的能源秩序主要是在石油资源的争夺过程中逐步形成和发展起来。所以，国际能源秩序在一定程度上主要表现为国际石油秩序。

单个能源生产国和消费国是塑造国际能源秩序的基本因子，但其对国际能源秩序的影响力却相对有限，并且不一定有利于国际能源秩序的有序发展，原因有二：第一，这些国家纵然能源实力强大，但每个国家的国际影响力毕竟有限，其对国际能源市场及其他能源生产国和消费国的协调能力也有限；第二，能源生产国之间争夺石油生产配额与能源消费国之间争夺石油资源的恶性竞争（无序竞争）会打破现有能源秩序的平衡。如 1986 年 1—8 月，面对国际石油市场供大于求的状况，欧佩克成员国为了争夺石油生产配额纷纷发动价格战，使国际石油价格一路狂跌，这不仅令以石油收入为主要经济来源的石油生产国受到重大的经济打击，还造成社会的动荡不安。[1] 虽然石油价格的走低在短时间内对石油消费国有利，但从长远看来，弊大于利，因为低油价会迫使石油消费国国内生产成本较高的石油产业遭到致命性打击；与此同时，低油价造成石油生产国经济低迷、社会动荡，破坏国内石油生产，危及其对国际石油市场能源的稳定供给。除了单个能源生产国和消费国之外，地区性经济合作组织或能源组织也是塑造国际能源秩序的重要力量，它们在促进国际能源秩序和谐发展方面发挥着更为有效的作用，表现为两个方面：第一，区域性组织在一定程度上可以起到协调各国能源政策和行动的作用，使成员国的能源生产和消费遵循一定的规则，摆脱无序竞争；第二，区域性组织还可以凝聚所有成员国的力量，根据成员国的利益形成本区域的能源利益诉求，并代表各个成员国在国际能源博弈中争取更大的利益。因此，区域性组织的存在符合能源生产国和能源消费国的利益诉求，区域性组织对于维持国际能源秩序

---

[1] 英国北海布伦特原油现货价格 1985 年 12 月平均每桶 26.75 美元，1986 年 1 月 20 日的每桶 20 美元，3 月 31 日已下降到每桶 10 美元，7 月底下降为每桶 8.85 美元；美国西得克萨斯中质原油同期价格 1985 年 12 月为每桶 22.93 美元，1986 年 3 月 31 日下降为每桶 11.45 美元，7 月底跌至每桶 10.8 美元；1986 年 7 月 30 日，阿拉伯轻质原油价格更是跌至每桶 6.8 元的谷底。请参见安维华、钱雪梅《海湾石油新论》，社会科学文献出版社 2000 年版，第 91—92 页。

的有序具有积极意义。与能源相关的重要区域性组织包括：欧盟（EU）、亚太经合组织（APEC）、经济与发展合作组织（OECD）、阿拉伯石油输出国组织（OAPEC）、海湾阿拉伯国家委员会（GCC）、非洲联盟（AU）等。

由于石油生产方与石油消费方在利益诉求、历史因素、文化价值等方面存在冲突，这在一定程度上阻碍了双方的对话和沟通，因此，国际性组织的主要作用是在国际层面上协调各个区域性组织和个体国家的能源政策和行为，并为国际能源体系中各种力量中心进行沟通交流提供纽带，为各国国际能源政策和行为的协调与对话提供了有效平台。在国际层面，塑造国际石油秩序的两大核心阵营是以石油生产国为中心的石油输出国组织和以石油消费国——主要为经济合作与发展组织的成员国为中心的国际能源机构（IEA）。

综上所述，国际能源体系中个体层面、区域层面和国际层面的力量中心共同塑造了国际能源秩序。个体能源生产和消费国家根据利益诉求有目的地组成区域性能源或政治经济组织；区域性组织则根据成员国的利益形成本区域的能源利益诉求，并在国际能源格局中努力争取有利于自身区域的能源政策；国际性组织则为石油消费国家和石油生产国家及区域性组织提供对话和沟通的框架和平台。但不容忽视的是，作为冷战后唯一的超级大国，美国直接或间接地主导着一些重要的区域性和国际性的国际组织，影响其能源政策与行为。全球石油生产和消费国、区域性组织和国际性组织，及其各种力量塑造国际能源（石油）秩序的互动情况可以用图4－1描述。

（二）石油输出国组织和国际能源机构

在国际石油秩序中，最核心的阵营是石油输出国组织和国际能源机构。

1. 石油输出国组织

石油输出国组织，也称为欧佩克，成立于1960年9月10—14日，是一个永久性的政府间组织，总部设在奥地利首都维也纳，[①] 其目的是协调和统一成员国的石油政策，确保石油生产国拥有稳定、公平的石油价格和

---

① 石油输出国组织的总部在其成立的最初五年内设在瑞士日内瓦，后于1965年9月1日转移到奥地利首都维也纳。

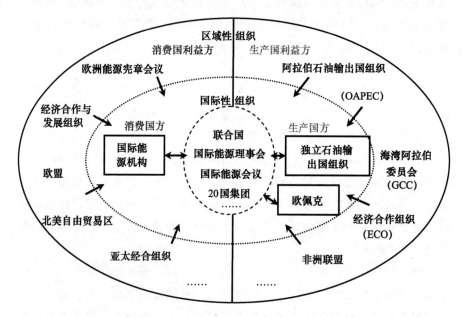

图 4 - 1　国际石油体系中的力量中心及其互动

公平的投资回报，从而维护石油生产国家的利益。五个创始国分别为伊朗、伊拉克、科威特、沙特阿拉伯、委内瑞拉，随后又有 9 个国家纷纷加入，目前石油输出国组织拥有 12 个成员国。[①] 20 世纪 70 年代，石油输出国组织产油国实施石油禁运政策，造成了 20 世纪最为严重的石油危机，给包括美国在内的经济合作与发展组织国家以沉重的打击，这在一定程度上使经合组织国家之间在建立集体能源安全体系的问题上达成了共识。

　　独立石油输出国集团是由 12 个石油生产国[②]组成的非正式的集团，

---

　　① 这 9 个国家及加入石油输出国组织的时间分别是：卡塔尔（1961）、印度尼西亚（1962，2009 年 1 月暂时退出）、利比亚（1962）、阿拉伯联合酋长国（1967）、阿尔及利亚（1969）、尼日利亚（1971）、厄瓜多尔（1973，其中 1992 年 12 月—2007 年 10 月暂时退出）、安哥拉（2007）和加蓬（1975，1995 年退出）。目前的 12 个成员国分别是伊朗、伊拉克、科威特、沙特阿拉伯、委内瑞拉、卡塔尔、利比亚、阿拉伯联合酋长国、阿尔及利亚、尼日利亚、厄瓜多尔和安哥拉。资料来源 Organization of the Petroleum Exporting Countries, *Member Countries*（http://www. opec. org/opec_ web/en/about_ us/25. htm）.

　　② 独立石油输出国集团包括 12 个国家：中国、俄罗斯、阿曼、挪威、墨西哥、安哥拉、哥伦比亚、文莱、埃及、也门、哈萨克斯坦和马来西亚。

于 1988 年成立，阿曼是该集团的非正式领导国。独立石油输出国集团的主要目标是促进石油生产国与消费国之间的交流与对话，维持国际石油市场的稳定，并通过轮流举行会议的方式探讨并解决石油生产国与消费国之间的问题。[①]

　　2. 国际能源机构

　　1973—1974 年石油危机期间，在美国的倡议并积极促进下，1974 年 11 月 15 日，经合组织理事会通过了建立国际能源机构的决定，[②] 其初始职责是协调经合组织成员国应对石油供应紧急情况的措施，并通过软硬兼施的手段制衡石油输出国组织，从而维护工业发达国家能源消费的集体利益。随着能源市场的变迁，国际能源机构的职责也逐步扩展为推动世界主要能源生产国和消费国在应对气候变化、能源市场改革、能源技术等方面合作，促进能源安全、经济发展、环境保护和国际合作。[③]

　　国际能源机构主要通过协调各成员国的行动来调节国际能源市场。具体措施是增加供应和减少需求。"增加供应"可以通过"动用应急石油储备"（国际能源机构的公共库存和各成员国的工业库存）和"增加各成员国国内石油生产"来实现；"减少需求"可以通过"抑制需求"和"燃料替代"来实现。[④] 从 1990—2010 年，国际能源机构成员国的工业库存从 37 亿桶提高到 42 亿桶，而公共库存也从 10 亿桶提高至 16 亿桶，如图 4－3 所示。国际能源机构成员国的公共库存已具备应对石油长期应急供应的能力。截止到 2010 年，国际能源机构各成员国的石油公共库存高达 16 亿桶，以 150 万桶/天的消耗速度，公共库存可以维持长达 3 年的国际石油中断；以 200 万桶/天的消耗速度，公共库存则可以维持长达 2 年多的国际石油中断；即便以 400 万桶/天的石油消耗速度，公共库存依然可以维持长达 1 年的国际石油中断，如图 4－3 所示。从图 4－2 和 4－3 的分析可见，冷战以后，国际能源机构在应对国际能源突然中断的作用逐步

---

　　① ［俄］斯·日兹宁：《国际能源：政治与外交》，强晓云、史亚军、成键等译，华东师范大学出版社 2005 年版，第 101 页。

　　② International Energy Agency（IEA），*Establishing an International Energy Agency of the Organisation*，*Decision of the Council*，April 16，1999（http：//www.iea.org/about/docs/apendx4.pdf）.

　　③ International Energy Agency（IEA），*About IEA*，（http：//www.iea.org/about/index.asp）.

　　④ 国际能源机构：《国际能源机构应对石油供应紧急状况体系》，2011 年，第 6 页（http：//www.iea.org/textbase/nppdf/free/rs/response_system_chinese.pdf）。

增大，有效地保障了成员国的国家安全和能源供应。

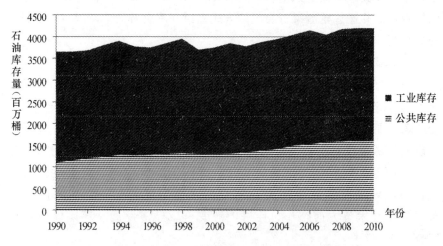

图 4 - 2　IEA 成员国 1990—2010 年石油库存

资料来源：国际能源机构：《国际能源机构应对石油供应紧急状况体系》，2011 年，第 8 页（http：//www. iea. org/textbase/nppdf/free/rs/response_ system_ chinese. pdf）。

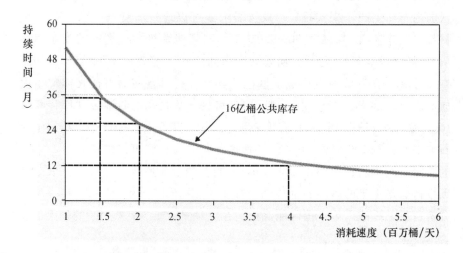

图 4 - 3　2010 年 IEA 动用公共库存应急石油储备的潜力

资料来源：国际能源机构：《国际能源机构应对石油供应紧急状况体系》，2011 年，第 9 页（http：//www. iea. org/textbase/nppdf/free/rs/response_ system_ chinese. pdf）。

　　冷战结束以来，国际能源市场出现过六次大规模的石油供应中断，国际能源机构曾三次释放战略石油储备以调节能源供需，分别是：1990年弥补海湾战争造成的国际能源短缺，2005年为弥补美国卡特里娜飓风造成的墨西哥湾地区石油生产和石油精炼设施的破坏而带来的石油供应短期中断和2011年利比亚危机造成的石油供应短缺，如图4－4所示。

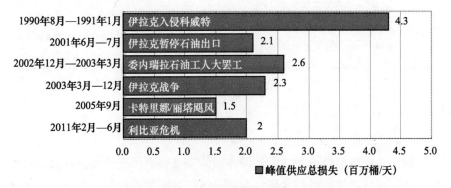

1990年8月—1991年1月　伊拉克入侵科威特　4.3
2001年6月—7月　伊拉克暂停石油出口　2.1
2002年12月—2003年3月　委内瑞拉石油工人大罢工　2.6
2003年3月—12月　伊拉克战争　2.3
2005年9月　卡特里娜/丽塔飓风　1.5
2011年2月—6月　利比亚危机　2

0.0　0.5　1.0　1.5　2.0　2.5　3.0　3.5　4.0　4.5　5.0

■峰值供应总损失（百万桶/天）

图4－4　1957—2013年重大石油中断事件

　　资料来源：国际能源机构：《国际能源机构应对石油供应紧急状况体系》，2011年，第11页（http：//www.iea.org/textbase/nppdf/free/rs/response_ system_ chinese.pdf）；International Energy Agency, *IEA makes 60 Million Barrels of Oil Available to Market to Offset Libyan Disruption*, June 23, 2011, Paris（http：//www.iea.org/press/pressdetail.asp? PRESS_ REL_ ID=418）。

（三）其他全球性能源政治经济中心

　　除了石油输出国组织和国际能源机构之外，其他一些国际性的能源机构和国际组织也对国际能源秩序有一定的影响，它们为解决国际能源安全问题和全球能源问题提供了国际化的平台和框架机制。这些国际性组织和机构包括：联合国相关机构、国际能源论坛（会议）、世界能源理事会及20国集团等。

表 4 - 1　　　　　　　　　　其他全球性能源政治经济中心①

机构名称	性质	对国际能源秩序的贡献
联合国	政府间国际组织	在联合国各种论坛的框架机制下就全球性、地区性能源问题进行讨论
国际能源理事会	非政府国际组织	在国际能源理事会框架下对涉及全球能源发展的社会、技术、生态和经济等问题提供对话平台
国际能源会议（论坛）	非官方论坛	定期召开的全球性能源政治对话机制，每年召开一次，为能源生产国和消费国提供机制化的对话平台
20 国集团	非正式对话机制	在 20 国集团框架下讨论 8 个西方工业发达国家、欧盟与 11 个新兴工业国家的能源安全与全球能源问题

资料来源：［俄］斯·日兹宁：《俄罗斯能源外交》，王海运、石泽等译，人民出版社 2006 年版，第 635 页。

（四）区域性能源政治经济中心

国际性的能源机构和国际组织在国际层面塑造了全球能源政治经济秩序，而区域性的政治经济合作组织则是该区域能源政治经济的中心，构建了该区域的能源秩序，影响全球能源政治经济力量的分布，进而也发挥了塑造全球能源秩序的作用。

目前，按照区域性政治经济合作组织的性质和能源利益诉求，可以将其划分为石油消费国利益方和石油生产国利益方。代表石油消费国利益的区域性组织包括：欧洲能源宪章会议、经济合作与发展组织、欧盟、北美自由贸易区和亚太经合组织等。这些地区性政治经济合作组织的成员国大多为能源进口国，它们致力于在各自区域框架下建立促进能源合作、维护能源供应和价格稳定的机制和政策。代表石油生产国利益的区域性组织包括：阿拉伯石油输出国组织、海湾合作委员会、经济合作组织、非洲联盟等，这些具有专业性或广泛性的地区政治经济合作组织的成员国大多为重要的能源生产国或能源过境运输国，它们致力于在各自的区域框架下维护石油行业的整体利益及成员国的个体利益、促进石油供给份额的合理化和公平性，并为石油生产国吸引资金和技术创造良好的条件。

---

① ［俄］斯·日兹宁：《俄罗斯能源外交》，王海运、石泽等译，人民出版社 2006 年版，第 635 页。

表 4 - 2　　　　　　　　　　　区域性能源政治经济中心

主要利益方	机构名称	性质	对国际能源秩序的贡献
能源消费方	欧洲能源宪章会议（EEC）	专业地区经济合作组织	建立西欧（市场、资金、技术）与东欧（资源）的能源伙伴关系，并制定欧亚地区开展多边能源合作的实施机制
	经济合作与发展组织（OECD）	政府间国际经济组织	在经合组织的框架下推动成员国之间开展能源合作，并建立与石油生产国之间的对话机制
	欧盟（EU）	地区政治经济一体化组织	制定并完善欧盟框架内及欧盟以外的能源政策实施机制，推动欧盟内外的能源合作
	北美自由贸易区（NAFTA）	地区经济一体化组织	美国是净进口国、加拿大与墨西哥是能源净出口国，建立北美能源统一市场，加强合作
	亚太经合组织（APEC）	地区经济合作组织	成员国大都是能源净进口国，在该组织框架下建立了地区能源合作与能源安全合作的基础
能源生产方	阿拉伯石油输出国组织（OAPEC）	专业地区经济合作组织	加强阿拉伯石油生产国在石油工业领域的合作，维护石油生产国的利益，为石油生产国吸引资金和技术创造良好的条件
	海湾合作委员会（GCC）	地区政治经济合作组织	加强成员国之间在能源领域的协调、合作及一体化，并为能源政治经济合作创造基础
	经济合作组织（ECO）	地区经济合作组织	为西亚、中亚地区国家的能源合作、投资、贸易等提供统一的平台
	非洲联盟（AU）	地区政治经济一体化组织	推动成员国能源基础设施建设，吸引海外的资金和援助，加强非盟内部能源合作，发展能源经济

资料来源：[俄]斯·日兹宁：《俄罗斯能源外交》，王海运、石泽等译，人民出版社 2006 年版，第 636 页。

综上所述，能源消费国与能源生产国根据各自的利益诉求和实力对比，或单独或组成联盟，在国际能源舞台上进行角逐和较量，塑造了国际能源秩序。

（五）冷战后美国在国际能源秩序中的地位

石油是关键性的战略资源，是最为重要的能源之一。因此，从某种意义来讲，国际能源秩序主要表现为国际石油秩序。按照王波博士的总结，国际石油秩序先后经历了"英国主导时期（1918—1939 年）"、"美国主导时期（1939—1973 年）"、"欧佩克主导时期（1973—1985 年）"、"有管理的自由市场主义时期（1986—1998 年）"和"美国主导的合作与规制时期（1999 年至今）"。① 冷战结束后，随着对石油等化石能源争夺的加剧，各国开发和利用替代能源的呼声不断升高，主导国际能源秩序的不再只有石油一种资源，新能源与非传统油气能源开发和利用的能力也会影响国际能源秩序。因此，一个国家在国际能源秩序结构中的地位可由其占有、控制和使用石油等化石能源的能力强弱，开发和利用替代能源的能力大小共同决定。

虽然欧佩克产油国对国际能源秩序的掌控力从 20 世纪 80 年代中期开始出现疲软趋势，但是在冷战刚刚结束之时，欧佩克国家依然凭借其丰富的原油储量和剩余生产能力掌握着石油产量和定价权。美国虽然可以在特定情况下（应中东海湾国家的要求）派遣军队进驻中东地区，以此保护包括美国在内的西方石油消费国石油运输管线的安全与通畅，并通过与产油国领袖协商的方式劝说欧佩克产油国调整石油产量，但美国却没有对欧佩克国家直接发号施令的实力，欧佩克产油国完全可以不理会美国的态度。②

20 世纪 90 年代末期，欧佩克国家在国际能源秩序中的主导地位丧失速度加快，国际能源秩序的权力结构出现多元化趋势。这种局面是由多方面的因素造成的，第一，欧佩克国家内部冲突不断，成员国根据自身的利益诉求，争夺市场份额，肆意调整石油产能，从而削弱了欧佩克整体对国际石油产量和价格的调节能力；第二，国际能源市场上行为主体呈现多元化趋势。除了欧佩克产油国之外，非欧佩克产油国产能的增加，如挪威、俄罗斯等非欧佩克国家的石油源源不断地流入国际石油市场，从而在一定程度上降低了欧佩克石油的比例，削弱了欧佩克对国际石油秩序的控

①　王波：《美国石油政策研究》，世界知识出版社 2008 年版，第 28—50 页。
②　安维华、钱雪梅：《海湾石油新论》，社会科学文献出版社 2000 年版，第 489 页。

制力；第三，非市场干预因素成为干扰国际能源秩序的新变量，如金融市场因素、自然灾害的影响、地缘政治因素等；第四，以美国为首的西方国家蓄意削弱欧佩克对国际石油秩序的掌控力。其实，在国际上，美国一直积极联合国际能源机构大力开发非欧佩克国家的油气资源，并在国内推行节能增效技术和新能源技术的开发，在新能源开发和利用领域占据了先机，逐渐削弱美国及西方发达国家对欧佩克石油资源的依赖程度，打破欧佩克在国际石油秩序中的主导地位，[①] 巩固美国对国际能源秩序的掌控能力。[②]

国际能源秩序权力核心的多元化趋势客观上增强了西方国家对国际能源秩序的掌控能力。1999 年 3 月，欧佩克主要产油国与俄罗斯等非欧佩克国家就遏制国际石油价格大幅下降问题达成了共识，共同签署了石油减产协议，从此掀开了合作的序幕，这是史无前例的。[③] 作为世界上数一数二的石油进口大国和消费大国，美国鉴于其在西方发达国家中的领导地位，一举成为国际能源秩序变革的最大受益者，尤其是在 2004 年 4 月美国推翻萨达姆政权之后，美国将世界 10% 的原油储量掌握在手中，进一步增强了其在国际石油秩序中的地位。

综上所述，在冷战结束后最初一段时间内，欧佩克在国际石油秩序中依然发挥着举足轻重的作用。美国为了消除隐患，凭借其强大的国际动员能力，借助于西方盟友和国际能源机构等友好力量，不断推广自己的能源主张，逐步削弱欧佩克在国际石油秩序中的主导地位，并通过引领国际能源新潮流，大力发展替代能源，按照美国的意愿重新塑造国际能源秩序，夺取对国际能源秩序的控制权。

---

① 王波：《美国石油政策研究》，世界知识出版社 2008 年版，第 45 页。
② 国际能源机构得以成立要归功于时任美国国家安全事务助理和国务卿的亨利·基辛格的积极斡旋。因此，从国际能源机构成立至今，美国的作用不容忽视，可以说，美国既是国际能源机构的积极倡导和参与者，也在一定程度上主导着国际能源机构的政策方向。国际能源机构是美国的能源利益代言人，国际能源机构能够代表美国的能源利用，因此美国也积极带头响应国际能源机构的号召，如 2011 年年初的利比亚危机造成全球能源供应短缺，油价高涨，国际能源机构要求成员国释放 6000 万桶战略石油储备，用于平抑油价，其中美国一国就承诺释放 3000 万桶战略石油储备，占释放总量的一半。
③ 王波：《美国石油政策研究》，世界知识出版社 2008 年版，第 50 页。

二　冷战后国际能源市场的供需情况

作为战略性能源，石油是国民经济发展的基础性原料，是各国主要的能源来源。由于技术水平、基础设施和消费模式的制约，短期内可再生能源对石油资源的替代可能性比较小，因此，石油的实际需求价格弹性较小，石油价格波动对全球石油需求量的影响并不是很大。据统计，石油的短期需求价格弹性均小于 -0.1，长期需求价格弹性处于 -0.6 和 -0.2 之间。[①] 此外，石油作为保障国家安全、经济发展与社会稳定的重要战略资源，石油价格在国民经济中发挥着至关重要的作用，油价上涨会给世界经济带来严重影响，其传导机制为：石油价格上涨→社会生产成本上涨→通货膨胀→社会总需求下降→社会总产出降低。根据相关统计，自第二次世界大战结束至今爆发的九次全球性经济危机和经济萧条中，有八次发生在国际石油价格大幅上涨之后。[②] 由此可见，石油价格的波动对世界各消费国的影响重大。当然，石油价格对石油生产国也具有重要意义，在此不做赘述。

作为世界能源消费大国和能源进口大国，美国对能源价格非常敏感，国际市场的能源价格，尤其是石油价格直接制约着美国对外的政治、经济、文化，甚至军事政策和行为。从这个意义上讲，石油价格的波动情况可以用来描述美国冷战后所面临的国际能源环境。因此，本小节将重点剖析冷战结束以后国际能源体系中的关键能源、美国对外依存度最大的能源——石油的价格波动情况。

石油资源是一种特殊的战略性商品，其短期价格至少受到四种因素的影响，分别是：原油的生产成本、原油的期货价格、美元汇率和国际社会的突发事件，[③] 这些因素既包含客观因素，也包括主观因素，但石油价格更多的还是受到主观因素的制约。所以，国际石油价格的波动是各国能源生产（出口）和能源消费（进口）以及各种利益集团利益博弈的

[①]　基于对全球 23 个国家原油需求价格弹性的计算得来。请参见 Cooper J. C. B. "Price Elasticity of Demand for Crude Oil: Estimates for 23 Countries," *OPEC Review*, No. 3, 2003, 转引自郭琦《国际原油价格形成机制与搏动因素分析》，硕士学位论文，天津大学管理与经济学部，2010 年，第 9 页。

[②]　郭琦：《国际原油价格形成机制与搏动因素分析》，硕士学位论文，天津大学管理与经济学部，2010 年，第 9 页。

[③]　同上书，第 12 页。

结果，它们通过各种方式影响国际能源市场的石油供求关系，进而操纵或影响国际石油价格。下面将具体分析冷战结束后国际石油价格的新格局。

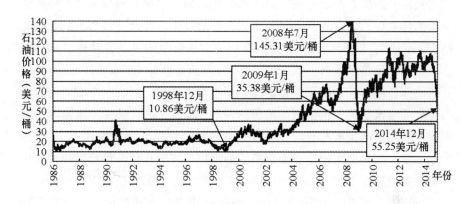

图 4 – 5　1986—2014 年世界石油价格①

资料来源：U. S. Energy Information Administration, "Weekly All Countries Spot Price FOB Weighted by Estimated Export Volume (Dollars per Barrel)," *World Crude Oil Price*, (http: // www. eia. gov/dnav/pet/hist/LeafHandler. ashx? n = PET&s = RWTC&f = D)。

（一）1990—1998 年供大于求的买方市场

由于 20 世纪 70 年代国际油价高涨，各石油生产国纷纷提高产能、开发新油田，从而造成国际石油供应充足和剩余生产能力增加。相比之下，国际石油需求量却不断下降，石油供需结构随之发生了变化，逐渐从卖方市场转为买方市场。到 20 世纪 80 年代中期，由于国际石油市场出现严重的供大于求局面，欧佩克石油生产国为了抢占国际石油市场份额，拉开了"油价大战"的序幕。在中东地区低价石油的冲击下，国际石油市场的油价出现大幅度下降。尽管产油国采取了"保价"等相关举措，但在冷战结束后这种低油价的状况一直持续了很长时间。按照国际主要产油国和消费国不同的石油政策，安维华等将 1990—1998 年这一阶段划分为三个子阶段，即"18 美元/桶轴心油价"阶段（1990—1993

---

① 本图中的世界原油价格是以世界各个国家原油现货预计出口量为加权数，通过加权计算而得出的离岸（FOB）加权价格，因而可以体现原油生产和输出关键地区和国家的原油价格对世界原油价格的重要作用。

年)、"定产促价"阶段(1994—1997年)和"减产抬价"阶段(1998—1999年年初)。[①]

1. "18美元/桶轴心油价"阶段(1990—1993年)

长期低迷的石油价格使欧佩克国家认识到无序争夺石油生产配额将会导致恶性循环,会对本国经济带来致命性的打击。为此,沙特阿拉伯首先站出来表示要"减产保价",即放弃石油市场份额的争夺,并通过减少产量推动石油价格的上升。自1987年7月开始,欧佩克产油国的这些努力开始发挥作用,石油的官方价格开始基本稳定在18美元/桶左右。稳定石油价格的政策遭到一贯坚持高油价的伊朗[②]的反对,欧佩克产油国内部出现了十分尖锐的矛盾与分歧,石油价格的稳定格局也受到挑战。[③] 在这一时期,沙特阿拉伯在稳定石油价格方面发挥了关键作用。沙特阿拉伯利用其剩余生产能力调节石油供给,起到了"油价稳定器"(Price Moderation)的作用:[④] 当油价攀升时,沙特阿拉伯增加石油产量;当油价下降时,沙特阿拉伯减少石油产量。沙特阿拉伯在欧佩克中的主导地位也因此得以增强。

2. "定产促价"阶段(1994—1997年)

1993年年底,由于经济不景气,西方发达国家对石油的需求量大幅缩水。同时伴随着美元的贬值,欧佩克产油国不得不面对油价下降、收入锐减的状况。为了扭转石油量价齐跌的局面,欧佩克产油国纷纷采取措施刺激石油增产、鼓励增加石油出口,希望借此挽救经济。此时,沙特阿拉伯也因面临经济衰退的局面而放弃发挥"油价稳定器"的作用,开始超产。欧佩克国家的增产举措直接导致国际油价的进一步下降。截止到1993年12月17日,国际石油价格已经下降到12.64美元/桶。[⑤] 为了防

① 安维华、钱雪梅主编:《海湾石油新论》,社会科学文献出版社2000年版,第93—105页。

② 尤其是在海湾战争期间,伊朗为了支付高昂的战争费用,希望维持高油价的局面。

③ 安维华、钱雪梅主编:《海湾石油新论》,社会科学文献出版社2000年版,第93—101页。

④ Bahgat Gawdat, *The New Geopolitics of Oil*: *The United States*, *Saudi Arabia*, *and Russia Orbis.*, Vol. 47, No. 3, 2003 (http://ipac.kacst.edu.sa/edoc/2009/176939_1.pdf).

⑤ U. S. Energy Information Administration, "Weekly All Countries Spot Price FOB Weighted by Estimated Export Volume (Dollars per Barrel)," *World Crude Oil Price* (http://tonto.eia.gov/dnav/pet/hist/LeafHandler.ashx? n = PET&s = WTOTWORLD&f = W);安维华、钱雪梅主编:《海湾石油新论》,社会科学文献出版社2000年版,第101—104页。

止石油价格由于欧佩克国家的超产而持续下降，进而造成更大的危害，欧佩克国家搁置了矛盾与争吵，于 1993 年 9 月达成了"限产协议"，伊朗也加入到限产协议中。经过协商欧佩克国家暂时达成了 2452 万桶/天的石油生产配额，持续四年的"定产促价"政策正式生效。在欧佩克及其他产油国的共同努力下，国际石油库存大幅下降，同时受到全球石油需求强劲等因素的影响，国际石油价格开始一路上升。[①]

3. "减产抬价"阶段（1998—1999 年 3 月）

1997 年下半年，油价的上涨出现逆转，并出现了 1998 年油价暴跌的状况。原因有三：其一，"限产协议"由于缺乏有效的监督机制和严格的惩罚措施而沦为一纸空文。随着油价持续上升，欧佩克和其他产油国获益增多，为了获取更多的石油利益，各产油国纷纷增加产量，国际能源市场上的原油供应大幅增加；其二，亚洲爆发了严重的金融危机，其影响衍射至全球，抑制了全球石油需求，石油消费量骤减；其三，气候因素，1997—1998 年间，主要石油消费国经历了暖冬，对石油的需求下降。为了防止石油价格的进一步下跌，欧佩克三大产油国沙特、委内瑞拉和墨西哥分别于 1998 年 3 月和 6 月达成"减产协议"，1999 年 3 月欧佩克产油国又联合挪威等非欧佩克产油国达成了"减产协议"，国际石油市场掀起了减产浪潮，进入了"减产抬价"阶段，油价下降趋势得到了有效的遏制。[②]

（二）1999 年 4 月—2009 年 1 月需求旺盛的卖方市场

总体来讲，1999 年 4 月至 2009 年年初国际石油市场处于需求旺盛的卖方市场，大体可以分为三个阶段：

第一阶段是从 1999 年 4 月至 2002 年，为石油价格恢复期。自 1999 年 3 月，欧佩克产油国与非欧佩克产油国在调控石油产量和调节石油价格问题上达成共识，开始并肩合作，国际石油价格也止跌转升，走出了低迷，世界石油市场出现逆转，开始进入卖方市场。此外，伊拉克战争的爆发也在短期内加剧了石油供应的紧张局面，从而进一步推动了石油价格的上升。与此同时，国际石油秩序开始在美国的推进下出现了"合作与规

---

① 安维华、钱雪梅主编：《海湾石油新论》，社会科学文献出版社 2000 年版，第 101—104 页。

② 同上书，第 104—111 页。

制的雏形"。[1] 在 2002 年 9 月于日本大阪召开的国际能源会议（论坛）上，包括欧佩克在内的石油生产国和石油消费国共同支持国际能源会议（论坛）成立常设管理机构，用于协调石油生产国和消费国的行动，进而维护各方的利益。[2]

第二阶段是从 2003—2008 年 7 月，为石油价格攀升期。2008 年以前国际石油价格稳中有升，原因主要有三点：[3] 第一，全球经济形势比较乐观，石油需求量平稳增长。据国际能源机构的统计，2003—2006 年间，国际社会对石油资源需求的增长是国际石油价格攀升的主要原因；第二，国际石油供给的结构性矛盾突出，主要表现为石油生产国的石油产能增长有限，剩余生产能力不足，而国际石油消费需求高涨，供给增长速度远远低于消费增长速度。根据英国石油公司的统计，以 2004 年的数据为例，全球石油需求量增长了约 3.3 个百分点，相比之下，全球石油产能的提升速度却远远低于这个数字，仅增长了 0.4 个百分点。因此，国际石油市场的结构性供需矛盾是造成国际油价不断攀升最为关键的因素。第三，金融炒作与突发因素的相互作用共同助推了国际石油价格。2002 年 12 月至 2003 年 3 月委内瑞拉石油工人大罢工、2003 年 3—12 月伊拉克战争和 2005 年 9 月的卡特里娜与丽塔飓风等突发事件加剧了全球石油供给的短缺，造成的供应损失分别为 260 万桶/天、230 万桶/天和 150 万桶/天。[4] 此外，国际金融投机基金对石油产品和市场的投机行为进一步加剧了石油价格的攀升。

从 2007 年年底开始，国际石油价格出现了急剧而反常的攀升态势。根据历史经验，短时间内石油价格的飞速上涨是全球经济萧条的先兆。在 2008 年年底起肇始于美国的全球金融海啸爆发之前，国际油价就出现了突然暴涨的现象（如图 4 - 5 所示），根据美国能源信息署提供的数据，2008 年 7 月 3 日全球石油加权价格高达 145.31 美元/桶，创下历史最高值。

---

① 王波：《美国石油政策研究》，世界知识出版社 2008 年版，第 50 页。
② ［俄］斯·日兹宁：《国际能源：政治与外交》，强晓云等译，华东师范大学出版社 2005 年版，第 109 页。
③ 张学武、杨光：《石油价格变化情况分析及其预测》，《中国能源》2006 年第 2 期。
④ 国际能源机构：《国际能源机构应对石油供应紧急状况体系》，2011 年版，第 11 页（http://www.iea.org/textbase/nppdf/free/rs/response_ system_ chinese.pdf）。

第三阶段是 2008 年 7 月至 2009 年 1 月，为石油价格骤降期。在国际油价于 2008 年 7 月达到峰值之后，随即从 2008 年第三季度开始，石油价格开始暴跌，截至 2009 年 1 月 6 日，油价已经跌至 35.38 美元/桶。此次国际油价暴跌主要是由于国际金融海啸诱发全球经济低迷，进而引发国际石油需求量骤减。

（三）2009 年至 2014 年 7 月石油价格的震荡上升、高位运行

在全球各国积极经济政策的刺激下，金融海啸的阴影逐渐褪去，全球经济开始复苏，全球石油需求量开始逐步增加，国际石油价格缓慢提升。此外，2011 年年初爆发的利比亚危机也是刺激国际油价上涨的重要因素。利比亚是世界上第 13 大石油出口国，其探明的石油储量约占世界总探明储量的 3%，石油产量约占世界总产量的 2%，如果没有利比亚的石油供给，世界原油产量将减少 140 万桶/天，[①] 相当于世界原油总需求量的 2%。[②] 从 2011 年 2—6 月，利比亚危机令国际石油市场的原油供应缺口高达 200 万桶/天，加剧了国际石油供应的紧张，进一步推动了油价的上涨。为了应对利比亚危机造成的石油供应短缺，国际能源机构释放了 6000 万桶战略石油储备用于平抑国际石油价格。在各项措施的配合下，国际石油价格于 2011 年 5 月份开始逐步回落，从 2011 年 4 月底的 113.39 美元/桶的最高值逐步下降，但石油价格依然保持在 90—110 美元/桶的高价位区间。[③]

在国际石油价格持续走高的背景下，世界各国，尤其是主要石油消费国开始大力发展替代能源、推进节能增效。

（四）2014 年 7 月至今石油价格大幅跳水

自 2014 年 7 月起，国际石油价格大幅跳水，截至 2014 年 12 月 22 日，国际油价已跌至每桶 55.25 美元，较年初价格已累计下跌近 50%。

---

① 根据美国能源信息署（U. S. Energy Information Administration）"国际能源统计"（International Energy Statistics）发布的数据，2010 年利比亚每天的石油产量为 179 万桶，与英国《经济学家》（*The Economist*）公布的数据略有不同（http://www.eia.gov/cfapps/ipdbproject/IEDIndex3.cfm；http://www.economist.com/node/18285768）。

② Brega, "Oil markets and Arab unrest: The price of fear," *The Economist*, March 3rd, 2011 (http://www.economist.com/node/18285768).

③ U. S. Energy Information Administration, "Weekly All Countries Spot Price FOB Weighted by Estimated Export Volume (Dollars per Barrel)," *World Crude Oil Price* (http://www.eia.gov/dnav/pet/hist/LeafHandler.ashx? n = PET&s = RWTC&f = D).

纵观本次国际油价大幅下跌，其原因有四：① 第一，从全球需求层面来看，全球经济增长未及预期，经济下行压力较大，全球石油需求下降。2014 年第三季度，美国 GDP 增长高达 5%，达到 2008 年次贷危机后的最高值，但由于美国页岩油气产量攀升，其自给能力提高，减少了对国际石油的需求；此外，欧元区经济增长乏力、新兴经济体经济普遍放缓，也减少了对石油的需求预期。第二，从全球供应层面来讲，全球原油供应充足。尽管国际油价的下行趋势渐强，但 2014 年 11 月底，欧佩克仍然没有围绕石油限产达成共识，国际石油供大于求的局面没有得以逆转。第三，从资金层面来看，国际市场原油以美元标价，美元在汇率市场走强，美元指数持续上行态势，降低了以美元计价的石油投资的吸引力，直接导致国际油价承受下行压力。第四，从技术层面来看，大型投行在大宗商品市场兴风作浪，大量买空卖空，使国际原油价格经常背离其实际价格。当然，这还包括美国等西方国家凭借其金融霸权通过操纵国际石油价格以达到经济制裁俄罗斯的政治意图。

综上所述，国际石油价格对国际经济具有深远影响，低油价和高油价具有各自不同的作用和影响。因此，国际石油价格也成为美国制定国际能源战略所要面临的一个重要外部环境。国际石油价格波动对美国经济的影响主要表现在以下几个方面。

低油价对美国经济的影响至少包括四个方面：第一，可以刺激西方发达国家石油消费量的增长（包括工业用油和生活用油），促进其盟友经济的增长；第二，过低的石油价格不仅会直接影响石油出口国的经济收入，制约其经济发展，甚至造成国内政治动荡和社会冲突。此外，过低的油价也会对石油消费国造成危害，主要是对其国内石油化工行业带来巨大冲击；第三，根据市场竞争规律，过低的油价会促使主要的石油生产国掀起"减产浪潮"，直接造成国际能源市场能源供应的短缺或中断，威胁世界能源的稳定供应；第四，低油价会打击石油消费国家发展替代能源（可再生能源、非传统油气能源）的热情，挫伤以美国为首的西方发达国家调整能源产业结构、节能增效的积极性，抑制其非传统油气资源产业的发展。

---

① 徐惠喜：《国际油价跳水事出有因》，2014 年 10 月 16 日《经济日报》（http://www.ce. cn/xwzx/gnsz/gdxw/201410/16/t20141016_ 3710304. shtml）。

相对于低油价来讲，高油价对美国的影响更为严重。第一，会直接增加美国进口能源的成本；第二，会通过高油价的传导效应影响美国国内的经济发展和社会稳定。由于油价与许多行业息息相关，油价的上涨会直接引起相关行业成本的上涨，从而引发通货膨胀；第三，高油价使敌对美国的能源生产国可以以石油为武器威胁整个国际能源市场的能源供给；第四，高油价会刺激石油消费国发展替代能源，鼓励西方发达国家积极进行能源产业结构的调整和节能增效。

鉴于国际石油价格对美国国家安全与经济发展的密切影响，美国一方面根据国际油价调整其国际能源战略；另一方面，美国的国际能源战略也在一定程度上影响国际石油价格，它们之间是一种双向互动关系。

第三节 冷战后美国能源战略实力

一 美国强大的经济和军事实力是能源战略实力的基石

（一）美国庞大的经济与金融力量

美国是世界上最大的经济体，在国际贸易和国际金融体系中占有举足轻重的地位。根据世界银行的统计数据，2012 年，美国 GDP 为 16.24 万亿美元，比日本（5.96 万亿美元）、德国（3.43 万亿美元）、法国（2.61 万亿美元）和英国（2.48 万亿美元）四国 GDP 的总和还要多。1989—2012 年，美国 GDP 平均增速为 2.41%，比日本（1.10%）、德国（1.61%）、法国（1.49%）和英国（2.06%）高出近 1 个百分点，如图 4—6 所示。美国是当之无愧的世界第一大经济体。

根据世界贸易组织发布的国际贸易的相关统计数据，2012 年，美国出口商品贸易总额达 1.547 万亿美元，占世界出口商品贸易总额（17.850 万亿美元）的 8.67%，仅次于中国（2.049 万亿美元），位居世界第二；美国进口商品贸易总额为 2.335 万亿美元，占世界出口商品贸易总额（18.155 万亿美元）的 12.86%，也仅次于中国（1.818 万亿美元），位居世界第二。[①] 此外，麦肯锡全球研究院和世界银行发布的全球金融市场的相关调查数据显示，美国在国际金融市场的地位不容小觑：美元是世界最

---

① World Trade Organization, *World Trade Report 2013: Factors shaping the future of world trade*, p. 32（http://www.wto.org）.

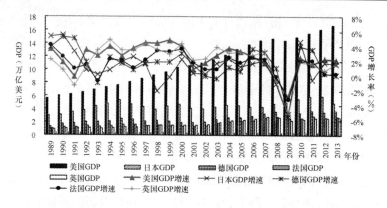

图 4 – 6　1990—2012 年发达国家主要经济体 GDP 及增速

资料来源：World Bank, *Indicator：GDP Growth （annual %）*,（http：//da-
ta. worldbank. org/indicator/NY. GDP. MKTP. KD. ZG）；*Indicator：GDP （Current
$ ）*,（http：//data. worldbank. org/indicator/NY. GDP. MKTP. CD）.

主要的货币之一，美国掌握了世界 1/3 的金融资产，拥有全球最大的股票
市场，还是国际投资最大的输出国和输入国。[1]

表 4 – 3　　　　　　　　　美国在国际金融市场的地位

	金融资产 *	股票市值	FDI 流出量	FDI 流入量
美国	56.1 万亿美元	19.43 万亿美元	2490 亿美元	1806 亿美元
占世界比例	33.6%	36%	20.1%	13.4%
欧元区	37.6 万亿美元	2.4（法国）万亿美元	1150（法国）亿美元	810（法国）亿美元
日本	14.5 万亿美元	4.7 万亿美元	500 亿	—
英国	10 万亿美元	3.8 万亿美元	790 亿美元	1400 亿美元
中国	8.1 万亿美元	6.2 万亿美元	161 亿美元	781 亿美元

资料来源：McKinsey Global Institute, *Mapping Global Captial Markets*, Fourth Annual Report,
2008, p. 60；联合国贸发会议：《2007 年世界投资报告》，2007 年版，第 2 页；World Bank,
World Development Indicators 2008, pp. 352 – 354, 转引自甄炳禧《世界新格局下美国实力地位的变
化》，《国际问题研究》2008 年第 4 期。

　* 其中，金融资产为 2006 年数据，其他三项为 2007 年数据；金融资产和股票市值的单位为
万亿美元，而 FDI 数据的单位为亿美元。

---

　① 甄炳禧：《世界新格局下美国实力地位的变化》，《国际问题研究》2008 年第 4 期。

（二）美国强大的军事实力

冷战结束后，美国在国际军事领域处于真正的"单极状态"，[①] 在国际上占有绝对优势。根据美国国防部的统计数据，从 1990—2013 年，美国的军费开支占 GDP 的比重平均约为 4%，尤其是在进入 21 世纪以后，美国的军费支出呈现明显的攀升态势。而当美国在 2008—2009 年深陷金融海啸泥潭之时，也没有明显缩减军费开支，军费开支占 GDP 的比重反而上升至 4.3% 和 4.7%。2011 年美国军费开支达到一个峰值，为7055.57 亿美元，约占全球各国军费总支出的一半。美国军费开支情况请见图 4 - 7。另根据英国国际战略研究所公布的数据，美国是全世界军费开支最多的国家，其军费开支额超过中国的 5 倍，超过俄罗斯的 8 倍，相当于全世界军费开支排名第 2—13 位的 12 个国家的总和。[②]

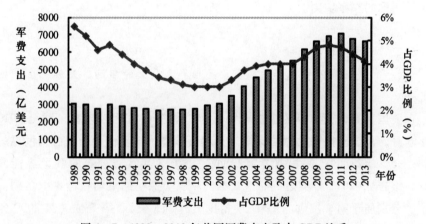

图 4 - 7 1990—2013 年美国军费支出及占 GDP 比重

资料来源：U. S. Office of Management and Budget, *Historical Tables*, *Budget of the United States Government*, Fiscal Year 2014, Washington, D. C. : U. S. Government Printing Office, 2013, pp. 56 - 59（http://www. whitehouse. gov/sites/default/files/omb/budget/fy2014/assets/hist. pdf）. 其中，2013 年为预测数据。

---

① ［美］约瑟夫·奈：《美国霸权的矛盾与未来》，蔡东杰译，台北左岸文化事业有限公司 2002 年版，第 49 页。

② 《美国国防部计划裁军国会两党均持怀疑态度》，2014 年 2 月 25 日，中国新闻网（http：//www. chinanews. com/gj/2014/02 - 25/5880993. shtml）。

2014 年 2 月底，美国国防部长公布了一项裁军计划，计划将美国军队缩小至二战以来最小规模，旨在响应奥巴马政府提出的"厉行节约、紧缩开支"政策。如果此裁军计划顺利通过国会审查，美国的现役军人将从目前的 52 万人减少至 44 万—45 万人。[①] 然而，虽然该项裁军计划谋划在数量上减少美国军队规模、减少军费支出，但却强调"精锐部队的扩编"。时任美国国防部长查克·哈格尔指出，美国将继续维持对无人机、特种作战部队与网络部队的拨款，同时对美军目前部署的航空母舰水平至少维持一年。[②]

美国庞大的军事预算除了用于军事人员支出、军事行动和维护支出、军事采购支出和军事基础设施和设备建设支出之外，另外一个重要领域就是军事科研，用于研发先进的军事技术。美国对军事科研的重视使得美国具有世界上最为先进的军事设备和最为高精尖的军事技术，从而进一步强化了美国的军事实力。

二　美国突出的能源优势

（一）美国能源资源储量丰富，是世界上最大的石油、天然气生产国之一

美国拥有得天独厚的自然资源优势，能源储量比较丰富，截至 2013 年 6 月，美国已探明的原油储量、天然气储量、煤炭储量分别占到世界的 2%、5%、27.6%。[③] 根据英国石油公司 2013 年 6 月公布的《世界能源统计报告》，2012 年美国石油、天然气和煤炭探明储量均在世界中名列前茅，分别居于第 9 位（与 2009 年相比上升了 3 位）、第 5 位（与 2009 年相比上升了 1 位）和第 1 位；其生产量遥遥领先，分别居于第 3 位、第 1 位和第 2 位。美国是实至名归的能源大国。

---

① 《美国国防部计划裁军国会两党均持怀疑态度》，2014 年 2 月 25 日，中国新闻网（http://www.chinanews.com/gj/2014/02 - 25/5880993. shtml）。

② 《美国拟裁军 8 万人》，2014 年 2 月 26 日，新浪网（http://news.sina.com.cn/c/2014 - 02 - 26/025929563473. shtml）。

③ BP Corpration，*BP Statistical Review of World Energy 2013*，June 2013, p. 8, p. 20, p. 32（bp. com/statisticalreview）.

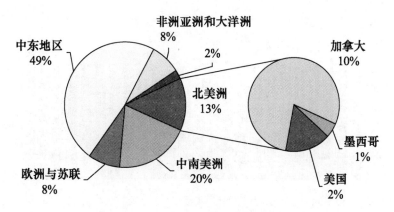

图 4 - 8　2012 年世界原油储量

资料来源：BP Corpration, *BP Statistical Review of World Energy 2013*, June 2013, p. 8, p. 20
(bp. com/statisticalreview).

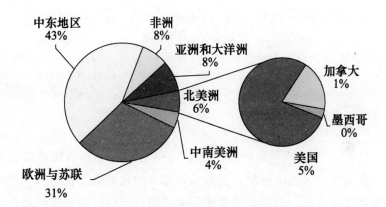

图 4 - 9　2012 年世界天然气储量

资料来源：BP Corpration, *BP Statistical Review of World Energy 2013*, June 2013, p. 8, p. 20
(bp. com/statisticalreview).

（二）美国具有世界上规模最大的战略石油储备

石油资源是保障美国经济发展最为关键的能源，在美国消费结构中占有重要地位。因此，在 1973—1974 年石油禁运危机后，为了弥补美国石油产能的不足，维持经济稳定，美国根据 1975 年《能源政策和能

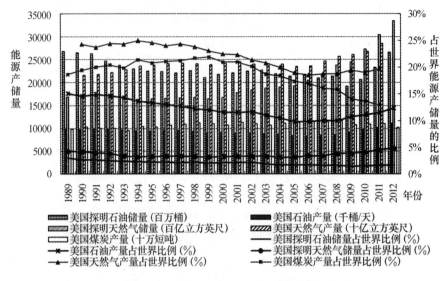

图 4 - 10　1989—2012 年美国石油、天然气、煤炭探明储量、

产量及占世界的比例

资料来源：U. S. Energy Information Administration, *International Energy Statistics*, （http：// www. eia. gov/cfapps/ipdbproject/IEDIndex3. cfm）. 其中，世界和美国的煤炭储量只有 2008 年数据，2008 年，世界煤炭探明储量为 9479. 998 亿短吨，美国的探明储量为 2605. 51 亿短吨，美国煤炭探明储量占世界的 27. 5% 。

源节约法》①自 1977 年起建立战略石油储备。战略石油储备以相当于石油净进口量的天数来衡量。战略石油储备的重要意义在于当美国面对国际市场油价上涨、石油供应中断等紧急情况时，战略石油储备可以迅速有效地补充所短缺的能源、平抑飞涨的能源价格，从而稳定市场、保证国家的经济安全和军事安全。由此可见，战略石油储备是确保美国能源安全的重要工具，也是增强美国能源战略实力的重要途径之一。

　　根据美国 2009 年《年度能源报告》的数据，美国的战略石油储备在 1985 年达到最高峰，可以补充相当于 115 天的净进口石油量，随后

---

　　①　1975 年 12 月 22 日，福特总统签署《能源政策和节约法》（EPCA）。《能源政策和节约法》包括授权建立战略石油储备、汽车能效标准、联邦帮助州政府保护能源计划、美国加入新成立的国际能源组织和规模巨大的能源研发计划。

呈现下降趋势，直到 2002 年开始恢复了上升，并存在上升速度增快的趋势，在 2009 年达到了 75 天，与 1995 年的量基本持平（见图 4 - 11）。

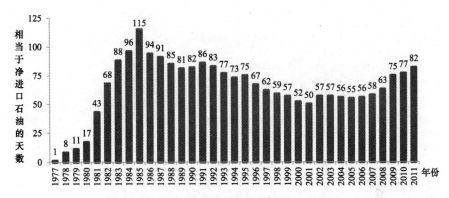

图 4 - 11　1977—2011 年美国战略石油储备情况
（相当于净进口石油的天数）

资料来源：U. S. Energy Information Agency, Department of Energy of the U. S. , *Annual Energy Review*, *2011*, Washington, D. C. : Office of Energy Markets and End Use, September 2012, p. 158.

从绝对量角度来讲，美国的战略石油储备从 20 世纪 80 年代开始呈现迅猛上升趋势，并在 20 世纪 90 年代和 21 世纪最初几年保持在 5 亿—6 亿桶之间，2000—2002 年间出现小幅回落，随后从 2003 年开始增长迅速，保持在 6 亿—7 亿桶，2008 年首次突破 7 亿桶大关。截至 2013 年 12 月底，美国的战略石油储备于 2010 年达到历史最高水平 7.27 亿桶，美国成为世界上拥有规模最大的紧急原油储备的国家（见表 4 - 4、图 4 - 12）。

表 4 - 4   1977—2013 年美国战略石油储备量①   （单位：亿桶）

年份	储量	年份	储量	年份	储量	年份	储量
1977	0.07/0.01	1987	5.41/5.34	1997	5.63	2007	6.97/6.93
1978	0.67/0.49	1988	5.60/5.55	1998	5.71/5.63	2008	7.02
1979	0.91	1989	5.80/5.77	1999	5.67/5.65	2009	7.25
1980	1.08/0.93	1990	5.86/5.90	2000	5.41/5.70	2010	7.27
1981	2.30/1.99	1991	5.69	2001	5.50/5.45	2011	6.96
1982	2.94/2.78	1992	5.75/5.71	2002	5.99/5.87	2012	6.95/6.96
1983	3.79/3.61	1993	5.86	2003	6.38/6.24	2013	6.96
1984	4.51/4.31	1994	5.92	2004	6.76/6.70		
1985	4.93/4.89	1995	5.92	2005	6.85/6.94		
1986	5.12/5.06	1996	5.66/5.74	2006	6.89/6.88		

资料来源：U. S. Energy Information Administration，EIA，*U. S. Ending Stocks of Crude Oil in SPR* （http：//www. eia. gov/dnav/pet/hist/LeafHandler. ashx? n = pet&s = mcsstus1&f = a）；U. S. Department of Energy，DOE，*Strategic Petroleum Reserve Annual Report for Calendar Year 2011*，*Report to Congress*，Washington，D. C.：Office of Petroleum Reserves，December 2012，p. 21 （http：//energy. gov/fe/downloads/spr-annual-reports-congress）；2013 年数据来源于美国能源部网站（http：//energy. gov/fe/services/petroleum-reserves/strategic-petroleum-reserve#Current）。

---

① 需要说明的是，美国能源信息署与美国能源部《2011 年战略石油储备报告》（Strategic Petroleum Reserve Annual Report for Calendar Year 2011，Report to Congress）发布的 1977—2012 年美国战略石油储备存量的数据略有不同。其中，表中斜线"/"前面的数据来源于美国能源信息署网站：*U. S. Ending Stocks of Crude Oil in SPR* （http：//www. eia. gov/dnav/pet/hist/LeafHandler. ashx? n = pet&s = mcsstus1&f = a）；表中斜线"/"后面的数据来自能源部发布的《2011 年战略石油储备报告》（*Strategic Petroleum Reserve Annual Report for Calendar Year 2011*，Report to Congress，Washington，D. C.：Office of Petroleum Reserves，December 2012，p. 21，http：//energy. gov/fe/downloads/spr-annual-reports-congress）。2013 年份数据来源于美国能源部官方网站，http：//energy. gov/fe/services/petroleum-reserves/strategic-petroleum-reserve#Current，且两个出处相同的数据只写一个数据，特此说明。

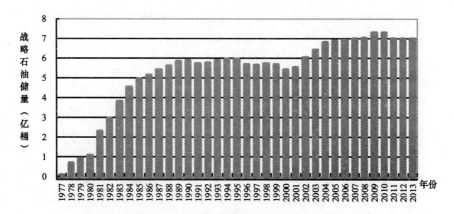

图 4 - 12　1977—2013 年美国战略石油储备变动趋势

资料来源：1977—2012 年数据来源于 U. S. Energy Information Administration，EIA，*U. S. Ending Stocks of Crude Oil in SPR*（http：//www. eia. gov/dnav/pet/hist/LeafHandler. ashx？n = pet&s = mcsstus1&f = a）；2013 年数据来源于美国能源部官方网站（http：//energy. gov/fe/services/petroleum-reserves/strategic-petroleum-reserve#Current）。

（三）美国能源开发与利用的技术水平优势明显

能源开发和利用的技术水平是能源战略软实力的重要体现。作为能源消费大国，美国在能源技术方面拥有比较优势。美国在能源技术方面的优势体现在三个方面，其一是非传统油气能源的开采技术，其二是传统能源利用的改进技术，其三是可再生能源开发技术。

近年来，美国非传统油气能源开发技术，尤其是页岩油气开发技术取得了突飞猛进的发展。伴随着页岩油技术的成熟与推广，美国国内非传统油气资源生产量持续创历史新高。目前，美国的原油日产量已超过 890 万桶，创近 30 年的最高水平。据美国能源信息署最新发布的数据，2014 年美国原油产量已超过净进口量，极大地降低了美国对国际原油的依赖程度，减轻了进口原油波动及国际油价价格波动对美国能源安全、经济安全的影响。

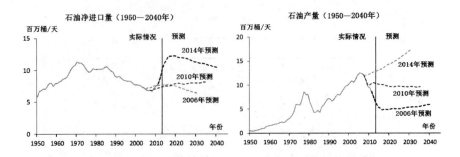

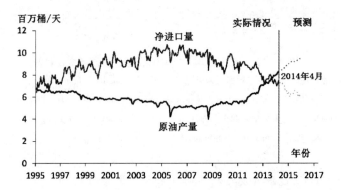

图 4 - 13　美国原油生产与净进口趋势预测①

与美国国内日益充足的能源供应量相比，美国国内能源消费量稳中有降。自 1973 年中东石油危机以来，美国经济增长了 57%，而相比之下，美国的能源消费总量却仅仅增长了 13%。② 根据美国能源部预测，在未来 20 年内，美国的单位 GDP 能耗量将以年均 1.6% 的速度下降。③ 美国能够取得这样的成果，主要得益于其在工业、商业、交通、住宅等各个能源消费领域广泛采取节能技术，并且关注提高能源效率的关键技术的研发。在美国的能源消费结构中，石油、煤炭等传统化石能源占其能源总消费的 75% 左右，传统的化石能源依然是维系美国经济发展最为重要的能源，因

① The White House, *The All-of-The-Above Energy Strategy as a Path to Sustainable Enocomic Growth*, May 2014, p. 6, pp. 11 - 12（http：//m. whitehouse. gov/sites/default/files/docs/aota_ energy_ strategy_ as_ a_ path_ to_ sustainable_ economic_ growth. pdf）.

② 丁青充：《美国能源技术优势要概》，《全球科技经济瞭望》1996 年第 11 期。

③ 董治堂、宋书坤：《美国能源技术发展及政策考察报告》，《中国工程咨询》2006 年第 11 期。

此，如何提高传统能源效率、优化传统能源显得尤为重要。为此，美国十分注重传统能源改进技术的研发，对传统能源进行改进的技术主要包括：提高传统能源利用效率的技术、节约能源的技术和优化传统能源的技术。美国所掌握的这些能源关键技术在世界上占有领先地位。在节能技术和提高能效技术方面，美国除了制定了严格的能效标准并及时修订标准之外，还投入大量资金进行节能技术研发。目前，节能技术在美国已经广泛应用到了供暖制冷、汽车制造、照明通风系统和设备制造等各个领域，并在这些领域保持世界先进水平；在优化传统能源技术领域，美国的技术优势主要体现在清洁煤发电和煤炭气化等技术上。美国是一个煤炭生产和煤炭消费大国，美国发电量的55%为煤电。洁净煤发电技术可以将煤炭转化为富氢煤气，一方面可以提高煤炭的利用效率，使发电效率提高到60%，是传统煤电的2倍；另一方面还可以有效地降低空气污染，实现零污染排放发电。① 美国的煤炭气化技术世界领先。

在提高传统能源利用效率的同时，美国还积极研发可再生能源技术，尤其是从小布什总统执政后期到奥巴马总统执政以来，美国致力于抢占可再生能源技术制高点。2005年《美国能源政策法》要求提高太阳能、风能、生物质能等可再生能源供应技术的竞争力，并通过政府直接投资31亿美元和给予企业优惠政策鼓励其投资等形式刺激可再生能源技术的研发。② 奥巴马总统以发展清洁能源作为刺激经济、重新恢复美国经济力的主要政策手段。2009年2月，他推出了7870亿美元的"美国复兴与再投资计划"，其中272亿美元用于可再生能源技术研究。③ 除了直接投资之外，该计划还包括对可再生能源技术研发的税收减免政策。综合算来，在奥巴马政府拨付的近8000亿美元的救市计划中，用于清洁能源的直接投资及鼓励清洁能源发展的减税政策涉及金额达1000亿美元。④ 2009年6月，美国众议院又通过了《2009年美国清洁能源与安全法案》，新能源技术和能源效率技术的研发又得到了政府约1900亿美元的投资。⑤ 在这些

---

　　① 奚能仁：《美国抢占能源技术制高点》，《广西电业》2005年第12期。

　　② 董治堂、宋书坤：《美国能源技术发展及政策考察报告》，《中国工程咨询》2006年第11期。

　　③ Pew Center on Global Climate Change：*Key Provisions*：*American Recovery and Reinvestment Act*（http：//www.pewclimate.org/docUploads/Pew-Summary-ARRA-Key-Provisions.pdf）.

　　④ 马小宁：《重振"美国制造"的战略与政治考量》，《人民日报》2010年8月13日。

　　⑤ 李扬：《中美清洁能源合作：基础、机制与问题》，《现代国际关系》2011年第1期。

政策的支持下，美国的可再生能源技术发展迅速。目前，美国已经攻占了可再生能源开发和利用的堡垒，在可再生能源发电技术（太阳能光伏、风能、水能、地热和生物质能发电技术）、二氧化碳捕捉和封存技术、智能电网技术、电动车电池技术、新一代核反应堆发电技术等领域占据先机，并保持领先地位。

通过以上分析可知，由于起步早、政府重视等原因，美国的能源科技实力得天独厚，能源开发和利用技术国际领先。作为硬实力的重要补充，能源开发和利用的技术水平将会成为弥补美国能源战略硬实力欠缺的重要武器，是增强能源战略实力的重要途径。

（四）美国是全球能源产业最大的资本运营国

美国雄厚的政治资本和经济资本为其在全球能源产业中拔得头筹奠定了基础。首先，在石油产业领域，美国是全球最大的投资国。为了抢占国际石油市场，美国历届政府均鼓励本国能源企业对全球重要的能源产区，尤其是石油、天然气产区进行商业投资。美国政府和企业的投资对于全球重点产油区的建设和生产能力的提高具有巨大的推动作用，[1] 见表4-5。

表4-5 近年来美国石油企业对外投资情况

地区	投资情况
中东地区	2003—2010年，美国在伊拉克勘探开发的投资总额达300亿美元；伊拉克战争后，美国与英国石油公司控制伊拉克油田70%以上的权利
中亚—里海地区	埃克森-美孚、雪铁龙、联合加州等石油公司与该地区产油国签署了高达百亿美元的联合开发合同，在联合开发项目中是绝对的大股东 如：1993年4月，美国雪铁龙公司与哈萨克斯坦组建了开发田吉兹油田的合资公司，总投资额为200亿美元，合作开发期为40年 截至1997年年底，美国参与了哈萨克斯坦7个石油开发项目，其中4个美哈双边合同，3个多边合同，美国分别占30%、40%和55%的股份；2004年，美国向哈萨克斯坦直接投资1亿美元用于两国的石油联合开发合作项目

---

[1] 马小军、惠春琳：《美国全球能源战略控制态势评估》，《现代国际关系》2006年第1期。

续表

地区	投资情况
非洲地区	21 世纪以来，美国加大了对非洲的能源投资力度。第一，通过政府的经济援助缓解美国同部分敌对非洲国家的关系；第二，加大美国能源企业对非洲产油国的投资，用于基础设施建设等，以提高其生产能力。如：埃克森－美孚公司计划在未来十年中投资 500 亿美元开发非洲石油与天然气资源，并斥资 37 亿美元修建了从乍得到喀麦隆大西洋沿岸的石油输出管道；雪铁龙公司计划在未来的五年中投资 200 亿美元扩大其在非洲的石油生产能力

资料来源：马小军、惠春琳：《美国全球能源战略控制态势评估》，《现代国际关系》2006 年第 1 期。

其次，美国还建立了以美元为中心的"石油美元体系"，并是该体系中最大的受益国。[①] 目前，在国际能源贸易中，美元是最主要的计价和结算货币，"石油美元体系"的建立不仅巩固了美元在国际能源贸易中的主导地位，也捍卫了美元在国际货币霸权中的主导地位。[②] 如果"石油美元体系"倒塌，将会使美国经济遭到重创，后果不堪设想，甚至可能沦落为"二流国家"[③]。

为了巩固"石油美元体系"，保证美元在全球能源市场的垄断地位，美国在保证向全球主要产油国加大直接投资力度之外，还主动开放金融市场，以便吸纳更多的"石油美元"，积极推动"石油美元体系"机制化的形成。此外，除了动用经济和金融手段之外，美国还运用军事力量维护"石油美元体系"，垄断全球石油金融市场。[④]

三　美国明显的能源劣势

（一）美国是世界上最大的石油、天然气消费国，供需矛盾突出

与美国丰富的能源储量、巨大的生产量和先进的能源技术相对应的是其规模宏大的消费量。根据英国石油公司的统计，2012 年美国各种能源的消费量均名列前三甲，其中石油、天然气、核能、可再生能源的消费量

---

① 马小军、惠春琳：《美国全球能源战略控制态势评估》，《现代国际关系》2006 年第 1 期。
② 同上。
③ 舒先林：《美国中东石油战略的经济机制及启示》，《世界经济与政治论坛》2005 年第 1 期。
④ 马小军、惠春琳：《美国全球能源战略控制态势评估》，《现代国际关系》2006 年第 1 期。

位居世界第一，煤炭消费量仅次于中国居于亚军，水电消费量排在中国、巴西和加拿大之后，位居第四。[①] 此外，美国各种矿物能源的储/采比[②]明显低于世界平均水平，石油、天然气的储/采比仅为 10.7（2010 年为 11.3）和 12.5（2010 年为 12.6），[③] 这说明在现有的探明储量下，美国国内支撑其工业发展的支柱性能源——石油和天然气资源的剩余开采时间只有 10.7 年和 12.5 年。

表 4 - 6　　　2012 年美国主要能源探明储量、产量、消费量及其排名

	量值	占世界比例（%）	排名
石油探明储量（十亿桶）	35	2.1	11
石油产量（千桶/天）	8905	9.6	3
石油储/采比（R/P Ratio）	10.7	—	38
石油消费量（千桶/天）	18555	19.8	1
天然气探明储量（十亿立方米）	8500	4.5	5
天然气产量（十亿立方米）	681.4	20.4	1
天然气储/采比（R/P Ratio）	12.5	—	35
天然气消费量（十亿立方米）	722.1	21.9	1
煤炭探明储量（百万吨）	237295	27.6	1
煤炭产量（百万吨油当量）	515.9	13.4	2
煤炭储/采比（R/P Ratio）	257	—	6
煤炭消费量（百万吨油当量）	437.8	11.7	2
核能消费量（百万吨油当量）	183.2	32.7	1
水电消费量（百万吨油当量）	63.2	7.6	4
可再生能源消费量（百万吨油当量）	50.7	21.4	1

---

① BP Corporation, *BP Statistical Review of World Energy June 2013*, London, June 2013, pp. 11 - 38（http://www.bp.com/statisticalreview）.

② 储/采比（Reserves-to-Production Ratio, R/P Ratio or RPR）：又称为回采率或回采比，一般用于不可再生的矿物能源，如石油、天然气、煤炭等。储/采比 = 矿物能源的保有储量（剩余可采储量）/年开采量，用于表示某种矿产资源的剩余开采时间。请参见 "Reserves to Production Ratio," *Investopedia*（http://www.investopedia.com/terms/r/reserves-to-production-ratio.asp#axzz1X2ergPBg）.

③ BP Corporations, *BP Statistical Review of World Energy June 2013*, London, June 2013, p. 8, p. 22（http://www.bp.com/statisticalreview）.

续表

	量值	占世界比例（%）	排名
生物能生产量（千吨油当量）	27360	45.4	1

资料来源：BP Coropration, *BP Statistical Review of World Energy June 2013*, London, June 2013, pp. 6 - 9, 20 - 23, 30 - 33, 35 - 36, 38 - 39（http://www. bp. com/statisticalreview）.

＊BP 世界能源统计报告中的数据与美国能源信息署的数据及计量单位不尽相同。

　　除了要面对矿物能源可剩余开采量不足的情况之外，美国还要面临能源消费量长年居高不下的现实，如图 4 - 14 所示。根据美国能源信息署2012 年的统计数据，从 1989—2011 年，美国年平均能源消费量高达 95 亿亿英国热量单位（Quadrillion Btu），而在此期间，美国年平均能源生产量却只有约 70 亿亿英国热量单位，[①] 也就是说，美国每年能源生产与消费之间存在 25 亿亿英国热量单位的缺口（如图 4 - 15 所示），这些缺口需要依赖进口来弥补。

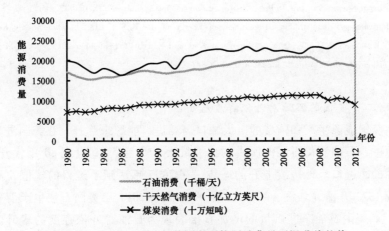

图 4 - 14　1980—2012 年美国主要能源消费量平滑曲线趋势

资料来源：根据美国能源信息署的数据计算、绘制。U. S. Energy Information Administration, "Petroleum," "Natural Gas," "Coal," *International Energy Statistics*（http://www. eia. gov/cfapps/ipdbproject/IEDIndex3. cfm）.

---

① U. S. Energy Information Agency, Department of Eenrgy of the U. S. , *Annual Energy Review*, *2011*, Washington, D. C. : Office of Energy Markets and End Use, September 2012, p. 5（http://www. eia. gov/totalenergy/data/annual/archive/038411. pdf）.

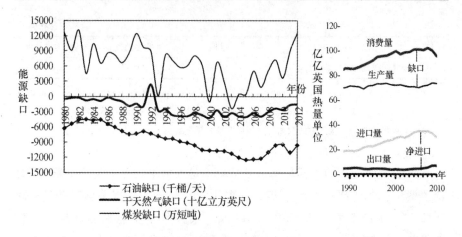

**图 4 - 15　1980—2012 年美国主要能源总产量与主要能源
总消费量趋势图及能源缺口①**

资料来源：根据美国能源信息署的数据计算、绘制，能源缺口 = 能源总消费 - 能源总产量。U. S. Energy Information Administration, Department of Energy of the U. S., EIA, "Total Energy," *International Energy Statistics*（http：//www. eia. gov/cfapps/ipdbproject/IEDIndex3. cfm）；U. S. Energy Information Administration, Department of Energy of the U. S., EIA, *Annual Energy Review*, *2011*, Washington, D. C. : Office of Energy Markets and End Use, September 2012, p. 5（http：//www. eia. gov/totalenergy/data/annual/archive/038411. pdf）.

（二）美国的石油对外依存度居高不下

美国能源生产和消费的巨大缺口需要进口能源来弥补。在美国进口的能源中，石油等化石能源所占的比重最大，并且从 20 世纪 80 年代开始，石油的净进口呈现持续上升的态势，在 2005 年达到了进口的峰值，高达每天 1371 万桶［如图 4 - 17（左）："1989—2011 年美国石油生产消费情况"］。美国石油净进口量的增加直接表现为石油对外依存度的攀升。早在 1993 年，美国的石油对外依存度就首度突破 50% 的大关，高达 50.01% 的历史新高，之后，美国的石油对外依存度一直保持 50% 以上的高位，2006 年再创历史新高，高达 66.26%，直到奥巴马政府执政时期，美国石油对外依存度才呈现下降趋势。冷战后美国石油对外依存度的具体变动情况如表 4 - 7 所示，变化趋势如图 4 - 16 所示。

———————

① 根能源缺口 = 能源总消费 - 能源总产量。

表 4 - 7　　　　　　　1989—2012 年美国石油对外依存度①　　　（单位：千桶/天）

年份	原油及成品油进口量	原油及成品油消费量	石油对外依存度（%）	年份	原油及成品油进口量	原油及成品油消费量	石油对外依存度（%）
1989	8061	17325	46.53	2001	11871	19649	60.42
1990	8018	16988	47.20	2002	11530	19761	58.35
1991	7627	16714	45.63	2003	12264	20034	61.22
1992	7888	17033	46.31	2004	13145	20731	63.41
1993	8620	17237	50.01	2005	13714	20802	65.93
1994	8996	17718	50.77	2006	13707	20687	66.26
1995	8835	17725	49.84	2007	13468	20680	65.13
1996	9478	18309	51.77	2008	12915	19498	66.24
1997	10162	18620	54.58	2009	11691	18771	62.28
1998	10708	18917	56.61	2010	11753	19180	61.28
1999	10852	19519	55.60	2011	11436	18882	60.57
2000	11459	19701	58.16	2012	10598	18490	57.32

资料来源：根据美国能源部信息管理署石油相关数据整理计算（http：//www. eia. gov/energ-yexplained/index. cfm？page = oil_ home）。

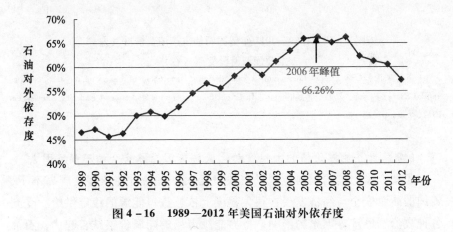

图 4 - 16　1989—2012 年美国石油对外依存度

---

① 此表中"石油对外依存度"的计算公式：石油对外依存度 =（原油及成品油进口量/原油及成品油消费量）×100%。

（三）美国能源消费结构不尽合理

与此同时，在美国的能源消费结构中，石油和天然气等化石能源所占比例最大。虽然近些年来，美国的可再生能源和核电能源在总能源消费中所占的比重逐年上升，但与化石能源消费来比，其总体所占比例还很小[如图 4 - 17（右）："1989—2011 年美国主要能源消费类型"]。①

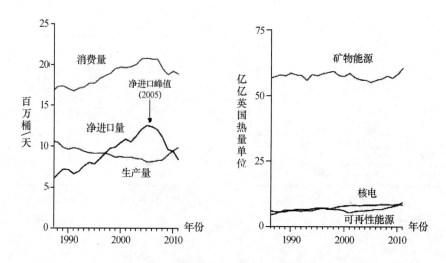

图 4 - 17　1989—2011 年美国石油生产消费情况（左）、主要能源消费类型（右）

资料来源：U. S. Energy Information Administration, Department of Eenrgy of the U. S., EIA, *Annual Energy Review*, *2011*, Washington, D. C.：Office of Energy Markets and End Use, September 2012, p. 6, p. 118.

（四）世界能源价格的大幅波动是威胁美国能源安全的不确定因素

长期以来，美国国内能源供需缺口巨大，石油对外依存度居高不下，美国的能源安全与经济发展在很大程度上依赖进口能源的稳定供给。受到各种政治、经济等因素的影响，世界能源市场的能源价格跌宕起伏，石油资源的价格如过山车般忽低忽高。能源价格的巨大波动成为威胁美国经济发展和国家安全的重要外在不确定因素。然而，自 2013 年以来，随着美

---

① U. S. Energy Information Agency, Department of Eenrgy of the U. S., *Annual Energy Review*, *2009*, Washington, D. C.：Office of Energy Markets and End Use, August 2010, p. 6, 118.

国国内页岩油气等非传统能源的开发以及可再生能源技术的广泛应用，美国国内能源自给能力持续提高，石油对外依存度不断下降。但美国能源安全依然受到世界能源价格，尤其是国际石油价格波动的影响。自 2014 年开始，国际石油价格高台跳水，价格遭遇"腰斩"之痛，国际油价的低位运行严重阻碍了美国能源经济的转型，威胁美国非传统油气资源与可再生能源开发企业的可持续发展。

通过以上分析可知，虽然美国能源资源储量相对丰富，但与其巨大的消耗量相比，其能源生产量、能源储量明显不足，尤其是石油、天然气等关键能源的进口量依然较大，对外依存度较高，这些因素均不利于美国获取供应持续与价格稳定的进口能源。然而，近年来，随着美国原油开采技术进步，特别是页岩油气生产技术的成熟和推广，美国的原油日产量已超过 890 万桶，创近 30 年的最高水平。美国本土油气产量的攀升极大地提高了美国能源自给能力。因此，从客观的硬件条件讲，美国的能源战略实力正在逐步增强。

综上所述，由于能源生产和能源消费存在不均衡性，冷战后美国能源战略硬实力略显不足，但战略石油储备的建立以及非传统油气资源开采能力的大幅攀升，美国能源硬实力明显提升。同时，美国能源战略软实力——能源开发和利用的技术水平——在世界上遥遥领先。由此可见，冷战后美国能源战略实力依然强大，不可小觑，但在国际体系的较量中，在不同的历史阶段美国能源战略实力的相对大小也不尽相同。

同时我们应该注意到，在后冷战时代决定一个国家实力的因素已经发生了根本性的变化：冷战以前，军事力量和同盟体系决定了国家实力的大小，而在冷战结束以后，国家实力更多地体现在经济实力和科技创新能力两个方面，而能源战略实力，尤其是能源战略软实力成为推动经济发展的主要工具，对提高国家综合国力、实现国家战略利益具有极其重要的作用。

第四节　冷战后美国能源战略文化

冷战后美国的能源战略文化集中表现为"二元对立"、"自我中心"和"天定命运"的战略价值观、保守主义特色的能源战略思维模式和行为方式、对能源生产国事务进行干涉的"新干涉主义"战略思维模式和行为方式三个方面。

一　冷战后美国的战略价值观

美国的战略价值观是美国民族文化长期积淀的结果，由于美国特殊的历史，美国文化从一开始就重视实力的应用，是典型"唯实力论"的"冲突型战略文化"；此外，强调竞争、强调国际机制的作用，希望在美国的主导下塑造国际秩序，显露出"协调型战略文化"特色。美国战略文化类型是融合性的，其战略价值观可以体现为以下三个方面。[①]

（1）"二元对立、物竞天择"的世界观。在国际体系中，美国人往往对国家进行一分为二的判断，划分为敌、友两类，朋友之间相互合作，而敌人之间相互竞争、彼此敌对，国家实力是使国家在竞争中处于不败之地的关键力量。美国"二元对立"的世界观体现在国际能源政策与能源外交领域即表现为对能源生产国和能源消费国是"敌"是"友"的二元判断。因此，美国对国际能源机构和OECD盟友的能源外交政策，与对被其界定为"敌人"的部分石油输出国组织中国家的对外能源政策与行为截然不同。

（2）"自我中心"的价值观。这种价值观表现为强调个人权益的个人主义和自由主义，以及充斥着种族中心主义的种族优越感。这种优越感使美国经常冠以"世界警察"的身份，在不尊重他国、无视他国主权和利益的情况下，介入他国内外事务。[②] 强调"自我中心"的价值观使美国政府在面对国际能源问题时往往只关注本国的利益，忽视国际社会的利益，忽视国际影响。因此，在捍卫本国国际能源利益时，美国通常采取"损人利己"的方式，如采取发动战争、经济制裁、政治打压等手段。

（3）"天定命运"的人生观。美国认为自己是"山巅之城"，与其他国家相比具有无可比拟的优越性，并且负有教化和拯救其他国家和民族的责任和义务，这种观念为美国干涉他国内政的行为提供了辩护。"天定命运"的使命观和人生观使得美国认为其具有替天行道的责任和使命，美国的这种使命观和人生观在保守主义的影响下表现出更为明显的进攻性和

---

①　赵景芳：《美国战略文化研究》，时事出版社2009年版，第94—102页。
②　李际均：《军事战略思维》，军事科学出版社1998年版，第254页。

激进性，具有激进主义色彩。美国"天定命运"的人生观在国际能源战略与政策中表现为夺取并捍卫国际能源霸权，主导国际能源秩序等。

二　冷战后美国战略思维和行为模式的保守主义渊源

美国战略文化的保守主义[①]渊源主要是指美国战略思维和行为模式中所体现的保守主义特色。保守主义思潮在美国国际能源利益的构建中发挥了举足轻重的作用。

美国从建国之初就是一个崇尚自由的国度，然而，美国的政治、经济等制度却都显露出保守主义的色彩，保守主义思想在美国根深蒂固，源远流长。美国的保守主义是在欧洲保守主义思想的基础上内化、衍生、发展而来，并在 20 世纪 30 年代世界经济危机爆发之后蓬勃发展。影响美国战略和政策的保守主义力量主要来自三个方面：第一，保守势力集团，如大集团、大财团；第二，保守主义思想库和舆论战线，如传统基金会、《华盛顿邮报》、福克斯电视台等；第三，保守主义宗教组织——宗教右翼势力。[②]

与欧洲的保守主义相比，美国的保守主义有其独特之处。第一，美国"天定命运"的人生观和使命观使美国人天生具有自由的替天行道的使命和责任。因此，美国的保守主义天生具有进攻性、激进性的传统，在某种意义上，美国的保守主义也必然以领导世界、称霸世界为使命和目的。美国的保守主义也因此披上了激进主义色彩。第二，美国的建国既是一场自由的革命，也是一场保守的革命。因为它一方面为美国人民争取到了实实在在的自由；另一方面，它并没有彻底地全盘改造革命之前从英国继承而来的社会结构、生活方式、宗教文化和道德风尚等传统。[③] 正是由于这样

---

① 王缉思（2007）在为姜琳的新书《美国保守主义及其全球战略》的"序言"中指出："保守主义旨在维护已经形成的、代表历史传统和稳定的事物，力图维持社会现状，通过妥协等手段调和各种社会力量之间的利益冲突，反对激进的革命或革新。"综合看来，保守主义具有以下几个特征：（1）保守主义保守的是那些有价值的传统精华，而不是故步自封，不求变革；（2）自由是保守主义所要保守的最重要的价值理念，保守是对自由的保守；（3）保守主义认为社会权力是一种零和游戏；（4）连续性是保守主义的重要内涵，为了避免给社会造成剧烈的振荡和破坏，保守主义反对激进的变革，因此，"保守主义在追求进步时始终遵循与已经被证明的过去的价值观的一致性"。请参见刘军宁《保守主义》，天津人民出版社 2007 年版，第 71 页；王公龙《保守主义与冷战后美国对华政策》，博士学位论文，复旦大学，2005 年，第 9—10 页。

② 姜琳：《美国保守主义及其全球战略》，社会科学文献出版社 2008 年版，第 60 页。

③ 刘军宁：《保守主义》，天津人民出版社 2007 年版，第 68 页。

的原因，美国的政治思想十分独特：保守主义，"保守"的是自由主义精神；而自由主义，则是"保守"的、渐进的。因此，美国的保守主义思想比欧洲的传统政治思想更保守、更"右"。①

美国的民主党和共和党之间存在着关于自由主义与保守主义的长期、激烈的斗争。罗斯福总统曾经说过："从 1932 年开始，民主党成为自由主义的党，共和党成为保守主义的党"，② 20 世纪 80 年代，共和党最终成为完全由保守主义者构成的保守党派，里根总统开创了美国保守主义时代。③ 小布什总统的上任又开辟了美国的"新保守主义"时代，"新保守主义"更具有战略眼光，更具有雄心与野心。④

由于美国是两党制，两党轮流执政，因此保守主义和自由主义两种势力交替占据主导地位。但是，美国的两党制具有一个重要的特点——政治周期，即某一个政党及其政治思潮在执掌政权后，往往会形成一党独大连续执政、政治理念、思想和政策延续几十年的现象。⑤ 美国历史上曾出现过五次持续长达 28—36 年的政治周期。⑥ 因此，现阶段，美国虽然处于崇尚自由主义的民主党执政时期，但是自从 1981 年开始，共和党曾握有政权 20 余年，即便是在民主党克林顿政府时期，民主党政府的政策也深受保守主义思想的影响，体现出保守的自由主义的特征。这表明，保守主义的思想已经深深地渗透到了美国政治文化和战略文化的方方面面，深刻地影响着美国的政治、经济、军事、外交、社会、文化等政策。所以，在冷战结束后的较长一段时间内，受到政治周期的影响，保守主义必然会在相当长的时间内影响着美国的政治思潮，影响着冷战后美国的各项战略和政策。美国的保守主义思想在外交层面表现为维持美国的世界领导地位和世界霸权，这也必将决定冷战后美国的国际能源战略具有主导国际能源秩序的倾向。因此，冷战后美国的国际能源战略思维模式和行为方式凸显出保守主义的特点。

冷战后美国的共和党与石油财团有着深厚的历史渊源，尤其是老布什

---

① 摘自王缉思（2007）在为姜琳的专著《美国保守主义及其全球战略》所作的序言。
② 钱满素：《美国自由主义的历史变迁》，生活·读书·新知三联书店 2006 年版，第 204 页。
③ 姜琳：《美国保守主义及其全球战略》，社会科学文献出版社 2008 年版，第 72 页。
④ 同上书，第 95 页。
⑤ 同上书，第 72 页。
⑥ Levin P. Phillips, *Post-Conservative America*, New York：Vintage Books，1983，p. 54.

和小布什两位总统，他们在当选总统之前都曾从事石油生意，并因此发家。所以，冷战后在共和党执政期间，政府与能源企业有着千丝万缕的联系，很多内阁成员来自石油和天然气财团，因此被称为"能源内阁"或"石油内阁"①。因此，在这样的背景下，共和党政府在制定国际能源战略时会有三个方面的特点：其一，能源安全忧患意识无比强烈，这使得共和党政府倾向于把夺取世界石油、天然气资源的控制权作为国际能源战略的主要任务；其二，十分关注国内能源（石油、天然气）公司在国内和海外的利益；其三，共和党鹰派好战势力地位的提升也必然决定其在冷战后实施国际能源战略时倾向于采取军事手段。②

　　与共和党关注石油利益相比，美国的民主党政府更加关注环保和可再生能源的开发。因此，冷战后的民主党政府均希望在环境保护和发展可再生能源方面有所建树，从而使美国的国际能源战略在这些领域有所倾向。但受到政治周期、立法与行政分离的政治制度的影响，美国即使在民主党掌权的时期，依然深受保守主义思想影响。

　　在国际能源体系中，共和党总统及其智囊团的石油背景，使美国冷战后的国际能源战略必将以维护和获取石油资源为重点；而美国战略文化中的"新干涉主义"和"保守主义"思潮直接影响着冷战后美国制定能源外交政策的思维模式和行为方式。美国的保守主义思想在对外战略与政策层面集中体现为对世界领导地位和世界霸权的无限追逐，这也必将决定着冷战后美国的国际能源战略具有主导国际能源秩序，并建立以美国为核心的国际能源体系为目的的倾向，而干涉主义思想使美国在实现国际能源战略目的的过程中，乐于采取政治、经济、军事等干预手段。

　　此外，保守主义的战略文化也直接影响美国民众的能源消费习惯和生活方式。美国具有地广人稀、资源丰富等得天独厚的优势，百年来，美国的成长壮大都基于对能源、资源高强度的消耗，这种成长经历铸就了美国人对保守高能耗生活方式的依赖。灯火通明的不夜城、高耗能的大排放量汽车成为美国的特征。

---

　　① 据统计，在小布什政府 100 位最有影响力的官员中，就有多于一半的人与石油公司和军工企业有直接的经济利益联系。请参见张国庆《一个人的世界——透视布什》，世界知识出版社 2004 年版，第 167 页。

　　② 张国庆：《一个人的世界——透视布什》，世界知识出版社 2004 年版，第 167—168 页。

三　冷战后美国战略思维和行为模式的干涉主义渊源

在"二元对立、物竞天择"的世界观、"自我中心"的价值观、"天定命运"的人生观指导下，美国经常以国际秩序的维护者自居，往往倾向于干涉他国事务，因此，其对外政策具有"干涉主义"的传统。

顾名思义，所谓"干涉"就是对其他国家事务进行干预的行为。[①] 干涉的形式多样，有武力干涉和非武力干涉，非武力干涉包括政治打压、经济制裁、外交封锁、文化输入等多种手段。尽管如此，"干涉主义"经常与"暴力与暴力威胁"紧密联系，具有强制性的特点，其目的是强迫被干涉的国家按照干涉国家的意愿而行为。[②] 在冷战以前，美国多采取以武力干涉为主的传统"干涉主义"，而冷战后，国际政治经济形势发生了翻天覆地的变化，随着国际多极化趋势的加强，美国传统的武力干涉逐渐退出了历史舞台，取而代之的是打着"人道主义"和"捍卫西方价值观"旗号的"新干涉主义"。"新干涉主义"又称为"人道主义干涉"，"是传统干涉主义的继承和发展，是基于人权或人道的理由而利用政治、经济、文化等手段而对一个国家实行干涉，目的是迫使被干预国家改变政策、制度甚至政府形式"[③]。冷战后，美国的干涉主义变本加厉，这由两个因素造成：第一，冷战之后，美国国内的孤立主义势力有所抬头，强调美国对国际政治、经济、军事、外交等各种事务中发挥领导作用，成为世界的中枢；第二，冷战后，国际社会形成了以美国为中心的"一超多强"格局，美国强大的政治、经济、军事实力及文化影响力为其大规模推行干涉主义提供了坚实的物质基础。[④] 冷战后，在保卫国家安全、维护国家利益的旗号下，美国对国际事务进行了广泛的干预。以中东波斯湾地区为例，据统计，从海湾危机爆发至 2000 年的十年间，美国在该地区进行了 20 多次以

---

① 一般来讲，"干涉"有广义和狭义之分，广义的"干涉"是指"一个或几个国家以实现本国国家利益为目的，采取政治、经济、文化等多种手段，对他国内政与外交事务或两国之间关系进行直接或间接、公开或隐蔽的干预"的行为；而狭义的"干涉"专指暴力性的军事干预行为。请参见慕亚平《当代国际法原理》，中国科学文化出版社 2003 年版；李少军《干涉主义及相关理论问题》，《世界经济与政治》1999 年第 10 期。

② 李少军：《干涉主义及相关理论问题》，《世界经济与政治》1999 年第 10 期。

③ 任晓、沈丁立：《自由主义与美国外交政策》，上海三联书店 2005 年版。

④ 刘金质：《试论冷战后美国的干涉主义》，《国际政治研究》1998 年第 3 期。

"人道主义"为名的军事行动，强制军事干涉达九次之多。① 到目前为止，有五次是为打击"敌对"石油生产国或保卫石油战略通道而进行的军事行动，即海湾战争（1991）、科索沃战争（1999）、阿富汗战争（2001）、伊拉克战争（2003）和利比亚战争（2011）。经济制裁也是"新干涉主义"惯用的方法，仅在克林顿政府第一任期内，美国就曾对35个国家使用或者威胁使用经济制裁61次。②

由此可见，冷战后，美国能源外交政策中时时体现着"新干涉主义"的思想，"新干涉主义"对美国能源外交政策的内容和实施方式具有直接的影响。

本章小结

本章在第三章建构的理论分析框架的基础上，结合美国的实际情况详细地阐述了冷战后影响美国制定国际能源战略的各种因素的具体内涵。

首先，冷战后美国所面临的宏观战略环境喜忧参半：一方面两极格局瓦解，美国面临一国独大的新机遇；同时美国还要面临来自新兴政治经济大国对其全球和地区主导权的挑战，以及文明的冲突对美国国家安全的挑战。

其次，美国所面临的国际能源战略环境是三个层面的力量共同作用的结果，这三个层面分别是指个体层面有实力的能源消费国和生产国，区域层面的地区性组织和国际层面的国际组织。这三个层面的力量在利益的基础上形成力量中心，并通过互动形成国际能源秩序，国际能源（石油）价格就在国际能源秩序的影响下形成，这是影响美国国际能源战略的关键影响因素之一。美国凭借其得天独厚的政治、经济、军事和能源实力，在国际能源格局中占有举足轻重的地位，但由于其极高的能源消费强度又不得不面对较大的能源缺口和较高的石油对外依存度。因此，美国既是国际能源秩序的积极塑造者，又受到国际能源秩序的制约。美国战略文化中"二元对立"、"自我中心"和"天定命运"的战略价值观，保守主义、（新）干涉主义的战略思维与行为模式，以及两党不同的执政理念等主观

---

① 邱桂荣：《对新干涉主义的几点看法》，《现代国际关系》2000年第4期。
② 刘金质：《试论冷战后美国的干涉主义》，《国际政治研究》1998年第3期。

因素影响美国各届政府对美国客观国际能源利益的认知，具体表现为对国际能源战略目的、战略途径和战略手段的不同选择。美国各届政府在其特定的战略文化的主导下，结合具体的战略实力，根据不同的战略环境对国际能源战略实施手段进行选择，并通过具体的对外能源政策贯彻和实施国际能源战略。

"战略寓于政策之中"，因此，本书在阐述美国国际能源战略之时，将围绕"战略三因素"影响战略决策者对客观国际能源利益的认知过程，通过详细分析解读冷战后美国具体的对外能源政策和对外能源实践，并结合战略相关理论形成对冷战后美国是否存在全面而系统性的国际能源战略的判断。依据此判断，本书还将对冷战后美国国际能源战略的内容、特点等进行进一步的总结，并对冷战后美国国际能源战略进行技术性和战略性评估。

下一章将采用层次分析的方法，在"战略三因素—主观国家利益—国家战略"的理论框架下，结合冷战后美国对外能源政策和行为的具体实践，分析冷战后美国国际能源战略发展与演变的过程。

第 五 章

冷战后美国对外能源政策与
实践的演变与特点

本章将以第三章建立的"战略三因素—主观国家利益—国家战略"理论框架为基础，通过大量的史实回顾和案例分析，详细阐述与分析冷战结束后美国从老布什政府到奥巴马政府的对外能源政策与对外能源实践，并以此为依据，为第六章得出相关结论——冷战后美国是否存在国际能源战略？如果存在，其发展演变的过程如何？内容、特点和问题是什么——提供翔实的史料依据。

第一节　老布什政府对外能源政策与实践

一　战略三因素与国际能源利益的塑造

冷战结束后的最初两年是老布什政府时期的最后两年，作为石油资本家出身的总统、老牌的保守主义者，老布什总统对能源，尤其是石油和天然气资源，给予特别的关注，因此，其国际能源战略与政策的目的即为构建以美国为核心的全球石油霸权体系。冷战结束初期，老布什政府面临严峻的能源形势，尤其是战略性石油资源需要大量进口，石油的对外依存度高达45%左右。此外，1990—1991年，伊拉克公然挑战美国，贸然入侵科威特，造成国际油价的短期攀升，刺激了美国以伊拉克为突破口建立中东石油霸权的诉求。此外，作为冷战后世界上唯一的超级大国，美国也有能力采用强硬手段实现美国的国际能源诉求。因此，在国际能源战略和对外能源政策领域，老布什政府重拾"干涉主义"的大棒，采用有限战争、经济制裁、政治媾和等多种方式影响和干涉能源生产国与能源消费国，并把主要矛头指向了中东地区。此阶段美国所面临的战略环境、美国自身的战略实力和战略文化，以及老布什政府根据其所认知的国际能源利益而确定的国际能源战略的战略目的、所采取的途径和手段如表 5 - 1 所示。

表 5 - 1　　老布什政府期间战略三因素与国际能源利益的塑造

战略环境	战略实力	战略文化	国际能源利益的塑造		
			战略目的	战略途径	战略手段
低油价、供应短期中断	两极到一极、石油对外依存度高	强保守主义、强干涉主义	构建全球石油霸权	进口石油安全（中东地区）	冷战思维、武力倾向
					友好能源生产国 / 敌对能源生产国
					经济军事援助政治媾和 / 有限战争政治经济制裁

下面将详细阐述老布什政府针对中东地区的石油政策与实践。

二　"中东新秩序"与海湾战争——冷战后美国谋求中东石油霸权的第一步

1989 年，美国日均原油及成品油的消费量为 1732.5 万桶，约 46.53%需要依赖进口，而这其中约 23.09%来自中东地区。[①] 在海湾危机前夕，美国日均石油进口量高达 801.8 万桶，石油对外依存度依然持续攀升，从中东进口的石油量占美国进口石油总量的 24.52%。全球石油储量接近或超过 100 亿吨的五个国家[②]全部集中在中东地区，[③] 这五个国家的

---

① "中东"是一个"欧洲中心论"词汇，是 16—17 世纪欧洲国家在向东进行殖民扩张的时候，欧洲殖民者根据距离西欧的远近将东方国家划分为：近东、中东和远东。从地理位置来讲，"中东地区"泛指地中海东部与南部的区域，即从地中海东部至波斯湾的广阔区域，具体来讲，包括整个西亚地区和北非的部分地区。西亚和北非地区的重要产油国君包含在此范围内，如沙特阿拉伯、阿拉伯联合酋长国、伊拉克、科威特、卡塔尔、伊朗、约旦、以色列、利比亚、叙利亚等。也有学者将"中东地区"称为波斯湾地区、海湾地区。请参见维基百科"中东"（http：//zh. wikipedia. org/wiki/%E4%B8%AD%E4%B8%9C）。本书所指的中东地区是泛指地中海沿岸重要的产油国，包括中东国家和北非国家，即美国所指的中东和北非（Middle East and North Africa, MENA）地区。

② 20 世纪 90 年代，这 5 个国家按照探明储量由多到少依次是：沙特阿拉伯、伊拉克、阿拉伯联合酋长国、科威特和伊朗；21 世纪初，这 5 个国家的探明储量的排序发生了变化，由多到少依次是：沙特阿拉伯、伊朗、伊拉克、科威特和阿拉伯联合酋长国。

③ 安维华、钱雪梅：《海湾石油新论》，社会科学文献出版社 2000 年版，第 347 页。

探明石油储量占中东地区探明石油总储量的95%—97%。① 老布什政府时期的石油消费与进口情况如表5－2所示。

表5－2　　　　1989—1993年美国石油消费与进口情况②　　　　（单位：千桶/天）

年份	原油及成品油进口量	原油及成品油消费量	石油对外依存度（%）	从中东进口石油量	来自中东的比例（%）
1989	8061	17325	46.53	1861	23.09
1990	8018	16988	47.20	1966	24.52
1991	7627	16714	45.63	1845	24.19
1992	7888	17033	46.31	1778	22.54
1993	8620	17237	50.01	1782	20.67

资料来源：U. S. Energy Information Administration，EIA，*Oil：Crude and Petroleum Products Explained-Energy Explained*（http：//www. eia. gov/energyexplained/index. cfm? page = oil _ home # tab2）。

正是由于严峻的能源形势，冷战前后美国在中东地区的利益诉求也发生了根本性的变化。在冷战期间，美国的中东政策以遏制苏联、打击苏联为目的，是针对意识形态的斗争；而在后冷战时代，美国的中东政策则是以获取该地区的石油利益、争夺该地区石油支配权为目的，是"为石油而战"，是针对石油资源的斗争。③ 为了塑造美国在中东地区的霸权，老布什政府提出了构建"中东新秩序"的构想，并不惜采用武力来维护美国在中东的霸主地位。

（一）构建"中东新秩序"——实现"美国治下的和平"的试验场

"中东新秩序"是老布什政府建构冷战后"世界新秩序"，实现"美国治下的和平"的一个试验场。在海湾危机爆发、海湾战争一触即发之际，老布什总统指出："海湾危机为美国建立新的世界秩序创造了前所未有的好机会"，④ 并以此为契机第一次提出了构建"世界新秩序"的设想。

① 根据冷战后历年欧佩克出版的《年度统计报告》中"油气数据"部分的数据计算而得（http：//www. opec. org/opec_ web/en/publications/202. htm）。
② 此表中"石油对外依存度"的计算公式：石油对外依存度 =（原油及成品油进口量/原油及成品油消费量）×100%。
③ 王京列：《动荡中东多视角分析》，世界知识出版社1996年版，第73页。
④ 舒先林：《美国中东石油战略研究》，石油工业出版社2010年版，第140页。

20 世纪 90 年代最初两年间，"世界新秩序"这个概念被美国领导人提及 42 次之多。① 美国的"世界新秩序"就是要抓住新世界中的各种机会，用美国的价值观塑造一个"政治民主"、"经济自由"、"稳定安全"的世界。② 而构建"中东新秩序"既是美国战后构建"世界新秩序"的第一步，也是构建"世界新秩序"的试验场。

第一次海湾战争爆发后，老布什政府出台了战后"中东和平计划"，该计划试图对战后经济问题、地区安全问题、军备控制问题和阿以冲突问题提出解决办法。1991 年 8 月 1 日，老布什总统签署了《美国国家安全战略报告》，报告中阐述了美国对中东地区的战略安排，即建立"中东新秩序"的步骤和方法。报告中一共提出了七项具体措施，可以概括为：（1）塑造地区安全机制，打击恐怖主义和伊斯兰激进主义势力，推动阿以和平进程；（2）促进中东地区国家经济的恢复与重建；（3）推动中东地区的民主进程，保障人权；（4）消除大规模杀伤性武器、控制军备。③ 老布什总统试图构建"中东新秩序"的相关文件虽然没有直接提及石油二字，但构建"中东新秩序"的目的之一即为维护美国在中东地区的石油利益。由此可见，"中东新秩序"是老布什政府构建"世界新秩序"、实现"美国治下的和平"而迈出的探索性的第一步，也是通过政治、经济、军事手段捍卫美国中东石油霸主地位的机制化、制度化的尝试。在建立"中东新秩序"这面大旗下，围绕"中东新秩序"的具体战略安排，老布什政府在中东地区开展了一系列具体行动。

（二）削弱敌对势力——海湾战争的爆发（有限战争）

第一阶段：海湾危机前对萨达姆的欲擒故纵——介入中东事务的契机

20 世纪 20 年代，英国对伊拉克和科威特边界进行了划定，但由于伊拉克和科威特两国对油田边界存在争议，双方矛盾重重。此外，再加之在欧佩克内部，伊拉克属于"鹰派"，科威特属于"鸽派"，两国分别主张"限产高价"和"高产低价"的不同政策，对待石油政策的不同立场又加剧了两国间本已剑拔弩张的矛盾。同时，时任伊拉克总统萨达姆野心勃勃，试图称霸中东地区，独霸石油资源。在历史遗留问题和现实矛盾的作

① 楚树龙：《跨世纪的美国》，时事出版社 1997 年版，第 267 页。
② 高祖贵：《冷战后美国的中东政策》，中共中央党校出版社 2001 年版，第 56—59 页。
③ The White House, *National Security of the United States 1991*, Washington, D. C.: The White House, p. 10.

用下，伊科两国积怨很深，海湾危机阴云笼盖着整个中东地区。

在中东国家中，伊拉克的石油储量占中东地区的15%左右，而科威特的储量稍少于伊拉克，约占14%，因此，伊拉克一旦占据科威特，它将会控制中东地区30%左右的石油资源。① 与此同时，由于海湾危机的爆发，海湾产油国石油生产能力遭到了重创，国际油价从14美元/桶（1990年6月）迅速上升至42.10美元/桶（1990年10月），油价上涨了3倍，国际原油市场出现了价格恐慌。② 这种局面对美国及其盟友来讲无疑是十分危险的。鉴于伊拉克重要的战略地位，石油资本家出身的老布什总统认为，为了控制海湾地区，获取丰富的石油资源，必须要控制伊拉克。但美国却缺少介入中东事务的正当理由，海湾危机的爆发正好为美国通过武力方式干涉中东地区、打击敌对势力、谋求中东地区的石油霸权创造了一个绝好的机会。③ 为了促成这个机会，在伊拉克进攻科威特之前，老布什政府对萨达姆采取了欲擒故纵的政策，具体表现为以下几个方面。④

第一，经济上的援助。早在两伊战争期间，时任美国副总统的老布什就暗中支持伊拉克，敦促美国进出口银行为伊拉克先后提供7亿美元贷款，并为伊拉克发放6亿美元许可证用于购买美国商用和军事用技术和设备；1989年9月，刚刚上任的老布什总统签署了"第26号国家安全指令"绝密文件，要求农业部于1989年10月为伊拉克提供10亿美元贷款。⑤

第二，军事上的支持。1989年，老布什总统宣布继续向伊拉克提供非杀伤性武器装备，借助美国的军事支持，伊拉克一举成为中东地区具有最强大军事力量的国家。⑥ 1992年《洛杉矶时报》曾评论道，正是老布什总统对伊拉克的不断援助为其日后大规模发展核武器和化学武器奠定了基础。⑦

第三，外交上的迷惑。1990年4月12日，美国联邦国会参议院代表

---

① 根据冷战后历年欧佩克出版的《年度统计报告》中"油气数据"部分的数据计算而得。具体数据请参见 http://www.opec.org/opec_web/en/publications/202.htm。

② 安维华、钱雪梅：《海湾石油新论》，社会科学文献出版社2000年版，第357页。

③ 舒先林：《美军军事介入中东石油战略利益之透析》，《阿拉伯世界研究》2007年第5期。

④ 江红：《为石油而战——美国石油霸权的历史透视》，东方出版社2002年版，第473—482页。

⑤ 同上书，第473—474页。

⑥ 舒先林：《美国中东石油战略研究》，石油工业出版社2010年版，第171页。

⑦ *Los Angeles Times*, February 25, 1992, 转引自江红《为石油而战——美国石油霸权的历史透视》，东方出版社2002年版，第475页。

团会见了时任伊拉克总统萨达姆，这是美国与伊拉克恢复外交关系以来美国最高级别代表团访问伊拉克。美国代表团访伊带去了美国希望与伊拉克改善关系的讯息。代表团访伊后不久，7 月 25 日，针对国际社会上美国将制裁伊拉克的种种传言，萨达姆召见美国驻伊大使阿普里尔·格拉斯皮，在会谈中，格拉斯皮大使转达了老布什总统希望继续与伊拉克保持良好关系的态度。老布什总统也于 1991 年 7 月 28 日，给萨达姆发了一封亲自署名的密电，再次确认了美国对伊拉克的友好态度。①

在美国一系列"交好"政策的诱导下，萨达姆相信了美国与伊拉克的"友好关系"。在一定程度上，美国对伊拉克采取的迷惑性外交政策鼓励了伊拉克出兵科威特，从而为美国发动海湾战争，并以此为借口打击伊拉克、争夺中东石油资源创造了机会。其实，美国对伊拉克的"交好"政策具有一石二鸟的作用，一方面，如果伊拉克不进攻科威特，它可以成为美国遏制伊朗的工具；另一方面，一旦伊拉克进攻科威特，这样的政策可以迷惑和牵制伊拉克，从而为美国军事打击伊拉克创造机会。

第二阶段：针锋相对——从"沙漠盾牌"到"沙漠风暴"

1990 年 8 月 2 日，伊拉克悍然出兵科威特，并在短短的三个小时内占领了科威特，② 海湾危机升级。

为了阻止伊拉克获取中东石油霸权，美国采用了巧妙的外交手段。美国打击伊拉克的行动不仅获得了"友好国家"沙特、以色列和欧洲部分国家的支持，而且还得到了苏联的支持。1990 年 8 月 7 日，美军第 82 空降师和战斗机快速进驻沙特，"沙漠盾牌"行动正式拉开了序幕。1991 年 1 月 17 日，美国集结国内 42.5 万军队，并借助联合国集结 11.8 万盟国部队，③ 以"多国部队"名义对伊拉克进行了规模空前的空中打击和地面打击，这就是著名的"沙漠风暴"行动。经过多国部队为时 6 周的空中打击和 100 小时的地面打击，伊拉克百万军队溃败。

在海湾战争期间，全球石油市场的石油供应从 1990 年 8 月伊拉克入

---

① *Los Angeles Times*, February 25, 1992, 转引自江红《为石油而战——美国石油霸权的历史透视》，东方出版社 2002 年版，第 475—482 页。

② 江红：《为石油而战——美国石油霸权的历史透视》，东方出版社 2002 年版，第 483 页。

③ The White House: George H. W. Bush（1989—1993）（http://www.whitehouse.gov/about/presidents/georgehwbush）.

侵科威特开始到 1990 年 10 月中断了 3 个月，平均每天的石油供应短缺量高达 460 万桶。[①] 为了缓解海湾危机对世界石油市场的冲击，平抑原油价格，稳定原油供应，在"沙漠盾牌"和"沙漠风暴"行动期间，老布什总统于 1990 年 10 月和 1991 年 1 月两次分别释放 390 万亿桶和 1730 万亿桶的战略石油储备。这是美国后冷战时代最大规模的战略石油储备释放，约占 1985 年以来美国战略石油储备释放总量的 16% 。[②]

海湾危机以美国为首的多国部队的胜利而告终。美国通过这次战争沉重打击了伊拉克，击碎了伊拉克构建中东石油霸权的梦想，从而控制了中东地区的石油资源、实现了美军进驻中东地区的目的、增加了美国国内的就业，可谓一举多得。

海湾战争虽以正义为名，但却是明显的干涉地区事务的行为，其中美国对伊拉克石油资源的觊觎不容否认。美国前总统尼克松一语破的："海湾战争既不是为了民主，也不是为了自由，而是为了石油"；[③] 布热津斯基也曾指出，美国在海湾战争的利益诉求即为"确保海湾地区是工业化西方定价合理的石油资源的安全而稳定的源泉"。[④] 美国在海湾战争中的胜利也无疑强化了美国在中东地区的政治影响和军事存在，美国因此将海湾地区的支配权收入囊中，为维护其在中东地区的石油利益奠定了基础。海湾战争的胜利至少给老布什政府带来以下四点好处：第一，美国抓住部分中东国家对"国家安全"的需求心理，伺机拉拢，建立双边军事联系和共同防御体系，进一步孤立中东地区敌对产油国，如伊拉克、叙利亚等；第二，实现了在中东地区的长期驻军，以保障美国在该地区的石油霸主地位；第三，与中东温和友好产油国建立稳定的同盟关系，以确保其对美国可靠的石油供应。其实，美国与这些温和友好的阿拉伯国家之间是纯粹的交易关系，各取所需：美国获取该地区丰富的石油资源，这些阿拉伯国家的统治者希望以美国为靠山稳固统治；[⑤] 第四，美国通过控制中东地

①　International Energy Agency, *Fact Sheet on IEA Oil Stocks and Emergency Response Potenial* (http：//www. iea. org/dbtw-wpd/Textbase/Papers/2004/factssheetcover. pdf)，转引自王波《美国石油政策研究》，世界知识出版社 2008 年版，第 230 页。

②　U. S. Department of Energy, *Strategic Petroleum Reserve History of Crude Oil Releases Summary* (http：//www. fe. doe. gov/programs/reserves/spr/History_ of_ Releases_ -_ Summary. pdf) .

③　安维华、钱雪梅：《海湾石油新论》，社会科学文献出版社 2000 年版，第 5 页。

④　[美]布热津斯基：《美国在海湾的真正利益》，《华盛顿邮报》1990 年 8 月 16 日。

⑤　安维华、钱雪梅：《海湾石油新论》，社会科学文献出版社 2000 年版，第 402 页。

区的石油资源，还可以有效地牵制日本、西欧等严重依赖中东石油资源的
国家，从而为其主导世界事务提供有力工具。①　不过美国这种以军事行动
强力干涉其他国家的"干涉主义"的行为惯性也为以后美国再次以军事
手段干涉中东国家、维护本国利益埋下了伏笔。

（三）维系与友好盟友沙特阿拉伯的特殊关系

沙特阿拉伯石油资源储量丰富，是中东地区重要的产油国之一。
1990—2013 年，沙特阿拉伯探明石油储量约 2626 亿桶，约占到世界探明石
油储量的 23.5%，占中东地区探明石油储量的近 40%；就沙特阿拉伯从
1990—2013 年这 24 年间的石油日产量的平均值来看，其平均石油日产量约
为 971 万桶，约占世界石油日产量的 13%，占中东地区石油日产量的 43%
左右，占美国日进口石油总量的 18%，即美国在这 24 年间平均 18% 的进
口石油来自沙特阿拉伯。不过近些年来，随着美国能源来源多样化政策的
推广，美国对沙特阿拉伯的石油依赖程度呈现下降趋势，如图 5-1 所示。

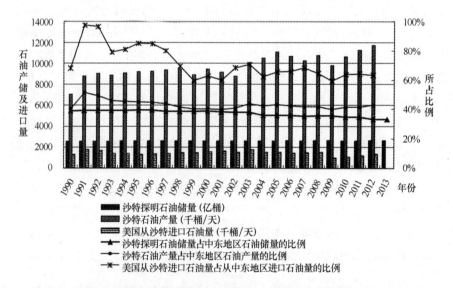

图 5-1　1990—2013 年沙特阿拉伯石油储量、产量及对美国出口情况（部分）

资料来源：U. S. Energy Information Administration，EIA，*International Energy Statistics*（ht-
tp：//www. eia. gov/cfapps/ipdbproject/IEDIndex3. cfm）；*Oil：Crude and Petroleum Products Explained*
（http：//www. eia. gov/energyexplained/index. cfm？page = oil_ home#tab2）.

---

① 安维华、钱雪梅：《海湾石油新论》，社会科学文献出版社 2000 年版，第 384 页。

由以上数据分析可知，沙特阿拉伯油气储量和油气产量丰富，是美国能源进口的重要来源国之一。此外，沙特阿拉伯在中东产油国中还有较高的地位和权力，它是海湾合作委员会①的领导者，该组织的成员国均是中东地区主要的产油大国，其产量占欧佩克石油总产量的50%，②所以美国具有与沙特阿拉伯保持紧密联系的利益诉求。而对于美国来讲，维系美沙特殊盟友关系最为关键的纽带就是石油资源。因此，为了保证美国能源供应的稳定，美国针对沙特阿拉伯的能源战略的目的可以简单地概括为两点：第一，确保沙特和其他中东产油国提高产量，以满足美国和世界能源市场的需求、稳定石油市场价格；第二，维护沙特国内秩序，以确保大中东地区的稳定。③

对于沙特阿拉伯来讲，与美国维持同盟关系同样利大于弊。第一，通过向美国等西方国家输出石油来换取稳定的经济收入。沙特阿拉伯所生产的原油近90%用于出口，而冷战后美国约18%的进口石油来源于沙特，因此，稳定的同盟关系会给沙特阿拉伯带来稳定的石油收入；第二，保障自身的安全。从地理位置上讲，沙特阿拉伯北有纷乱不断的伊拉克、东毗野心勃勃的伊朗、南邻动荡不安的也门、西靠激进的苏丹，可谓深处于危险因素的包围之中，不可能依靠自身的力量维护国家安全，因此与美国结成安全联盟可能是沙特阿拉伯唯一可靠的途径；④第三，可以接受美国经济、军事上的援助，从而壮大本国经济和军事实力。综上所述，沙特阿拉伯希望以本国巨大的油气资源作为与美国交好的资本和筹码，最大限度地改善同美国的关系，⑤从而换取本国的国家安全、军事实力的壮大和经济

---

① 海湾合作委员会（Gulf Cooperation Council，GCC）全称为海湾阿拉伯国家合作委员会，成立于1981年5月，是在伊斯兰革命和两伊战争的背景下成立的，总部设在沙特阿拉伯首都利雅得，其成员国有六个分别是：沙特阿拉伯，科威特，阿拉伯联合酋长国，阿曼，卡塔尔和巴林。委员会主席由六个国家轮流担任。海湾合作委员会六个国家的石油储量占世界石油储量的近一半，其中，沙特阿拉伯是该联盟中实力最强大的成员。2001年12月也门被批准加入该委员会的卫生、劳工、教育等部分机构，参与部分委员会的工作。

② 王波：《美国石油政策研究》，世界知识出版社2008年版，第235页。

③ Michael T. Klare，"The Bush/Cheney Energy Strategy：Implications for U. S. Foreign and Military Policy，" *International Law and Politics*，Vol. 36，2004.

④ Peter W. Widson，Dougles F. Graham：*Saudi Arabia，the Coming Storm*，M. E. Sharpe 80 Business Park Drive，1994，p. 137.

⑤ David B. Ottaway，Robert G. Kaiser， "After september 11，Severe Tests Loom for Relationship，" *The Washingtong Post*，February 12，2002.

的发展。

　　由此可见，对于价值观、政治结构和经济制度迥异的美国和沙特阿拉伯两个国家来讲，其同盟关系是典型的"石油 + 经济 + 军事"利益共同体，[①] 这个利益结合点就是石油，石油是维系两国同盟关系的关键纽带和基石。鉴于美沙双方在彼此战略地图中的特殊地位，早在 1945 年 2 月，时任美国总统罗斯福和沙特国王阿卜杜拉·阿齐兹就在建立两国同盟关系的问题上达成共识，初步建立了美沙战略伙伴关系。[②] 虽然美沙两国间由于意识形态的差异偶尔会出现矛盾与冲突，但一路走来，美沙两国一直保持着这种特殊的战略同盟关系。美沙双方的这种特殊的战略关系在海湾战争中体现得淋漓尽致，从美国方面讲，美国确实获得了不少实惠。

　　在军事方面，为了共同遏制伊拉克，美国和沙特在战略防御方面的合作达到顶峰。1990 年，美国与沙特共同制定了"美沙长期防务计划"，该计划允许美国从沙特阿拉伯快速集结和部署军队；[③] 海湾战争中，美国以其冷战结束前在沙特修建的军事基地为基地，把萨达姆政权赶出了科威特。冷战前美国在沙特阿拉伯修建了 9 个军事基地，其中有 4 个空军基地，3 个陆军和国家警卫队基地、2 个海军基地和军事学院；冷战后，美国又陆续建立了几个军事基地。表 5 - 3 列出了其中比较重要的军事基地。

表 5 - 3　　　　　　　　　　美国在沙特阿拉伯建立的军事基地

	名称	耗资	地点
陆军基地	哈立德国王军事城	85 亿美元	—
	苏尔坦亲王基地	—	哈尔吉
海军基地	阿卜杜勒·阿齐兹国王海军基地	21 亿美元	朱拜勒
	费萨尔国王海军基地	16 亿美元	吉达
军事院校	阿卜杜勒·阿齐兹国王军事学院	14 亿美元	—

　　资料来源：介夫：《古怪的一对儿——沙特和美国的微妙关系》，《世界知识》1981 年第 22 期；*New York Times*，April 29，1991，转引自刘辉《后冷战时代沙特阿拉伯与美国的关系》，硕士学位论文，西北大学，2004 年，第 16 页。

---

　　① 高祖贵：《美国与沙特关系走势分析》，《现代国际关系》2002 年第 9 期。
　　② 蒋大鼎：《沙特与美国：冤家路宽》，《世界知识》2002 年第 13 期。
　　③ *Washington Post*，April 21，1991，转引自刘辉《后冷战时代沙特阿拉伯与美国的关系》，硕士学位论文，西北大学，2004 年，第 16 页。

在能源供应方面，沙特阿拉伯鼎立保障美国的能源供应。海湾战争爆发后，萨达姆政权减少石油产量，并中断了对美国的石油供应，[①] 从而导致世界能源市场出现 460 万桶的石油供应缺口。在老布什政府的要求下，沙特阿拉伯主动增加 170 万桶的石油产量，用于增加出口、平抑国际油价。[②] 如图 5-1 所示，1991 年和 1992 年两年间，沙特的石油产量占中东总石油产量的比重出现冷战后至今唯一一次大幅度的波峰；在这两年里，美国从沙特进口的石油量占从中东地区进口石油量的比例更是达到了近98%；1991 年，美国从沙特进口石油量占美国进口石油总量的比重也达到冷战至今的最高峰，即 29.5%。

综上所述，老布什政府期间，美国一方面采用军事援助的手段加强沙特阿拉伯自身的军事实力；另一方面巩固美国在沙特阿拉伯的军事基地，从而为美国有效地控制中东地缘政治格局、维护美国在中东地区的能源霸权提供强有力的军事保障；同时，这些军事设施及基地的建设同样可以保护中东地区石油生产和运输设施免遭敌对势力的破坏，为美国能够从中东地区获取稳定的石油供给保驾护航。

第二节　克林顿政府对外能源政策与实践

一　战略三因素与国际能源利益的塑造

在克林顿总统执政期间，美国国内能源供应稳定，石油价格稳中有降，虽然美国国内能源消费量稳步攀升，但总体来看供需基本平衡，国际能源环境相对宽松。由于深受环保等利益集团的影响，民主党政府热衷于开发可替代能源，但鉴于国际石油价格低廉，克林顿总统签发实施的可再生能源计划在实施过程中缺乏积极性和原动力，取而代之的却是对石油资源的热衷。这种认知表现在对外能源战略与政策领域即对国际石油资源的争夺。虽然在克林顿政府的大部分时期国际油价低廉而稳定，但从美国石

---

① 从 1990—1995 年，美国从伊拉克进口的石油数量均为 0，1996 年，美国从伊拉克进口石油量才恢复到 1000 桶/天，直到 1998 年，才逐渐恢复到战前水平。

② U. S. Energy Information Administration, *Annual Energy Review 2004*, Table 11.5; *Monthly Eenrgy Review 2004*, Table 11.1a, 转引自王波《美国石油政策研究》，世界知识出版社 2008 年版，第 236 页。

油进口来源结构来讲，美国依然存在潜在隐患。自 1991 年以来，美国国内 40%—50% 的油气能源来自政局不稳的中东地区，对中东地区油气资源的过度依赖严重威胁美国的能源安全。因此，克林顿总统在其任期内不断致力于进口石油来源的多样化。在此期间，美国国际能源政策和能源外交政策发生了一个重要转变——美国进口石油的来源地从中东波斯湾地区开始逐渐向美洲地区转移，即向委内瑞拉、加拿大和墨西哥等国转移；此外，中亚—里海地区的石油也开始进入美国的视野，克林顿政府将中亚—里海地区视为未来美国重要的石油进口地区之一。①

在国际能源战略实施手段方面，克林顿政府虽不受到强势的"鹰"派力量左右，但鉴于美国唯一超级大国的政治、经济和军事力量，以及"新干涉主义"思潮和"政治周期"的影响，克林顿政府推行较为强硬的对外能源政策。在此期间，美国打着"维护人权"和"消灭大规模杀伤性武器"的旗号，以联合国的名义对重要产油国进行政治、经济或军事干预，甚至不惜发动战争。克林顿政府时期"战略三因素"及"战略三要素"如表 5-4 所示。

表 5-4　　克林顿政府期间战略三因素与国际能源利益的塑造

战略环境	战略实力	战略文化	国际能源利益的塑造		
			战略目的	战略途径	战略手段
需求旺盛供需平衡油价适当	唯一超级大国、石油进口来源单一	弱保守主义、强干涉主义	巩固石油霸权、清洁能源	进口石油来源多元化	和平手段为主武力手段为辅
					友好能源生产国 / 敌对能源生产国
					经济军事援助政治媾和 / 军事威胁战争政治经济制裁

① 1996 年《美国国家安全战略报告》开始提及节能和提高能源效率问题；从 1997 年《美国国家安全战略报告》开始提及，美国从波斯湾进口石油的比例开始缩减、美国进口石油来源地开始向美洲转变、里海地区在未来几年将会成为美国重要的进口石油国之一。但是，不容否认的是，中东地区的探明可开采石油储量依然最大，美国不能忽视中东地区在本国能源战略中的重要作用。请参见 The White House, *National Security of the United States*, 1996, Washington, D. C. : The White House, February 1996, p. 30; The White House, *National Security of the United States*, 1997, Washington, D. C. : The White House, May 1997, p. 21

下面结合克林顿政府时期具体的对外能源政策与实践进行详细分析。

二 "双重支持"与"双重遏制"——扩大美国在中东地区的能源势力

在克林顿政府时期，美国针对中东地区的友好国家和敌对国家分别采取了"双重支持"和"双重遏制"政策，[①] 希望通过这两项政策增加中东地区支持美国的势力，遏制伊拉克和伊朗等敌对势力，以进一步扩大美国在中东地区的势力。

(一) 对伊拉克和伊朗的"双重遏制"政策

1995 年 5 月，美国国防部颁布了《美国的中东安全战略》，该战略提出要强化对伊朗和伊拉克的制裁，并推出了"双重遏制"政策。[②]

军事上打击

海湾战争加速了美国军队对中东地区的介入，美国也改变了此前"尽量少的对世界任何地区进行直接军事干预的战略"，时任美国助理国防部部长约瑟夫·奈曾在 1995 年 5 月称："美国将时刻准备着同盟友一起，采取各种手段来保卫美国在中东地区的关键利益——如果有必要，美国将会采取单方面行动。"[③] 1998 年 12 月，美国采取了代号为"沙漠之狐"的军事行动，开始对伊拉克进行大规模的空中打击，目的是"摧毁伊拉克的核武器、生化武器项目，消减伊拉克对其邻国进行军事威胁的能力"[④]。此后，美国对伊拉克的军事设施进行了打击，以降低伊拉克对抗美国的能力。

经济上封锁

除了直接的军事打击，美国对伊拉克和伊朗实施了经济和贸易制裁。联合国安理会于 1991 年 4 月 3 日通过了第 687 号决议和其他一系列相关

---

① Martin S. Indyk, *U. S. Poicy Toward the Middle East*, Washington, D. C.：U. S. Department of State Dispatch, July 1999, pp. 9 – 16.

② 赵克仁：《美国与中东和平进程研究》，世界知识出版社 2004 年版，第 176 页。

③ U. S. Department of Defense, *News Briefing*, Washington, D. C.：the Pentagon, May 17, 1995（http：//www. defenselink. mil：80/cgi - bin/）on September 3, 1997, 转引自 Michael T. Klare, *Resource Wars：The New Landscape of Global Conflict*, New York：Metropolitan Books Henry Holt and Company, 2001, p. 62.

④ 1998 年 12 月 16 日克林顿总统电视讲话，具体内容可参见 1998 年 12 月 17 日的《纽约时报》，转引自 Michael T. Klare, *Resource Wars：The New Landscape of Global Conflict*, New York：Metropolitan Books Henry Holt and Company, 2001, p. 66.

的安理会决议，强制伊拉克消除大规模杀伤性武器，美国以伊拉克未履行第 687 号决议为名，要求国际社会和联合国对伊拉克进行全面的经济制裁；[①] 1995 年，美国以伊朗研发大规模杀伤性武器、侵犯和蔑视人权等为由将伊朗列为"无赖国家"，并于同年 4 月对伊朗实行全方位的经济制裁和政治打压，中断了美国与伊朗的一切经济交往；[②] 1996 年，美国又以伊朗和利比亚支持恐怖主义为名通过了《1996 年伊朗—利比亚制裁法案》，即达马托法案。根据该法案，海外公司在伊朗和利比亚能源部门进行的投资总额受到每年低于 4000 万美元的限制，一旦有公司违反该法案，将会受到美国的严厉制裁和报复。[③]

美国希望借助这种"双重遏制"的政策，有效地限制伊拉克和伊朗在中东地区的政治和军事影响。

（二）对中东友好国家的经济、军事援助政策

对于所谓的"友好国家"，美国则采取经济上援助、军事上扶植的"双重支持"政策。

在军事方面，鉴于五角大楼国家安全研究所在 1998 年做出的"海湾合作委员会国家没有能力抵御来自伊拉克和伊朗的外来侵略"的判断，[④]美国向由其友好国家组成的海湾合作委员会提供了大量的现代武器装备，其中包括当时最为先进的 F–15、F–16 战斗机、M–1 坦克、AH–64 阿帕奇攻击直升机和爱国者防空导弹等武器系统，以确保当美国遭受敌对国家军事打击时，这些国家有能力帮助和支持美国，并同美国并肩作战。1990—1997 年间，美国曾同海湾合作委员会国家巴林、科威特、阿曼、沙特阿拉伯和阿联酋分别签署了金额分别高达 6 亿、42 亿、1 亿、36.2 亿、9 亿美元的武器和装备转让协议，总价值约为 420 亿美元。其中，1990—1993 年的转让协议金额为 367 亿美元，1994—1997 年的转让协议

---

① Michael T. Klare, *Resource Wars: The New Landscape of Global Conflict*, New York: Metropolitan Books Henry Holt and Company, 2001, p. 65.

② 顾国良：《美国对伊政策——伊朗核与导弹问题》，《美国研究》2006 年第 1 期。

③ Michael T. Klare, *Resource Wars: The New Landscape of Global Conflict*, New York: Metropolitan Books Henry Holt and Company, 2001, p. 65.

④ U. S. Natinal Defense University (NDU), Institute for National Security Studies (INSS), *Strategic Assessment 1998*, Washington, D. C.: NDU/ INSS, 1998 (http://www.ndu.edu/inss/sa98ch4. html), 转引自 Michael T. Klare, *Resource Wars: The New Landscape of Global Conflict*, New York: Metropolitan Books Henry Holt and Company, 2001, p. 64.

金额为 53 亿美元（见表 5 - 5）。如此大规模、高金额的武器和装备转让协议在美国乃至世界外交史上实属罕见。①

表 5 - 5　　1990—1997 年美国与中东友好国家签署的武器转让协议

（单位：亿美元）

签署国	1990—1993 年	1994—1997 年	总金额（国别）
巴林	3	3	6
科威特	37	5	42
阿曼	1	0	1
沙特阿拉伯	320	42	362
阿联酋	6	3	9
总金额（年份）	367	53	420

资料来源：Congressinal Research Service, *Conventional Arms Transfers to Developing Nations*, *1990 - 1997*, July 31, 1998, p. 51, 转引自 Michael T. Klare, *Resource Wars: The New Landscape of Global Conflict*, New York: Metropolitan Books Henry Holt and Company, 2001, p. 66.

　　石油储量占中东石油总储量 40% 的沙特阿拉伯是美国在中东地区的重要盟友，美国继续在军事上强化两国的关系。1997 年，美沙签署军事合作训练计划；1999 年和 2000 年，两国商讨签署旨在共同建设防御机制的《合作防务计划》；2000 年，美沙签署《信息共享和安全备忘录》。② 在一系列双边协议的机制性保障下，美沙两国在能源领域达成一系列合作共识，如 1999 年 2 月，美沙双方共同签署了《沙美能源协议》。③ 不过，在克林顿政府期间，美沙关系也受到一些事件的挑战，如 1995 年 11 月和 1996 年 6 月，在沙特的美国军事驻地分别发生了两次爆炸事件，分别造成 5 名和 19 名美国军官死亡。④ 由于沙特阿拉伯拒绝配合美国调查，双方关系一度受到

① U. S. Congressinal Research Service, *Conventional Arms Transfers to Developing Nations*, *1990 - 1997*, July 31, 1998, p. 51, 转引自 Michael T. Klare, *Resource Wars: The New Landscape of Global Conflict*, New York: Metropolitan Books Henry Holt and Company, 2001, p. 66.
② 刘辉：《后冷战时代沙特阿拉伯与美国的关系》，硕士学位论文，西北大学，2004 年，第 17 页。
③ L. Care Brown, *Diplomacy in the Middle East, the International Relations of Region and Outside Powers*, London · New York: I. B Tauris Publishers, 2001, p. 234.
④ 洪琳：《"基地"进入发狂期：斋月内誓杀十万美国人》，2003 年 12 月 1 日，人民网（http://www.people.com.cn/GB/guoji/14549/2200048.html）。

影响。但从总体趋势来看，这些小的意外事件并没有影响到美沙两国战略同盟关系的大局，① 沙特阿拉伯依然是美国在中东地区的坚实盟友。

在经济方面，美国希望通过经济手段拉拢中东友好国家，进而使这些国家成为促进中东局势稳定、宣传美国价值观和社会经济制度的中坚力量，以维护美国在中东地区的石油霸权。埃及、以色列、约旦等国均接受过美国的经济援助：克林顿政府免除了埃及高达 70 亿美元的债务，并向埃及提供经济资助基金、发展援助和粮食援助，② 截至 1998 年，美国对埃及的经济援助已累计达到 210 亿美元；③ 以色列由于与美国的特殊关系，也是美国无条件经济援助的重点对象之一；约旦在与以色列签署和平谈判框架协议之后，于 1993 年获得了克林顿政府 3000 万美元的财政援助，并免除了 9.25 亿美元的债务。④ 1995 年，约旦成为美国 "非北约同盟国"，又于 1998 年得到克林顿政府提供的 2.25 亿美元经济援助。⑤

综上所述，克林顿政府时期，美国政府通过对中东敌对国家的 "双重遏制" 政策和对友好国家的政治、经济、军事援助政策有效地控制了中东局势，这些举措为美国稳定获取中东能源、牢牢控制区域能源支配权、主宰中东石油局势奠定了基础。

三　中亚—里海地区的 "油气资源争夺战" 与 "油气运输管线争夺战"

美国对中亚—里海地区能源的关注始于克林顿政府时期。在冷战期间，由于地缘因素，该地区是苏联传统的势力范围，因此在两极体系下美国根本无法将势力安插入中亚—里海地区。冷战结束以后，伴随着苏联的解体，该地区的国家纷纷独立，政治、经济、安全势力重组，这就为美国介入该地区创造了契机；再加之该地区又勘探出丰富的油气资源，激发了美国介入该地区的兴趣。

---

① 蒋大鼎：《沙特与美国：冤家路宽》，《世界知识》2002 年第 13 期。

② Duncan I. Clarke, "U. S. Security Assistance to Egypt Israel: Politically Untouchable," *Middle East Journal*, Vol. 51, No. 2, Spring 1997, p. 202, 转引自舒先林《美国中东石油战略研究》，石油工业出版社 2010 年版，第 135 页。

③ 刘月琴：《冷战后海湾地区国际关系》，社会科学文献出版社 2002 年，第 233 页。

④ 杨光：《美国的中东石油外交》，《国际经济评论》2003 年第 5—6 期，转引自舒先林《美国中东石油战略研究》，石油工业出版社 2010 年版，第 136 页。

⑤ 刘月琴：《冷战后海湾地区国际关系》，社会科学文献出版社 2002 年版，第 235 页。

　　在克林顿总统执政期间，美国探索油气资源的触角首次伸到了中亚—里海地区，从此拉开了美国在中亚—里海地区进行能源战略布局的序幕。克林顿政府在中亚—里海地区的主要任务为建立并保卫从中亚—里海地区到西方石油市场的石油出口运输管线。[①]

　　（一）确认中亚—里海地区对美国能源供应的战略意义

　　1997 年白宫发布的《美国国家安全战略报告》首次从国家层面提出中亚—里海地区的能源资源对美国的战略意义。该报告中指出："拥有 2000 亿桶石油储量的里海地区在未来几年中将成为美国重要的石油进口地区之一"，[②] 这个数字大概是北海储量的 10 倍、中东地区石油总储量的 1/3。[③] 对于中亚—里海地区的能源储量，不同的能源机构给出了不同的预测数据。1998 年的《美国国家安全战略报告》将 2000 亿桶这个数字修改为 1600 亿桶；[④] 2000 年，美国能源部预测该地区的石油储量约为 2350 亿桶，天然气储量约为 328 万亿立方英尺，请参考表 5 - 6。虽然两个部门的预测数据不尽相同，但均说明中亚—里海地区具有巨大的石油、天然气储量，其在能源领域的战略地位不容小觑。

表 5 - 6　　　　　　　　中亚—里海地区能源储量（2000 年）

国家	石油储量（单位：亿桶）		天然气储量（单位：万亿立方英尺）	
	探明储量	可能储量	探明储量	可能储量
哈萨克斯坦	100—176	920	53—83	88
阿塞拜疆	36—125	320	11	35
塔吉克斯坦	27	140	—	—
土库曼斯坦	17	800	98—155	159

---

　　① Michael. T. Klare, "The Bush/Cheney Energy Strategy: Implications for U. S. Foreign and Military Policy," *International Law and Politics*, Vol. 36, 2004, 转引自 Michael T. Klare, *Resource War: The New Landscape of Global Conflict*, New York: Metropolitan Books Henry Holt and Company, 2001, pp. 102 - 103.

　　② The White House, *National Security of the United States*, 1997, Washington, D. C.: The White House, May 1997, p. 21.

　　③ U. S. Department of State, *Caspian Region Energy Development Report*, Washington, D. C.: 1997, p. 1.

　　④ The White House, *National Security of the United States*, 1998, Washington, D. C.: The White House, October 1998, p. 32.

国家	石油储量（单位：亿桶）		天然气储量（单位：万亿立方英尺）	
	探明储量	可能储量	探明储量	可能储量
乌兹别克斯坦	3	20	74—88	35
吉尔吉斯斯坦	1	150	0	11
合计	184—349	2350	236—337	328

资料来源：U. S. Energy Information Administration，EIA，"Caspian Sea Region," August 7, 2000（http：//www. eia. gov/emeu/cabs/caspfull. html），转引自 Michael T. Klare，*Resource War：The New Landscape of Global Conflict*，New York：Metropolitan Books Henry Holt and Company, 2001，p. 86.

克林顿政府的高层官员，包括总统本人曾多次在公开场合强调中亚—里海地区对美国能源安全的重要性。1997 年 3 月底，时任克林顿政府国家安全事务助理桑迪·伯杰在一次讲话中将中亚—里海地区称作是"美国特别关注地区"；[1] 4 月，美国国务院向国会众议院国际关系委员会提交了《1997 年里海地区能源发展报告》，报告中明确提出了中亚—里海地区对美国的战略意义，既可以促进经济发展，又可以保障国家安全，所以"促进里海能源的迅速开发对增加西方能源安全意义重大，它已经成为美国的国策"；[2] 随后，美国参议院通过了援助中亚—里海地区国家的决议；[3] 同年 7 月，时任克林顿政府副国务卿斯特罗布·塔尔博特第一次代表美国政府公开表示中亚—里海地区对美国经济利益和战略利益的重要性；8 月，克林顿总统在会见阿塞拜疆总统阿利耶夫时重申了这一观点，希望通过加强同里海地区国家的联系来实现美国能源供给的多样化，维护美国的经济和国家安全。[4] 克林顿总统身体力行的此番表态，表明了美国

---

[1] 闫巨禄：《美国的中亚战略及其对中国安全环境的影响》，《现代国际关系》1999 年 12 月。

[2] U. S. Department of State，*Caspian Region Eenrgy Development Report*，Report to the House International Relations Committee Pursuant to H. R. 3610，April 15，1997，p. 1.

[3] 克林顿政府认为对中亚—里海国家提供援助可以使之摆脱俄罗斯和伊朗对其的影响，这对美国来说具有重要的战略意义。参见闫巨禄《美国的中亚战略及其对中国安全环境的影响》，《现代国际关系》1999 年 12 月。

[4] The White House，Office of the Press Secretary，*Visit of President Heydar Aliyev of Azerbaijan*，August 1，1997（http：//clinton6. nara. gov/1997/08/1997 – 08 – 01 – visit – of – president – heydar – aliyev – of – azerbaijan. html）.

对中亚—里海地区的态度,确认了获取中亚—里海地区的石油资源、保障该地区油气运输管线的通畅是美国重要的安全利益,为美国以后在中亚—里海地区的行动奠定了基础。在美国政界各方的不懈努力下,美国推出了冷战后第一个针对中亚—里海地区的战略。美国希望借助该战略排挤俄罗斯在此地区的传统势力和影响力,并将中亚—里海地区建成未来美国的战略能源后备基地和能源运输中转枢纽。①

在中亚—里海地区的能源争夺战中,美国的主要竞争对手是俄罗斯和伊朗。他们竞争的焦点主要集中在对该地区石油、天然气资源开发权的争夺和对石油、天然气外输管道建设的争夺两个方面。为了确保美国在中亚—里海地区的能源利益,美国在该地区拉开了"油气资源争夺战"和"油气运输管线争夺战"。

(二)"油气资源争夺战"和"油气运输管线争夺战"拉开帷幕

中亚—里海地区油气资源丰富。在冷战结束前,中亚—里海国家都在苏联的掌控之下,1991年苏联的轰然解体使得中亚—里海地区的能源格局面临重新洗牌的局面。由于中亚—里海各国与苏联有着千丝万缕的联系,苏联解体后,这些国家在政治和经济方面均不同程度地受制于俄罗斯。面对中亚—里海地区丰富油气资源的巨大诱惑,西方发达国家同俄罗斯之间展开了旷日持久的"油气资源争夺战"。

由于中亚—里海地区深处内陆,其油气资源的输出必须经过管道方式输送到沿海港口,再通过海运抵达西方的能源市场。因此,美国与俄罗斯在该地区的"油气资源争夺战"直接表现为对能源输出管线的争夺。为此,以美国为首的各西方国家能源公司均希望联合中亚—里海地区产油国的政府和能源企业,在该地区建立不经过俄罗斯和伊朗的石油、天然气输出管道线路;而俄罗斯则希望借助于其在该地区固有的势力,确保该地区生产的大部分能源能够使用俄罗斯现有的能源输出管线系统,途经黑海送到欧洲能源市场。为此,美国和俄罗斯在中亚—里海地区展开了旷日持久的"油气运输管线争夺战"。在美俄两国的"攻势"下,克林顿政府时期中亚—里海地区拟议(proposed)、计划(planned)和在建的石油、天然气运输管线如图5-2所示。

① 闫巨禄:《美国的中亚战略及其对中国安全环境的影响》,《现代国际关系》1999年12月。

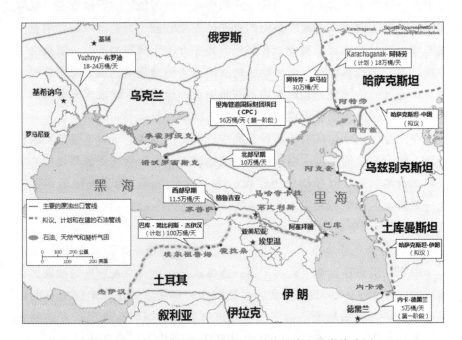

图 5 - 2　中亚—里海地区石油、天然气输出管道线路图

资料来源：U. S Energy Information Administration，EIA，1999（http：//www. eia. gov/emeu/cabs/Azerbaijan/images/Caspian_ pipe_ map. pdf）.

　　由于中亚—里海地区宗教、政治和社会矛盾较为突出，地区冲突不断，因此，该地区的能源输出管线无论从哪个方向输送到沿海港口，都必须经过冲突地区，能源输出管线随时存在中断的可能。尽管如此，西方各个能源进口国都希望通过与中亚—里海产油国的斡旋，建设对自己有利的能源输出管线。表 5 - 7 对不同运输管线进行了利弊分析，并指出了各个国家对各条管线的偏好。

表 5 - 7　　　　　　　中亚—里海地区油气输出管线利弊分析

路径	优点	缺点	备注
巴库（阿塞拜疆）/土库曼斯坦—诺沃罗西斯克港（俄）—黑海—土耳其海峡—地中海	最实际、最经济，因可利用苏联建设的管线	巴库—诺沃罗西斯克段管线途经车臣心脏地区，或绕过车臣从北面的达吉斯坦和北奥塞梯边缘通过，但两个地区也不稳定	俄罗斯支持
巴库—格鲁吉亚—苏普萨	可避开俄罗斯南部骚乱地区	在阿塞拜疆，该管线紧挨纳戈尔诺—卡拉巴赫叛乱区；在格鲁吉亚，经过南奥塞梯和阿布哈兹两个争议地区	英国支持
巴库—第比利斯—杰伊汉（土耳其）（BTC）	较安全，因土耳其是北约成员国、阿塞拜疆和格鲁吉亚是美国盟国	需要重新建设管线，需要约高达24亿美元的建设成本；此外，该管线在土耳其境内也要通过不稳定地区（库尔德工党叛乱分子）	美国支持
巴库/土库曼斯坦—伊朗—波斯湾海岸	最短、最便捷	与美国制裁伊朗的政策相抵触	
道拉塔巴德（土库曼斯坦）—木尔塔（巴基斯坦）	潜在可能的路线选择	途经战乱的阿富汗地区；1999 年阿富汗塔利班受到美经济制裁，美国石油公司不可能介入	可能性小
阿克纠宾斯（哈萨克斯坦）/土库曼斯坦—新疆（中国）—中国东部地区	潜在可能的路线选择	途经地区地理条件严峻；新疆长期遭受"东突"分裂主义影响	中国支持

资料来源：Michael T. Klare, *Resource War: The New Landscape of Global Conflict*, New York: Metropolitan Books Henry Holt and Company, 2001, pp. 100 - 104; Jean Radvanyi, "Moscow's Designs on Chechnya," *Le Monde Diplomatique*, November 15, 1999, English-edition (http://www.monde-diplomatique.fr/en); Michael Wines, "In Remote Dagestan, Moscow Wages a High-Stakes War," *New York Times*, September 19, 1999; Cohen, "Peace Postponed," Stephen Kinzer, "Oil Pipelines from Caspian Lack Money from Backers," *New York Times*, November 28, 1998; "Oil Out of Troubled Waters," *Economist*, November 28, 1998; Stephen Kinzer, "Crackdown on Rebels Renews Fears of War and Terror in Turkey's Kurdish Region," *New York Times*, February 25, 2000; Liz Sly, "China's 'Chechnya': A Powder Keg of Mistrust, Hatred," *Boston Globe*, October 19, 1999; "China Fears for Its Wild West," *Economist*, November 15, 1997.

　　由表 5 - 7 可知，克林顿总统希望看到两条油气管道的建设：其一是始于巴库（阿塞拜疆），横跨格鲁吉亚境内，终于苏普萨港（格鲁吉亚）的"巴库—苏普萨"（Baku-SupSa）管线；其二是始于巴库（阿塞拜疆），途经第比利斯（格鲁吉亚），终于杰伊汉（土耳其）的"巴库—第比利斯—杰伊汉"（Baku-Tbilisi-Ceyhan，BTC）路线。对美国而言，这样的安排有两点好处：其一，可以绕开俄罗斯，从而有效地降低俄罗斯对西方能源供给的控制；其二，可以绕开敌对国家伊朗，伊朗由于研发大规模杀伤性武器而遭到美国禁止经济投资的制裁。[①]

　　"巴库—苏普萨"石油管道已经在美国克林顿政府、英国等的共同努力下投入了运营。该管道始于阿塞拜疆首都巴库，终点是格鲁吉亚黑海东岸的苏普萨港，主要负责运输"阿塞里—齐拉格—久涅什里"油田（Azeri-Chirag-Guneshli field）的石油，全长 837 公里，总耗资 5.66 亿美元，预计日输油能力 11.5 万桶，并有望增加到 22 万桶/天。[②]"巴库—苏普萨"石油输出管道于 1994 年开始酝酿；1996 年 3 月 8 日，阿塞拜疆总统阿利耶夫与格鲁吉亚总统谢瓦尔德纳泽在建设该管道问题上达成共识，并由阿塞拜疆 SOCAR 公司和格鲁吉亚政府签订了共建协议；[③] 1998 年，该管道竣工；1999 年 4 月 17 日正式投入运营；2006 年 10 月 21 日，因管道检查异常而停运，并进行了大规模维修；2008 年 6 月，恢复输送；[④] 2008 年 8 月 12 日，由于南奥塞梯冲突，英国石油公司暂时关闭了石油运输管道，经修复后恢复运输能力。[⑤]"巴库—苏普萨"石油管道自开通以来至 2007 年 10 月共输送了约 4409.5 万吨石油。[⑥]

　　除积极推动建设美国支持的油气管道建设之外，克林顿政府还主动出

---

① Michael. T. Klare, "The Bush/Cheney Energy Strategy: Implications for U. S. Foreign and Military Policy," *International Law and Politics*, Vol. 36, 2004, p. 413.

② "Supsa Terminal and Pipeline, Georgia, Azerbaijan," *Hydrocarbons Technology* (http://www.hydrocarbons-technology.com/projects/supsa/).

③ "Transport routes of Azerbaijani oil (Baku-Novorossiysk, Baku-Supsa)," *Azerbaijan Portal* (http://www.azerbaijan.az/_Economy/_OilStrategy/oilStrategy_05_e.html).

④ "Oil pumping by Baku-Supsa pipeline to resume in May," *Today*, *Az*, April 17 (http://www.today.az/news/business/44358.html).

⑤ "BP shuts in Georgia links," *Upstream Today*, August 12, 2008 (http://www.upstreamonline.com/live/article160951.ece).

⑥ 中华人民共和国驻格鲁吉亚大使馆经济商务参赞处：《格鲁吉亚交通运输状况不断改善》，2007 年 10 月 17 日（http://ge.mofcom.gov.cn/aarticle/ztdy/200710/20071005162862.html）。

击，利用俄罗斯资金不足的劣势，通过金融投资方式在俄罗斯承建的油气管道建设项目中获得股权，进而不断蚕食俄罗斯在中亚—里海地区的能源势力。美国石油公司对"里海管道国际财团项目"的投资就是这样的经典案例。该项目建设的管道始于哈萨克斯坦的田吉兹油田，终点是俄罗斯黑海港口诺沃罗西斯克，输油管线全长 1510 公里，设计最大日输油能力为 70 万桶，第一期工程耗资 26 亿美元。该管道于 1992 年由俄罗斯、哈萨克斯坦、阿曼三国发起建设，但由于资金没有到位一直没有正常开工建设。1996—2003 年，美国雪铁龙、美国美孚石油公司、俄罗斯卢克公司、俄罗斯石油公司、荷兰皇家壳牌公司和英国石油公司等八家公司先后加入该项目，并注入了大量建设资本，推进了该项目的建设和运营。其中俄罗斯公司占 24% 的股份，美国的两家石油企业雪佛龙公司和美孚石油公司分别占 15% 和 7.5% 的股份。"里海管道国际财团项目"于 1999 年 5 月开工，2001 年 11 月 27 日该项目第一期输油管道正式启用。[①]

对于美国大力支持的"巴库—第比利斯—杰伊汉"石油运输管道，克林顿政府更是不遗余力地努力促成。克林顿政府采用外交手段、经济手段和军事援助等手段，对与该管线建设息息相关的国家，如土库曼斯坦、阿塞拜疆等国进行了斡旋。在外交方面，1997 年，克林顿总统分别邀请中亚—里海地区相关国家[②]的领导人对美国进行国事访问。在他们访问期间，克林顿总统分别对这些国家的领导人提出了协助美国建立连接中亚—里海与土耳其和地中海的能源运输管线的要求，同时，他还派遣高级别专员到中亚—里海地区推动和敦促美国在该地区的管线建设。在军事和经济援助方面，根据美国国务院发布的 2000 年《国会外交行动报告》，在 1998—2000 年的 3 年间，美国向中亚—里海地区的八个国家提供了价值 10.62 亿美元的军事和经济援助，具体援助数额如表 5 - 8 所示。[③]

---

①　Wikipedia, "Caspian Pipeline Consortium" (http: //en. wikipedia. org/wiki/Tengiz-Novorossiysk_ pipeline) .

②　包括阿塞拜疆、土库曼斯坦和哈萨克斯坦三国的领导人。

③　Michael T. Klare, *Resource War: The New Landscape of Global Conflict*, New York: Metropolitan Books Henry Holt and Company, 2001, pp. 91, 96.

表 5 - 8　　　　　　　1998—2000 财年美国对中亚—里海国家经济、
军事等援助一览　　　　　　　（单位：千美元）

接受国	军事援助*	经济援助	人道主义援助等#	合计
格鲁吉亚	94766	87127	120142	302035
亚美尼亚	5347	116072	119928	241347
哈萨克斯坦	21746	57840	67350	146936
吉尔吉斯斯坦	13126	36482	45358	94966
乌兹别克斯坦	16693	34425	42335	93453
阿塞拜疆	2000	19220	71710	92930
塔吉克斯坦	15074	9665	30704	55443
土库曼斯坦	6230	14000	14670	34900
合计	174982	374831	512197	1062010

资料来源：U. S. Department of State, *Congressional Presentation for Foreign Operations*, Fiscal Year 2000, Washington, D. C., 1999; Michael T. Klare, *Resource War: The New Landscape of Global Conflict*, New York: Metropolitan Books Henry Holt and Company, 2001, p. 96.

＊军事援助包括地区安全计划（其中包括武器转让—FMF、国际军事教育与培训计划—IMET）、大规模杀伤性武器防扩散等；

＃人道主义援助等包括：人道主义援助、民主化改革、反毒禁毒活动和健康与环境保护项目等。

在克林顿政府的努力下，1994 年 9 月 20 日，以英国石油公司为首，包括美国石油公司在内的西方石油公司与阿塞拜疆 SOCAR 公司签署了长达 30 年、总价值高达 80 亿美元的"生产共享协议"。在该生产协议下，阿塞拜疆日石油生产能力将从 1997 年的 8 万桶/天提高至 80 万桶/天。美国公司因所占股份最大（约为 36.3%）[①] 而成为该项协议的最大受益者之一。[②] 此外，"巴库—第比利斯—杰伊汉"输油管道项目取得重大进展。1999 年 11 月中旬，在土耳其伊斯坦布尔召开的欧洲安全和合

① 其中，美国公司的 36.3% 的股份分配如下：阿莫科公司（Amoco）17%、Pennzoil 公司 4.8%、尤尼克（Unocal）9.5%、埃克森美孚（Exxon）5%。此外，其他国家石油公司股份分配如下：俄罗斯卢克石油公司（Lukoil）10%、挪威国家石油公司（Statoil）8.5%、日本伊藤忠商事（Itochu）7.45%、英国 Ramco 公司 2%、土耳其 TPAO 公司 6.75%、沙特阿拉伯三角洲公司（Delta）1.6%、阿塞拜疆国家石油公司（SOCAR）10%。

② Tuncay Babali, "Implications of the Baku-Tbilisi-Ceyhan Main Oil Pipeline," *Perceptions*, Vol. 10, Winter 2005 (www. sam. gov. tr/perceptions/Volume10/winter2005/TuncayBabali. pdf).

作组织首脑会议上，土耳其、格鲁吉亚和阿塞拜疆签署了关于"巴库—第比利斯—杰伊汉"输油管道项目的政府间协议，就"巴库—第比利斯—杰伊汉"输油管道建设达成了共识。① 正如时任美国能源部长比尔·理查德森称，巴库—第比利斯—杰伊汉石油管道不仅仅是一条管线，它的意义在于它将改变中亚—里海地区整体的地缘政治结构。② 美国凭借此条管道达到了进一步排挤俄罗斯势力、扩大其自身势力的目的。

（三）以军事援助和军事演习为名为美国实现中亚—里海地区驻军创造条件

美国除了通过"油气资源争夺战"和"油气运输管线争夺战"极力争取在中亚—里海地区的能源控制权和运输物流便利之外，克林顿政府还希望中亚—里海地区更加稳定。由于中亚—里海地区的石油生产国和输出国存在历史遗留问题，宗教和分离运动频繁，致使这些国家的能源基础设施十分薄弱。此外，不断爆发的冲突也严重影响了该地区能源产量的稳定性。为了避免该地区的不稳定局势对美国能源供应造成不良影响，克林顿政府开展了一系列旨在增强该地区友好产油国维护本国安全能力的军事援助项目，如军事人员培训、联合军事演习等。1997 年 9 月，美国在哈萨克斯坦城市德奇姆肯特举行了代号为"CENTRAZBAT 97"的军事演习。美国陆军第 82 空降师伞兵从北卡罗来纳州的布拉格堡空军基地出发，飞行八千多公里，与吉尔吉斯斯坦和乌兹别克斯坦的军队一起参加了此次军事演习。③ 1998 年 9 月，美军又在阿塞拜疆进行了第二阶段的军事演习，代号为"CENTRAZBAT 98"，数以百计的美国士兵来到乌兹别克斯坦首都塔什干参加了此次军事演习。军事演习之后，这些军队又到吉尔吉斯斯坦的军事训练区进行了军事培训。④

---

① 　Tuncay Babali, "Implications of the Baku-Tbilisi-Ceyhan Main Oil Pipeline," *Perceptions*, Vol. 10, Winter 2005 (www. sam. gov. tr/perceptions/Volume10/winter2005/TuncayBabali. pdf).

② 　Nancy Mathis, "Ex-Soviet Republics, Turkey Sign Accord for Oil, Gas Pipelin," *Houston Chronicle*, November 19, 1999, 转引自 Tuncay Babali, "Implications of the Baku-Tbilisi-Ceyhan Main Oil Pipeline," *Perceptions*, Vol. 10, Winter 2005.

③ 　R. Jeffery Smith, "U. S. Leads Peacekeeping Drill in Kazahkstan," *Washington Post*, September 15, 1997.

④ 　Michael T. Klare, *Resource War*: *The New Landscape of Global Conflict*, New York: Metropolitan Books Henry Holt and Company, 2001, pp. 3 - 5.

　　此外，美国还计划在中亚—里海地区的友好国家建立军事基地。1999年1月，美国和阿塞拜疆官员在会见中商讨将在阿塞拜疆建立一个永久的美国军事基地，[①] 从此美国迈出了驻军中亚—里海地区的第一步；同年3月，美国陆军训练及战略思想司令部研发了一个中亚—里海地区的计算机模拟程序，专门用于预测美国在该地区的军事行动可能遇到的各种问题，并提供预警机制。[②]

　　由此可见，克林顿政府期间，美国通过军事援助等项目实现了在中亚—里海地区的驻军，并建立了军事基地，从而为保障中亚—里海地区的油气资源源源不断地流入美国提供了军事保障。

　　综上所述，在克林顿政府期间，美国开始将中亚—里海地区确定为美国进口能源的来源地之一。但是，鉴于俄罗斯在该地区根深蒂固的影响，以及这些国家四分五裂、动荡不安的社会政治现实，美国不宜"强攻"，只能采取经济支持、政治维护、军事援助等和平、非武力手段，通过循序渐进的方法逐渐将美国的势力渗透到该地区，从而实现对中亚—里海地区能源的控制。可以说，从结果上看，在克林顿政府期间，美国在一定程度上达到了抑制俄罗斯势力在该地区扩张的目的，但要达到令中亚—里海地区成为美国稳定的能源供给来源地和"后备军"的目的还有一段距离。

　　（四）科索沃战争——抢占通往中亚—里海能源腹地的地缘政治枢纽

　　1999年3月24日，以美国为首的北约多国部队打着"人权高于主权"的旗号对南斯拉夫进行了空袭，发动了持续78天的科索沃战争。探究科索沃战争的缘由，克林顿政府给出的理由是：出于"道义"，即南斯拉夫部队在科索沃地区屠杀阿尔巴尼亚人；然而国际社会对于以美国为首的北约发动此次战争的缘由则归结为"利益"，其中自然包含对石油利益的追求。科索沃地区并不是能源富集区，石油储量几乎为零，但该

---

　　① Stephen Kinzer, "Azerbaijan Asks the U. S. to Establish Military Base," *New York Times*, January 31, 1999, 转引自 Michael T. Klare, *Resource War: The New Landscape of Global Conflict*, New York: Metropolitan Books Henry Holt and Company, 2001, p. 5.

　　② Steven Lee Myers, "A Modern Caspian Model for U. S. War Games," *New York Times*, March 15, 1999, 转引自 Michael T. Klare, *Resource War: The New Landscape of Global Conflict*, New York: Metropolitan Books Henry Holt and Company, 2001, p. 5.

地区凭借其重要的战略地理位置而成为巩固美国在中亚—里海地区石油霸权的关键筹码。正如前面所探讨的那样，由于中亚—里海地区深处内陆，其丰富的油气资源需要借助输油、输气管道输送到世界能源市场。在众多的油气管线中，美国倾向于将阿塞拜疆里海沿岸的石油资源通过"巴库—第比利斯—苏萨普"管线输送到黑海东岸格鲁吉亚的苏萨普港口，再经过黑海运往黑海西岸保加利亚的布尔加斯港，并由陆路途径保加利亚、马其顿运往阿尔巴尼亚的发罗拉港，最后由此运往欧洲各国。美国主导的这条油气输出"西线路线"在马其顿境内离科索沃最近的地方20余公里（如图5-3所示），科索沃危机的爆发和延续必将殃及这条输油管线的安危。① 如果这条石油运输通道受阻，不仅会使美国石油公司为修建这条管线投入的巨额资金沦为沉没成本，更重要的是它将影响中亚—里海地区石油资源对世界石油市场的稳定供应，引起全球能源价格的波动，从而直接威胁美国能源利益的实现，并间接影响美国经济的发展。在这样的国际背景下，美国借助国内抬头的"新干涉主义"势力，以"人道主义救援"为名，发动了针对南斯拉夫的科索沃战争。

1999年6月10日，在联合国安理会的斡旋下，以美国为首的北约和南斯拉夫各退一步，美国承认科索沃地区是南斯拉夫的一部分，南斯拉夫从科索沃撤军，并允许阿尔巴尼亚人重返科索沃。从表面上看，美国似乎并没有在战争中直接获益，但科索沃危机能够以和平方式解决，就达到了美国发动科索沃战争的目的。因为，美国发动战争的目的即为保护中亚—里海输油管道的"西向路线"免受科索沃危机的影响，以保护美国的中亚—里海油气输出的战略通道。此外，美国对此条油气输出管线的强化还有利于美国阻挠俄罗斯油气资源途经黑海、地中海输往欧洲，从而达到在中亚—里海地区进一步排挤俄罗斯的目的。

由此可见，科索沃战争不仅是美国中亚—里海能源战略的重要环节，也是其全球能源战略的重要组成部分。

---

① 舒先林：《美国中东石油战略研究》，石油工业出版社2010年版，第184—186页。

图 5 - 3　中亚—里海地区油气资源输往欧洲的 "西向路线"

四　能源触角牢牢抓住美洲腹地[①]

相对于动荡的中东地区、复杂的中亚—里海地区和遥远的非洲，美洲可以称为是美国的后院，不仅在地理位置上毗邻美国，而且没有复杂的宗教和文化冲突、政治和经济体制同质化程度较高。此外，美洲地区的能源储量丰富、开发潜力较大。根据美国能源信息署的统计数据，冷战结束后最初的十年，美洲探明的石油储量高达 1500 亿桶，约占世界探明储量的 15%；石油日产量约为 2000 万桶，约占世界日产量的 30%；同时，美国对美洲石油的依赖性较强，美国 35%—47% 的进口石油来自这一地区；美洲地区还蕴藏着丰富的天然气资源，探明天然气储量约 500 万亿立方英尺，占世界探明天然气储量的 10%—12%；天然气日产量约为 5000 亿立方英尺，约为世界天然气日产量的 0.2%（如图 5 - 4 和图 5 - 5 所示），天然气开发潜力巨大，在美国的进口天然气中，高达 95% 的天然气是通过天然气管道从加拿大和墨西哥输送而来（如图 5 - 6 所示）。

---

　　① 按照自然地理分类，美洲划分为北美洲、中美洲和南美洲，所以从地理位置上讲，墨西哥属于北美洲国家；按照人文地理分类，美洲划分为使用英语的盎格鲁美洲和使用西班牙语和葡萄牙语的拉丁美洲，所以从人文地理角度上讲，墨西哥属于拉丁美洲国家，并且以墨西哥为界向南的中南美洲地区均属于拉丁美洲。本书采用自然地理的分类方法，在论述时，为了保持与美国能源信息署的统计口径一致，将美洲笼统划分为两类，即北美洲和中南美洲，北美洲包括：加拿大、美国和墨西哥，委内瑞拉、巴西、阿根廷、哥伦比亚等其他美洲国家均归属于中南美洲。

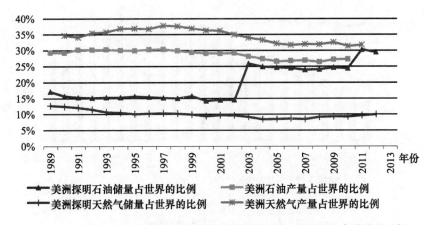

图 5 - 4　1989—2013 年美洲石油、天然气探明储量、产量以及占世界的比例

资料来源：U. S. Energy Information Administration，EIA，*International Energy Statistics*（http：//www. eia. gov/cfapps/ipdbproject/IEDIndex3. cfm）．

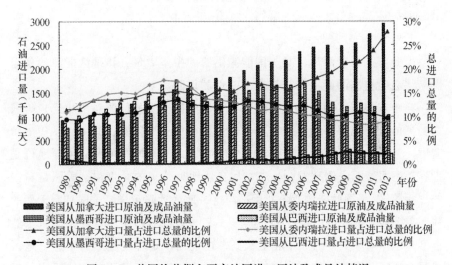

图 5 - 5　美国从美洲主要产油国进口原油及成品油情况

资料来源：U. S. Energy Information Administration，EIA，*International Energy Statistics*（http：//www. eia. gov/cfapps/ipdbproject/IEDIndex3. cfm）；*Oil*：*Crude and Petroleum Products Explained*（http：//www. eia. gov/energyexplained/index. cfm？page = oil_ home#tab2）．

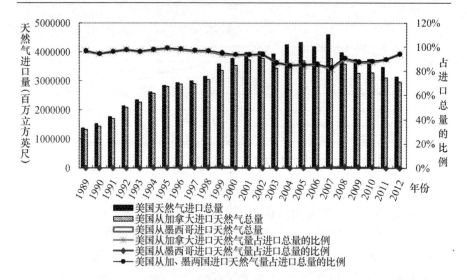

图 5 - 6　1989—2012 年美国从美洲主要产气国进口天然气的情况

资料来源：U. S. Energy Information Administration, EIA, *Natural Gas Explained* (http：//www. eia. gov/energyexplained/index. cfm? page = natural_ gas_ home).

　　由此可见，美洲地区是美国能源供给的中坚力量，该地区能源的稳定供给将会给美国的能源安全带来多一重的保障。

　　与中东地区、中亚—里海地区、非洲地区激烈的能源竞争相比，美国在美洲的能源战略环境十分宽松，这主要得于三个因素：其一，从历史角度讲，美国对美洲地区各国有着深刻的影响力，美国在美洲的主导地位是世界其他国家无法比敌的；其二，从自然地理位置的角度讲，美洲是美国的"后院"，美国的能源竞争对手都与这一地区远隔重洋，美国具有天然的独霸美洲能源资源的战略优势；其三，美洲的石油和天然气资源储量虽然丰富，但开采和生产的成本相对较高，这也在一定程度上影响了这一地区能源的产量。因此，与中东等地区相比，美洲的能源资源对其他国家的吸引力相对较低。正是由于美洲具有这样独一无二的特点，美国针对美洲地区的能源战略和政策明显区别于其针对中东、中亚—里海和非洲地区的政策。

　　在克林顿政府时期，国际能源市场出现了供大于求的状况，美国的国际能源环境相对宽松，因此，克林顿政府主要采用市场运作、能源外交等方式来保障该地区实施对美国有利的能源政策，保证其对美国的能源供应稳中有升。

（一）《北美自由贸易协定》下的能源合作

为了促进北美国家间商品和服务的自由贸易，鼓励投资，推进北美统一市场的形成，实现北美经济一体化，美国、加拿大和墨西哥于1992年12月17日签署了《北美自由贸易协定》，同意成立北美自由贸易区，并于1994年正式生效。北美自由贸易区的建立降低了北美国家间能源产业合作的政策障碍（如税收、投资政策）和市场局限，扩大贸易和投资机会，促进北美统一能源市场的形成，为美国与加拿大和墨西哥的能源自由贸易提供了机制性的保障。

《北美自由贸易协定》是在美加两国于1988年签署、1989年生效的《美加自由贸易协定》的基础上发展而来的。《美加自由贸易协定》第九章专门阐述了美国和加拿大在能源领域消除壁垒、促进能源贸易合作的相关规定，这些规定为美加两国能源进入对方市场提供了法律保障，并保障了彼此的能源供应安全。如第903条条款规定，美加双方不能对从双方进口的能源产品征收进口关税，除非在对本国能源消费也增加同等赋税，这种规定等同于在能源贸易中给予对方国民待遇；第904条条款规定，美加双方有义务向对方不间断地出口原油及成品油，并且不能以各种手段提高能源出口价格，其价格不能高于国内销售价格。与此同时，某个国家对某种能源开发的限制不能影响向对方出口该种能源的数量。例如，如果加拿大限制国内石油的开采，那么在该条款限制下，加拿大也不能减少向美国出口石油的数量，这样的条款就保障了加拿大对美国石油供应量的稳定；第906条条款规定，美加双方政府都要积极鼓励并推动本国石油和天然气资源的开发，从而保障能源的稳定供给。[①]《北美自由贸易协定》第六章的能源条款在《美加自由贸易协定》的基础上进行了进一步的深化和完善，明确提出了北美三国在能源贸易领域的国民待遇。[②]

在《美加自由贸易协定》和《北美自由贸易协定》的框架下，美国

① Foreign Affairs and International Trade Canada, *Canada-United States Free Trade Agreement* (*FTA*), 141 – 142, pp. 146 – 147 (http://www.international.gc.ca/trade-agreements-accords-commerciaux/assets/pdfs/cusfta-e.pdf).

② Foreign Affairs and International Trade Canada, *The North American Free Trade Agreement* (*NAFTA*), *Part Two*, *chapte 6*, (http://www.international.gc.ca/trade-agreements-accords-commerciaux/agr-acc/nafta-alena/texte/index.aspx? lang = en&view = d).

从加拿大和墨西哥进口能源的壁垒和障碍基本消除，能源贸易更为顺畅。但是，这些协定仅仅协助美国资本进入到加拿大和墨西哥能源产业的贸易环节，并不能帮助美国资本直接进入加墨两国石油和天然气生产的上游产业链，这与美国试图在北美地区建立统一能源市场、全面夺取北美地区能源控制权、构建能源安全保障网的目标还有一定的差距。

（二）"西半球能源大会"下的能源合作

克林顿政府与南美洲产油国之间的能源合作主要依托于"西半球能源大会"这个平台。"西半球能源大会"是在美国的倡议下，于1994年在美国南部城市迈阿密成立的。该对话机制包括"公"、"私"两个对话机制平台，即："西半球能源部长会议"和"美洲能源企业家研讨会"[①]。在克林顿政府期间，"西半球能源大会"一共召开了四次。这一制度在小布什政府期间得以延续。

第三节　小布什政府对外能源政策与实践

一　战略三因素与国际能源利益的塑造

小布什政府执政伊始就面临严峻的能源形势。2001年3月19日，时任小布什政府能源部长斯潘塞·亚伯拉罕在全国能源峰会上指出，"美国正在经受严重能源供给危机的挑战，这个危机要持续20年左右。美国如果没有能够成功地应对这次危机，美国的经济繁荣、国家安全将受到重创，美国人传统的生活方式也会由于能源供应的短缺而改变"[②]。面对如此严峻的能源形势，对于美国未来能源战略和能源政策走向，美国国内出现了两种不同的猜测：环保主义者认为，美国的能源战略和能源政策将以此为契机向节能、环保和发展可再生资源方向转变，这种转变需要大量的资金投入，甚至影响整个能源工业产业的结构；而白宫的保守主义阵营则依然倾向于重振现有的以石油为主导的能源体系。鉴于美国国内石油产量

---

① 胡加齐："西半球国家能源部长会议闭幕"，2001年3月10日，人民网（http：//www. people. com. cn/GB/guoji/22/86/20010310/413643. html）。

② Spencer Abraham, *A National Report on America's Energy Crisis*, Remarks at the National Energy Summit, U. S Chamber of Commerce, March 19, 2002（http：//www. energy. gov/engine/content. do? public _ id = 13439&bt _ code = pr _ speeches&tt _ code = press speech），转引自 Michael. T. Klare, "The Bush/Cheney Energy Strategy: Implications for U. S. Foreign and Military Policy," *International Law and Politics*, Vol. 36, 2004.

将在较长时间内持续下降，这种道路将会使美国对进口石油的依赖性越来越强。[1]

面对严峻的国内能源形势，作为石油资产阶级、保守主义代言人，小布什总统一上台便指派副总统切尼组成高级别的国家能源政策发展小组，并于 2001 年 5 月 17 日颁布了本届政府的《国家能源政策》，即著名的"切尼报告"。由于切尼[2]具有深厚的能源背景及军事背景，其负责起草的报告必然会强调石油资源的重要性，以及军事手段介入能源政策的必然性。"切尼报告"指出：保证美国拥有源源不断的、可靠的国外石油供应是满足美国国内不断增长的能源需求和能源消费的唯一途径。为了保证国外能源供给的可靠性，就必须使美国能源进口的来源具有多样化的特征。因此，小布什政府对外能源政策致力于能源来源的多样化，尤其是石油、天然气资源来源的多样化。在强化中东地区的同时，小布什政府还继续强调将油气资源进口来源地从中东地区拓展到中亚—里海地区、美洲地区和非洲地区，[3] 并不断开辟和强化新的、可靠的能源进口基地。

小布什政府这种外向型的能源战略取向必然会导致美国卷入中东、北非、中亚—里海等重点石油生产、出口及运输地区的军事冲突，从而使小布什政府时期"保卫石油资源"的能源政策更加依赖军事行动和外交政策的支持。同时，由于小布什政府内阁中"鹰派"好战势力不断提升，以及"9·11"事件对国土安全带来的前所未有的挑战，美国国际能源战略与政策（尤其是石油战略与政策）成为小布什政府全球战略及国家安全战略的关键一环。[4] 因此，小布什政府的对外能源战略和政策呈现出不同于克林顿政府时期的新特点，具有典型的保守主义色彩与干涉主义特征。小布什政府时期美国对外能源政策与实践所面临的"战略三因素"

---

① Michael. T. Klare, "The Bush/Cheney Energy Strategy: Implications for U. S. Foreign and Military Policy," *International Law and Politics*, Vol. 36, 2004.

② 小布什政府的副总统迪克·切尼（Dick Cheney）在 2000 年进入白宫之前，在 1995—2000 年曾担任世界上最大的油田服务公司——哈里伯顿公司（Halliburton Corporation）的首席执行官，也曾于 1989—1992 年担任老布什政府的国防部部长。请参见 http://en. wikipedia. org/wiki/Dick_ Cheney.

③ Daniel Volman, "The Bush Adminstration & African Oil: The Security Implication of US Energy Policy," *Review of African Political Economy*, Vol. 30, No. 98, December 2003.

④ 张国庆：《一个人的世界——透视布什》，世界知识出版社 2004 年版，第 167—168 页。

与战略决策者认知的"战略三要素"如表 5 - 9 所示。

表 5 - 9　　　　小布什政府期间战略三因素与国际能源利益的塑造

战略环境	战略实力	战略文化	国际能源利益的塑造		
			战略目的	战略途径	战略手段
9·11事件 供给危机 高油价	一超多 强新兴 国家 崛起	强保守 主义、 强干涉 主义	继续巩 固石油 霸权、 油价稳 定、开 发清洁 能源技 术提到 日程	进口石 油来源 多元化、 开始关 注能源 品种多 样化	军事手段与和平手段并行不悖
					友好能源生产国 | 敌对能源生产国
					经济军事援助 政治媾和 其他外交手段 | 单边战争 先发制人的战争 政治经济制裁

下面结合小布什政府具体的对外能源政策与实践进行详细分析。

二　继续巩固美国在中亚—里海地区的能源优势地位

克林顿总统掀开了美国挺进"中亚—里海"地区的序幕,为美国势力渗入该地区创造了必要的硬件(经济援助、军事基地)和软件(政治支持)条件。小布什政府延续了克林顿政府挺进中亚—里海地区的政策,把加速提升中亚—里海地区的能源生产能力和管道建设,以满足西方能源市场对石油、天然气资源的需求作为本届政府的能源战略重点。[①] 为了更好地掌控中亚—里海地区的能源格局,2007 年小布什政府筹划设立"欧亚能源问题特使";2008 年 2 月,前国务卿赖斯向参议院外交关系委员会重申了这一要求;2008 年 3 月 31 日,小布什总统任命伯登·格雷为第一个欧亚能源问题特派使。[②]

与克林顿政府不同,小布什总统对中亚—里海地区的干预手段以

---

① U. S. National Energy Policy Development Group, *National Energy Policy (2001): Reliable, Affordable, and Environmentally Sound Energy for America's Future*, Washington, D. C.: US Government Printing Office, 2001, pp. 8 - 12.

② Wikipedia, *Special Envoy for Eurasian Energy* (http://en. wikipedia. org/wiki/Special_ Envoy_ for_ Eurasian_ Energy).

"9·11"事件为分割点，分为两个阶段：第一阶段，与克林顿政府相似，主要借助和平手段，如经济、政治和军事援助，军事援助主要是通过培训和联合演习方式进行；第二阶段由于"9·11"事件的发生而出现了显著变化，干预方式改变为以直接军事干预为主，表现为派遣地面部队、建立军事基地等。虽然美国以反恐为名对中亚—里海地区进行干预，但其保护美国在中亚—里海地区能源投资和管线设施的目的溢于言表。

（一）继续推进有利于美国利益的能源输出管线建设

在能源输出管线建设方面，小布什政府在中亚—里海地区的主要竞争对手依然是俄罗斯，为了争夺美国在中亚—里海地区的战略优势地位，时任美国副总统切尼建议小布什总统继续推进中亚—里海地区能源项目的开展和能源管线的建设，而事实也是如此。

在石油运输管道方面，积极推动"巴库—第比利斯—杰伊汉"管道（BTC）的建成。该管道起始于阿塞拜疆东海岸的巴库港，途经格鲁吉亚的第比利斯，最终抵达土耳其地中海港口杰伊汉，全长 1770 公里，是连接里海和地中海的重要石油运输管道。"巴库—第比利斯—杰伊汉"管道设计日输油能力为 100 万桶，总耗资高达 36 亿美元。[1] 在小布什政府的积极推动下，该管道于 2002 年 6 月正式开工；2002 年 9 月 18 日，巴库—第比利斯—杰伊汉输油管道开工典礼在阿塞拜疆首都巴库以南 40 公里的桑加恰尔——该管道的源头举行，美国能源部长亚伯拉罕、阿塞拜疆总统阿利耶夫、格鲁吉亚总统谢瓦尔德纳泽、土耳其总统塞泽尔参加了开工典礼；2005 年 5 月 25 日在源头的桑加恰尔举行了管道注油仪式；同年 10 月 12 日，在中转站第比利斯举行了同样的注油仪式；[2] 2006 年 7 月 13 日，巴库—第比利斯—杰伊汉输油管道正式竣工，并开通启用，每天将 120 万桶的石油从阿塞拜疆运往地中海东岸的杰伊汉港；美国和英国是巴库—第比利斯—杰伊汉输油管道项目的最大股东和最大受益者，美英两国占该项目 44% 的股份，阿塞拜疆占 25%，挪威、意大利、法国、日本和土耳其五国占其余 31% 的股份，[3] 具体各国公司对 BTC 的控股情况如表 5 - 10 所示。巴库—第比利斯—杰伊汉输油管道的修建是小布什政府国际石油战略

---

[1]　Tuncay Babali, "Implications of the Baku-Tbilisi-Ceyhan Main Oil Pipeline," *Perceptions*, Vol. 10, Winter 2005 (www. sam. gov. tr/perceptions/Volume10/winter2005/TuncayBabali. pdf).

[2]　Ibid. .

[3]　张宁：《中亚能源大国博弈》，长春出版社 2009 年版，第 185 页。

的重要组成部分。

表 5 – 10 各国石油公司对 BTC 管道的控股情况

国别	国别小计	公司名称	所占比例
英国	30.1%	英国石油公司（BP）	30.1%
阿塞拜疆	25%	阿塞拜疆国家石油公司（SOCAR）	25%
美国	13.76%	美国优尼科石油公司 *（Unocal）	8.9%
		美国阿拉美达赫斯石油公司（Amerada Hess）	2.36%
		美国康菲石油公司 #（ConocoPhilliPs）	2.5%
挪威	8.71%	挪威国家石油公司（Statoil）	8.71%
土耳其	6.53%	土耳其石油国际公司（TPAO）	6.53%
日本	5.9%	日本伊藤忠商事（Itochu）	3.4%
		日本国际石油开发公司（InPex）	2.5%
意大利	5%	意大利埃尼集团（ENI）	5%
法国	5%	法国道达尔公司（Total）	5%

*2005 年 8 月，优尼科石油公司股份被美国雪铁龙石油公司收购；

2002 年 10 月，英国石油公司出让 2.5% 股份给美国康菲石油公司。

资料来源：Tuncay Babali，"Implications of the Baku-Tbilisi-Ceyhan Main Oil Pipeline," *Perceptions*，Vol. 10，Winter 2005（www. sam. gov. tr/perceptions/Volume10/winter2005/TuncayBabali. pdf）.

  为了能够使美国积极拥护的 "巴库—第比利斯—杰伊汉输油管道" 实现最大的效用，辐射更多的中亚—里海产油国，小布什政府致力于延长该管线，把里海东岸产油国（如哈萨克斯坦、土克曼斯坦等）与该管线相连接，即 "里海东岸产油国—巴库—BTC"。为此，小布什政府采取政治、经济手段积极对里海东海岸的国家进行斡旋，如与里海东岸产油国签署途经 BTC 管线的商业条件等，[①] 促使里海东岸的这些产油国将其生产的石油运送到阿塞拜疆的巴库，经巴库—第比利斯—杰伊汉输油管道运往地中海港口的杰伊汉，再由此输往西方国家，从而保证这些石油资源能够全程都在美国势力的掌控之中。在美国的斡旋下，2005 年 3 月，哈萨克斯

---

  ① National Energy Policy Development Group，*National Energy Policy（2001）：Reliable，Affordable，and Environmentally Sound Energy for America's Future*，Washington，D. C.：US Government Printing Office，2001，pp. 8 – 13.

坦与阿塞拜疆对建设连接里海东岸哈萨克斯坦和西岸阿塞拜疆的"阿克套—巴库输油管道"（Aktau-Baku Pipeline）达成了共识，并签署了输油协议，哈萨克斯坦同意在 2008 年将阿克套附近的卡沙干海上油田的石油经巴库—第比利斯—杰伊汉输油管道输送到地中海港口杰伊汉，[①] 届时哈萨克斯坦每日将有 50 万桶石油经油轮运往阿塞拜疆的巴库港，再经巴库—第比利斯—杰伊汉管道转口向外输出。2008 年 10 月，哈萨克斯坦供油商已经开始使用该管道作为石油输出的转口线路。[②]

　　在天然气管道方面，小布什政府大力支持在"巴库—第比利斯—杰伊汉输油管道"南侧平行建设一条天然气输送管道，即"巴库—第比利斯—埃尔祖鲁姆天然气管道"[③]（BTE），在土耳其中部城市埃尔祖鲁姆，该管道与土耳其原有的天然气运输管道系统相连接，主要用于将阿属里海沿岸沙赫德尼斯天然气田[④]的天然气资源运送到地中海沿岸。巴库—第比利斯—埃尔祖鲁姆天然气管道全长 970 公里，设计年输气能力 160 亿—200 亿立方米。[⑤] 2002 年 3 月 14 日，计划筹建巴库—第比利斯—埃尔祖鲁姆天然气管道的各方共同决定建设这条向土耳其输送天然气的管道，并与格鲁吉亚签署了《东道国政府协议》，这个政府间协议的签署为 BTE 管道第一阶段[⑥]的建设奠定了基础；2002 年 9 月，该管道第一阶段工程在英国石油公司[⑦]的运营下开始动工；2002 年 4 月 16 日，参与各方在伦敦签署了正式开工协议；2006 年年底，耗资约 26 亿美元的巴库—第比利斯—埃

---

　　① Tuncay Babali，"Implications of the Baku-Tbilisi-Ceyhan Main Oil Pipeline," *Perceptions*，Vol. 10，Winter 2005（www. sam. gov. tr/perceptions/Volume10/winter2005/TuncayBabali. pdf）．

　　② U. S. Energy Information Administration，*Kazakhstan Energy Date*，*Statistic and Analysis-Oil*，*Gas*，*Electricity and Coal*（http：//www. eia. gov/emeu/cabs/Kazakhstan/pdf. pdf）．

　　③ 又称"南高加索天然气管道"（South Caucasus Pipeline）。

　　④ 沙赫德尼斯（Shah Deniz）天然气田于 1999 年 5 月被发现，当时的探明储量为 7000 亿立方米；2007 年 4 月，阿塞拜疆专家对该气田的储量进行了重新论证，证实该气田的探明储量高达 1.2 万亿立方米。

　　⑤ 张宁：《中亚能源大国博弈》，长春出版社 2009 年版，第 185 页。

　　⑥ 巴库—第比利斯—埃尔祖鲁姆天然气管道第一阶段的工程主要包括：里海天然气田生产平台建设、经格鲁吉亚与土耳其管道相连接的管道建设。

　　⑦ 英国石油公司在"巴库—第比利斯—埃尔祖鲁姆"管道建设项目中负责油田开发和管道建设的技术运营。同时，在该项目中，各国各公司持股情况如下：英美合资的 BP/Amoco（25.5%）、挪威 Statoil（25.5%）、阿塞拜疆国家石油公司 SOCAR（10%）、法国 Total（10%）、俄/意合资 LukAgip（10%）、伊朗 OIEC（10%）、土耳其 TPAO（9%）。

尔祖鲁姆天然气管道第一阶段完工。[①]

巴库—第比利斯—埃尔祖鲁姆天然气管道的建成具有一举两得的作用：其一，可以直接使沙赫德尼斯气田为格鲁吉亚、土耳其提供天然气资源，从而使这些国家进一步摆脱对俄罗斯能源资源的依赖，降低俄罗斯对这些国家的牵制。如 2001 年，阿塞拜疆与土耳其签订了天然气供应协议，阿塞拜疆答应从 2006 年起为土耳其提供 20 亿立方米的天然气，到 2009 年阿对土天然气供应量上升为 66 亿立方米。[②] 根据阿塞拜疆驻美国洛杉矶总领事馆的统计报告，从 2007—2009 年 5 月 1 日，阿塞拜疆通过该天然气管道向格鲁吉亚和土耳其分别提供了 7 亿立方米和 75 亿立方米的天然气，[③] 从而有效地降低了格鲁吉亚和土耳其对俄罗斯天然气的依赖；其二，也可以将天然气资源经土耳其运送到地中海沿岸，再转输到欧洲能源市场，[④] 以满足西方国家对天然气的需求。从 2007 年 11 月起，"巴库—第比利斯—埃尔祖鲁姆天然气管道"将阿塞拜疆沙赫德尼斯气田与欧盟和美国连接起来，进一步满足欧盟国家和美国对天然气资源的需求。

为了使通过巴库—第比利斯—埃尔祖鲁姆天然气管道输送到土耳其的天然气资源可以快速、可靠的抵达欧洲能源市场，以实现欧洲天然气供给来源的多样化，美国积极鼓励希腊和土耳其将两国的天然气管道系统相连接。[⑤] 目前，土耳其与希腊之间已经建立了土耳其—希腊管线（Interconnector Turkey-Greece，ITG），保证了阿塞拜疆的天然气途经土耳其抵达希腊。2010 年 6 月，意大利同土耳其和希腊就跨境管道建设议题达成共识，三方将共同承建将里海阿塞拜疆的天然气资源输送到欧洲的新管道项目，将原来的 ITG 管道项目延伸至意大利，即土耳其—希腊—意大利管道项目

---

① Tuncay Babali, "Implications of the Baku-Tbilisi-Ceyhan Main Oil Pipeline," *Perceptions*, Vol. 10, Winter 2005 (www. sam. gov. tr/perceptions/Volume10/winter2005/TuncayBabali. pdf).

② Ibid..

③ Elshan Baloghlanov, "Azerbaijan and New Energy Resources," The Fourth Annual New Silk Road Conference, Chicago, June 8, 2009.

④ Schlagenhauf Mark. 2007. USAID, "Caspian Pipeline Startup Hightights USAID Leadership in Regional Coopration and Global Eneryg Security," *Energy Update*, March/April 2007, Issue 2 (http://www. usaid. gov/our_ work/economic_ growth_ and_ trade/energy/publications/newsletters/2007 – 2_ eu_ mar-apr. pdf).

⑤ National Energy Policy Development Group, *National Energy Policy (2001): Reliable, Affordable, and Environmentally Sound Energy for America' s Future*, Washington, D. C.: US Government Printing Office, 2001, pp. 8 – 13.

（Interconnector Turkey-Greece-Italy，ITGI），三国共同签署了 ITGI 管道项目谅解备忘录。ITCI 项目是保证欧洲能源稳定供应的四个"能源走廊"之一，该管道计划于 2017 年竣工，届时每年产于中亚—里海地区的 100 亿立方米天然气将途经土耳其输送至欧洲的希腊、意大利等国，ITCI 管道的建成将为欧洲增加一条以土耳其为转接枢纽的能源供应线路。[①] 使欧洲盟友获得稳定、可靠、多元化的天然气供应是美国的战略诉求，也是美国对外能源政策的重要目标之一。

美国能源企业在中亚—里海地区油气资源争夺战和油气运输管线争夺战中取得的骄人成绩离不开小布什政府的大力支持。首先，美国在政府层面加强同中亚—里海国家的经济和商务对话，通过外交手段从宏观政策层面为美国石油企业在这些国家投资提供强有力、透明、可靠、稳定的经济环境和氛围；[②] 其次，在国内为投资海外能源产业的美国企业提供税收优惠政策，减轻企业负担，减少其后顾之忧。

综上所述，小布什政府通过政治、经济、外交手段在中亚—里海地区与俄罗斯展开了没有硝烟的"资源争夺战"。然而，2001 年"9·11"事件的爆发改变了小布什政府在中亚—里海地区的政策，手段也从和平、非武力方式转变为武力与非武力并存的方式。

（二）阿富汗战争——武力手段巩固美国在中亚—里海地区的势力

阿富汗属于中亚国家，但与中亚—里海地区国家不同，阿富汗是典型的"贫油气国"。根据美国能源信息署的统计数字，阿富汗石油探明储量为 0，天然气的探明储量也很少，并且还在减少：2001 年，阿富汗天然气探明储量为 35300 亿立方英尺，而从 2006 年至今这一数字下降了近一倍，为 17500 亿立方英尺。[③] 虽然能源贫瘠，但阿富汗在地缘政治中的战略地位不容小觑。阿富汗深处欧亚大陆的连接部，连接欧洲、南亚和东亚，有史以来是兵家必争之地。随着中亚—里海地区丰富能源资源的发现、开采和外运，更加确立了阿富汗的地缘政治枢纽的地位，阿富汗成为"地缘

---

① "Turkey, Greece and Italy sign gas deal," *Invest in Turkey*, *IIT*, June 18, 2010（http://www.invest.gov.tr/en-US/infocenter/news/Pages/turkey.itgi.gas.pipeline.aspx）.

② National Energy Policy Development Group, *National Energy Policy（2001）: Reliable, Affordable, and Environmentally Sound Energy for America's Future*, Washington, D. C.: US Government Printing Office, 2001, pp. 8 – 13.

③ Energy Information Administration, *International Energy Statistics*（http://www.eia.gov/cfapps/ipdbproject/IEDIndex3.cfm）.

与能源双位一体的战略通道"①。阿富汗在美国全球能源战略部署中的作用至关重要，夺取阿富汗的控制权对美国来讲好处颇多。其一，遏制俄罗斯。阿富汗是俄罗斯能源向南输送到印度洋港口的通道，掌控阿富汗就可以切断俄罗斯能源向南输送的通道，从而将中亚—里海能源外送到印度洋的主导权交给美国，使美国的能源势力渗透到印度洋沿岸；其二，牵制中国。阿富汗也是中亚—里海资源输往中国的"东向路线"的选择之一，美国并不支持这条线路。因此，美国希望通过控制阿富汗来阻止"东向路线"成形，这也会给中国的能源供应造成一定影响；其三，疏通美国能源外送的"南向路线"。在美国南向路线的两条备选方案②中，阿富汗都是必经之路；其四，控制中亚—里海能源资源外运的"西向"、"南向"和"东向"路线，全面掌控中亚—里海能源资源及输送管线；其五，将中东石油富集区同中亚—里海石油富集区连接起来，独霸亚欧大陆能源资源，并通过主导能源输送管线将美国的能源势力延伸至东起地中海、西抵太平洋、南至印度洋的广阔地域。

其实，鉴于重要的地缘政治地位和能源政治地位，阿富汗成为美国全球能源战略中的重要"筹码"，动用军事力量夺取阿富汗控制权的计划早已记录在美国的战略地图之中，"9·11"恐怖袭击正好为美国出兵阿富汗提供了难能可贵的机会。2001年10月7日，以美英为首的多国部队联合阿富汗北方联盟以反恐为名对阿富汗塔利班政权发动了战争，美国希望借此摧毁支持恐怖主义基地组织的塔利班政权，并扶持阿富汗建立亲美的政权。2001年11月13日，喀布尔沦陷，塔利班在阿富汗全国的统治开始瓦解；11月16日，塔利班政权被驱逐到阿富汗东南部的坎大哈地区周围；12月22日，阿富汗成立了任期6个月的阿富汗临时政府，卡尔扎伊当选临时政府主席；2002年6月19日，在美国的支持下，阿富汗成立了过渡政府，卡尔扎伊当选过渡政府总统，阿富汗亲美政权的建立标志着美国发动的阿富汗战争取得了阶段性成果。虽然美国在阿富汗的地位及能源势力依然受到塔利班残余势力的威胁，并因此深陷阿富汗战争的泥潭不能

---

① 舒先林：《美国中东石油战略研究》，石油工业出版社2010年版，第187页。

② 美国中亚—里海地区油气外送的"南向线路"的两个备选方案是：起始于塔吉克斯坦首都杜尚别，途经阿富汗，南抵巴基斯坦阿拉伯海沿岸的港口卡拉奇，全程2720公里；起始于土库曼斯坦首都阿什哈巴德，途经阿富汗，南抵卡拉奇，全程2000公里。请参见胡凤华《美俄中亚石油之争》，《中国石油化工》2002年第5期。

自拔，但从另一个角度来讲，美国确实在一定程度上控制了中亚—里海能源战略大棋局中的关键筹码。

借助阿富汗战争，美国军事力量成功地渗透到中亚—里海地区，相继在中亚—里海地区的五个国家①建立了军事基地，② 并实现了长期驻军，使美国的军事力量贯通亚欧大陆：从地中海沿岸出发，经里海地区，一直延伸到亚洲腹地，这一方面为美国维护中亚—里海地区的能源利益提供了军事上的保障，也为小布什政府后来推翻萨达姆政权奠定了军事基础。

（三）进一步深化同俄罗斯的能源合作

在能源领域，美国和俄罗斯既是竞争对手，又是合作伙伴，因此，小布什政府对俄罗斯的政策具有两面性：对抗与合作。

首先，与俄罗斯在中亚—里海地区展开激烈的能源争夺战。中亚—里海地区虽然能源储量丰富，但俄罗斯凭借其丰富的能源资源以及历史因素，在政治、经济、军事、能源等各方面对中亚—里海国家产生着实质性的影响。虽然中亚—里海地区新兴国家摆脱俄罗斯影响的独立意识日益强大，但"去俄罗斯化"仍需时日。因此，美国为了取得在中亚—里海地区的能源主导权，必须打压俄罗斯的势力。在能源领域，美俄在中亚—里海地区的对抗体现在两国对该地区石油、天然气资源产地和输送管道的争夺。关于美俄的"能源资源争夺战"和"油气运输管线争夺战"上文已经做了详细介绍，这里不再赘述。

其次，鉴于俄罗斯世界能源大国的地位，小布什政府还必须要加强与俄罗斯的关系，不断深化俄美能源对话和合作，以实现美国能源供应来源的多样化。2001 年，俄罗斯的石油出口量位居世界第二，然而美国从俄罗斯进口的石油量不足其进口石油总量的 1%，这不符合小布什政府实现能源进口来源多样化的能源战略与政策。尤其是"9·11"事件爆发以后，由于俄罗斯支持小布什政府的反恐战争，美俄两国关系升温。2001年 11 月 3 日，美俄两国发表联合声明，将两国关系从原来的"战略竞争关系"进一步上升为"战略伙伴关系"，这为推进小布什政府与俄罗斯普

---

① 按照美国在这五个国家建立军事基地的时间先后，这五个国家分别是：乌兹别克斯坦、吉尔吉斯斯坦、哈萨克斯坦、阿塞拜疆和格鲁吉亚。

② 张国庆：《一个人的世界——透视布什》，世界知识出版社 2004 年版，第 175 页。

京政府在能源领域的合作提供了政治上的保障，并为两国能源领域合作的常规化、制度化创造了条件。

其一，建立"美俄能源对话机制"。2005 年 5 月 24 日，在俄罗斯召开的美俄首脑会议上，美国总统布什和俄罗斯总统普京共同签署了《关于美俄开展新的能源对话的联合声明》，确立了"美俄能源双边对话机制"。该对话每年举行，轮流由美俄两国主办，双方同意筹划建立"俄美能源合作工作组"，以共同推进两国在能源领域的双边合作。"美俄能源双边对话机制"的建立使长期对立的俄美两国打破了冷战时期的"零和思维"，在该机制的推动下，俄罗斯的能源将会逐渐向世界能源市场开放；两国政府也将一道共同推进双方在能源领域的商务合作，扩大两国能源公司间在能源勘探、开采、加工、运输、销售和研发清洁能源领域的合作。① 该机制的建立，对保障世界能源市场价格的稳定和供应的持续，对维护全球能源安全具有重要的意义。《关于美俄开展新的能源对话的联合声明》是 21 世纪美俄两国能源合作领域的里程碑，"美俄能源双边对话机制"掀开了美俄两国能源合作制度化的新篇章。2008 年 4 月，美俄两国继 2001 年战略关系提升的联合声明后，再次联合发表了《美俄战略框架宣言》，② 该宣言重新肯定了"美俄能源对话机制"的重要性，并强调两国将依托该平台开展更广泛、更深入的能源合作。

其二，召开"美俄商业能源首脑峰会"。"美俄商业能源首脑会议"是"美俄能源双边对话机制"的成果之一，为俄美两国能源企业间开展具体合作项目提供了平台。依托该平台，美俄两国能源企业将详细讨论投资项目的具体方案和业务安排。2003 年 9 月底至 10 月初，第一次"美俄商业能源首脑会议"在美国中部能源重镇休斯敦召开，两国的政要和 70多个能源企业参与了此次会议，参与休斯敦首脑峰会的两国能源企业建立了"商业能源工作组"，为两国能源企业提供合作机会，并进一步消除了

---

① Embassy of the United States in Russia, *Joint Statement by President George W. Bush and President Vladimir V. Putin on the New U. S. -Russian Energy Dialogue*, May 24, 2002（http://moscow. usembassy. gov/joint_ 05242002k. html）.

② Embassy of the United States in Russia, *President Bush meets President Putin*, Sochi, April 5 - 6, 2008（http://moscow. usembassy. gov/sochi-declaration - 040608. html）.

贸易和投资障碍。[①] 同时，与会期间，在美国商务部授权下，美国进出口银行与俄罗斯三所大型能源公司签署了谅解备忘录，愿意为这三个企业提供高达 1 亿美元的中长期融资贷款，并承诺提供其他便利服务。[②]

"美俄能源对话"和"美俄商业能源首脑峰会"已成为美俄两国之间在能源合作领域的制度化机制，它们的顺利召开为美俄能源合作分别提供了宏观政治上的保障和微观经济上的实施平台。在小布什政府的努力下，俄罗斯的原油不仅顺利地进入了美国能源市场，而且还成为美国战略石油储备的重要来源，这在美国历史上还是第一次。2002 年，美国从俄罗斯进口的石油量占美国当年进口石油总量的比例上升了 1.3 个百分点，达到 2.3%，并呈不断上升趋势（如图 5 - 7），2001—2008 年，俄罗斯为美国提供的石油数量及在美国进口石油总量中所占的比例如表 5 - 11 所示。在小布什政府期间，俄罗斯成为美国的能源新伙伴，为美国能源来源多元化的战略作出了贡献。

表 5 - 11　　　　　　　2001—2008 年美从俄进口石油情况　　　　（单位：千桶）

时间	从俄进口量	总进口量	从俄进口量占总进口量比例
2001	32783	3404894	0.96%
2002	76690	3336175	2.30%
2003	92711	3527696	2.63%
2004	109151	3692063	2.96%
2005	149681	3695971	4.05%
2006	134646	3693081	3.65%
2007	151074	3661404	4.13%
2008	170264	3580694	4.76%

资料来源：根据美国能源信息署《美国能源使用说明》中的数据整理计算而成。U. S. Energy Informaiton Adminstration, EIA, "U. S. Imports from Russia of Crude Oil and Petroleum Products," "U. S. Imports of Crude Oil," *Use of Energy in the United States Explained*（http：//www. eia. gov/energyexplained/index. cfm? page = oil_ home）.

---

① PRNewswire, *Joint Statement by President George W. Bush and President Vladimir V. Putin on Development of The U. S. -Russian Energy Dialogue*（http：//www. prnewswire. com/news-releases/joint-statement-by-president-george-w-bush-and-president-vladimir-v-putin-on-development-of-the-us-russian-energy-dialogue - 76949332. html）.

② Export-Import Bank of the United States, *Ex-Im Bank Opportunities in Russia*, 2003（http：//www. exim. gov/russia/opportunities. cfm#energy）.

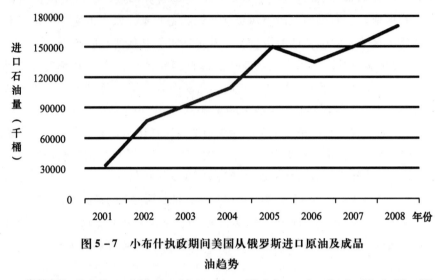

图 5 - 7　小布什执政期间美国从俄罗斯进口原油及成品油趋势

资料来源：U. S. Energy Informaiton Adminstration，"U. S. Imports from Russia of Crude Oil and Petroleum Products"，*Use of Energy in the United States Explained*（http：//www. eia. gov/energyexplained/index. cfm？page = oil_ home）.

三　伊拉克战争与大中东计划——软硬兼施，强化和扩大美国在中东的势力

小布什政府时期，中东地区的政治环境更为复杂。自"9·11"恐怖袭击事件以后，小布什总统拉开了反恐大幕。中东地区除了拥有丰富的石油资源之外，还被小布什政府认定为恐怖主义的藏匿地之一。2002年1月29日，小布什总统在发表的国情咨文中，将伊拉克等国从克林顿政府时期的"无赖国家"升级为"邪恶轴心国"，成为严重威胁美国国家安全的罪魁祸首之一。2006年年初，小布什总统在《国家安全报告》和国情咨文中强调，争取在2025年实现把从中东地区的进口石油量降低75%的目标。[①] 在逐步降低从中东地区进口石油量的同时，小布什政府为了维护美国在中东地区已有的地位、打击恐怖主义、保障美国本土安

---

① "President Bush's State of the Union Address，" *The Washington Post*，January 31，2006（http：//www. washingtonpost. com/wp-dyn/content/article/2006/01/31/AR2006013101468. html）；The White House，*The National Securtiy Strategy of the United States of America*，March 2006，pp. 28 - 29.

全，同时达到支配中东地区的石油资源、维护国际能源市场稳定的目的，小布什政府以"反恐"为名，主要借助军事手段，进一步加强了对中东地区的控制。

（一）伊拉克战争与对伊朗、利比亚的制裁——进一步消除中东不稳定因素

自 1991 年第一次海湾战争之后，联合国安理会先后通过了 16 项决议，要求伊拉克彻底消除大规模杀伤性武器。[①] 2002 年，伊拉克危机爆发，同年 11 月 8 日，联合国通过了 1441 号决议，给萨达姆政权最后一次彻底消除大规模杀伤性武器的机会，重启了联合国监测、核查和视察委员会对伊拉克大规模杀伤性武器消除和裁军情况的调查，并要求萨达姆政权全力配合联合国的调查。在伊拉克的配合下，自 2002—2003 年，联合国的武器调查团对伊拉克进行了 3 次调查，时任调查团领导人汉斯·布利克斯公布了调查结果："没有证据证明伊拉克拥有大规模杀伤性武器"、[②] "伊拉克裁军进程缓慢，不过如果伊拉克继续配合联合国的工作的话，裁军目标可以在较短时间内实现"。[③] 但调查组在最终报告中指出，萨达姆政权有计划在联合国制裁终止后继续研发大规模杀伤性武器的意图。[④] 就在这样含糊不清的调查结果下，2003 年 3 月 20 日，小布什政府不顾国际社会的反对，绕开了联合国，与英国、澳大利亚、波兰组成联合部队，对伊拉克发动了"先发制人"的战争——伊拉克战争，第二次海湾战争由此爆发。[⑤]

对于美国发动伊拉克战争的动机与目的，学术界有着不同的解释。

---

① Wikipedia, *Iraq disarmament crisis* (http://en.wikipedia.org/wiki/Iraq_ disarmament_ crisis).

② *Transcript of Blix's U. N. presentation*, March 7, 2003, CNN (http://articles.cnn.com/2003 - 03 - 07/us/sprj. irq. un. transcript. blix_ 1_ inspection-effort-unmovic-unscom?_ s = PM: US).

③ Hans Blix's Remarks on United Nations Security Council 4707 Meeting, Friday, February 14, 2003, New York.

④ GlboalSecurity. org, *Iraq Survey Group Final Report: Weapons of Mass Destruction (WMD)* (http://www. globalsecurity. org/wmd/library/report/2004/isg-final-report/isg-final-report_ vol1_ rsi-06. htm).

⑤ Judy Keen and Cesar G. Soriano, "U. S. begins second Gulf War with a surprise missile strike at Iraq leaders"; "Cruise missiles, bombs hit Baghdad site"; "Bush promises 'broad and concerted campaign'", *USA Today*, March 20, 2003.

舒先林总结了学界和政界对美发动伊拉克战争动机的四种分析：其一，
"与石油无关论"；其二，"旨在石油论"；其三，"安全与石油兼得论"；
其四，"包含石油的多动因论"。本书比较认同第四种分析，尽管战争爆
发后，美国政府和官员没有在任何公开场合提及美国发动第二次海湾战争
与石油或石油生产有关，并且白宫发言人阿里·弗莱舍还曾强调伊拉克战
争是为了维护中东地区的和平，而非石油。[①] 但毋庸置疑的是，伊拉克战
争是美国全球战略的重要组成部分，除了消除恐怖主义根源、重塑中东秩
序、维护美国国家安全等动机之外，美国对石油资源的追逐或以石油为武
器维护美国国家利益的动机显而易见。美国发动伊拉克战争之前，萨达姆
对伊拉克的石油产业进行了蓄意的破坏，如故意向北阿拉伯海湾倾倒石
油、破坏油井设施、焚毁油田等。[②] 而美国对伊拉克进口石油的依赖程度
相对较高，2000 年和 2001 年，美国从伊拉克进口石油量在美国全年进口
石油总量中所占的比例分别高达 5.4% 和 6.7%，而在萨达姆以石油为武
器的蓄意报复下，2002 年，这一数字下降到 3.98%（如图 5 - 8 所示）。
追溯历史，在老布什政府时期，从 1991—1995 年，萨达姆政权曾经对美
国实施石油禁运，中断了伊拉克对美国的石油供应，直到 1996 年才逐渐
恢复，[③] 这些事件足以使小布什政府认识到萨达姆政权的存在将会严重威
胁美国进口石油安全。一位未署名的美国国防部官员在伊拉克战争之前曾
称，一旦伊拉克发生战争，五角大楼军方会将尽可能地保护其境内的油田
及设施免受战争的破坏；[④]《纽约时报》也曾报道，如果伊拉克战争爆发，
尽快占领伊拉克的重要油田是美军最为重要的任务。而事实也证明了这一
说法，在 2003 年 3 月美军对伊拉克首都巴格达的空袭之后，伊拉克石油
部办公大楼由于美国军队的保护几乎成为巴格达唯一一座摆脱战争劫数的

---

① Serge Schmemann, "After Hussein: Controlling Iraq's Oil Wouldn't Be Simple," *New York Times*, November 3, 2002.

② U. S Department of Defense, DoD News Briefin, *Saddam's Terrorism by Oil-Iraq 2003*, *Saddam Destroying Oil Fields*, January 24, 2003（http://www.defense.gov/news/briefingslide.aspx? briefingslideid = 113）.

③ 根据美国能源信息署的数据整理计算，原始数据请见 U. S. Energy Informaiton Adminstration, *Use of Energy in the United States Explained*（http://www.eia.gov/energyexplained/index.cfm? page = us_ energy_ use）.

④ U. S Department of Defense, DoD News Briefin, *Oil as A Weapon of Terror*, January 24, 2003（http://www.defense.gov/news/briefingslide.aspx? briefingslideid = 113）.

政府建筑。① 由此可见，石油毫无疑问是小布什政府发动伊拉克战争的重要动机之一，"倒萨"是小布什政府巩固中东石油霸权的重要工具，也是维护其世界能源控制权和主导权的有效手段。

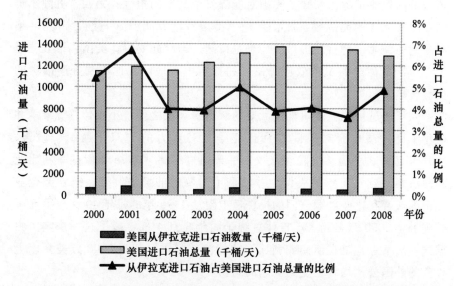

图 5 - 8　小布什执政期间美国从伊拉克进口石油（原油及成品油）情况

资料来源：U. S. Energy Informaiton Adminstration, EIA, "Oil: Crude and Petroleum Products Expained", *Use of Energy in the United States Explained*（http://www.eia.gov/energyexplained/index. cfm? page = oil_ home#tab3）.

伊拉克战争持续了 7 年之久，直至 2010 年 8 月 18 日才以萨达姆政权的倒台而宣告结束。虽然战争大幅增加了美国的军费开支、造成了四千多名美国士兵的死亡、暂时影响了全球石油的供应，但对于美国来讲，战争的结果利大于弊。第一，摧毁了萨达姆政权，并由美国主导伊拉克的重建工作，建立亲美政权。2003 年 12 月 13 日，萨达姆在提克里特被捕，并于 2006 年 12 月 30 日被执行死刑。萨达姆政权的倒台改变了中东地区的

---

① Sabrina Twvernise, "Iragis Anxiously Await Decisions about the Operation and Control of the Oil Industry," *New York Times*, April 28, 2003, 转引自 Michael T. Klare, "The Bush/Cheney Energy Strategy: Implications for U. S. Foreign and Military Policy," *International Law and Politics*, Vol. 36, 2004.

权力分配格局，对美国意义非凡；[①] 第二，美国通过伊拉克战争重塑了伊拉克，也捍卫了美国在中东地缘政治中的主导地位；第三，通过"倒萨"，美国控制伊拉克的石油资源，获得储量极大、开发成本极低、[②] 质量极好的石油资源，减轻了美国对能源安全问题的担忧；第四，巩固了美国在中东地区的能源领导权，强化了美国对世界能源（石油）市场的绝对控制力，无论是石油出口国还是进口国，均因此要避让美国；第五，通过"倒萨"战争的示范效应，钳制和打压中东地区其他不友好产油国的反美气焰。[③]

　　除了通过伊拉克战争推倒敌对的萨达姆政权之外，小布什总统继承并强化了克林顿政府对伊朗和利比亚等敌对势力的"双重遏制"政策。2001 年 7 月，美国参议院和众议院一致通过了将《1996 年伊朗—利比亚制裁法案》延长 5 年的决议，并加重了对两国的经济制裁，把外国企业在伊朗或者利比亚能源部门的投资额上限从 1996 年的每年 4000 万美元下调到每年 2000 万美元。小布什总统于同年 8 月 4 日签署了这一法案。根据这一法案，凡是在伊朗或利比亚的能源部门进行超过 2000 万美元以上投资的外国公司均将会受到美国的惩罚。[④]

　　但美国"倒萨"的这些成果只是暂时的，与此同时，美国对伊朗和利比亚两大产油国的经济制裁也会对美国石油进口造成不利影响。因此，从长远看来，美国在中东的石油霸主地位依然受到众多因素的挑战，其中，沙特阿拉伯作为中东地区美国最大的石油供应国，其对美国从该地区获取稳定石油供给的作用不容小觑。

---

　　① 著名石油问题专家丹尼尔·耶金曾经指出："一个不同的伊拉克政权将改变整个地区的平衡"；"一个不同的伊拉克将意味着一个不同的波斯湾"。请参见布尚·巴赫雷、约翰·菲亚尔卡《石油产业界思考伊拉克危机》，《华尔街日报》2002 年 8 月 30 日，转引自张国庆《一个人的世界——透视布什》，世界知识出版社 2004 年版，第 170 页。

　　② 由于伊拉克的石油层与地表的距离很小，因此，其石油开采成本很低，每桶石油的生产成本仅为 0.5 美元，远远低于国际平均成本，而沙特阿拉伯生产一桶石油的成本则高达 2.5 美元，是伊拉克的 5 倍之多。请参见张国庆《一个人的世界——透视布什》，世界知识出版社 2004 年版，第 170—171 页。

　　③ 张国庆：《一个人的世界——透视布什》，世界知识出版社 2004 年版，第 170—171 页。

　　④ "美国会解除对利比亚的制裁吗？"，2003 年 12 月 25 日，中国网（http：//www1. china. com. cn/chinese/zhuanti//fqsswq/467965. htm）；"美将对伊朗和利比亚制裁延长 5 年 俄表示强烈不满"，2001 年 8 月 6 日，新浪网（http：//news. sina. com. cn/w/2001 – 08 – 06/321873. html）。

（二）9·11 以后美国与沙特阿拉伯关系的微妙变化

通过伊拉克战争，美国成功地推翻了萨达姆政权，并在伊拉克扶植了亲美政权。但相对于伊拉克来讲，沙特阿拉伯的石油资源在维护美国能源安全、稳定国际能源供给等方面发挥更加重要的作用，伊拉克不可能取代沙特阿拉伯在美国能源战略中的地位。其一，伊拉克战争战后，伊拉克国内政局混乱，需要较长时间平定，即使亲美政权顺利建立，其合法性也会受到穆斯林世界的反对，而沙特阿拉伯在中东地区具有较大的政治影响力，其在阿拉伯和伊斯兰世界中的特殊地位是伊拉克无法比肩的；其二，伊拉克石油生产设施在伊战中遭到重创，生产能力的恢复有待时日，相比之下，沙特阿拉伯生产能力强大、成本低廉，这也是伊拉克望尘莫及的；其三，伊拉克石油产量只有沙特阿拉伯的 1/5 到 1/4，其后备（剩余）生产能力不足以应对世界石油供应的突然中断。① 而作为机动产油国的沙特阿拉伯是世界上最大的石油输出国，也是保障世界石油市场稳定供应的核心力量。② 基于以上因素，在伊拉克战争结束以后，沙特阿拉伯在维护美国进口能源稳定供应中地位依然不可取代，维系并巩固美沙的盟友关系依然是美国重要的战略利益之一。

然而，"9·11"恐怖袭击事件加剧了美沙之间原有的、根深蒂固的、意识形态上的差异，再加之双方不断出现的利益摩擦，美沙两国之间的矛盾逐渐凸显，其同盟关系发生了微妙的变化。

"9·11"事件之后，美国智库——兰德公司在其发表的报告中竟然将沙特阿拉伯也列为"邪恶轴心国"，认为它是邪恶的煽动者、是危险的敌人，"沙特人是恐怖主义活动每个环节的踊跃参与者"，③ 美沙战略同盟关系出现了自 20 世纪 70 年代以来的又一次危机。④ 美沙之间的矛盾和冲突主要表现在三个方面：⑤ 第一，在巴以冲突问题上，美国偏袒以色列，

----

① 刘辉：《后冷战时代沙特阿拉伯与美国的关系》，硕士学位论文，西北大学，2004 年，第 22 页。

② National Energy Policy Development Group, *National Energy Policy: Reliable, Affordable, and Environmentally Sound Energy for America's Future*, Washington, D. C.: U. S. Government Printing Office, May 2001, pp. 8 - 4, 8 - 5.

③ Thomas E. Ricks, "U. S. Advisers See Saudis as Enemies," *International Herald Tribune*, August 7, 2002.

④ 20 世纪 70 年代，美国与沙特阿拉伯的关系曾因阿以冲突一度陷入危机。

⑤ 高祖贵：《美国与沙特关系走势分析》，《现代国际关系》2002 年第 9 期。

导致沙特王储阿卜杜拉的不满；此外，小布什政府于 2002 年 6 月底推出的"中东和平新政"号召采取民主方式罢免沙特阿拉伯一向支持的阿拉法特，致使沙特左右为难。第二，美沙在意识形态上的对立尖锐化。在参与"9·11"恐怖袭击的 19 名劫机人员中，其中有 15 人来自沙特，他们与策划者本·拉登都是伊斯兰瓦哈比派的信徒，这使得"9·11"事件后小布什政府认定瓦哈比派是恐怖主义的根源，而瓦哈比派却是沙特阿拉伯的国教，因此美沙两国矛盾不断激化；再加之沙特国内不断出现针对美国人的恐怖事件，如 2003 年 5 月，在沙特境首都利雅得西方居民区内发生了三起旨在报复美国人的自杀性汽车爆炸事件，造成 8 名美国人死亡；随后 11 月，利雅得再次发生针对美国人的自杀性连环爆炸事件，① 这无疑激化了美沙双方在意识形态领域的矛盾，导致双方出现了根本性的对立。第三，美沙双方就美国在沙特的军事存在问题上争议不断。双方分歧主要表现为美国在沙特驻军、美军轰炸伊拉克南部"禁飞区"及沙特为美军支付高额军事费用等问题。例如，沙特政府在伊拉克战争爆发前驱除了美国在沙特阿拉伯的全部驻军，而伊战之后，美国在沙特的军事基地，除苏丹王子空军基地保留一些文职工作人员之外，几乎全部关闭。②

"9·11"事件后，虽然美沙两国关系遭到了不小的冲击，但双方对彼此的战略需要却不曾减少：美国希望借助沙特丰富的石油资源和稳定的产量而获得稳定的进口石油供应，并由此巩固其中东能源霸主地位；沙特阿拉伯则希望借助美国的影响力为其创造良好的国际、国内环境。因此，美沙两国政府和领导人都极力维护双方的同盟关系。

在政治上，美沙双方高层领导人关系密切，并能在一定程度上达成谅解。在"9·11"事件引发国内外各界对美沙两国同盟关系破裂的猜测的时候，小布什总统与阿卜杜拉王储都曾在各种场合中多次表示保持美沙友好同盟关系的意愿。"9·11"事件发生后一个月，小布什总统曾与沙特阿卜杜拉王储通了电话，感谢沙特在反恐行动中给予美国的支持，并否认

---

①　刘辉：《伊拉克战争后沙特阿拉伯与美国关系探悉》，《西北大学学报》（哲学社会科学版）2007 年。

②　邓海鹏：《冷战后美国在中东军事基地研究》，硕士学位论文，上海外国语大学，2010年，第 18 页。

了两国关系紧张的报道。[①]

在军事方面，沙特为美军在中东的军事行动提供便利，而美国为沙特提供军官培训、武器转让等形式的军事援助。如在 2003 年的伊拉克战争中，沙特为美国提供各种便利：沙特为美国部队提供后勤保障、允许美国战机使用其军事基地、允许美国从航空母舰上起飞的飞机和发射的导弹使用其领空等。[②] 然而，美国却承诺在伊拉克战争结束后从沙特撤军，并于 2003 年 9 月从沙特阿拉伯苏丹王子港空军基地撤回了驻沙美军的最后一批作战部队，从此结束了美国在沙特阿拉伯长达 13 年的军事部署。[③] 美国从沙特阿拉伯的撤军行为正是美沙特殊而微妙关系的体现。

在能源方面，沙特阿拉伯政府应小布什政府的要求，适时调整石油产量以满足美国石油需求的变化，表 5 - 12 具体陈列了这几次调整。

表 5 - 12　　　2001—2008 年沙特阿拉伯应美国要求对石油产量
进行的调整　　　　（单位：百万桶/天）

时间	调整原因	世界市场石油短缺数量	沙特调整石油生产数量	沙特调整数占世界短缺量比例
2002. 12—2003. 1	委内瑞拉、尼日利亚石油工人罢工	3.5*	+1.5	43%
2003. 3—2003. 12	伊拉克战争	2.3	+1.2	52%
2005. 8—2005. 9	卡特里娜飓风袭击美国墨西哥湾炼油设施	1.0*	+0.5	50%

* 国际能源机构对这两次世界能源市场石油缺口的统计口径不同，所以数字也不同，IEA 的统计数据为：2002 年 12 月至 2003 年 3 月委内瑞拉罢工造成的石油短缺为 260 万桶/天；2005 年 9 月，卡特里娜（Katrina）和丽塔（Rita）飓风造成的石油短缺为 150 万桶/天。

资料来源：International Energy Agency, *IEA Response System for Oil Supply Emergencies*, 2011, p. 11,（http://www.iea.org/textbase/nppdf/free/rs/response_ system.pdf）；U. S. Energy Information Administration, EIA, *Annual Energy Review 2004*, Table 11.5；*Monthly Energy Review* 2004, Table 11.1a，转引自王波《美国石油政策研究》，世界知识出版社 2008 年版，第 236 页。

---

① 刘辉：《后冷战时代沙特阿拉伯与美国的关系》，硕士学位论文，西北大学，2004 年，第 21 页。
② Michael Dobbs, "U. S. -Saudi Ties Prove Crucial in War," *Washington Post*, April 27, 2003.
③ 刘辉：《伊拉克战争后沙特阿拉伯语美国关系探悉》，《西北大学学报》（哲学社会科学版）2007 年第 1 期。

综上所述，"9·11"恐怖袭击事件的发生，使得美沙之间原本没有根基的、特殊的战略同盟关系变得更加微妙。但从趋势看来，美国和沙特阿拉伯的关系不会坏到哪去，因为他们之间本来就是基于国家间利益的结合，双方的关系也是一场关于"石油、金钱与安全的博弈"，只要双方对彼此的利益诉求依然存在，他们之间总能够彼此妥协。因此，鉴于沙特在其国际能源战略中的特殊地位，美国会继续维系同沙特的微妙关系。[①]

（三）大中东计划中的石油因素

老布什总统在任时，推出"中东和平计划"来构建"中东新秩序"，希望通过软硬兼施的方式，打击萨达姆政权、扶植亲美政权，从而实现中东地区的稳定、维护美国在中东地区的石油霸权。2003 年萨达姆政权被美国强力推翻之后，美国在中东地区最大的威胁才暂时消失。为此，美国领导人充分认识到中东局势不稳的罪魁祸首是专制制度，"美国只有在一个不断实现民主的世界中才能感到真正的安全"[②]。以史为鉴，小布什总统吸取了教训，在"倒萨"结束后迅速抛出了旨在针对土耳其、以色列、阿富汗、伊朗、巴基斯坦和 22 个阿拉伯国家进行政治、经济、文化、社会等改革的"大中东计划"，巩固战果。其实，早在 2003 年 11 月，小布什总统就曾经表示要出台旨在推动阿拉伯国家民主化进程的计划；在 2004 年 1 月 20 日的国情咨文中，小布什总统再次强调推动中东地区民主化进程的重要性，并于 2 月初正式提出了包含一系列经济、外交、文化等举措的"大中东计划"；[③] 同年 4 月底，美国在八国集团峰会上向 8 个发达国家发出了"大中东计划的倡议"。该倡议包括五项核心内容：[④] 第一，定期召开"面向未来的大中东论坛"，加强沟通；第二，筹建"大中东民主协助小组"，借助美国、欧洲的非政府组织与基金会的项目来推进中东

---

① 徐菁菁：《沙特的变与不变》，《三联生活周刊》2011 年第 18 期。

② Anthony H. Cordesman, *The Middle East and the Geopolitics of Energy: a Graphic Analysis*, Center for Strategic and International Studies Report, 1999, p. 10, 转引自舒先林《美国中东石油战略研究》，石油工业出版社 2010 年版，第 145 页。

③ 《美国的大中东计划》，2004 年 6 月 9 日，新华网（http://news.xinhuanet.com/world/ 2004 - 06/09/content_ 1515549. htm）。

④ Tamara Cofman Wittes, *The New U. S. Proposal for a Greater Middle East Initiative: An Evaluation*, Saban Center For Middle East Policy at the Brookings Institution, May 10, 2004 (http:// www. brookings. edu/papers/2004/0510middleeast_ wittes. aspx) .

地区的民主进程；第三，建立多边的"大中东民主基金会"，进一步推进中东的民主化；第四，建立"大中东文化扫盲组织"，协助提高大中东整体文化水平，逐步消除人民参与政府治理的障碍；第五，借助"八国集团小额信贷试点项目"，逐渐形成建立民主政体生存所必需基础——中产阶级。由此可见，小布什政府抛出的"大中东计划"无疑是以美国模式打造大中东地区，是变相的"民主和平论"，是美国维护全球霸权的手段。

"大中东计划"不仅通过和平方式推进，也借助军事力量。2006 年 6 月，时任小布什政府国务卿赖斯在以色列第二大城市特拉维夫会见以色列总理奥尔默特时表示，希望借助"大中东计划"构筑"美—英—以军事路线图"，并根据各自的战略需要和战略目标重绘中东版图，瓜分利益。①

然而，从"大中东地区"所涵盖的地理范畴来看，小布什政府的"大中东计划"与石油有着千丝万缕的联系。小布什总统定义的"大中东地区"由传统的中东地区、中亚—里海地区、北非和西非等 27 个国家构成，② 其中大部分国家为重要产油国或油气输送管道过境国。因此，从一定程度上讲，"大中东地区"几乎囊括了世界石油、天然气储量和产量最为丰富的几个地区，是世界的"油气中心地带"。其实早在 20 世纪末，俄罗斯学者亚历山大·阿克莫夫就曾提出了一个"更广泛的石油中东地区"的概念，即西北非、中东海湾和环里海地区连成一体的广泛地区，这与小布什提出的"大中东"地区不谋而合。③ 因此，根据以上分析，"大中东计划"包含着美国对中东油气资源，乃至欧亚非大陆"油气中心地带"资源的觊觎，是小布什政府能源战略的重要一环。由此可见，"大中东计划"是小布什政府以"民主"为手段、以美国的民主制度为模板、以军事力量为后盾对恐怖主义滋生地、油气资源富集地进行的改造，从而实现"美国治下的和平"，维护美国在"大中东"地区的战略和石油利益。

---

① Mahdi Darius Nazemroaya, *Plans for Redrawing the Middle East: The Project for a "New Middle East,"* Centre for Research on Globalization Report, November 18, 2006（http：//www. global research. ca/index. php? context = viewArticle&code = NAZ20061116&articleId = 3882）.

② "大中东地区"包括 27 个国家：土耳其、以色列、巴基斯坦、阿富汗、伊朗及 22 个阿拉伯国家，分别是沙特阿拉伯、阿联酋、伊拉克、科威特、约旦、利比亚、阿曼、卡塔尔、巴林、也门、阿尔及利亚、叙利亚、埃及、巴勒斯坦、黎巴嫩、摩洛哥、科摩罗、吉布提、毛里塔尼亚、索马里、苏丹和突尼斯。

③ 舒先林：《美国"大中东计划"中的石油因素》，《阿拉伯世界》2005 年第 1 期。

"大中东计划"民主和平论的本质使该计划一出台便遭到伊斯兰国家的强烈反对，同时该计划也凸显了美国在地缘政治和能源政治上的野心，引起部分欧盟国家的担忧和不满。这就为小布什政府"大中东计划"的实施平添了不少困难。

四 持续强化与美洲产油国的友好关系

（一）"北美能源工作组"与"北美安全与繁荣联盟"框架下的能源合作

在小布什政府时期，小布什总统依然致力于北美能源市场的整合。2001 年，北美三国政府成立了"北美能源工作组"，为了便于开展工作，工作组又详细划分为五个小组，即能源科技小组、能源效率小组、电力监管小组、天然气监管小组和关键基础设施保护小组。"北美能源工作组"通过组织能源论坛的形式为三国的能源企业提供信息交流和合作的平台。2002 年，来自美国、加拿大、墨西哥三个国家政府的能源专家共同起草了《北美能源图景报告》，首次将北美作为统一的整体市场，对其能源存量、贸易平衡和能源流量等情况进行共同的评估。[1]

除了专门的北美能源合作组织之外，小布什政府还继续通过北美区域性经济组织推进北美地区的能源合作，确保美国的能源供给稳定。"北美安全与繁荣联盟"是继"北美自由贸易协定"之后另一个重要的推进北美能源合作的区域性组织。

"北美安全与繁荣联盟"是"北美自由贸易协定"的拓展和深化，成立于 2005 年 3 月，由美国、加拿大和墨西哥组成。顾名思义，"北美安全与繁荣联盟"的主要目标有两个，即"安全议程"和"繁荣议程"。在"繁荣议程"下，专门设立了能源工作小组，进而为北美三国在"北美安全与繁荣联盟"框架下进行能源交流和合作奠定了组织基础。繁荣议程下的能源工作小组的主要任务是实施由北美三国领导人于 2006 年 5 月发起的"北美能源安全倡议"，共同致力于寻求能源科学技术合作的机会、

---

[1] International Energy and Commodity Policy Office Economic and Business Affairs Bureau, U. S. Department of State, "Statement of Matthew T. McManus," *Testimony Before the Senate Foreign Relations Committee Subcommittee on International Economic Policy*, Export and Trade Promotion, October 21, 2003, p. 2 (http: //foreign. senate. gov/imo/media/doc/McManusTestimony031021. pdf).

制定能源效率标准和扫除北美地区发展清洁能源技术的障碍。①

　　归根结底，"北美安全与繁荣联盟"下两个议程的设置是根植于美国不断销蚀的国际地位，以及世界各国对国际能源，尤其是石油、天然气资源争夺的激烈化、白热化的现实。对美国来讲，从议程设置来看，"安全议程"虽然也包括禁毒、打击走私等议题，但最主要关注的还是能源领域，具体包括：信息情报合作、军事合作（主要用于保护能源及能源运输设施，对抗委内瑞拉构建独立的南美洲能源政策的企图）等。"繁荣议程"包括环境、金融服务、交通等领域，其中能源依然是美国重点关注领域，美国希望借助此项议程巩固其对北美能源资源及供应的控制：其一是增加能源产品进口，主要途径是鼓励加拿大和墨西哥增加能源产量，并通过开放北美能源市场使美国能够从美加增产中获益；其二是消除美、加、墨三国能源合作的障碍，主要途径是成立三方框架协议、成立钢铁等工业的特殊委员会、消除资本和金融服务领域的限制、简化跨境运输程序等。②"北美安全与繁荣联盟"的建立促进了北美能源安全网的形成。

　　同加拿大合作方面，小布什政府鼓励美国石油公司通过投资加拿大油气企业的方式开发加拿大丰富的沙油资源和天然气资源。根据加拿大统计局的统计数据，截至 2002 年年底，美国对加拿大的直接投资③大部分进入了加拿大的采矿业、冶炼业、石油化工领域等。④ 在沙油开发方面，美国石油公司为加拿大石油公司森科尔和辛克鲁德提供资金和先进的技术支撑，共同攻克了沙油开采的难题，截至 2003 年，沙油开采的成本已经降到了每桶 10 美元。美国的雪佛龙—德士古等石油公司更是承诺在未来几年中将继续投入数十亿美元资金用于开发加拿大的沙油资源，预计到2013 年，加拿大的沙油产量将达到两万桶/天；在石油和天然气项目中，美国将加拿大视为其东北新英格兰地区的能源后备军，2000 年，美加建

---

① Government of Canada, "The Energy Working Group," *Security and Prosperity Partnership of North America* (http：//www. spp-psp. gc. ca/eic/site/spp-psp. nsf/eng/00045. html).

② Katherine Sciacchitano, "From NAFTA to the SPP", *Dollars & Sense* (http：//www. dollarsandsense. org/archives/2008/0108sciacchitano. html).

③ 美国对加拿大的直接投资高达 1428 亿美元，占美国对外直接投资总额的 72%。具体数据请参见 U. S. Department of State, *Canada* (http：//www. state. gov/outofdate/bgn/canada/34656. htm#).

④ U. S. Department of State, *Canada* (http：//www. state. gov/outofdate/bgn/canada/34656. htm#).

成了从加拿大新斯科舍省至美国波士顿地区的天然气运输管道，并开始向波士顿运输天然气。[①] 在小布什政府期间，美国与加拿大的石油、天然气管道已经实现了整合，真正实现了美加能源贸易的"无缝连接"。图 5 - 9 显示了 2001 年美加之间石油和天然气管道建设情况。

美加石油管道　　　　　　　　　　　美加天然气管道

图 5 - 9　2001 年加拿大输往美国的石油、天然气管道

资料来源：Lakehead Pipeline Company, Inc. , and Canadian Association of Petroleum Producers, 转引自 *U. S. National Energy Policy 2001*, p. 8 - 7.

此外，鉴于加拿大丰富的能源资源，美国还为两国的能源合作进行了制度性安排。在美国国务院的主持下，美加两国建立了政府间双边能源对话机制，即"美加能源协商机制"。该协商机制每年举行一次，主要围绕双方共同关心的双边能源贸易和能源关系问题展开对话，并为双边能源合作创造机会，从而强化美加两国在能源领域的务实合作，提升双边能源关系。小布什政府期间，美国利用该机制，敦促加拿大提高沙油产量、向美国提供天然气及共建美加共同电网等，并从加拿大购买了更多的石油、天然气、铀和电力资源。[②]

[①] International Energy and Commodity Policy Office Economic and Business Affairs Bureau, U. S. Department of State, "Statement of Matthew T. McManus," *Testimony Before the Senate Foreign Relations Committee Subcommittee on International Economic Policy*, Export and Trade Promotion, October 21, 2003, pp. 3 - 5 (http: //foreign. senate. gov/imo/media/doc/McManusTestimony031021. pdf).

[②] U. S. Department of State, *U. S. -Canada Energy Consultative Mechanism Meets*, December 6, 2010 (http: //www. state. gov/r/pa/prs/ps/2010/12/152442. htm); International Energy and Commodity Policy Office Economic and Business Affairs Bureau, U. S. Department of State, "Statement of Matthew T. McManus," *Testimony Before the Senate Foreign Relations Committee Subcommittee on International Economic Policy*, Export and Trade Promotion, October 21, 2003, pp. 4 - 5.

同墨西哥合作方面，在小布什政府期间，墨西哥一直位于美国石油进口国的前三甲。2004 年 6 月，美国从墨西哥进口石油量已经超过沙特阿拉伯，墨西哥与加拿大一起成为美国最主要的进口石油来源地。同时，墨西哥尤卡坦半岛的天然气资源十分丰富，如果按照现在的开采力度，墨西哥的石油、天然气资源仅仅能够再开采十年。鉴于这样的前景，美国希望通过"北美安全与繁荣联盟"对墨西哥能源产业实施"私有化"政策，即在当下石油价格高位运行的情况下，通过油气产业的完全私营化和增加石油领域的私人投资来增加油气产量。美国认为，这样的政策一举两得，一方面可以使墨西哥获取最大的经济收益，以满足墨西哥的利益诉求；另一方面也能够为美国提供大量稳定、可靠的能源资源，符合美国对能源安全的诉求。但美国这样的打算遭到了墨西哥政府的拒绝，早在先前"北美自由贸易协定"的谈判中，墨西哥政府鉴于宪法的限制，否定了美国提出的对墨西哥国家石油公司①进行私有化改革的提议，并且墨西哥石油工会也强烈反对外资以任何方式进入该国的石油和天然气领域。② 但墨西哥在 20 世纪 90 年代的立法逐渐放松了对国家石油公司私有化的管制，逐步扩大私营部门的合同范围，允许外资进入石油、天然气开发的存储、运输和销售等边缘领域；与此同时，受到 20 世纪 80 年代债务危机的影响，③ 墨西哥国家石油公司负债累累，油气收入都用于偿还外债，长期缺乏资金用于油气资源的勘探和开发。因此，自 20 世纪 90 年代以来，墨西哥政界坚决拒绝油气产业私有化的态度日益松动。在墨西哥政界对油气产业私有化的态度出现转机的情况下，以美国为首的"北美安全与繁荣联盟"于 2008 年出版了一份报告，报告着重强调了墨西哥国家石油公司对

---

①　墨西哥国家石油公司是墨西哥最大的石油、天然气公司，该公司 60% 的收入贡献了墨西哥全国 40% 的财政收入。

②　Edward L. Morse, Amy Myers Jaffe, *Strategic Energy Policy Challenges for the 21st Century*, New York: Council on Foreign Relations, CFR, April 2001, p. 81.

③　1973 年，由于中东石油危机的发生，国际油价飙升，为了牟利，墨西哥国家石油公司在 20 世纪 70 年代对外借取了大量贷款用于石油、天然气的勘探、开发和基础设施建设，进行扩大再生产；20 世纪 70 年代大规模的贷款直接导致 20 世纪 80 年代债务危机的发生。而欧佩克国家的石油盈利却都储存在了美国的银行，美国的银行又通过贷款的方式将这些资本借贷给了墨西哥。为了偿还外债，墨西哥国家石油公司不得不增加产量，而这种行为在无形之中又造成国际能源市场供大于求的局面的出现，导致了国际油价的下降，从而使墨西哥国家石油公司的收入锐减，偿还债务能力反而下降，陷入了恶性循环，成为"债务奴隶"。这无疑也帮助了美国，为美国提供了更为廉价的石油资源。

私人资本的需求，敦促墨西哥实现石油产业的私营化。[①] 但在小布什政府期间，美国的资本和石油企业始终没能进入墨西哥油气资源开发的关键上游领域。[②]

此外，在美墨跨境能源运输管线建设中，小布什政府取得了一系列成就：2003 年，美墨两国就修建日输油能力为十万桶的"蒙特雷利（墨西哥）—布朗维利（美国得克萨斯州）"输油管线达成共识；此外，沿墨西哥海岸至美国加州巴加半岛的液化天然气运输管道的修建计划也在酝酿之中。[③]

由于墨西哥内部冲突不断、社会治安很差，输油管道经常遭到破坏，运输的石油也经常遭到盗窃，为了保障从墨西哥到美国能源运输管线的通畅，小布什政府借助了军事力量。小布什总统向国会提交了旨在构建以美国为首的"美洲军事和安全联盟"的"墨西哥计划"提案，总价值为 14 亿美元。在该计划下，美国虽然不会向墨西哥派遣地面部队，但将会向墨西哥军队和警察提供情报信息、军事培训、武器装备，主要用于平定墨西哥不断激化的社会动乱，从而保护美国能源企业在墨西哥的投资利益、保障墨西哥能源产量的稳定、保护墨—美能源运输线免受墨西哥国内暴乱的破坏等。[④]

综上所述，小布什政府时期，美国所面对的国际能源形势更加纷繁复杂，北美洲由于政局稳定、能源储量及产量丰富而成为美国新世纪能源安全和能源稳定供给的重要保障。因此，小布什总统针对北美洲开展的能源外交活动更加频繁、更加有力，并希望进一步深化与加拿大和墨西哥的能源伙伴关系。

（二）与中南美产油国的能源关系

在小布什总统执政前期，2000 年，中南美洲探明石油和天然气储量分别为 895 亿桶和 222.7 万亿立方英尺，分别占世界的 8.8% 和 4.3%。随着勘探与开采技术的发展，该地区石油和天然气的储量均保持持续增长

---

① Katherine Sciacchitano, "From NAFTA to the SPP," *Dollars & Sense*（http：//www. dollar-sandsense. org/archives/2008/0108sciacchitano. html）.

② 王波：《美国石油政策研究》，世界知识出版社 2008 年版，第 175 页。

③ 同上书，第 176 页。

④ Katherine Sciacchitano, "From NAFTA to the SPP," *Dollars & Sense*（http：//www. dollar-sandsense. org/archives/2008/0108sciacchitano. html）.

态势，截至 2008 年，中南美洲探明石油、天然气储量已经攀升至 1099 亿桶和 261.8 万亿立方英尺；2000 年，中南美洲石油和天然气产量分别为 732 万桶/天和 5.7 万亿立方英尺，分别占世界的 9.4% 和 5.2%。除了丰富的石油、天然气储量和产量之外，中南美洲还建成了一体化的天然气输送管道，将玻利维亚、巴西、阿根廷、智利、巴拉圭和乌拉圭连接起来，实现了天然气资源的自给自足。① 为此，"切尼报告"号召美国要增加从中南美洲国家进口石油和天然气资源。小布什总统也充分意识到了增加中南美洲对美油气资源供给的重要性，认识到了中南美洲在美国国际能源战略中的关键性地位。② 在小布什总统的主导下，美国能源部、商务部和国务院共同发起成立了"拉丁美洲石油、天然气论坛"，用于加强同中南美洲国家的能源战略沟通。③

此外，小布什政府与南美洲能源出口国之间进行能源合作的另一平台是克林顿政府时期筹建的"西半球能源大会"，该对话平台提供的"西半球能源部长会议"和"美洲能源企业家研讨会"在小布什政府得以延续。2001 年 3 月和 2004 年 4 月，第五届和第六届"西半球能源大会"分别在墨西哥、特立尼达和多巴哥召开，来自美国、墨西哥、委内瑞拉、秘鲁、哥伦比亚、阿根廷等国的能源部长和能源企业的代表参加了大会，并围绕强化能源安全、促进石油和天然气工业的可持续发展等共同关心的话题进行了深入的探讨。④

除了统一的合作与对话机制之外，美国还有针对性地与重点国家开展双边能源合作。

在众多的中南美洲国家中，委内瑞拉的石油资源对美国具有重要的战略意义。在小布什政府期间，委内瑞拉是仅次于加拿大和沙特阿拉伯的第

---

① National Energy Policy Development Group, *National Energy Policy（2001）: Reliable, Affordable, and Environmentally Sound Energy for America's Future*, Washington, D.C.: US Government Printing Office, 2001, pp. 8 - 10.

② Spencer Abraham, *Remarks at the Fifth Hemispheric Energy Initiative Ministerial Conference*, March 8, 2001.

③ Edward L. Morse, Amy Myers Jaffe, *Strategic Energy Policy Challenges for the 21st Century*, New York: Council on Foreign Relations, CFR, April 2001, p. 80.

④ "第六届西半球能源部长会议在特多召开"，中华人民共和国驻特立尼达和多巴哥共和国大使馆经济商务参赞处，2004 年 4 月 21 日（http://tt.mofcom.gov.cn/aarticle/jmxw/200404/20040400211984.html）。

三大对美石油供应国，当美国面临由中东局势动荡等原因造成的能源供应中断之时，委内瑞拉无疑将成为确保美国进口能源稳定供应的后备保障之一。

小布什政府对委内瑞拉的政策以 2002 年委内瑞拉石油工人大罢工为界分为两个阶段。在 2002 年之前，小布什总统延续克林顿政府时期的对委政策。当时，克林顿总统拿起"干涉主义"大棒直接干预委内瑞拉的政治选举，并使用军事力量稳定委内瑞拉政局，从而恢复和维持能源的稳定供应。然而，1998 年亚洲金融危机的爆发导致世界石油市场出现供大于求的局面，油价从每桶 18 美元狂跌至每桶 8 美元,[①] 这令以石油产业为主要经济支柱的委内瑞拉雪上加霜，经济衰退、社会更加动荡不安，再加之同年当选的委内瑞拉总统查维斯反对美国对委的肆意干涉，在各种因素叠加的情况下，1998 年西半球首次出现大范围的石油供应中断,[②] 委内瑞拉向美国出口石油的数量大幅下降（如图 5 - 10 所示）。与克林顿政府时期相比，小布什总统面临更为严峻的能源环境，而以新保守主义势力为主导的小布什政府更加依赖"干涉主义"这个工具。面对查维斯政权对美国的"刁难"，小布什政府支持反对派来推翻查维斯政权。小布什政府的这种干涉政策加剧了委内瑞拉政局的动荡和经济的衰退，直接导致 2002 年 12 月至 2003 年年初的委内瑞拉的动乱：查韦斯掌控了委内瑞拉最大的国有石油公司 Petróleos de Venezuela, S. A. （PdVSA），并解雇了试图与外国公司合作的部门经理,[③] 而反对派组织石油工人进行大罢工对抗查维斯政权。持续不断的罢工致使委内瑞拉的石油产量从每天 300 万桶骤降到不足 40 万桶,[④] 美国从委内瑞拉进口石油量占美进口石油总量的比例也从 1996 年最高点的 18% 下降到 2002

　　① Francisco Parra, *Oil Politics: A Modern History of Petroleum*, New York: I. B. Tauris, 2004, p. 322.

　　② 王波:《美国石油政策研究》，世界知识出版社 2008 年版，第 179 页。

　　③ Juan Forero, "Venezulean Oilman: Rebel with a New Cause," *New York Times*, February 9, 2003; Thaddeus Herrick, "Venezuela Oil Woes Are Long Term," *Wall Street Journal*, February 14, 2003.

　　④ U. S. Senate Committee on Foreign Relations, Testimony of Marina Ottaway on *U. S Energy Security: West Africa and Latin America*, Hearing before the Subcommittee on International Economic Policy, Export and Trade Promotion, October 21, 2003, p. 7 (http://foreign. senate. gov/imo/media/doc/OttawayTestimony031021. pdf).

年的 12% （如图 5 - 10 所示）。委内瑞拉石油供应中断影响了美国能源的
稳定供应，也给美国能源安全带来了隐患。小布什政府也意识到应该转变
对查维斯政权的敌对态度，维持与查维斯政权的合作关系才是维护美国在
委能源利益的关键所在。

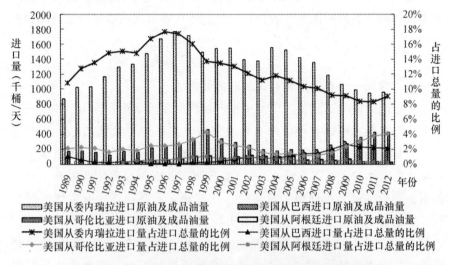

图 5 - 10　美国从中南美洲主要能源出口国进口能源情况

资料来源：U. S. Energy Information Administration, EIA, *International Energy Statistics*（ht-
tp：//www. eia. gov/cfapps/ipdbproject/IEDIndex3. cfm）；*Oil：Crude and Petroleum Products Explained*
（http：//www. eia. gov/energyexplained/index. cfm? page = oil_ home#tab2）．

在此之后，小布什总统对中南美洲产油国的干涉更加讲究技巧，干涉
方式也更加间接而隐蔽。小布什总统开始重新重视运用克林顿政府时期筹
建的"西半球能源部长级会议"、"西半球能源倡议美洲能源商业论坛"
和"西半球能源治理者会议"等机制性制度，重视软实力的应用。例如，
哥伦比亚也是美国在美洲的重要石油来源国之一，但是，哥伦比亚境内的
石油生产基础设施和石油输送管道经常遭受到反政府武装游击队的破坏，
石油产量很难保障。为此，小布什政府以禁毒为名，向哥伦比亚提供军事
援助，用于抵抗政府武装游击队。2002 年，美国国会特别拨款 9400 万美
元，专门用于美国军事指挥官为哥伦比亚军队提供"反叛乱训练"，而这
些哥伦比亚军队的主要任务就是保护卡诺利蒙石油运输管道。诺利蒙石油
运输管道长约 500 英里，将哥伦比亚的油田同加勒比海沿岸的炼油厂和港

口连接起来，① 是哥伦比亚向美国输送石油的关键线路。

综上所述，小布什政府时期面临更为严峻的国际能源形势，中南美洲能源资源对稳定美国能源供应、维护美国能源安全意义重大。再加之美国国内新保守主义势力强劲，干涉主义大行其道，小布什政府主要通过干涉中南美洲产油国政局、提供军事援助、利用能源对话机制推动能源合作、为美国能源企业向中南美洲直接投资创造条件等形式获取该地区的能源控制权。

五　非洲——美国国际能源战略的处女地

鉴于国内能源的短缺，以及中东产油国的政治动荡，美国对非洲石油产生了越来越浓厚的兴趣。小布什政府对非能源外交政策均基于"切尼报告"的分析。"切尼报告"指出，"西非预计将成为美国能源市场中增长最快的石油和天然气来源之一"，尼日利亚、安哥拉等国在未来十年中的石油产量仍将大幅增加，并且"非洲石油具有高品质、含硫量低的特征，更适合冶炼需要"，② 这些优势无疑加大了非洲石油对美国的吸引力。根据 2002 年美国能源信息署的预测数据，截至 2020 年，美国石油进口量将达到其消费总量的 62%，而其中从非洲进口的石油数量将达到进口石油总量的 50% 左右，即从 2000 年的每天进口 1150 万桶上升至 2020 年的每天进口 1770 万桶，③ 增加了 54%。

其实，美国对非洲石油资源和其他稀有矿产资源的关注由来已久，而小布什政府则将非洲的地位提升到了前所未有的高度，将非洲的石油供给定义为美国的"战略国家利益"和"生死攸关的国家安全利益"。小布什总统曾公开指出，要把保持和扩大非洲对美石油供给作为本届政府的当务之急，在一定情况下，将会动用军事力量来控制非洲的石油等矿产

---

① Juan Forero, "New Role for U. S. in Colombia: Protecting a Vital Oil Pipeline," *New York Times*, October 4, 2002; Michael T. Klare, "The Bush/Cheney Energy Strategy: Implicaitons for U. S. Foreign and Military Policy," *International Law and Politics*, Vol. 36.

② U. S. National Energy Policy Development Group, *National Energy Policy*, Washington, D. C.: The White House, May 17, 2001, p. 11.

③ U. S Department of Energy, Energy Information Adminstration, *Annual Energy Outlook 2002*, December 2001, pp. 5, 60.

资源。①

　　美国政府官员也曾在多种场合强调非洲石油资源对美国的战略意义。2002 年 4 月，美国驻乍得前大使唐纳德·诺兰在参议院非洲小组委员会听证会上指出："在五角大楼的文件中，第一次将'非洲'和'美国国家安全'这两个词联系在一起。"② 时任小布什政府负责非洲事务的副助理国防部部长迈克尔·A. 韦斯特法尔在 2002 年 4 月的新闻发布会中曾公开向各国媒体讲道："美国进口石油中有 15% 来自撒哈拉以南的非洲国家"，"并且在未来的十年中，美国从这一地区进口石油的数量还有继续攀升的潜力"，"这也是为什么五角大楼如此重视非洲的原因之一"。③ 同年 7 月，时任小布什政府负责非洲事务的助理国务卿沃尔特·坎斯塔纳在访问尼日利亚时更是一语破的，他说："非洲的石油资源是美国的国家战略利益"，并且"将会在美国未来的发展中发挥越来越重要的作用。"④ 2004 年 7 月 15 日，负责国际能源政策的副助理能源部长约翰·布罗德曼对非洲的石油储量及开发利用前景十分乐观，他在向参议院外交关系委员会国际经济政策小组委员会的报告中指出："在未来十年中，塞内加尔、塞拉利昂等西非富油国将会成为热门的产油国"，"非洲产油国将会在世界石油市场中扮演越来越重要的作用"⑤。

　　① Daniel Volman, "The Bush Adminstration & African Oil: The Security Implication of US Energy Policy," *Review of African Political Economy*, Vol. 30, No. 98, December 2003.

　　② U. S House International Relations Subcommittee on Africa, "Testimony of His Excellency Donald R. Norland, Former U. S Ambassador to the Republic of Chad," *Hearing on the Chad-Cameroon Pipeline: A New Model for Natural Resources Development*, 18 April 2002, p. 8, 转引自 Daniel Volman, "The Bush Adminstration & African Oil: The Security Implication of US Energy Policy," *Review of African Political Economy*, Vol. 30, No. 98, December 2003.

　　③ U. S Department of Defense, "News Briefing-Deputy Assistant Secretary of Defense for Africa Affairs, Michael A. Westphal," 2 April 2002, p. 1 (http://www. defenselink. mil), 转引自 Daniel Volman, "The Bush Adminstration & African Oil: The Security Implication of US Energy Policy," *Review of African Political Economy*, Vol. 30, No. 98, December 2003.

　　④ Kofi Akosah-Sarpong, "Washington eyes Africa's oil," *West Africa*, No. 4354, December 2002, 转引自 Daniel Volman, "The Bush Adminstration & African Oil: The Security Implication of US Energy Policy," *Review of African Political Economy*, Vol. 30, No. 98, December 2003.

　　⑤ U. S Senate Committee on Foreign Relations, Subcommittee on International Economic Policy, Export and Trade Production, *The Gulf of Guinea and U. S Strategic Energy Policy*, Hearings, 108th Congress, 2nd session, 15 July 2004, Washington, D. C.: U. S Government Printing Office, 2004, pp. 11 - 12, 转引自 Michael Klare, Daniel Volman, "The African 'Oil Rush' and U. S National Security," *Third World Quarterly*, Vol. 27, No. 4, 2006.

由此可见，非洲的石油资源在美国国际能源战略中的重要性日趋明显，小布什政府通过利用政治、经济和军事等多元化手段为非洲的石油资源能够源源不断地流入美国保驾护航。

（一）政治扶持

在政治上，美国一方面积极扶植其在非洲的代理（African Surrogates）；另一方面通过与非洲国家的高层官方往来推进能源关系的改善。

虽然非洲的石油资源让美国垂涎，但鉴于非洲国家政权的不稳定性，以及来自其他国家的激烈竞争，美国并不打算直接卷入到非洲各种纷扰的事务当中，而是希望间接通过与美国关系比较友好的非洲国家来实现其在非洲地区的利益诉求。因此，小布什政府积极扶植美国在非洲的代理，对那些表现出充当美国代理意愿的非洲国家，尤其是石油和天然气资源丰富的国家和政权，小布什政府给予慷慨的经济与安全资助。安哥拉、尼日利亚等产油国均是美国培植代理的重点对象。

此外，小布什政府积极促成美国和非洲官员的一系列高级别会议，希望借助双方的高层会晤来推进美非的安全关系。其一，美国通过联合国召开大会的契机，加紧游说非洲产油国。2002 年 9 月 13 日，美国总统小布什趁着赴联合国开会的机会会见了 11 名非洲国家总统，[①] 与他们探讨了共同解决腐败、促进投资和争端解决等问题，希望借此改善和加强双边关系。此外，小布什总统还重点同非洲重要的 4 个产油国（乍得、刚果共和国、喀麦隆和加蓬）和 2 个潜在的未来产油国（圣多美和普林西比民主共和国、刚果民主共和国）阐明了美国的能源安全问题，以及美国对非洲石油的需要。[②] 其二，美非能源部长级会议。该会议的主要目的是通过美非高级官员的交流，推动双方公共部门和私营部门在能源相关领域的对话和合作。第一次美非能源部长级会议于 1999 年 12 月在美国亚利桑那州的图森市召开，第二次于 2000 年在南非德班召开，第三次于 2002 年 6 月在摩洛哥的卡萨布兰卡举行。时任美国国务卿斯宾塞·亚伯拉罕在参加第三次美非能源部长级会议时重申非洲石油资源有利于美国进口石油来源

---

① 这 11 个非洲国家分别是：布隆迪、喀麦隆、中非共和国、乍得、刚果民主共和国、刚果共和国，赤道几内亚、加蓬、卢旺达、南非、圣多美和普林西比民主共和国。

② Daniel Volman, "The Bush Adminstration & African Oil: The Security Implication of US Energy Policy," *Review of African Political Economy*, Vol. 30, No. 98, December 2003.

的多元化，以及能源安全对美国经济增长和繁荣的决定性意义。[①] 美非能源部长级会议的召开为美国与非洲国家在能源领域的合作提供了制度性的保障；同时该会议也为美国能源公司在非洲的商贸活动提供了便利，为它们创造了更为广阔的赢利空间。

美国对非洲的政治游说与合作不仅输出了美国的民主与人权，推动了美非关系的改善，还为美国与非洲国家在经济、军事等领域的合作奠定了基础。

（二）军事援助

在军事上，美国成立专门负责非洲军事事务的非洲司令部，在非洲友好国家中建立美军军事基地，在武器、人员培训等方面给予这些国家支持，同这些国家一道在石油输出港口和相关海域进行联合军事演习，并试图在非洲建立军事基地，从而通过直接或间接的军事手段捍卫美国在非洲的石油利益。

2007 年 2 月 6 日，小布什总统宣布成立非洲司令部，专门负责非洲军事事务。在非洲司令部成立之前，非洲的军事事务主要由欧洲司令部、中央司令部和太平洋司令部分区负责。由于这三个司令部在其本身负责的区域内具有比较繁重的军事任务，因此，它们对非洲军事事务的关注程度相对较低。这在一定程度上也表明，在冷战期间以及冷战刚刚结束的一段时间内，美国对非洲的重视程度比较低。[②] 当小布什总统将非洲的石油供给列为美国战略国家利益之际，非洲在美国战略地图中的位置才发生了显著变化，其在美国国家安全政策和军事政策中的地位得以提升。

特丽莎·慧兰是小布什第二任期负责非洲事务的副助理国防部长，也是小布什政府五角大楼中负责监督美国对非军事政策的最高领导。她在美国参议院外交关系委员会的陈述中指出了新的非洲司令部成立的初衷与目的、成立的时间安排及其构成。对于非洲司令部成立的目的，特丽莎·慧兰提出了四点：其一，反恐；其二，保护非洲的自然资源，尤其是石油、天然气等石化资源；其三，打击和削弱中国等新兴经济体对非洲石油等矿

---

① U. S Departnmet of State, *Energy Security*, *Regional Integration and Energy Independence*: *Remarks by Energy Secretary Spence Abranham at the Third U. S-Africa Eenrgy Ministrial Meeting*, Casablanca, Morocco, June 4, 2002, p. 2.

② Daniel Volman, "U. S to Create New Regional Military Command for Africa: AFRICOM," *Review of African Political Economy*, Vol. 34, No. 114, December 2007.

产资源的控制力；其四，帮助非洲国家增强国家实力，捍卫国家安全。在人员构成方面，非洲司令部由来自美国国务院和国防部的官员组成。在非洲司令部的成立程序上，在 2007 年 10 月 1 日之前，非洲司令部在欧洲司令部的统一领导下工作；最迟在 2008 年 10 月 1 日之前，非洲司令部将作为独立部门，完全独立地开展工作。[①] 非洲司令部的建立将会使美国在非洲的各种军事部署、安全合作和安全救助项目的实施更加有利，进而在一定程度上保障了美国从非洲地区进口石油的安全。

美国通过一系列常规项目向非洲友好国家出售武器装备、培训军事人才。小布什政府时期对非军事援助相关项目如表 5 - 13 所示。

表 5 - 13　　　　小布什政府期间美国对非军事援助项目一览

项目名称	非洲受援情况
多余国防物品处理计划 Excess Defense Articles (EDA)	主要受援国为非洲重要产油国安哥拉和尼日利亚。2004—2006 财年，通过该项目，两国接受了美国国防部 1.8 亿美元的军事安全资助
对外军售项目 Foreign Military Sales (FMS) Programme	是美国向非洲输出武器和军事装备的主要途径之一。通过该项目，2004—2006 财年，美国国防部向非洲友好国家的资助金额分别为：2560 万美元、6150 万美元和 2010 万美元。主要受惠国包括：吉布提、肯尼亚、博茨瓦纳、厄立特里亚、埃塞俄比亚、尼日利亚和乌干达
对外军售融资项目 Foreign Military Sales Financing (FMF) Programme	是美国向非洲输出武器和军事装备的主要途径之一。该项目主要是通过美国信贷方式对非资助提供便利
商业军售项目 Commercial Sales Programme	商业军售项目在美国国务院的监管下进行。非洲在该项目下的主要受益国包括：安哥拉、博茨瓦纳、肯尼亚、尼日利亚、塞内加尔、南非、乌干达和阿尔及利亚。2004 和 2006 财年，美国公司向阿尔及利亚分别出售了价值 7800 万美元和 8000 万美元的武器装备

① U. S. Subcommittee on African Affairs, *Exploring the U. S Africa Command and a New Strategic Relationship with Africa*, Testimony Before the U. S Senate Foreign Relations Committee, Washington, D. C. , August 1, 2007, 转引自 Daniel Volman, "U. S to Create New Regional Military Command for Africa: AFRICOM," *Review of African Political Economy*, Vol. 34, No. 114, December 2007.

项目名称	非洲受援情况
国际军事教育和培训项目 International Military Education and Training（IMET）Programme	在这个项目下，美国为非洲国家的官员、在美国和海外基地的士兵提供作战和技能技术培训，美国平均每年花费 1000 万美元培训 1300—1700 名非洲人员。2006 年主要的受益国及受益金额（美元）如下：尼日利亚（80 万）、阿尔及利亚（75 万）、埃塞俄比亚（60 万）、厄立特里亚（45 万）、安哥拉（40 万）、乍得（25 万）、加蓬（20 万）、圣多美和普林西比（20 万）、刚果民主共和国（15 万）、刚果共和国（10 万）、科特迪瓦（5 万）。此外，赤道几内亚和苏丹也将陆续成为该项目的受益国
非洲沿海和边境安全项目 African Coastal and Border Security Program（ACBSP）	该计划向非洲的制定国家提供专门的培训、武器装备、情报数据，推进情报共享，从而达到打击走私、盗版和其他威胁地区安全的跨境活动的目的。2005 和 2006 财年美国对该项目各投入了 400 万美元。该项目的主要受益国包括：安哥拉、乍得、吉布提、厄立特里亚、埃塞俄比亚、加蓬、肯尼亚、尼日利亚、圣多美和普林西比和乌干达
非洲应急行动培训援助项目 African Contingency Operations Training Assistance（ACOTA）（before 2006）	该项目主要是为在非洲进行的维和行动和培训提供资金支持。2006 财年，美国对该项目投入 3700 万美元
全球和平行动倡议 Global Peace Operations Initiative（GPOI） （after 2006）	该项目于 2006 年替代了非洲应急行动培训援助计划（ACOTA），2006 财年，该项目的资金账户额高达 1.14 亿美元，其中 1400 万用于非洲国家的军事训练、演习和购进武器装备
非洲维和专用账户 Africa Regional Peacekeeping Account（ARPA）	该账户的资金专门用于非洲地区维和行动相关支出。布什政府在 2006 年向该账户投入了 4100 万美元，用于支持布隆迪、刚果民主共和国、利比亚和苏丹的维和行动，同时用于增强西非国家经济共同体（ECOWAS）的维和力量

续表

项目名称	非洲受援情况
泛萨赫勒倡议 Pan-Sahel Initiative（PSI）（before 2004）	该倡议是 9·11 事件后美国在非洲北部九国发起的，其目的是打击恐怖主义。2002—2003 财年，美国在该倡议下投入 1600 万美元为乍得、马里、毛里塔尼亚和尼日尔等国提供反恐训练和武器装备，并派遣美国特种作战部队。
跨撒哈拉倡议 Trans-Saharan Initiative（TSI）（after 2004）	该倡议于 2004 年由泛萨赫勒倡议（PSI）演变而来，除泛萨赫勒倡议包含的受益国之外，该倡议还将非洲的重要产油国阿尔及利亚、尼日利亚、塞内加尔和突尼斯囊括在内。该倡议在 2005 财年的起始资金为 1600 万美元，并将在 2007—2011 五个财年里每年获得 1 亿美元的资金，总共 5.16 亿美元。

资料来源：Michael Klare, Daniel Volman, "The African 'Oil Rush' and U. S National Security," *Third World Quarterly*, Vol. 27, No. 4, 2006; U. S Defense Security Cooperation Agency (DSCA)：EDA Information Paper-Excess Defense Articles（EDA）Programs and Process（http：//www. dsca. mil/programs/pgm/mgt/EDA%20Info. pdf）; U. S Department of State, *Congressional Budget Justification*, *Fiscal Year 2006*, Washington, D. C.：2005, pp. 191 – 193, pp. 199 – 205, pp. 207 – 217, pp. 287 – 289, pp. 317 – 329, p. 443, p. 553, pp. 587 – 590; Steven R. Weisman, "U. S to sell military gear to Algeria to help it fight militants," *Washington Post*, December 10, 2002; *Pan Sahel Initiative*（PSI）, Global Security. org（http：//www. globalsecurity. org/military/ops/pan-sahel. htm）; "U. S plans to sell weapons to Algeria," *Reuters*, December 10, 2002; *Trans-Sahara Counterterrorism Initiative*, Global Security. org（http：//www. globalsecurity. org/military/ops/tscti. htm）.

　　非洲的石油和天然气资源均是通过海上通道运往美国，因此，美国海军加强了在非洲主要石油输出港口和石油产地的军事存在，尤其是在西非重要产油国的港口，如几内亚湾等。此外，美国海军还同非洲友好国家一起，开展联合军事演习（如表 5 – 14 所示），以保障产油地区石油设施的安全和输油道路的通畅。

表 5 – 14　　　　　　　小布什政府期间美国海军在非军事演习一览表

时间	名称	规模	具体情况
2004.7	Summer Pulse 04 Exercise	30 艘舰船、2 万名士兵	模拟空中和海上作战，展示美国海军能够同时在各大洲同时开展行动，同时应对多种紧急情况
2005.1—3	Gulf of Guinea Deployment (1)	艾默里·S. 兰德（Emory S Land）潜艇支援保障船，携带 1400 名士兵和海军陆战队	目的是联合非洲国家一道打击走私、贩毒和恐怖主义。喀麦隆、加蓬、加纳、圣多美和普林西比和贝宁等国参加了演习
2005.5—7	Gulf of Guinea Deployment (2)	美国海岸警备队的 Bear 船队	目的是联合非洲国家一道打击走私、贩毒和恐怖主义。喀麦隆、加蓬、加纳、圣多美和普林西比和贝宁等国参加了演习
2005.9—10	West African Training Cruise (WATC) Exercise	两栖登陆舰冈斯顿·霍尔（Gunston Hall）号和高速船雨燕（Swift）号	小船训练、实弹演习和两栖突击搜查训练。加纳、塞内加尔、几内亚和摩洛哥参加了演习
2005.9	Exercise Green Osprey	美国海军和海军陆战队	美国参加了在塞内加尔举行的以英国为首的海岸两栖登陆演习

资料来源: Michael Klare, Daniel Volman, "The African 'Oil Rush' and U. S National Security," *Third World Quarterly*, Vol. 27, No. 4, 2006; U. S Department of Defense, Press Release, *Seven Carriers strike groups underway for exercise "Summer Pulse 04,"* June 3, 2004; Sara Omo, *Enterprise heads home after its final Summer Pulse exercise*, July 13, 2004; U. S European Command, Press Release, "USS Emory S Land begins Gulf of Guinea deployment," *Navy Newstand*, March 22, 2005; "Coast Guard cutter Bear kicks off 6th Fleet deployment," *Navy Newstand*, June 7, 2005; "Sailors, marines participate in West African training cruise '05'," *Navy Newstand*, September 30, 2005.

　　与此同时，美国希望在适当的时候借助以上与非洲各国的各种合作项目在非洲友好国家建立军事基地。军事基地的建设不仅能够保障美国军队和武器装备在第一时间内在非洲地区得以迅速地部署和投放，而且也有利于美国对中东和里海地区的突发事件进行快速反应。因此，美国在非洲的这些军事援助项目既为美军进入该地区提供了条件，也为维护其在该地区的石油利益提供了军事保障。

（三）经济支援

在经济上，美国政府通过立法与司法手段为美国能源公司在非洲投资创造种种便利。

为了保障非洲产油国对美国稳定的石油供给，小布什政府努力寻求加快消除美国石油公司在利比亚和苏丹进行投资的障碍。

前文已经提到，鉴于利比亚支持恐怖主义和发展大规模杀伤性武器，克林顿政府时期曾签署了《1996年伊朗—利比亚制裁法案》，以限制外国公司对利比亚进行商业投资。2001年，小布什总统续签了这一法案，继续对利比亚进行经济制裁，这无疑也限制了美国石油公司对利比亚石油产业的投资，不利于美国在非的石油利益。2003年，利比亚完成了对1988年洛克比空难家属的赔偿责任，至此，利比亚对恐怖主义的支持已经不复存在；2004年2月，利比亚政府公开发表声明，将放弃大规模杀伤性武器的研发项目，并遵守《不扩散核武器条约》，当初美国对利比亚进行制裁的前提均已消除。因此，小布什总统撤销了限制美国公民去往利比亚的旅游禁令，并授权那些曾经在利比亚投资受到经济制裁的美国石油公司可以为重回利比亚进行协商。2004年4月23日，白宫正式宣布了取消对利比亚的经济制裁，允许美国石油公司购买利比亚石油产品，并进行投资。2004年9月20日，小布什总统签署了第12543号总统令，彻底取消了对比亚的经济制裁。以上举措为美国石油公司进军利比亚石油市场铺平了道路。[①]

苏丹由于南北双方的宗教争端形成了长达20余年的达尔富尔问题，双方死伤无数。自1997年起，克林顿总统开始对苏丹进行经济制裁，禁止美国石油公司在苏丹进行任何贸易和投资。小布什总统上台以后，考虑到苏丹丰富的石油资源，他派遣其密友前参议员约翰·丹福思作为特使前往苏丹，推进和平进程。2004年12月，苏丹政府军和南部的苏丹人民解放军签署了和平协议，双方将平分石油收益。小布什政府允许美国石油公司在苏丹进行投资。如果南北双方在达尔富尔地区的冲突得以缓解和或解除，美国将进一步取消对苏丹的经济制裁。[②]

---

① U. S Department of Enery, Energy Information Agency, Country Analysis-Libya（http://www. eia. gov/countries/cab. cfm? fips = LY）；Michael Klare, Daniel Volman, "The African 'Oil Rush' and U. S National Security," *Third World Quarterly*, Vol. 27, No. 4, 2006.

② Ibid. .

　　综上所述，小布什总统在传统油气能源领域的一系列外交举措为奥巴马政府奠定了坚实的能源基础，这为奥巴马总统掀起新能源革命提供了保障，奥巴马政府新的国际能源战略与政策呼之欲出。

第四节　奥巴马政府对外能源政策与实践

一　战略三因素与国际能源利益的塑造

　　"国际石油价格是掌握在产油国手中最危险、最具伤害性的武器"，因此"美国必须摆脱对进口石油大量、长期的依赖"，"让这一代美国人能够最终结束对石油的严重依赖"，这是奥巴马总统在上任之初公开于众的能源战略目标。[①] 对于如何才能使美国摆脱对石油的依赖？奥巴马总统给出的答案是：发展清洁能源，实现能源经济转型，并号召美国要抓住发展清洁能源的机遇期，实现"能源独立"，使美国成为全球清洁能源领域的领袖。

　　美国除了在本国大力发展清洁能源之外，还通过外交、经济等方式推动全球清洁能源的发展。在国际上，美国于 2011 年 3 月 4 日，加入了国际可再生能源机构，成为该机构第 63 个成员国。国际可再生能源机构成立于 2009 年 1 月 26 日，旨在推进可再生能源的推广和使用，以满足可持续经济增长、能源安全和气候变化对可再生能源技术的需求。该机构总部设在阿拉伯联合酋长国首都阿布扎比，是第一个以阿拉伯国家为基地的真正意义上的国际组织，是与国际能源机构和国际原子能机构并列的三大国际性能源组织。截止到 2011 年 3 月，已有 148 个国家和欧盟签署了国际可再生能源机构协议，66 个签署国已批准，签署国包括了几乎所有的欧洲和非洲国家，以及美国、印度、日本和澳大利亚等主要经济体；83 个国家和欧洲联盟是该机构的成员国。[②]

　　但是，奥巴马总统也充分认识到，在一定时间内美国并不能摆脱对化石能源的依赖，在《美国国家安全战略报告 2010》中，奥巴马总统明确

---

　　① ［美］巴拉克·奥巴马：《我们相信变革：重塑美国未来希望之路》，中信出版社 2009 年版，转引自赵宏图、黄放《奥巴马能源新政的战略含义》，《世界知识》2009 年第 16 期。

　　② International Renewable Energy Agency, IRENA, *Updates on Ratification & Signatories* (http://www.irena.org/menu/index.aspx? mnu = cat&PriMenuID = 46&CatID = 67); U. S. Department of State, *The United States Joins the International Renewable Energy Agency* (*IRENA*), March 4, 2011 (http://www.state.gov/r/pa/prs/ps/2011/03/157728.htm).

指出："只要美国的发展建立在对化石能源的依赖基础之上，美国就要千方百计地保证国际能源的安全和自由流动。"2009 年中后期开始，国际油价又开始节节攀升，而中东海湾地区的富油国利比亚发生的危机造成了国际石油供应的暂时中断。严峻的国际能源形势再次提醒奥巴马政府，在大力发展清洁能源的同时，美国依然需要致力于化石能源进口来源的多样化、确保能源进口（尤其是石油进口）的安全可靠。①

由此可见，与小布什政府相比，奥巴马政府国际能源战略的目的依然是确保美国的能源安全、实现能源独立、摆脱对进口能源的依赖。但是，奥巴马政府对美国国际能源战略的战略目的、实现国际能源战略目的的途径和手段的认知发生了变化。实现美国的能源利益除了要捍卫传统能源的稳定供应之外，还包括大力发展清洁能源、实现能源经济转型，即大力发展"绿色能源"；在实现能源利益的手段上，与小布什政府强调单边主义、利用美国的"硬实力"对重点能源地区进行强硬干涉的方式不同，奥巴马政府更加强调"软实力"与"硬实力"的相互协调匹配，利用"巧实力"在全球推销美国的能源价值观，捍卫美国的全球能源霸权，并在全球范围内大规模推行能源外交。因此，奥巴马政府的国际能源战略突出了"绿"和"巧"两大特色。

表 5 – 15　　　奥巴马政府期间战略三因素与国际能源利益的塑造

战略环境	战略实力	战略文化	国际能源利益的塑造			
			战略目的	战略途径	战略手段	
					巧实力	
					友好能源 生产国	敌对能源 生产国
初期高油价、石油供应暂时中断，后期油价暴跌	一超多强新兴国家更加强大	弱保守主义、强干涉主义	继续降低对外石油依存度、油价稳定、建立全球能源霸权（传统/新）、应对气候变化	进口石油来源多元化、能源品种多样化	经济军事援助多边政治合作建立合作框架	军事威胁多边战争政治经济制裁

---

① The White House, *National Security Strategy*, May 2010, p. 30.

奥巴马政府在制定国际能源战略过程中所面临的"战略三因素"与实现国际能源利益的"战略三要素"如表 5 - 15 所示。下面结合奥巴马政府具体的对外能源政策与实践进行详细分析。

二　全球范围推动清洁能源和非常规油气资源的开发和利用

与美国以往政府的国际能源政策相比，奥巴马政府的国际能源政策最突出的特点是大力推广清洁能源、实现能源经济的转型。奥巴马总统上任初始，将实现清洁能源经济、应对气候变化作为本届政府能源战略的重要目标之一。

（一）积极推动国际清洁能源合作

在国际层面，他积极号召国际合作，主张在全球主要经济体之间推行旨在促进清洁能源发展、应对气候变化的"主要经济体能源和气候论坛"，希望借助该论坛推进发展清洁能源的具体举措。[1] 该论坛于 2009 年 3 月正式推行，它将有利于促进各主要发达国家和发展中国家就共同研发清洁能源技术和应对气候变化等问题展开坦诚的对话，并在机制性的互动中形成实现上述目标的政治领导。

在"主要经济体能源和气候论坛"筹备会议召开之前，奥巴马总统就对全球 16 个主要经济体[2]发出了邀请，这足以显示奥巴马政府对此论坛的重视程度。第一次论坛于 2009 年 7 月 9 日在德国城市拉奎拉举行，奥巴马总统和德国总理贝卢斯科尼共同主持了论坛。在美国的领导下，与会的主要经济体建立了"全球清洁能源技术伙伴关系"，并制定了一整套清洁能源技术开发行动计划，即十项新的"技术行动计划"，号召由主要发达国家率先垂范清洁能源技术的开发，具体如表 5 - 16 所示。[3] 美国同

---

①　Major Economies Forum on Energy and Climate, *Description/Purpose* (http：//www. majoreconomiesforum. org/about/descriptionpurpose. html).

②　除了美国之外，其他 16 个主要经济体分别是：澳大利亚、巴西、加拿大、中国、欧盟、法国、德国、印度、印度尼西亚、意大利、日本、韩国、墨西哥、俄罗斯、南非、英国，丹麦由于 2009 年 12 月出任《联合国气候变化公约》缔约国大会的主席，与联合国一起参与了 2009 年的论坛。

③　Office of the Press Secretary, The White House, *President Obama Announces Launch of the Major Economies Forum on Energy and Climate*, March 28, 2009；*Meeting the International Clean Energy and Climate Change Challenges*, July 9, 2009；*Statement by the Press Secretary on the Major Economies Forum on Energy and Climate Global Partnership*, December 14, 2009；*Delaration of the Leaders：The Major Economics Forum on Energy and Climate*, July 9, 2009 (http：//www. state. gov/g/oes/climate/mem/).

其他国家一起承诺到 2015 年将用于研发清洁能源技术的资金至少增加一倍。[①]

表 5-16　"全球清洁能源技术伙伴关系"下的十项"技术行动计划"

序号	技术名称	垂范国家
1	先进汽车	加拿大
2	生物能	巴西、意大利
3	碳捕捉、使用和封存	澳大利亚、英国
4	能源效率（建筑领域）	美国
5	能源效率（工业领域）	美国
6	高效率、低排放煤技术	日本、印度
7	海洋能	法国
8	智能电网	意大利、韩国
9	太阳能	德国、西班牙
10	风能	丹麦、德国、西班牙

资料来源：Major Economies Forum on Energy and Climate, *Description/Purpose*, 2009（http：// www. majoreconomiesforum. org/about/descriptionpurpose. html）.

（二）在非常规天然气开采领域取得突破性进展

2010 年 4 月，奥巴马政府推行"非常规天然气技术干预项目"，旨在推进世界各国安全、经济地开发利用非常规天然气资源、实现美国能源安全与经济商业利益。[②] 在奥巴马政府各项政策的推动下，美国在非常规天然气开发与利用领域取得了突破性进展，尤其是伴随着页岩气资源的勘探和大规模开发，美国成为页岩气开发领域的排头兵。这不仅将缓解美国对外能源依赖，还将对国际能源政治经济格局产生深远影响。

---

① Major Economies Forum on Energy and Climate, *Technology Action：Plan Executive Summary*, December 2009, p. 1（http：//www. majoreconomiesforum. org/images/stories/documents/MEF% 20Ex ec% 20Summary% 2014Dec2009. pdf）；Major Economies Forum on Energy and Climate, *MEF Fact Sheet* （ http：//www. majoreconomiesforum. org/images/stories/documents/the% 20major% 20economies% 20forum% 20april% 202010. pdf）.

② U. S. Department of State, Diplomacy in Action, *Unconventional Gas Technical Engagement Program（UGTEP）*（http：//www. state. gov/s/ciea/ugtep/index. htm）.

1. 美国页岩气开发利用情况

早在 19 世纪初美国就已经开始开发页岩气资源，但由于技术的制约，直到最近几年才取得技术上的突破。页岩气开发技术的突破直接推动了页岩气产量的急剧攀升，美国页岩气产量从 2006 年的 0.94 万亿立方英尺上升至 2010 年的 4.46 万亿立方英尺，预计至 2035 年这一数字将达到 12.25 万亿立方英尺。[①] 根据美国能源信息署的预测，美国本土页岩气的储藏量约为 860 万亿立方英尺，[②] 因此，美国页岩气开发潜力巨大，前景一片光明，如图 5-11 所示。

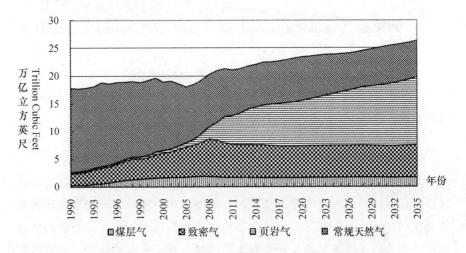

图 5-11 1990—2035 年美国天然气产量及趋势预测

资料来源：U. S. Energy Information Administration, EIA, *Annual Energy Outlook 2011 with Projections to 2035*（http：//www. eia. gov/forecasts/aeo/excel/fig89. data. xls）

目前，美国的页岩气主要储藏和生产地有七个，分布在美国的中南部和西部地区，如图 5-12 所示。

---

① U. S. Energy Information Administration, EIA, *Annual Energy Outlook 2011 with Projections to 2035*（http：//www. eia. gov/forecasts/aeo/excel/fig89. data. xls）；U. S. Energy Information Administration, EIA, *Annual Energy Outlook 2011 Reference Case*（http：//www. eia. gov/oiaf/aeo/gas. html）.

② U. S. Energy Information Administration, EIA, *World Shale Gas Resources: An Intitial Assessment of 14 Region outside the United State*（http：//www. eia. doe. gov/analysis/studies/worldshalegas/pdf/fullreport. pdf）.

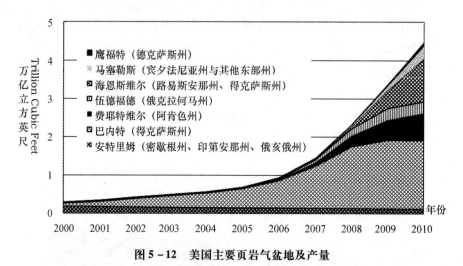

图 5 – 12 美国主要页岩气盆地及产量

资料来源：U. S. Energy Information Administration，EIA，*Annual Energy Outlook 2011 with Projections to 2035*（http：//www. eia. gov/forecasts/aeo/excel/fig89. data. xls）

2. 美国国内页岩气的大规模开发利用对国际能源格局的影响

2007 年美国在页岩气开发领域取得了突破性进展，这将改变国际能源格局，并在一定程度上塑造新的国际能源秩序。第一，改变了国际能源消费格局，天然气在国际消费能源结构中的比例将有所提升，石油的核心地位受到挑战。随着页岩气开采技术的成熟、开采成本的降低，天然气的价格进一步降低，这无疑会导致天然气需求量的增加；第二，美国在国际天然气市场和政治格局中的地位有所提升。2009 年美国的天然气产量第一次超过俄罗斯，成为世界上最大的天然气生产国，[①] 巨大的天然气产量不仅使美国的天然气进口数量下降，还使得美国获得更强硬的国际天然气定价权。此外，美国天然气产量的飙升还会对俄罗斯、中东产气国在国际天然气市场的传统地位形成挑战，进而强化美国在全球能源格局中的主导地位和话语权。

---

① 郭永刚、毛燕飞：《专家预测美国页岩气产量将下降》，《北京石油管理干部学院学报》2011 年第 5 期。

3. 美国国内页岩气的大规模开发利用对美国国际能源战略的影响

美国和美洲地区页岩油气资源的大规模开发和利用可以使美国的能源供给结构更加多元，并在一定程度上降低美国对敌对地区和不稳定地区进口油气资源的依赖。但美国页岩油气等非常规能源的开发在短时间内对美国国际能源战略总体布局的影响有限，并不会使美国的国际能源战略发生根本性的改变，原因有以下两点。

第一，页岩气虽然在使用环节达到环保要求，但其生产过程却存在环境污染的隐患。据报道，页岩气在生产过程中耗水量较大，并且由于开采技术的局限，还存在污染地下水、地面下陷、空气污染、生态环境破坏等威胁。① 因此，美国页岩气的开发一度遭到国内环保组织的抵制。②

第二，在短期内，页岩油气不可能完全代替传统化石能源。这可以从两个方面来解释：（1）从美国国内能源消费结构来看，冷战结束后，石油依然在美国能源消费结构中独占鳌头，占美国能源消费总量的40%左右，而天然气在能源消费总量的比例仅略高于煤炭，约为26%（可参考图1-2"1990—2012年美国能源消费结构图"和图1-3"1973—2012年美国主要能源进口量、净进口量平滑曲线图"）。根据美国能源信息署的预测，到2035年，美国国内能源消费中的78%依然由化石能源提供，石油、天然气和煤炭所占比例分别为33%、24%和21%，如图5-13所示。其中页岩气预计约占天然气消费总量的46%，③ 仅占全部能源消费总量的11%。因此，在未来二十余年内，虽然页岩气等非常规天然气资源和清洁能源所占比例有所提升，但石油依然是美国最主要的能源来源。此外，由于石油价格受制于国际石油市场的供需情况，所以只要美国消费、进口石油，就必然受到国际石油市场石油价格波动的影响。

---

① 赵宏图：《世界页岩气开发现状及其影响》，《现代国际关系》2011年第12期。

② 孙永祥：《页岩气难题》，2011年（http://news.hexun.com/2011-03-08/127789795.html）。

③ U. S. Energy Information Administration, EIA, *Annual Energy Outlook 2011 Reference Case* (http://www.eia.gov/oiaf/aeo/gas.html).

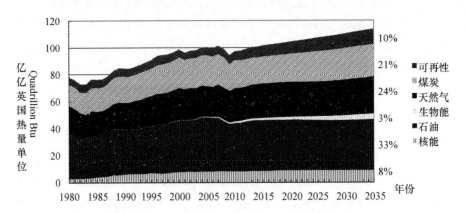

图 5 – 13　1980—2035 年美国国内能源消费结构

资料来源：U. S. Energy Information Administration，EIA，*Annual Energy Outlook 2011 Reference Case*（http：//www. eia. gov/oiaf/aeo/gas. html）．

（2）从天然气缺口来看，美国国内天然气缺口虽然由于页岩气的大规模开发利用而缩小，但依然依赖大规模进口，美国面临的能源安全问题并没有因为页岩气的大规模开发和利用而得到根本性的改善。根据美国能源信息署的统计数据，冷战结束后，美国天然气的进口量呈持续攀升的态势，2007 年以后，随着页岩气等非常规能源开发技术的成熟与大规模应用，美国进口天然气数量大幅下降。截止到 2011 年，美国天然气的净进口量相比 2007 年（3. 785 万亿立方英尺）下降了约 50%，但天然气净进口的绝对数量依然高达 1. 961 万亿立方英尺；预计到 2035 年，美国天然气生产与消费的缺口将下降至 3173 亿立方英尺，但美国天然气依赖进口的局面始终没有得到逆转，如图 5 – 14 所示。

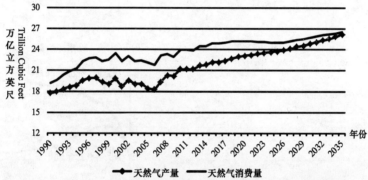

图 5 - 14　1980—2012 年美国国内天然气净进口与生产/消费缺口①

资料来源：U. S. Energy Information Administration，EIA，*Natural Gas Explained-Energy Explained*（http：//www. eia. gov/energyexplained/index. cfm？page = natural_ gas_ home）；U. S. Energy Information Administration，EIA，*Annual Energy Outlook 2011 Reference Case*（http：//www. eia. gov/oiaf/aeo/gas. html）．

* 天然气包括管道进口天然气（Pipeline）和进口的液化天然气（LNG）。

（三）在非常规石油资源开采领域取得突破性进展

由于勘探和开采技术的逐步成熟，美国页岩油和致密油等非常规石油资源的产量增长迅速，美国石油生产能力大幅提升。自 2008 年以来，美国国内致密油产量增长了近四倍，占美国原油产量的比重从 2008 年的 12% 增长到 2012 年的 35%。根据美国能源信息署的预测，这一数字将于 2019 年达到 50%。随着美国非传统石油资源的大规模、低成本开

---

① 净进口 = 进口量 - 出口量。

采，美国石油自给率持续提升，对外能源的依存度进一步降低，美国经济与进口石油之间的依赖关系逐步解除，美国国际能源战略的决策更加独立。

　　然而，由于美国页岩油、致密油等非常规石油的开采还处于早期阶段，未来的储量和产量还存在较大的不确定性，美国并没有真正实现能源独立。第一，美国国内非常规石油资源的大规模开采主要取决于勘探与开采技术的研发进展。如果技术研发速度加快，美国国内原油产量将持续上升；如果技术研发受阻，美国国内原油产量将于 2014 年之后开始下降；如果技术研发保持现有进度，美国国内原油产量将于 2021 年达到峰值后快速回落，[①] 如图 5 - 15 所示。

图 5 - 15　1960—2040 年美国国内原油产量趋势
（百万桶/天，在三种不同技术水平下的预测）

资料来源：U. S. Energy Information Administration，EIA，*Annual Energy Outlook 2014*：*Executive Summary*（http：//www. eia. gov/forecasts/orchive/ae014/eneautie_ summary. cfm）.

　　第二，页岩油、致密油等非常规石油资源的开发成本较高，若国际石油市场价格低迷，美国非常规油气开发企业将面临巨额亏损压力。2014 年年底以来，国际石油价格直线下降至不足 50 美元/桶，在 OPEC 国家达成不减产协议后，油价再次探底，美国国内的非常规石油生产厂

---

　　① *Annual Energy Outlook 2014*，EIA，May 2014（http：//www. eia. gov/forecasts/archive/aeo14/executive_ summary. cfm）.

商受到巨大挑战，一些小型页岩油生产商纷纷开始减产。根据 2014 年
10 月行业数据公司 DrillingInfo 提供的数据显示，美国 10 月份页岩油新
井开采量减少了 15%，打破了过去两年非常规石油投资热的局面，美
国页岩油、致密油的开采步伐在 OPEC 传统产油国的排挤下开始放缓
脚步。①

　　第三，即便美国国内非常规石油资源开采技术取得重大突破，美国也
无法在短时间实现石油自给自足。根据美国能源信息署《2014 年能源展
望》提供的数据，如果美国非常规石油开采技术取得重大突破性进展，
美国将于 2039 年成为真正意义上的净石油出口国；如果美国保持现有的
技术研发进度，美国石油净进口量在石油总消费量中所占的比重将从
2012 年的 41% 下降至 2016 年的 25%，随后石油净进口比重将会缓慢回升
至 2040 年的 32%，如图 5 - 16 所示。

图 5 - 16　1990—2040 年美国石油净进口趋势
（在三种不同技术水平下的预测）

资料来源：U. S. Energy Information Administration，EIA，*Energy Outlook 2014：Executive Summary*（http：//www. eia. gov/forecasts/archive/aeo14/executive_ summary. cfm）.

---

　　① 《石油战第一轮结果追踪》，2014 年 12 月 24 日，凤凰财经（http：//finance. ifeng. com/a/20141224/13379339_ 0. shtml）；《OPEC 不减产效果显著！美国页岩油热或在退烧》，2014 年 12 月 2 日，新浪财经（http：//finance. sina. com. cn/money/forex/20141202/143420976418. shtml）。

　　此外，尽管美国非常规石油与天然气资源的大规模开发在一定程度上缓解了美国能源进口的压力，减少了美国对进口油气资源的依赖。但作为国际能源市场中的一员，美国国内原油产量与原油价格受到国际市场供求关系的影响，是国际石油市场主要成员相互博弈的结果。世界传统石油生产大国的战略决策会对美国国内石油产业的发展造成直接影响。

　　除了在全球范围内推广清洁能源、鼓励非传统油气资源的开发之外，奥巴马政府还有针对性地对重点地区推行区别化、地区性、多元化的国际能源政策。

三 "新中东政策"下的石油因素——"巧实力"捍卫传统能源利益

　　美国对外关系委员会主席理查德·哈萨和布鲁金斯学会马丁·因迪克在论述美国中东新战略时指出，"把中东地区治理好"是美国应对中东地区种种挑战（不论是恐怖主义问题、核扩散问题，还是石油安全问题）的首要前提；而小布什总统试图通过强力改造中东的做法是行不通的，需要改变方式和方法。[①] 奥巴马总统上任之后，他吸取了小布什政府中东政策的教训，改变了只强调"硬实力"的单边主义政策，更注重"软实力"在该地区的应用。2011 年以来，奥巴马政府抓住了中东和北非地区内部发生一系列变革的好时机，适时地推出了促进大中东地区民主改革、经济发展与和平安全的新方法。[②] 希望借此改善美国在阿拉伯国家中的形象，从而为美国能源供给和国际能源市场的稳定创造必要的条件。这些新方法主要是外交和经济支持政策。虽然美国针对中东地区的政策工具有所改变，但美国在中东的利益诉求并未发生变化：一是捍卫美国在处理中东事务中的主导权（政治与军事）；二是维护美国对中东地区的能源生产、出口和运输的绝对控制权，[③] 捍卫美国在中东能源地缘政治中的霸主地位。

---

　　① Haass Richard N and Indyk Martin, "Beyond Iraq: A New U. S. Strategy for the Middle East," *Foreign Affairs*, January/February, 2009, 转引自高祖贵《奥巴马治下的美国中东政策初析》,《亚非纵横》2009 年第 2 期。

　　② The White House, Office of the Press Secretary, *FACT SHEET-"A Moment of Opportunity" in the Middle East and North Africa*, 2011 – 05 – 19 (http://www.whitehouse.gov/the-press-office/2011/05/19/fact-sheet-moment-opportunity-middle-east-and-north-africa).

　　③ 方小美、冯丹、孙波:《奥巴马的能源政策和中东政策取向及其影响》,《国际石油经济》2008 年第 12 期。

因此，奥巴马政府对中东政策的调整只是一种战术性的调整，美国在中东地区的整体战略并没有发生变化。

奥巴马时期美国的"新中东政策"在能源领域的表现主要体现在两个方面：其一，通过"巧实力"外交，改善美国在阿拉伯产油国心目中的形象，从而维持美国在中东能源地缘政治格局中的地位，稳定美国的石油供给；其二，由于美国国内能源结构的调整以及能源自给能力的提高，美国针对中东的石油政策更有底气，政策方向由逐步减少从中东地区进口石油的数量、实现能源来源多样化、降低对中东石油的依赖，转向为维护中东地区长期稳定、维持友好关系、增加从中东地区进口石油量。

（一）广泛开展平衡、系统①的"巧实力"外交，努力改善美国在阿拉伯世界的形象

小布什总统充满火药味的中东政策，使美国深陷伊拉克战争的泥潭不能自拔，其饱含强力色彩的"大中东计划"也挑起了阿拉伯世界反美情绪。为了扭转美国在中东地区的负面形象，奥巴马政府采纳了哈佛大学教授、原美国国防部助理部长约瑟夫·奈提议的"巧实力"外交，即根据具体情形，巧妙、灵活的运用"硬实力"和"软实力"来处理中东问题。具体政策如下。

1. 美国从伊拉克撤军、美国及盟友在伊获得的石油利益

2009 年 2 月 27 日，奥巴马总统在位于北卡罗来纳州的美国海军陆战队基地勒琼宣布，美国将逐步实现从伊拉克撤军，并为撤军设定了最后期限。他指出，美国在伊拉克的作战任务于 2010 年 8 月 31 日结束，此后将在伊拉克保留 5 万人的"过渡部队"，用于对伊拉克的安全部队进行反恐培训和其他支持，并计划于 2011 年年底撤回在伊拉克的所有驻军。② 2009 年 6 月底，美军开始撤出伊拉克首都巴格达，并将 38 个军事基地移交给了伊拉克军方。③ 在美国的影响下，驻扎伊拉克的美国联军也开始撤

---

① 中央党校国际战略研究所高祖贵教授认为奥巴马政府的中东政策有三个特点，即：平衡性、综合性与系统性。请参见高祖贵《奥巴马治下的美国中东政策初析》，《亚非纵横》2009 年第 2 期。

② "Obama's Speech at Camp Lejeune, N. C. ," *The New York Times*, February 27, 2009（http：//www. nytimes. com/2009/02/27/us/politics/27obama-text. html？pagewanted =1）.

③ Michael Christie, "Iraqi civilian deaths drop to lowest level of war," *Reuters*, November 30, 2009（http：//www. reuters. com/article/2009/11/30/idUSGEE5AT2AD）.

军：2009 年 4 月底，英国正式结束在伊拉克的作战任务；2009 年 7 月 28
日，澳大利亚作战部队也撤出伊拉克。① 2011 年 12 月 15 日，驻伊美军在
巴格达举行了降旗仪式，标志着持续 9 年的伊拉克战争正式结束，并于
16 日向伊拉克移交了最后一座军事基地（艾德营地），此时美军在伊拉克
的驻军只剩下最后的五千人。②

　　从伊拉克撤军为美国带来的直接好处除了减少伤亡和军费开支之外，
最为重要的是使美国及其盟友的能源公司获得了在伊拉克开采石油的权
利。2009 年 6 月 30 日和 12 月 11 日，伊拉克石油部门分别与竞标成功的
外国能源公司签署了共同开发伊拉克油田的服务合约，签约的国际能源公
司将有权同伊拉克石油部一起组成合资企业共同开发伊拉克境内的石油资
源。该合约规定了外国能源公司开采石油数量的上限，超过上限的产量将
要向伊拉克石油部上交每桶 1—2 美元的服务费用。③ 美国是从伊拉克获
得石油利益最多的国家，美国及其盟国的能源公司在伊拉克所获得的石油
开采权情况如表 5 - 17 所示。

表 5 - 17　　美国及其盟友的能源公司在伊拉克获得石油开采权情况

油田	公司	国家	所占份额	增产率	服务费（美元/桶）	最高总收入（美元/年）
Majoon	壳牌（Shell）	荷兰	45%	0.788	1.39	4 亿
Halfaya	道达尔（Total）	法国	18.75%	0.099	1.39	0.51 亿
Rumaila	英国石油公司（BP）	英国	37.5%	0.713	2	5.2 亿

---

　　① "UK combat operations end in Iraq," *BBC News*, April 30, 2009（http：//news. bbc. co.
uk/2/hi/uk_ news/8026136. stm）.

　　② 《美军移交在伊最后一个军营》，2011 年 12 月 16 日，中国网络电视台（http：//
news. cntv. cn/world/20111216/118379. shtml）。

　　③ "BP group wins Iraq oil contract：BP and CNPC accept contract as global firms race to gain ac-
cess to untapped reserves," *ALJAZEERA*, June 30, 2009（http：//english. aljazeera. net/news/mid-
dleeast/2009/06/200963093615637434. html）；"Oil firms awarded Iraq contracts：Auction for some of
world's largest fields under way amid tight security in Baghdad," *ALJAZEERA*, December 11, 2009（ht-
tp：//english. aljazeera. net/news/middleeast/2009/12/200912117243440687. html）.

续表

油田	公司	国家	所占份额	增产率	服务费（美元/桶）	最高总收入（美元/年）
Zubair	意大利埃尼集团（ENI）	意大利	32.81%	0.328	2	2.4 亿
	美国西方石油公司（Occidental）	美国	23.44%	0.234	2	1.71 亿
West Qurna 1	埃克森石油公司（Exxon）	美国	60%	1.228	1.9	8.51 亿
	壳牌（Shell）	荷兰	15%	0.307	1.9	2.13 亿
West Qurna 2	挪威国家石油公司（Statoil）	挪威	18.75%	0.338	1.15	1.42 亿

资料来源："Shell walks away with Majnoon," *Upstream*, December 11, 2009 (http://www.up-streamonline.com/live/article201498.ece); "BP: Iraq Oil Deal is Start of Something Big," *Bloomberg Businessweek*, July 24, 2009 (http://www.businessweek.com/globalbiz/content/jul2009/gb20090724_632771.htm); "Why Oil Majors Are Coming Back to Iraq," *Bloomberg Businessweek*, November 4, 2009 (http://www.businessweek.com/magazine/content/09_46/b4155000179541.htm); "Lukoil and Statoil sign contract for the West Qurna 2 field in Iraq," January 31, 2010 (http://www.statoil.com/en/News-AndMedia/News/2010/Pages/LukoilAndStatoilSignsWestQurnaContract.aspx); "Economy of Iraq," *Wikipedia* (http://en.wikipedia.org/wiki/Economy_of_Iraq).

由表 5 - 17 可知，以撤军为交换条件，美国及盟军在伊拉克获得了开发石油资源的权利，美国及其盟友的能源公司几乎参与了伊拉克境内所有主要油田的投资、开发与生产。根据表 5 - 17 的统计，美国能源公司在伊拉克的石油产量高达每天 146.2 万桶，约占伊拉克日石油总产量的 16%；而其盟友英国在伊拉克的石油产量为 181 万桶/天，约占伊拉克日石油总产量的 19%；除英国以外的欧洲国家在伊拉克的石油产量约为 86.5 万桶/天，占伊拉克日石油产量的 9% 左右。

2. 从"对抗"到"对话"再到"对抗"——转变对伊朗的态度

与小布什政府的中东政策将重心放在伊拉克不同，奥巴马政府更加关注伊朗。对待伊朗问题，奥巴马转变了强硬的态度，采取软硬兼施、先礼后兵的政策。

首先，奥巴马政府的高层领导人在多种场合对伊朗"示好"，表现出

合作的态度，努力为僵化 30 多年的美伊关系解冻。例如：2009 年 2 月 7
日，美国副总统拜登在参加第 45 届慕尼黑安全会议时赞扬了伊斯兰文化，
试图从文化领域消除伊斯兰世界对美国的仇视，他指出 "伊朗人民是伟
大的人民"，"波斯文明是伟大的文明"，同时他还强调美国愿意同伊朗进
行谈判，在对待伊朗问题上，奥巴马政府将会努力摒弃先发制人的做法，
尽量采取预防性行动，采用外交途径解决争端，军事手段只是不得已的选
择；① 2009 年 3 月，在时任美国国务卿希拉里·克林顿的积极斡旋下，伊
朗参加了 "阿富汗问题国际会议"，希拉里认为，伊朗参加此次会议说明
未来美国和伊朗存在合作的可能性。②

　　其次，自从 2011 年年底至今，鉴于伊朗在研发核武器和防扩散方面
的消极态度，奥巴马政府也采用 "硬实力" 对伊朗进行制裁，但与小布
什政府善用的军事打击不同，奥巴马政府更倾向于采用经济制裁手段。
2010 年 7 月 1 日，奥巴马总统签署了旨在制裁伊朗的《伊朗全面制裁、
问责和撤资法案》，该法案在 1996 年的《伊朗制裁法案》的基础上进行
了修改，增加了制裁伊朗的新措施和新程序。其对伊朗能源领域的制裁措
施与 2010 年 6 月 6 日联合国安理会通过的第四次制裁伊朗的第 1929
（2010）号决议是密切相关的。③ 与 1996 年《伊朗制裁法案》相比，新修
改的《伊朗全面制裁、问责和撤资法案》显著增加了在伊朗能源领域从
事相关活动的限制范围和制裁力度，其中包括：直接或显著有利于提高伊
朗石油开发能力的投资（2000 万美元/年），直接或显著增强伊朗精炼石
油产品产量的销售、租赁、提供商品或服务的活动（100 万美元/年），向
伊朗销售或提供精炼石油产品、为伊朗进口精炼石油产品提供便利的活动
或服务等，在伊朗从事以上活动都将受到美国的经济制裁。④

　　① Embassy of the United State in Russia, *Remarks by Vice President Biden at the 45th Munich Secu-rity Conference*, February 7, 2009（http：//moscow. usembassy. gov/tr_ biden020709. html）.

　　②《"春季接触" 或解冻美伊关系》，《参考消息》2009 年 12 月 1 日，转引自刘宝莱《奥巴
马中东 "新政" 的变与不变》，《亚非纵横》2010 年第 1 期。

　　③ United Nations Security Council, *Resolution 1929（2010）*（http：//daccess-dds-ny. un. org/
doc/UNDOC/GEN/N10/396/79/PDF/N1039679. pdf？Open Element）.

　　④ U. S. Deparntment of State, *Iran Sanctions*（http：//www. state. gov/e/eeb/esc/iransanctions/
index. htm）；Bureau of Economic, Energy and Business Affairs, U. S. Deparntment of State, *Fact
Sheet：Comprehensive Iran Sanctions, Accountability, and Divestment Act（CISADA）*, May 23, 2011
（http：//www. state. gov/e/eeb/esc/iransanctions/docs/160710. htm）.

2011 年 11 月，在利比亚卡扎菲政权倒台之后，针对伊朗发展大规模杀伤性武器的行为，美国又开展了针对伊朗的新一轮制裁。19 日，奥巴马总统首次签署了专门针对伊朗石油化工产业的第 13590 号行政命令，扩大已有的针对伊朗能源领域的制裁。21 日，美国国务卿希拉里和财政部长盖特纳举行联合发布会，公布了在该行政命令指导下美国对伊朗进行制裁的具体措施与手段。新一轮的严厉制裁主要体现在三个方面：第一，美国将对伊朗石油化工产业的货物、服务、技术等进行全面的经济制裁。同时，伴随着这项新措施，美国将通过外交手段在全球范围内号召其他国家拒绝进口和购买伊朗的石化产品。第二，扩大对伊朗石油和天然气贸易的制裁，阻止伊朗石油和天然气生产能力的维持和提高。制裁的主要途径是通过法律手段对在伊朗石油和天然气上游产业进行勘探和开发的企业进行严厉的经济惩罚，为这些活动提供货物、服务和技术支持的行为也将受到美国的制裁。实质性的制裁措施包括：禁止伊朗进入国际金融体系，使伊朗的银行失去世界各地的业务；终止世界主要港口与伊朗国家航运公司的业务往来等。第三，美国还指定了一些实体机构和专门机构负责制裁伊朗的相关政策的贯彻和执行。[①]

除了对伊朗进行经济制裁之外，奥巴马政府还通过增强伊朗邻国的军事力量等方式牵制伊朗。例如，2010 年，奥巴马政府与伊朗的重要邻国沙特政府签订了高达 600 亿美元的军火买卖协议，这是美国有史以来交易金额最大的一笔军火交易订单；同时，双方还在洽谈一笔总额高达 300 亿美元的"海军导弹防御系统"买卖协议。[②] 这样大笔的军事支出在沙特历史上也是第一次。据统计，在小布什政府时期（2001—2008 年），沙特全部军事开支（购买武器和军事活动）总共才 367 亿美元，而此次却在如此短时间内同美国签订了 900 亿美元的军事购买协议，实属惊人。但毋庸置疑的是沙特大规模购进美国高精端军事和武器装备确实起到了震慑伊朗的作用。除了间接的军事干预，自 2012 年以来，随着美伊冲

---

① Hillary Rodham Clinton, Secretary of State, and Tim Geithner, Secretary of Treasury, *Measures to Increase Pressure on Iran*, November 21, 2011（http：//www. state. gov/secretary/rm/2011/11/177610. htm）；U. S. Deparntment of State, *Fact Sheet：New Sanctions on Iran*, November 21, 2011（http：//www. state. gov/r/pa/prs/ps/2011/11/177609. htm）；U. S. Deparntment of State, *Special Briefing：Background Briefing on the Recently Announced Sanctions on Iran*, November 21, 2011（http：//www. state. gov/r/pa/prs/ps/2011/11/177613. htm）.

② 徐菁菁：《沙特的变与不变》，《三联生活周刊》2011 年第 18 期。

突日渐尖锐，两国军事力量剑拔弩张，直接军事对抗频频上演：伊朗频繁在霍尔木兹海峡进行军事演习，向美国叫嚣，甚至以封锁霍尔木兹海峡相要挟。霍尔木兹海峡是全球最为重要的石油输送通道，全球超过30%的石油资源从此处运出中东波斯湾，运往国际能源市场。该通道一旦被封锁，就会出现国际石油供给短缺、国际石油价格飙升，进而给世界经济带来严重的负面影响。对于伊朗的挑衅行为，美国给予了坚决的回击，美国联合西方国家加紧在中东波斯湾地区的军事部署，以保障霍尔木兹海峡的通畅。2012 年 1 月 28 日，五角大楼发表声明称，美国正在中东波斯湾地区筹建一个由美国中央司令部领导的大型浮动军事基地，该浮动基地是由一艘大型军舰改造而成，可以容纳美国海军特种部队，即美国海军海豹突击队的小型快艇和直升机，并于 2012 年夏天派往中东地区。

从美国实施《伊朗全面制裁、问责和撤资法案》和在伊朗邻国进行军事部署可知，奥巴马政府一方面希望通过经济制裁的手段限制伊朗石油的生产和销售；另一方面希望通过军事部署对伊朗形成战略威慑，从而避免伊朗以石油为武器，扰乱世界石油市场的价格，以达到稳定能源市场的目的。

3. 参与北约对利比亚[①]军事行动

利比亚是世界上第 13 大石油出口国，其探明的石油、天然气储量分别约占世界总探明储量的 3% 和 1%，分别约占非洲总储量的 40% 和 10%；其石油、天然气的产量分别约占世界总产量的 2% 和 0.8%，分别约占非洲总产量的 17% 和 7%。在没有利比亚石油出口的情况下，世界原油产量每天将减少 140 万桶，[②] 相当于世界原油总需求的 2% 左右。[③]

---

① 从自然地理角度讲，利比亚属于北非国家；但从地缘政治角度讲，美国对利比亚的政策与对待撒哈拉以南非洲的政策迥异，反而与中东地区的政策相仿，所以，本书将美国对利比亚划入到美国对中东政策的论述中。正如前文所给出的注释，本书所指的中东地区包括传统中东地区和北非地区，即 MENA。

② 根据美国能源信息署"国际能源统计"发布的数据，2010 年利比亚每天的石油产量为179 万桶，与英国《经济学人》公布的数据略有不同。详情请见 http：//www. eia. gov/cfapps/ipd-bproject/IEDIndex3. cfm；http：//www. economist. com/node/18285768。

③ "Oil markets and Arab unrest: The price of fear," *The Economist*, March 3rd, 2011 （http://www. economist. com/node/18285768）.

　　长期以来，利比亚的卡扎菲政权①以石油和天然气等资源为武器与西方国家为敌，并不断谋求在非洲地区的霸权。在 2008 年召开的非洲联盟会议中，卡扎菲宣称自己是"非洲国王的国王"，②并于 2010 年早期试图夺取非洲联盟的领导地位。正是由于卡扎菲政权对西方的敌对态度，美国等西方国家将其视为扰乱国际能源市场的定时炸弹，因此，卡扎菲政权是包括美国在内的西方国家的心腹大患。

　　2011 年 2 月 15 日，利比亚爆发了大规模和平抗议活动，要求卡扎菲下台，但遭到了卡扎菲政权的武装镇压，自此，利比亚内战爆发。利比亚内战的爆发直接导致了 2011 年年初的利比亚石油危机，利比亚内战致使利比亚的石油生产基础设施遭到破坏，石油和天然气大量减产，再加之欧佩克产油国并未在 6 月份及时达成增加石油产量的共识，致使国际原油市场暂时出现了供不应求的现象。截至 2011 年 5 月，世界石油市场轻质低硫原油的供给减少了 1.32 亿桶，每天石油供应缺口高达 150 万桶，③人们对原油价格进一步上涨的预期越来越强烈。由于供应和预期两个决定石油价格的因素同时发生了实质性变化，国际原油价格上调的窗口开启。截至 2011 年 2 月 24 日，利比亚动荡导致布伦特原油的价格攀升至 120 美元/桶，④这对刚刚从经济危机中复苏的美国来讲无疑是莫大的挑战。

　　在这种情况下，为了弥补利比亚动荡造成的能源供应中断、满足夏季用油高峰带来的能源消费增加、保护脆弱的世界经济、实现世界经济复苏的"软着陆"，奥巴马政府一方面积极敦促并配合国际能源机构释放战略石油储备，通过经济手段平抑国际石油价格；另一方面寻找机会联合北约

---

　　①　1969 年，年仅 27 岁的卡扎菲通过发动政变推翻了伊德里斯王朝（King Idris），并于 1977 年建立了"大阿拉伯利比亚人民社会主义民众国"（Great Socialist People's Libyan Arab Jama-hiriya）请参见 Kira Salak，"Rediscovering Libya," *National Geographic Adventure Magazine*，April 2005（http：//www. nationalgeographic. com/adventure/0504/excerpt1. html）；US Department of State，"Background Notes：Libya," July 7, 2011（http：//www. state. gov/r/pa/ei/bgn/5425. htm）.

　　②　"Gaddafi：Africa's 'king of kings'," *BBC News*，August 29, 2008（http：//news. bbc. co. uk/2/hi/uk_ news/7588033. stm）.

　　③　International Energy Agency，*IEA makes 60 Million Barrels of Oil Available to Market to Offset Libyan Disruption*，June 23, 2011，Paris（http：//www. iea. org/press/pressdetail. asp？PRESS_ REL_ ID＝418）.

　　④　"Oil markets and Arab unrest：The price of fear"，*The Economist*，March 3rd, 2011（http：//www. economist. com/node/18285768）.

国家，共同采用军事手段干预利比亚内战、推翻卡扎菲政权。

（1）2011年6月23日，国际能源机构执行总干事田中伸男宣布，国际能源机构28个成员国将在未来30天释放6000万桶战略石油储备来平抑油价，平均每天释放200万桶。① 当天，时任美国能源部部长的朱棣文宣布，作为国际能源机构的成员国，美国将释放3000万桶的战略石油储备，美国是国际能源机构成员国中释放战略石油储备最多的国家。同时美国将密切关注世界能源形势，并将根据需要采取进一步的举措。② 除美国之外，日本将释放790万桶战略石油储备，韩国将释放346万桶，欧盟成员国将会释放剩下的1864万桶。③ 这是国际能源机构自1975年建立战略石油储备机制以来，为了稳定世界能源市场供应第三次释放战略石油储备。④

（2）2011年3月17日，联合国安理会针对卡扎菲政权人权问题通过了第1973号决议，该决议决定在利比亚设立禁飞区，并授权多国部队介入利比亚内战。在多国部队中，美国对利比亚的军事投入最多，接近7亿美元（各主要参战国家的战争投入见表5-18）。安理会的决议为以美国为首的北约介入利比亚问题、获得利比亚石油控制权创造了机会；⑤ 19日，英法美等国军队对利比亚发动空袭，之后共有17个国家加入战争。⑥ 与小布什政府"单边主义""先发制人"的方式不同，奥巴马政府对利比亚内战的干涉主要采取了"多边主义"与"有限军事参与"的方式。正

---

① International Energy Agency, *IEA makes 60 Million Barrels of Oil Available to Market to Offset Libyan Disruption*, June 23, 2011, Paris（http：//www. iea. org/press/pressdetail. asp? PRESS_ REL _ ID = 418）.

② Department of Energy of the U. S. , *Department of Energy to Release Oil from the Strategic Petroleum Reserve*, June 23, 2011, Washington, D. C. （http：//www. energy. gov/news/10393. htm）.

③ 《国际能源机构决定动用6000万桶战略石油储备》，2011年6月25日，中国网（http：//www. people. com. cn/h/2011/0625/c25408 - 428191647. html）。

④ 国际能源机构前两次释放战略石油储备分别是：1990年为了弥补海湾战争造成的国际能源短缺，和2005年由美国卡特里娜飓风造成的墨西哥湾地区石油生产和石油精炼设施的破坏而带来的石油供应短期中断。

⑤ UN News Centre, "Security Council authorizes 'all necessary measures' to protect civilians in Libya," March 17, 2011 （http：//www. un. org/apps/news/story. asp? NewsID = 37808&Cr = libya&Cr1 = ; "Libya）: UN backs action against Colonel Gaddafi," BBC News, March 18, 2011 （http：//www. bbc. co. uk/news/world-africa - 12781009）.

⑥ David Batty, "Military Action Begins Against Libya," *The Guardian*, March 19, 2011 （http：//www. guardian. co. uk/world/blog/2011/mar/19/libya-live-blog-ceasefire-nofly）.

如 2011 年 5 月 19 日白宫公布的《情况报道》中所指出的那样：美国对利比亚的军事行动是限制期限、限制范围的有限战争，美国已经于 3 月 31 日将利比亚军事行动的主导权转移到北约手中。[①] 在北约多国部队的协助下，8 月 22 日，利比亚"过渡委员会"宣布反政府武装已经控制了利比亚首都的黎波里，并控制了利比亚主要的油田和输油管道（利比亚内战期间反对派与卡扎菲政权的战争主要集中在石油生产和运输的关键地带，如图 5 - 17 所示）；9 月 16 日，联合国安理会承认利比亚"过渡委员会"为利比亚唯一的合法政权；10 月 20 日，在利比亚反对派执政当局武装攻占苏尔特的战斗中，卡扎菲受伤被俘，随后因伤势过重而撒手人寰。至此，利比亚的政权和能源控制权落入了西方支持的"利比亚过渡委员"手中，以美国为首的西方国家再次掌握了利比亚的石油控制权。

表 5 - 18　　　　参与利比亚内战的主要外国部队的军费开支情况

国家	军费开支（美元）	统计截止日期
美国	6.64 亿	2011 年 5 月
英国	4 亿	2011 年 6 月
法国	2.289 亿	2011 年 7 月
加拿大	2600 万	2011 年 6 月

资料来源："Middle East & North Africa-Pentagon sees Libya military costs soar," *Financial Times*, June 9, 2011; Justin Fishel, "As Cost of Libyan War Rises, Gates Scolds NATO for Not Pulling Its Weight," *Fox News*, June 10, 2011 (http: //www. foxnews. com/politics/2011/06/10/gates-blasts-nato-questions-future-alliance/); "Canada Libya Mission Cost Could Hit $60M," *The Huffington Post*, September 6, 2011 (http: //www. huffingtonpost. ca/2011/06/09/canada-libya-mission-to-b _ n _ 873776. html); "Libya war has cost UK $400 million so far," *Libya TV*, June 22, 2011 (http: //english. libya. tv/2011/06/22/libya-war-has-cost-uk - 400 - million-so-far/); "2011 Libyan civil war," *Wikepedia* (http: //en. wikipedia. org/wiki/2011_ Libyan_ civil_ war#cite_ ref - 213).

---

① "NATO to police Libya no-fly zone," *Al-Jazeera*, March 24, 2011; Office of the Press Secretary, The White House, *FACT SHEET*: "*A Moment of Opportunity*" *in the Middle East and North Africa*, May 19, 2011 (http: //www. whitehouse. gov/the-press-office/2011/05/19/fact-sheet-moment-opportunity-middle-east-and-north-africa).

图 5 - 17　利比亚主要能源管线和油田发生的冲突及反对派控制的
石油要塞（截至 2011 年 5 月）

资料来源："The colonel feels the squeeze," May 19, 2011, *Petroleum Economist* (http：//www.
economist. com/node/18713650）.

　　美国军事干预利比亚政局还有一个更为重要的目的，即为借助北约军
事力量维护大中东地区的政局稳定。根据美国众议院的报告，2010 年年
底至 2011 年年初，自突尼斯爆发疯狂的反政府武装抗议之后，北非和海
湾地区产油国，如阿尔及利亚、约旦、苏丹、叙利亚、也门、埃及甚至沙
特阿拉伯，陆陆续续经历了一系列反政府抗议活动，抗议活动使这些重要
产油国国内的石油生产能力遭到破坏、国际能源市场出现能源缺口、国际
油价应声提高；同时，持续的暴动使得承载着全球能源市场 3.5% 能源需
求量和 14% 液化天然气需求量输送任务的两个关键能源运输通道：苏伊
士运河和苏伊士—地中海管道的运输能力受到严重的威胁。[①] 因此，北约
军事力量对利比亚危机的介入在一定程度上可以稳定大中东局势、维护国
际能源市场的稳定。

---

① Committee on Energy and Commerce, House of Representatives, U. S Congress, *The Effects of
Middle East Events on U. S. Energy Markets*, February 9, 2011, pp. 2 - 3.

（二）对中东进口石油政策的转折性调整

奥巴马政府前期秉承了小布什政府能源进口来源多样化的政策，大幅度降低美国对从中东地区进口石油资源的依赖。然而从 2011 年起，奥巴马政府调整了中东地区石油进口政策：在全球范围内减少石油进口总量的情况下，美国增加了从中东地区进口的石油量（见图 5－18）。

整体看来，奥巴马政府期间，中东地区每天出口石油总量高达 1800 万桶，[①] 其中约 9%—10% 出口到美国，约每天 180 万桶，这比小布什政府日均从中东进口 240 万桶相比，降低了约 25%。虽然与小布什政府相比，奥巴马政府从中东地区进口石油总量有所下降，但从美国进口石油来源地结构来讲，美国从中东地区进口的石油量占美国进口石油总量的比例却呈现"先降后升"的态势：由 2008 年的 21.3% 降低至 2010 年的 18%；自 2011 年利比亚危机结束后，美国开始大幅增加从中东地区进口石油的数量，2013 年年底美国从中东地区进口的石油量占美国进口石油总量的比例攀升至 31.87%，达到冷战后的最高值。[②] 这种变化趋势如图 5－18 所示。

---

① Office of the Press Secretary, The White House, *Factsheet*: *Economic Support for the Middle East and North Africa*, May 18, 2011 （http：//www. whitehouse. gov/the-press-office/2011/05/18/factsheet-economic-support-middle-east-and-north-africa ）; U. S. Energy Information Administration, "U. S. Net Imports from Persian Gulf Countries of Crude Oil and Petroleum Products （Thousand Barrels per Day）," Energy Explained （http：//www. eia. gov/dnav/pet/hist/LeafHandler. ashx? n = PET&s = MTTNTUSPG2&f = A）.

② U. S. Energy Information Administration, "Oil: Crude and Petroleum Products Explained," *Energy Explained* （http：//www. eia. gov/energyexplained/index. cfm? page = oil_ home#tab2）.

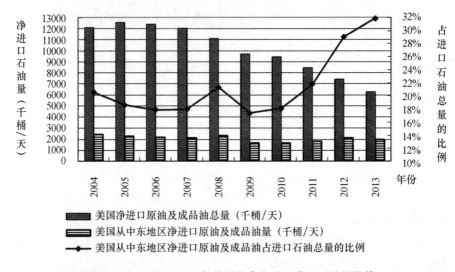

图 5 - 18　2004—2013 年美国从中东地区进口石油量趋势

资料来源：U. S. Energy Information Administration, EIA, "Oil: Crude and Petroleum Products Explained," *Energy Explained* (http: //www. eia. gov/energyexplained/index. cfm? page = oil_ home# tab2).

综上所述，奥巴马政府主要运用平衡性、综合性、系统性的"巧实力"来对待中东地区的重点产油国：一方面通过"软实力"努力改善美国在阿拉伯世界的形象；另一方面又借助"硬实力"捍卫核心能源利益，在"硬实力"的应用上更加强调技巧性。奥巴马政府的这些举措取得了一定的效果，中东地区的能源控制权，尤其是石油控制权基本掌控在美国及其盟国的手中。近年来美国从中东地区进口的石油量有所增加，为了确保中东地区稳定的石油供给，奥巴马政府在继续推行能源来源多样化政策的同时，还进一步加强对中东地区的干预，美国在维护中东地区安全方面发挥了更加积极的作用。

四　非洲地区——积极推进对非能源外交

安哥拉、埃及、尼日利亚和南非是非洲重要的石油和天然气生产国和出口国，这四个国家的天然气储量约占非洲储量的一半，天然气产量超过了非洲总产量的 1/3，石油储量约占非洲总储量的 40%，石油产量接近非洲石油产量的一半，具体储量和产量及占非洲总量的比例如图 5 - 19

所示。

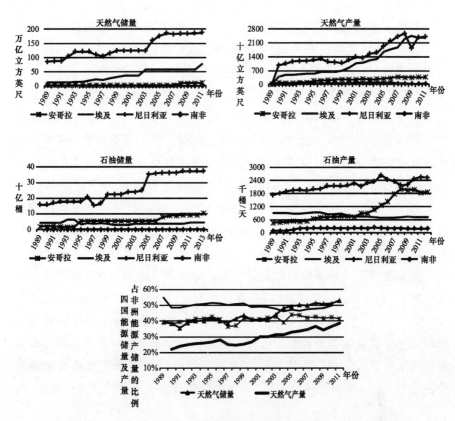

图 5－19　安哥拉、埃及、尼日利亚和南非四国的石油、天然气储量及
产量及四国占非洲的比例

资料来源：U. S. Energy Information Administration, EIA, *International Energy Statistics*（http：//www. eia. gov/cfapps/ipdbproject/IEDIndex3. cfm）.

鉴于这四个国家在能源领域的重要地位，奥巴马政府不断加强与安哥拉、埃及、尼日利亚和南非等能源富裕国家的能源交往与合作，努力将非洲打造成为美国稳定的进口能源来源地。奥巴马政府主要通过三种方式增进与非洲产油国的合作：其一，建立战略对话机制，与这些国家结成更为密切的能源战略伙伴关系，以对话机制推进能源务实合作；其二，积极推进高层互访和会见，拉近美国与这些国家在情感上的联系；其三，对非洲重要产油国进行经济上的援助，促进其国内稳定，帮助其解决粮食供应、疾病预防等问题。具体表现如下。

在机制建设方面的具体举措如下：（1）美国与安哥拉签署了新的"贸易与投资框架协议"，并建立了新的"战略伙伴对话机制"，为两国增进在能源、贸易等领域的深入合作提供了平台；（2）2010 年 4 月，美国与南非建立了制度化、正式化的"美南战略对话机制"，并签署了谅解备忘录，在该机制下两国将进行常规化的会见和年度双边论坛，具体商讨包括能源领域在内的八个领域的合作事宜。目前，年度双边论坛已经举行了两次，美南战略对话机制的建立，使美南两国关系从紧张走向了稳定，开创了两国合作的新篇章，为两国在能源领域的合作创造了良好条件；①（3）2010 年 4 月，美国与尼日利亚建立了高层对话机制"美尼两国委员会"，能源领域是双方四个合作领域中的重要环节，美国将积极协助尼日利亚政府推进能源改革，并增加对尼日利亚能源领域的投资，尤其是帮助尼日利亚加强电力等基础设施建设，以解决能源、电力、地区安全等一系列问题；②（4）美国还与非洲联盟建立了有史以来第一个双边高层对话机制。2010 年 4 月，时任美国国务卿希拉里·克林顿和国家安全事务顾问詹姆斯·琼斯将军与非洲联盟领导人在华盛顿举行了第一次美国与非盟的年度高层协商。此外，在第九届"美国与撒哈拉以南非洲贸易与经济合作论坛"③ 上，美国国际开发署④与非洲联盟又签署了新的伙伴关系协议，

---

① Susan D. Page, *U. S. -South Africa Strategic Dialogue*, April 14, 2010 (http：//www. state. gov/p/af/rls/spbr/2010/140260. htm)．

② U. S. Department of State, *U. S. -Nigeria Binational Commission* (http：//www. state. gov/p/af/ci/ni/139598. htm)；Hillary Rodham Clinton, *Signing Ceremony for the U. S. -Nigeria Binational Commission*, April 6, 2010 (http：//www. state. gov/secretary/rm/2010/04/139571. htm)．

③ "美国与撒哈拉以南非洲贸易与经济合作论坛"（U. S. -sub-Saharan Africa Trade and Economic Cooperation Forum）也称为"非洲发展机会法案"（Africa Growth Opportunity Act, AGOA）。

④ 美国国际开发署（United States Agency for International Development, USAID）于 1961 年成立，是美国一个独立的联邦政府机构，隶属于美国国务院，主要负责管理美国对外的非军事援助等事宜。

以促进美国与该地区的合作，这当然也包括能源领域的合作。① "非洲繁荣与机遇法案论坛"② 也是美国与非洲国家进行能源贸易和能源合作的重要平台。截至 2011 年 6 月，在撒哈拉以南的非洲国家中，有 37 个国家符合该法案的条件加入了双边贸易论坛。该论坛推进了美国与撒哈拉以南非洲国家的双边贸易，据统计，2010—2011 年，美非双边贸易额高达 820 亿美元，其中石油贸易金额所占的比例高达 91%。③

在高层互访方面，美国高层官员多次到访非洲重要能源国家，为深化美国与这些国家的友好关系作出了努力。2009 年 7 月，刚刚上任不久的美国总统奥巴马就访问了非洲，这是美国历史上最早访问非洲大陆的总统，足以凸显非洲在美国外交战略以及能源战略中的重要性；2009 年 8 月，时任国务卿希拉里·克林顿到访了安哥拉、南非、尼日利亚、利比里亚等非洲七国；在 2009 年 9 月的联合国大会上，奥巴马总统与非洲 26 个国家的元首共进了午餐；在 2010 年 4 月的核峰会上，奥巴马总统又会见了尼日利亚总统古德勒克·乔纳森和南非总统祖马；2010 年 6 月副总统拜登走访了埃及、南非等国，并就能源等美国关心的问题与非洲国家领导人举行了多次深入的对话。④ 不难看出，美国高层官员走访的这些国家均是非洲重要的产油国，这足以证明奥巴马政府对非洲能源的重视。

---

① Johnnie Carson, *Strengthening the United States Relationship With Africa*, February 25, 2010 (http://www.state.gov/p/af/rls/rm/2010/138994.htm); U. S. Department of State, *The President's Engagement in Africa*, August 3, 2010 (http://www.state.gov/p/af/rls/2010/145645.htm).

② 《非洲繁荣与机遇法案》(*The African Growth and Opportunity Act*, AGOA) 于 2000 年作为《美国贸易与发展法案》的一部分正式颁布，它旨在推进非洲经济与全球经济体系的融合。AGOA 为美国与撒哈拉以南的非洲的国家在政府间合作、私人部门合作和市民社会合作等提供了框架机制。请参见 The White House, *The 2011 African Growth and Opportunity Act Froum: Building on Increased U. S. -African Trade*, 2011 - 06 - 06 (http://www.state.gov/documents/organization/165348.pdf).

③ The White House, *The 2011 African Growth and Opportunity Act Froum: Building on Increased U. S. -African Trade*, 2011 - 06 - 06 (http://www.state.gov/documents/organization/165348.pdf).

④ Johnnie Carson, *U. S. Priorities for sub-Saharan Africa*, June 14, 2010 (http://www.state.gov/p/af/rls/rm/2010/143144.htm); U. S. Department of State, *The President's Engagement in Africa*, August 3, 2010 (http://www.state.gov/p/af/rls/2010/145645.htm).

此外，奥巴马政府还以非洲的能源资源为筹码积极向国会申请对非援助的资金。2011 年 4 月，美国负责非洲事务的助理国务卿约翰尼·卡尔森在"2012 财年美国对非洲政策的预算请求"中指出了美国在非洲的五大优先利益诉求，其中能源和气候变化问题是美国在非洲的优先利益之一。同时，他还强调，非洲的石油资源在美国的能源安全组合中占有十分重要的战略地位，美国约 14% 的石油资源来自该地区。其中，美国从尼日利亚一个国家进口的石油量就占到美国进口石油总量的 9%，这个数字与美国从沙特阿拉伯进口的石油数量基本持平。此外，随着加纳、乌干达、利比里亚、坦桑尼亚等国丰富石油资源的持续勘探和开发，在未来几年里，撒哈拉以南非洲地区在全球能源格局中扮演着越来越重要的角色，其影响也将会越来越大。①

综上所述，作为美国第一名非裔总统，奥巴马给予非洲特别的关注，在能源领域也不例外。奥巴马政府主要通过能源外交的方式加强同非洲主要能源国家的合作，从而使非洲的石油资源成为维护美国能源安全的重要保障。

五　中亚—里海地区——捍卫关键能源通道

欧亚能源特使理查德在《欧亚能源展望 2010》中阐述了奥巴马政府在中亚—里海地区的能源战略布局：② 第一，鼓励新的石油和天然气资源的开发，③ 促进节能增效，并研发替代技术；第二，鉴于美欧高度的相互依赖，美国支持欧洲在中亚—里海地区的能源诉求，协助其建立从中亚—里海地区至欧洲能源市场的能源运输管线，实现欧洲能源来源的多元化，从而保障欧洲的经济强大与能源安全，这也是美国的重要利益之一；第三，帮助高加索国家和中亚产油国建设能源管线，将油气资源输

---

① Johnnie Carson, *FY 2012 Budget Request for U. S. Policies on Africa*, April 14, 2011（http：//www. state. gov/p/af/rls/rm/2011/161202. htm）.

② Richard Morningstar, *Center for American Progress：2010 Outlook for Eurasian Energy*, U. S. Departnment of State, January 28, 2010（http：//www. state. gov/s/eee/rmk/136141. htm）；Richard Morningstar, Testimony Before the Subcommittee on Europe and Eurasia of the House Committee on Foreign Affairs, *European and Eurasian Energy：Developing Capabilities for Security and Prosperity*, June 2, 2011（http：//www. state. gov/s/eee/rmk/164833. htm）.

③ 尽管阿塞拜疆和土库曼斯坦新开发的天然气资源并不能供给美国，但可以增加国际天然气市场的天然气供应量，从而可以稳定天然气价格，保障供应。

送到国际能源市场。

为了实现美国在中亚—里海地区的以上战略目标，奥巴马政府在该地区开展了一系列的工作。

（一）建设南部能源走廊

借助"南部能源走廊"可以将里海地区的天然气资源输往欧洲市场，因此，"南部能源走廊"也被称为"新丝绸之路"。"南部能源走廊"包括纳布科天然气管线[①]、土耳其—希腊—意大利能源网（ITGI）、东南欧管线和跨亚得里亚海管线（具体见图5-20）。这四条天然气运输管线的建成将开辟从中亚—里海地区到欧洲的天然气运输新通道，预计每年将会把中亚—里海地区约600亿—1200亿立方米的天然气资源源源不断地输往欧洲能源市场，[②] 从而有利于实现欧盟国家进口天然气来源的多样化。除了积极促成"南部能源走廊"的建设，奥巴马政府还积极敦促中亚—里海国家向"南部能源走廊"投放能源。例如，奥巴马政府敦促土耳其和阿塞拜疆签署共同开发沙赫杰尼兹油气田天然气资源的协议（土与阿并没有达成共识，美国继续斡旋），并鼓励中亚—里海地区的产气国向南部能源长廊供给天然气。2010年7月13日，伊拉克总理马利基在"纳布科天然气管线项目政府间协议"的签字仪式上宣布伊拉克计划向南部能源长廊提供天然气；土库曼斯坦总统也表达了向欧洲输送天然气的意愿。美国希望将除伊拉克和土库曼斯坦之外的乌兹别克斯坦、埃及和其他相关国家也拉入到该项目中来，从而保障天然气的供应充足。[③]

---

① 纳布科天然气管线（Nabucco Gas Pipeline）是一条计划中的输气管道，起始于土耳其的埃尔祖鲁姆，终于奥地利的鲍姆加登。鲍姆加登是欧洲天然气集散地，纳布科天然气管线的建设有助于使欧洲摆脱对俄罗斯天然气的依赖，有利于实现欧洲能源来源的多元化。纳布科天然气管线的筹备工作始于2002年2月，土耳其、罗马尼亚、保加利亚、匈牙利和奥地利五国于2009年7月13日签署的政府间协议，预计于2017年投入运营。纳布科天然气管线全长4042公里，设计输气能力为110万立方英尺（31亿立方米）/年，预计投资120亿—150亿欧元。

② Joshua Chaffin, "EU plan to loosen Russia's grip on energy," *Financial Times*, November 13, 2008.

③ Richard Morningstar, *Remarks at the EU Summit "Southern Corridor-New Silk Road"*, May 8, 2009 (http://www.state.gov/s/eee/rmk/123530.htm); Richard Morningstar, *The U.S. Perspective on Eurasian Energy*, U.S. Departmnent of State, October 15, 2010 (http://www.state.gov/s/eee/rmk/149543.htm).

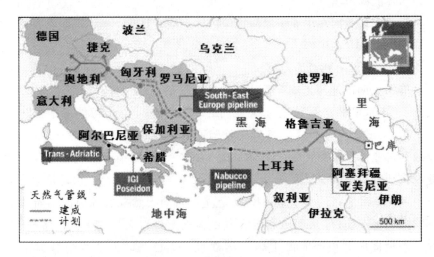

图 5 - 20   "南部能源走廊"管线

（二）深化与俄罗斯的能源合作，开展建设性的能源战略对话

俄罗斯是中亚—里海地区的关键成员，奥巴马政府努力创造同俄罗斯合作的机会，致力于在俄罗斯能源产业的上游领域进行投资，并共同合作研发清洁能源技术和提高能源效率技术。2009 年，美国和俄罗斯建立了美俄双边总统级委员会，能源合作是重要的议题之一。2010 年 7 月，美国能源部部长朱棣文和俄罗斯能源部部长什马特克·谢尔盖·伊万诺维奇共同签署了《能源工作组联合声明》，标志着美俄双边总统级委员会框架下的能源工作组的正式设立，该能源工作组下设能源效率小组、清洁能源技术小组和能源安全小组。在能源工作组的推动下，美俄双方在能源领域，尤其是清洁能源领域开展了一系列的合作：（1）推动美俄智能电网伙伴关系谅解备忘录项目，美国城市圣迭戈和俄罗斯别尔哥罗德地区建成"智能电网伙伴关系姐妹城市"，共同致力于智能电网技术的研发。2011年 6 月，俄罗斯区域配电控股公司（IDGC Holding）① 和别尔哥罗德地区管理局的代表与美国圣迭戈市政府官员和圣迭戈天然气和电气公司会面，

---

① 2012 年 11 月俄罗斯总统签署命令，将俄罗斯区域配电控股公司与俄罗斯联邦电网公司合并，组建集输电和配电于一体的俄罗斯电网公司。2013 年 3 月 20 日，合并重组计划正式进入操作阶段，同年 6 月俄罗斯电网公司正式成立。请参见国家能源局网站（http：//www. nea. gov. cn/2013 - 05/08/c_ 132367543. htm）。

共同商讨建立别尔哥罗德和圣迭戈的姐妹城市伙伴关系，并以此推动智能电网技术的实施。美国国际开发署为这一项目提供了资金支持。（2）建立美俄两国能源官员的互访机制。2011 年 4 月 18—21 日，时任美国能源部首席副助理国务卿乔纳森·埃尔金德访问俄罗斯，强调俄美两国将进一步加强在能源效率和清洁能源技术领域的合作；2011 年 6 月 9 日，时任美国能源部部长朱棣文访问俄罗斯，两国能源部部长共同表示支持联合研究大规模能源效率和清洁能源项目，如生物燃料和智能电网，并讨论扩大合作的可能性。（3）共同合作发展清洁能源技术。在美俄双边总统级委员会能源工作组框架下，俄美共同发起了一系列能源技术研发计划，如：智能电网与煤层煤矿甲烷倡议等，并通过"联邦能源管理计划"进行技术的示范和推广。此外，2010 年 12 月俄罗斯能源部部长访美，双方探讨了共同从事氢燃料电池、核反应堆低活化材料、生物质燃料、开发冻土等技术研究的可能性。[①]

然而，2013 年爆发的乌克兰危机将原本如火如荼的美俄能源合作拉近了死胡同，以美国为首的西方国家力倡对俄罗斯进行制裁，俄罗斯的能源产业与能源企业是此次西方对俄制裁的重点。

（三）与中亚—里海国家签署能源合作协议

2009 年 10 月，在美国—乌克兰战略伙伴关系委员会的主持下，美乌两国创建了政府间的"双边能源安全工作组"。在 10 月 28 日召开的首次会议中，美乌两国共同强调了提高乌克兰能源安全的重要性，以及美国向乌克兰提供能源技术支持、推动美国政府和企业参与乌克兰能源开发、美乌合作开发乌克兰核电项目和能效项目等。[②] 在双边战略伙伴关系的框架下，2011 年 2 月，美国与乌克兰签署了《美国—乌克兰非常规天然气资源谅解备忘录》，美国地质调查局将协助乌克兰评估其国内的非常规天然气资源的开发潜力，该谅解备忘录的签署标志着美国与乌克兰在能源领域

---

① U. S. Department of State, *U. S. -Russian Bilateral Presidential Commission*: *Energy*（http://www. state. gov/p/eur/ci/rs/usrussiabilat/c37333. htm，http://www. state. gov/r/pa/ei/pix/eur/russia-pc/energy/）；*U. S. -Russian Bilateral Presidential Commission Energy*: *Past Events*（http://www. state. gov/p/eur/ci/rs/usrussiabilat/c45960. htm）.

② U. S. Department of State, *United States and Ukraine Announce Bilateral Energy Security Working Group*, October 28, 2009（http://www. state. gov/r/pa/prs/ps/2009/oct/131024. htm）.

双边合作的进一步深化。[①]

2010 年 4 月 11 日，美国与哈萨克斯坦发表联合声明。在联合声明中，双方重申了两国长期能源伙伴关系的重要性，并将共同致力于核安全、核能和替代能源的开发与合作。美国鼓励哈萨克斯坦的铀生产，以促进全球能源供应的多元化。此外，双方还建立了"美哈双边磋商机制"，为两国在能源领域的对话和合作提供机制性的平台。[②]

土库曼斯坦是世界最大的天然气储藏国之一，天然气储量高达 286.2 万亿立方英尺，[③] 同时还拥有相当储量的石油资源，是奥巴马政府"南部能源走廊"项目的重要参与国之一。2008 年 4 月，土库曼斯坦与欧盟签署了谅解备忘录，土库曼斯坦从 2009 年开始每年向欧盟输送 3531 亿立方英尺的天然气；[④] 2011 年 3 月土库曼斯坦总统库尔班古力·别尔德穆哈梅多夫宣布土库曼斯坦将以跨里海输气管道的建设为契机，推进与欧盟在能源领域的合作。[⑤] 但对于纳布科天然气管道的建设，土库曼斯坦却拒绝签约。为了进一步促进与土库曼斯坦的关系，使其在能源领域更加坦诚地与美国合作，2009 年，在奥巴马政府的推动下成立了"美土商业委员会"，并于 2010 年 6 月 14 日共同开启了"美土年度双边磋商"，美国期望通过这些磋商机制推动土库曼斯坦与美国在能源领域的合作。[⑥] 在这些机制的推动下，土库曼斯坦在"土—阿—巴—印"天然气管道建设项目上与巴

①　Richard Morningstar, Testimony Before the Subcommittee on Europe and Eurasia of the House Committee on Foreign Affairs, *European and Eurasian Energy: Developing Capabilities for Security and Prosperity*, June 2, 2011 (http://www.state.gov/s/eee/rmk/164833.htm).

②　Office of the Press Secretary, *The White House*, *Joint Statement on the meeting between President Obama and Kazakhstan President Nazarbayev*, April 11, 2010 (http://www.whitehouse.gov/the-press-office/joint-statement-meeting-between-president-obama-and-kazakhstan-president-nazarbayev).

③　*BP Statistical Review of World Energy*, June, 2010.

④　Jim Nichol, *Turkmenistan: Recent Developments and U.S. Interests*, Congressional Research Service, May 26, 2011, p.7 (http://www.fas.org/sgp/crs/row/97-1055.pdf).

⑤　"President's Welcoming Address," *Turkmenistan: The Golden Age*, March 3, 2011 (http://www.turkmenistan.gov.tm/_en/?idr=4&id=110303a).

⑥　Robert O. Blake, Jr., *Remarks at the Opening Session of Inaugural U.S.-Turkmenistan Annual Bilateral Consultations*, June 14, 2010 (http://www.state.gov/p/sca/rls/rmks/2010/143118.htm).

基斯坦等 3 国达成了共识，其对建设纳布科天然气管道的态度也发生了变化。①

六　美洲地区——巩固传统能源合作、推进清洁能源合作

（一）"美洲能源与气候伙伴关系"——"绿色"而"高效"的美洲

在 2009 年 4 月召开的美洲首脑会议上，奥巴马总统号召与会国家重视清洁能源发展和气候变化问题，并倡议建立一个覆盖全美洲的能源合作机构。同年 6 月，在奥巴马总统的倡导下，包含所有美洲国家在内的"美洲能源与气候伙伴关系"正式成立。该机构秉承奥巴马总统发展清洁能源理念，旨在全美洲范围内推广清洁能源，致力于提高能源效率、完善能源基础设施建设等。2010 年 4 月，在"美洲能源与伙伴关系"的框架下，时任奥巴马政府能源部部长朱棣文召集美洲 32 个国家的能源部部长共同成立了"美洲能源与气候部长级会议"，以具体实施伙伴关系框架下的能源合作项目。② 截至 2011 年 3 月，美国以及巴西、加拿大、智利、哥伦比亚、萨尔瓦多、墨西哥等国已经推出了 37 个项目和倡议，并开始逐步实施，这些项目由"美洲国家组织"负责管理。③ 2009—2010 财年度，奥巴马政府对"美洲能源与伙伴关系"框架下的项目已累计投资6000 万美元。④

为了进一步推动美洲各国在"美洲能源与伙伴关系"框架下开展更加务实的合作，2012 年 4 月，哥伦比亚矿业能源部和美国国务院在第六届美洲峰会上提出了"2022 联合美洲动议"，⑤ 希望借此动议增加美洲各国在电力、清洁能源领域的投资与合作，保障美洲各国电力的稳定供应。

---

① Jim Nichol, *Turkmenistan: Recent Developments and U. S. Interests*, Congressional Research Service, May 26, 2011, p. 7（http://www.fas.org/sgp/crs/row/97 - 1055.pdf）; TAPI Gas Pipeline Project, December 17, 2010（http://www.state.gov/r/pa/prs/ps/2010/12/153121.htm）.

② U. S. Department of State, *Energy and Climate Partnership of the Americas*, August 11, 2010（http://www.state.gov/documents/organization/146392.pdf）.

③ Energy and Climate Partnership of the Americas, *About ECPA, Initiatives*（http://www.ecpamericas.org/）

④ Office of the Press Secretary, *The White House, Energy and Climate Partnership of the Americas: Fact Sheet*, March 21, 2011, p. 1（http://www.whitehouse.gov/sites/default/files/ecpa_ factsheet.pdf）.

⑤ U. S. Department of State, Diplomacy in Action, *Connecting the Americas 2022*（http://www.state.gov/e/enr/c52654.htm）.

该动议涉及的主体非常广泛，包括美洲各国政府、非政府部门、国际发展银行、世界银行和美洲国家组织。

除了在全球范围内推行整体的清洁能源外交，奥巴马政府还对重点国家开展有针对性的能源外交。

（二）北美能源统一战线的形成、美国在墨西哥石油产业取得突破性进展

奥巴马政府在北美地区的能源政策以敦促常规能源合作为主线，以推动清洁能源发展为着力点。

2009 年 8 月上旬，第五届"北美峰会"[①] 在墨西哥召开，新能源、能源合作和气候变化是本次峰会的重要议题。在此次峰会上，美国、加拿大和墨西哥三国就能源、气候变化议题建立了统一战线，在该统一战线框架下，三国将在能源领域开展一系列广泛而深入的合作。[②]

在传统能源领域，奥巴马政府为美国企业进入墨西哥石油产业做出了巨大努力。在奥巴马政府期间，墨西哥是世界第七大产油国，美洲的第三大产油国，其主要的油田是 Gantarell 和 Ku-Maloob-Zaap（KMZ）。甘特瑞尔（Gantarell）油田于 1976 年被发现，1979 年投入生产，最初探明储量 350 亿桶，曾经是世界上储量最大的油田，但近年来产量大幅度下降，2010 年的产量为 55.8 万桶/天，比 2004 年产量峰值的 214 万桶/天下降了 74%；目前，KMZ 油田为墨西哥产量最大的油田。2010 年，这两大油田的产油量占墨西哥石油总产量的 54%。由于境内最大的油田、世界第三大油田甘特瑞尔油田产量的急剧下降，墨西哥整体石油产量呈现下降趋势。与不断下降的石油产量形成鲜明对比的是墨西哥节节攀升的天然气产量，2011 年墨西哥探明天然气储量高达 12 万亿立方英尺。自 1995 年起，墨西哥政府将天然气的下游领域（运输、存储和销售）向私营资本开放，并成立能源监管委员会对天然气领域的生产环节进行监管；[③] 不过，墨西

---

① "北美峰会"又被称为"北美安全与繁荣联盟"首脑会议（Security and Prosperity Partnership of North America，SPP）。

② 在第五届"北美峰会"上，美国、加拿大和墨西哥三国首脑共同发表了《关于气候变化和清洁能源的北美领导人宣言》，标志着北美能源统一战线的建立。三国就加强低碳科技合作、建设 21 世纪北美统一智能电网、鼓励成立绿色基金、统一节能标准等达成了共识。请参见何英、刘杰《美加墨三国结成统一战线》，《中国能源报》2009 年 8 月 17 日。

③ U. S. Energy Information Administration，*Countries*：*Mexico*（http：//www.eia.gov/countries/cab. cfm? fips = MX）.

哥石油、天然气产业的上游领域依然由墨西哥国家石油公司专营。

奥巴马总统继承了小布什政府对墨西哥油气产业的态度，他继续推动墨西哥国家石油公司的私有化进程，争取通过资本控制来获得墨西哥油气资源的控制权。在奥巴马政府的不懈努力下，并假以墨西哥国内石油工业的窘境，2011 年年初，墨西哥政府首次允许外国石油公司参与本国石油公司的许可证合同竞争，墨西哥石油生产的上游领域开始向外国石油公司开放，这是自 1938 年墨西哥实行石油产业国有化以来的第一次。作为墨西哥开放石油产业上游领域的交换条件，外国石油公司不能获得所开采石油的所有权，并且还要向墨西哥提供急需的技术。[1]

2011 年 8 月 30—31 日，美墨两国领导人在华盛顿举行会谈，开启了为期 4 个月的"美墨跨界能源协议正式谈判"。在正式谈判期间，美墨两国还举行了研讨会等形式的非正式协商。美墨双方希望通过这一系列的谈判签署协议，以安全、有效和公平为原则，按照最高的安全和环保标准共同监管和开发美墨海境边界上的油气资源。[2]

（三）加强同中南美洲国家的清洁能源合作

美国与中南美洲国家在清洁能源领域的合作主要在"美洲能源与伙伴关系"的框架下进行，美国国务院和能源部负责合作的具体事宜。目前，该框架已经形成了多个常规性合作机制：（1）"加勒比地区政府间清洁能源对话"机制，该机制是美洲国家组织在美国能源部、美国国务院的协助下成立的，主要目的是为该机制下的国家提供技术援助，以协助这些国家实施清洁能源计划，并为这些计划提供必要的法律和技术支撑，从而增加参与国的清洁能源供给、降低能源部门碳排放。"加勒比地区政府间清洁能源对话"是政府间高层对话机制，截至 2011 年，该对话已经举行了三次。（2）"加勒比低碳社区计划"，该计划由美洲国家组织和美国国防部还共同发起，目的是为加勒比地区国家提供节能减排方面的协助；[3]（3）"美洲能源与伙伴关系"下的"加勒比地区倡议"，该倡议由

---

[1]　U. S. Energy Information Administration, *Countries: Mexico* (http: //www. eia. gov/countries/cab. cfm? fips = MX).

[2]　U. S. Departnment of State, *Negotiations Begin on U. S. -Mexico Transboundary Energy*, September 2, 2011 (http: //www. state. gov/r/pa/prs/ps/2011/09/171619. htm).

[3]　Office of the Press Secretary, The White House, *Energy and Climate Partnership of the Americas: Fact Sheet*, March 21, 2011, p. 2 (http: //www. whitehouse. gov/sites/default/files/ecpa_ fact-sheet. pdf).

美国国务院发起，主要目的是鼓励加勒比地区可再生能源技术的研发，获得美国同意的项目计划将会得到美国的技术援助和资金支持。2010 年度，安提瓜、巴布达、多米尼加等 6 个国家的清洁能源项目获得了美国的技术和资金援助；① （4）美国与加勒比共同体②建立的"繁荣和安全伙伴关系"下的能源合作机制。2010 年 6 月 10 日，时任美国国务卿希拉里和加勒比共同体外交部部长共同发表了旨在推动共同繁荣和地区安全的联合声明，声明中指出，美国和加勒比共同体将加强在能源安全和气候变化领域的合作，并将在能源效率、可再生能源、清洁石化燃料、基础设施建设、能源贫困、可持续森林和土地使用等领域建立新的伙伴关系。③

此外，奥巴马政府还与中南美洲重要国家建立清洁能源合作机制，如2011 年 3 月，美国计划与智利建立新的能源伙伴关系——"美国—智利能源商业理事会"，该理事会将主要关注美智两国在清洁能源、能源效率、可再生能源和能源基础设施建设领域的商业和投资机会，促进两国企业在这些领域开展合作，从而推进清洁能源、能源效率技术创新和推广；④ 2011 年 5 月，美国与哥伦比亚建立了"美哥高层伙伴关系对话"机制，美哥两国在该机制下将扩大在化石能源和清洁能源领域的合作，并将努力尝试建立贯穿拉美的统一电网。⑤

在"美洲能源与伙伴关系"框架下，美国与中南美洲在清洁能源、

---

① U. S. Department of State, *Advancing U. S. -Caribbean Energy and Climate Cooperation*, June 22, 2011 (http: //www. state. gov/r/pa/prs/ps/2011/06/166742. htm).

② 加勒比共同体 (Caribbean Community, CARICOM) 于 1973 年 8 月成立，其目的是促进该地区的经济一体化进程、协调外交政策与行动。该共同体由 15 个正式成员、5 个准成员和 8 个观察员组成。15 个成员国分别是：安提瓜和巴布达、巴哈马、巴巴多斯、伯利兹、多米尼加、格林纳达、圭亚那、海地、牙买加、蒙特塞拉特、圣基茨和尼维斯、圣卢西亚、圣文森特和格林纳丁斯、苏里南、特立尼达和多巴哥；5 个准成员分别是：安圭拉、百慕大、英属维尔京群岛、开曼群岛、特克斯河凯科斯群岛；8 个观察员分别是：阿鲁巴、哥伦比亚、库拉索、多米尼加、墨西哥、波多黎各、荷属圣马丁、委内瑞拉。请参见 Wikipedia (http: //en. wikipedia. org/wiki/Caribbean_ Community).

③ U. S. Department of State, *Joint Statement of Secretary Clinton and CARICOM Ministers on the Commitment of Bridgetown: Partnership for Prosperity and Security*, June 10, 2010 (http: //www. state. gov/r/pa/prs/ps/2010/06/142965. htm).

④ Office of the Press Secretary, The White House, *Energy and Climate Partnership of the Americas: Fact Sheet*, March 21, 2011, p. 3 (http: //www. whitehouse. gov/sites/default/files/ecpa_ factsheet. pdf).

⑤ Hillary Rodham Clinton, *U. S. -Colombia High-Level Partnership Dialogue*, March 31, 2011 (http: //www. state. gov/secretary/rm/2011/05/164693. htm).

节能减排等方面的合作项目如表 5 - 19 所示。

表 5 - 19　　　　ECPA 框架下美国与中南美洲国家的主要能源合作①

合作各方	合作项目	目的
美国、巴西	绿色节能建筑 绿色交通系统	在美国规划协会的帮助和支撑下，实现巴西的城市建筑的节能、在低收入社区推行可持续发展交通运输体系，并逐渐推广至整个拉丁美洲和加勒比海地区
美国、智利、哥斯达黎加	智利可再生能源中心 哥斯达黎加能效中心	美国能源部帮助智利和哥斯达黎加建立这两个清洁能源技术研发中心，并在这两个地区推广清洁能源技术和政策
美国和中美洲国家	中美洲电气网络系统	在美国美洲研究所的协助下整合中美洲地区的电力基础设施
美国和危地马拉等 4 国	生物能和可再生能源使用	在美国农业部协助下在危地马拉、洪都拉斯，厄瓜多尔和乌拉圭四个国家推广生物能和可再生能源的使用
美国、智利	地热能源合作计划	美国承诺向智利派遣地热技术专家，为其提供技术培训，促进其地热产业的发展
美国、巴西、牙买加	生物能合作计划	美国国务院为"美巴生物能合作"谅解备忘录框架下，为牙买加提供必要的技术支撑，鼓励牙买加生物能产业的发展

资料来源：U. S. Departnment of State, *Advancing U. S. -Caribbean Energy and Climate Cooperation*, June 22, 2011（http：//www. state. gov/r/pa/prs/ps/2011/06/166742. htm）；Office of the Press Secretary, The White House, *Energy and Climate Partnership of the Americas：Fact Sheet*, March 21, 2011, pp. 1 - 3（http：//www. whitehouse. gov/sites/default/files/ecpa_ factsheet. pdf）.

　　综上所述，奥巴马政府在美洲腹地推行的能源战略和政策包括"传

---

①　U. S. Departnment of State, *Advancing U. S. -Caribbean Energy and Climate Cooperation*, June 22, 2011（http：//www. state. gov/r/pa/prs/ps/2011/06/166742. htm）；Office of the Press Secretary, The White House, *Energy and Climate Partnership of the Americas：Fact Sheet*, March 21, 2011, pp. 1 - 3（http：//www. whitehouse. gov/sites/default/files/ecpa_ factsheet. pdf）.

统能源"和"清洁能源"两个维度。在传统能源领域，奥巴马政府延续
小布什政府后期的政策，通过间接干涉的方式逐渐将美国政府和能源企业
的势力渗透到美洲油气生产国的能源领域；在清洁能源领域，奥巴马政府
将美洲作为其在全球推广清洁能源发展的试验田，主导创建各种制度化的
清洁能源合作机制，将清洁能源发展理念、技术和资金注入美洲国家。

七　强化与欧盟国家的能源联盟

能源是 21 世纪美国与欧盟对话的重要组成部分，它将直接影响美国
和欧盟在外交、经济和发展等领域的政策。奥巴马政府希望通过与欧盟的
能源合作，达到协调能源政策、确保传统能源稳定供应的目的。同时，奥
巴马政府也希望借助与欧盟国家在清洁能源领域的合作，保持双方在该领
域的技术优势，进而引领世界清洁能源产业发展。奥巴马政府与欧盟能源
合作的具体目的可以阐述为以下两点：第一，在传统能源领域，维护全球
传统能源市场的稳定、可靠和透明，增进双方的共同安全和繁荣；第二，
协调双方关于发展清洁能源项目的政策和制度，加快部署清洁、高效能源
技术的示范与推广。

为了能够与欧洲国家就共同关心的能源战略问题进行高层次、开放的
对话，促进双方在能源政策领域的深入合作，进一步加强双方在可持续发
展和清洁能源领域的技术研究，2009 年 11 月 4 日，奥巴马政府和欧盟共
同成立了"美国—欧盟能源理事会"，并设立了双方部长级层面的会晤机
制，即"美国—欧盟能源理事会部长级会议"。[①] 美方的联席主席是时任
美国能源部部长朱棣文和美国国务卿希拉里·克林顿，欧盟方面的联席主
席为欧盟轮值主席国的能源部部长，此外还包括欧盟委员会的三个能源专
员，分别是欧盟委员会研究专员波托奇尼克、欧盟委员会运输与能源专员
皮耶巴尔格斯和欧盟委员会对外关系专员费列罗瓦尔德纳。[②]

"美国—欧盟能源理事会"下设 3 个能源工作组，负责能源合作事务
的具体操作和实施，它们分别是：负责维护世界能源市场供给稳定的能源
安全工作组、负责能源技术研发的能源技术研究工作组以及负责双方能源

---

① Hillary Rodham Clinton, *Remarks at the U. S. -EU Energy Council*, U. S. Department of State, November 19, 2010 (http: //www. state. gov/secretary/rm/2010/11/151201. htm).

② Richard Morningstar, *Briefing on U. S. -EU Energy Council*, November 4, 2009 (http: // www. state. gov/s/eee/rmk/131402. htm).

政策交流与示范的能源政策工作组。[①] 理事会优先关注的问题主要包括以下五个方面:[②]（1）大力发展清洁能源技术；（2）支持世界能源市场的改革，特别是石油、天然气和电力供应领域的改革，使世界能源市场稳定、可靠、透明；（3）促进现有能源基础设施的现代化、能源来源及路径的多元化；（4）共同努力提高能源效率；（5）鼓励能源双边和多边合作等。其中，美国能源部负责能源技术研发工作的拓展实施，美国国务院负责能源安全问题和能源市场的改善工作。

2010年11月19日，在美国—欧盟能源理事会部长级会议框架下，美国与欧盟又共同签署了"里斯本联合声明"，进一步明确并深化了未来美国与欧盟在能源领域的合作议题。

由此可见，奥巴马政府任期内"美国—欧盟能源理事会"的建立掀开了美国与欧盟能源机制化合作的新篇章，双方能源交流与合作的具体情况如下。

（一）在传统能源领域的合作

在传统能源领域，美国与欧盟密切合作，通过"美国—欧盟能源理事会"下的能源安全工作组推进具体政策的实施，以此推进国际能源市场的稳定与透明，以及欧洲能源来源的稳定与可靠。

在具体操作方面，美国希望借助与中东、非洲和里海地区产油气国的合作，确保欧洲能源市场石油与天然气来源的多样化。为此，美国与欧盟积极推进与阿塞拜疆等国的合作，促成南部天然气走廊的开通，使阿塞拜疆的天然气资源可以通过格鲁吉亚、土耳其境内的天然气管道直接进入欧洲市场，进而维护欧洲能源市场的稳定、加强欧洲的能源安全。同时，美国和欧盟还进一步加强同乌克兰、尼日利亚等国的合作，使其在传统能源领域成为欧盟的可靠伙伴。[③]

目前，美欧能源同盟已经在世界主要产油气地区取得了一系列的成果。

---

①　U. S. Department of State, *Joint Statement Following the U. S. -EU Energy Council Ministerial*, *Lisbon*, November 19, 2010（http：//www. state. gov/r/pa/prs/ps/2010/11/151185. htm）.

②　Richard Morningstar, *Center for American Progress*：*2010 Outlook for Eurasian Energy*, U. S. Departmnent of State, January 28, 2010（http：//www. state. gov/s/eee/rmk/136141. htm）.

③　Hillary Rodham Clinton, *Remarks at the U. S. -EU Energy Council*, November 19, 2010（http：//www. state. gov/secretary/rm/2010/11/151201. htm）.

在中亚—里海地区，奥巴马政府和欧盟积极推进南部能源走廊的建设。2010 年 6 月 7 日，美国和欧盟敦促土耳其和阿塞拜疆签署了一个关于天然气运输和价格的协议，该协议允许天然气生产和运输企业将里海地区的天然气资源销往欧洲能源市场；2011 年年初，欧盟与赫杰尼兹二期国际财团签署了商业协议，"南部能源走廊"输气管道的基础设施建设正式开工（"南部能源走廊"的输气管道详见图 5-20）。"南部能源走廊"项目不仅将里海的天然气资源与欧洲能源市场相连接，还尝试将伊拉克的天然气资源与欧洲能源市场相连，为此，美国与欧盟积极号召伊拉克政权接受新的碳氢化合物收益共享的立法安排。在双方的共同努力下，2010 年 1 月 18 日，欧盟与伊拉克签署了关于建立"欧盟—伊拉克战略能源伙伴关系的谅解备忘录"，该谅解备忘录成为欧盟与伊拉克进行能源合作和对话的基础与平台。[①]

在非洲，美欧能源同盟努力推进尼日利亚能源和电力产业的改革，改善尼日利亚的能源投资环境，并积极敦促尼日利亚政府采用美国—欧盟能源理事会所提倡的"开采业透明度倡议计划"和其他相关机制以提高尼日利亚能源部门的透明度，并在石油和天然气部门分步实施问责制。

在乌克兰，在美国与欧盟的干预下，乌克兰进行了能源市场的改革，取得了一系列成果：2009 年 3 月，欧盟委员会、国际金融机构与乌克兰政府共同签署了"关于实现乌克兰天然气运输系统现代化的联合声明"，共同推进乌克兰天然气运输系统的改造和升级；2010 年 7 月，乌克兰通过了天然气市场法律，同年 8 月制定了乌克兰国内天然气价格调整的市场条件；2010 年 9 月乌克兰政府正式签署了"加入能源共同体协议书"[②]。

为了将世界主要的传统能源生产国和过境运输国纳入到美—欧同盟编织的能源安全网，奥巴马政府和欧盟还将继续对这些国家和地区进行干涉，其优先任务包括如下四个方面：（1）改善这些国家和地区的投资环境，以促进当地石油和天然气资源的开发；（2）实现这些国家和地区能源运输系统的现代化；（3）对这些国家和地区国有石油和天然气企业进行经济结构改革和调整，增加其透明度；（4）实施提高能源效率的政策

① U. S. Department of State, *Joint Statement Following the U. S. -EU Energy Council Ministerial*, *Lisbon*, November 19, 2010 (http://www.state.gov/r/pa/prs/ps/2010/11/151185.htm).

② Ibid..

和措施，促进这些国家和地区可再生能源的开发与利用等。

（二）在清洁能源领域的合作

美国和欧盟在清洁能源领域的合作主要集中在技术研发、人员交流、政策示范等方面。

第一，美国与欧盟携手攻克了一批涉及清洁能源、储能技术、智能电网与核能开发等领域的关键共性技术。主要包括：氢和燃料电池、太阳能发电、碳捕捉和封存、生物能源、节能建筑等有利于推进低碳经济和可持续发展的技术；智能电网、先进材料等有利于可再生能源应用的关键技术；以及关乎长期战略意义的核聚变技术等。[1]

第二，美国与欧盟在信息交流、联合研究项目、研究人员交流等方面进行高层次的合作。如 2010 年 10 月，美国与欧盟在华盛顿召开了"电网存储技术研讨会"；2010 年 12 月，美国与欧盟在麻省理工学院召开了题为"清洁能源的未来——稀土资源的应用与开发研讨会"；2010 年 11 月，美国与欧盟在比利时首都布鲁塞尔举行了"跨大西洋电动汽车和并网接入研讨会"，美欧专家就鼓励电动汽车产业发展的政策交换了意见，重点探讨了电动车产业的示范与部署、充电和车辆电网的对接等具体政策。

展望未来，美国与欧盟在清洁能源领域的合作将主要集中在以下几个领域。

第一，人员交流。鼓励研究人员的交流，促进高水平能源技术研究机构之间的结盟。

第二，技术合作。加强非常规油气资源的开采技术的研发、深化对碳捕捉与封存技术的示范与合作、加快推进先进节能材料的应用、降低电网储能成本等。

第三，标准对接。美国与欧盟节能建筑与节能产品标准的衔接。

第四，项目示范。共同推动有效的清洁能源监管框架机制和激励机制，加快对新兴清洁能源技术的部署工作。

综上所述，奥巴马政府与欧盟在传统能源和清洁能源领域开展了密切而富有成效的合作。在传统能源合作方面，奥巴马政府希望同欧盟一道保证欧洲能源市场安全，进而确保全球能源市场的稳定；在清洁能源领域，

---

[1]　U. S. Department of State, *Joint Statement Following the U. S. -EU Energy Council Ministerial*, *Lisbon*, November 19, 2010（http://www.state.gov/r/pa/prs/ps/2010/11/151185.htm）.

奥巴马政府希望借助欧洲先进的清洁能源理念、领先的技术和优秀的研发人员，助推美国能源经济的转型。

2014 年 5 月，美国总统行政办公室对外发布了《全方位能源战略——通向可持续经济发展之路》的政策研究报告，该报告将"能源安全"与"发展低碳技术助力未来清洁能源发展"作为美国能源战略的战略支点，将"增强美国在国际能源领域的国际领导力"作为根本战略目标，再次强调能源经济转型是未来美国能源战略的重中之重。①

本章小结

本章以"战略三因素—主观国家利益—国家战略"分析框架为理论基础，以冷战后美国历届政府的对外能源政策与实践为依据，结合冷战后美国面临的具体的战略三因素（战略环境、战略实力和战略文化）的变化，详细剖析了从 20 世纪 90 年代初至今的美国历届政府战略决策者对国际能源战略利益的不同认知，以及对战略目的、战略途径与战略手段的不同选择。

本章的系统描述展现了冷战后美国对外能源政策与实践发展演变的全过程，也折射出冷战后美国国际能源战略思维的转变和发展过程。冷战后，美国国际能源战略的总体目的服务其国家安全战略，即为保护美国的国际能源利益，但在不同时期具体的战略目的则各有侧重：从"保障石油供应安全、夺取并捍卫美国在国际石油秩序中的主导地位"发展为"保障能源供给安全、继续维护美国在国际能源（传统能源/清洁能源）秩序中的主导地位"。在战略途径上，从"关注重点地区"发展为"全球布局、突出重点"的多元化途径。这种多元化体现在两个方面，其一是能源来源的多元化，除了传统的能源供应重点地区中东地区之外，中亚—里海地区、非洲、美洲等地区纷纷进入美国国际能源战略的布局；其二是能源品种的多元化，在继续保障传统能源的稳定供应之外，美国又开始强调大力发展替代性能源的重要性，并在全球推广清洁能源技术与非常规油

---

① The White House, *The All-Of-The-Above Energy Strategy as a Path to Sustainable Enocomic Growth*, May 2014（http：//m. whitehouse. gov/sites/default/files/docs/aota_ energy_ strategy_ as_ a _ path_ to_ sustainable_ economic_ growth. pdf）.

气资源技术的研究与开发。在战略手段上，从依靠"硬实力"转变为借助于"软硬兼施、刚柔并济"的"巧实力"来实现战略目标，政治、经济、军事、外交、文化等手段都是实现美国客观国际能源利益的重要手段。

第 六 章

冷战后美国国际能源战略评估

第一节 冷战后美国国际能源战略：
发展阶段、内容与特点

本书探讨的核心问题为："冷战后美国是否存在全面、系统性的国际能源战略？如果存在，其形成机制是什么？其内容包括哪些？"由于战略的本质是一种主观的观念、一种思想，其必须通过物化的政策和实践来表现。因此，本书对国际能源战略的考量主要借助冷战后美国具体的对外能源政策和实践来进行。在判断美国是否存在国际能源战略这个问题时，主要依据是战略的本质特征，即：范围维度的全局性、时间维度的长远性与本质维度的主动性、稳定性、适应性和有效性。

在分析冷战后美国具体的对外能源政策与实践之前，通过理论综述，本书以"战略三因素"（"战略环境、战略实力和战略文化"）为自变量，以"主观国家利益"为中间变量，以"国家战略"（具体表现为"战略目的、战略途径和战略手段"）为因变量，构建了美国国际能源战略形成与发展的理论分析框架——"战略三因素—主观国家利益—国家战略"，即美国国际能源战略形成机制。通过对不同时期美国面临的战略三因素——战略实力、战略环境和战略文化的分析，可以得出冷战后美国历届战略决策者对美国客观国际能源利益的认知，具体表现为不同的国际能源战略目的、战略途径和战略手段（见表6-1），从而解释了不同时期美国出现不同对外能源政策与实践的原因。

本节的主要目的是在前文理论分析与实证分析的基础上，辨析冷战后美国是否存在全面而系统的国际能源战略，如果存在，则阐述美国国际能源战略的内容、特点与存在的问题。具体方法是根据冷战后不同时期美国在制定和实施对外能源政策和实践过程中所面临的"战略三因素"的变化情况，以及战略决策者对客观国际能源利益（即战略目的）、实施途径与手段的不同认知与选择，将其划分为不同的阶段；再考察不同时期的战略决策者所推出的对外能源政策的目的、实施途径和手段是否具有"战略的本质特征"，即"全局性、长远性、主动性、稳定性"，如果具备这些基本特征，则说明操作层面的政策已经上升为思想层面的战略。

表6-1　"战略三因素"对冷战后美国历任政府对"战略三要素"的影响

时期	战略三因素			对客观国际能源利益及实现方式的认知		
				战略三要素		
	战略环境	战略实力	战略文化	战略目的	战略途径	战略手段
老布什政府	低油价、供应短期中断	两极到一极、石油对外依存度高	强保守主义强干涉主义	进口石油安全、建立石油霸权	进口石油安全（中东地区）	冷战思维、武力倾向为辅
						友好能源生产国 / 敌对能源生产国
						经济军事援助政治媾和 / 有限战争政治经济制裁
克林顿政府	需求旺盛、供需平衡油价适当	唯一超级大国、石油进口来源单一	弱保守主义强干涉主义	巩固石油霸权、开始关注清洁能源开发	进口石油来源多元化	和平手段为主武力手段为辅
						友好能源生产国 / 敌对能源生产国
						经济军事援助政治媾和 / 军事威胁战争政治经济制裁
小布什政府	"9·11"事件供给危机、高油价	一超多强、新兴国家崛起	强保守主义强干涉主义	继续巩固石油霸权、保障进口石油安全、主导清洁能源技术	进口石油多元化、开始关注能源品种多样化	军事手段与和平手段并行不悖
						友好能源生产国 / 敌对能源生产国
						经济军事援助政治媾和其他外交手段 / 单边战争先发制人的战争政治经济制裁

时期	战略三因素			对客观国际能源利益及实现方式的认知			
				战略三要素			
	战略环境	战略实力	战略文化	战略目的	战略途径	巧实力	
						友好能源生产国	敌对能源生产国
奥巴马政府	初期高油价、石油供应暂时中断;后期油价暴跌	一超多强、新兴国家崛起	弱保守主义强干涉主义	继续降低对外石油依存度、构建全球能源霸权(传统/新)、应对气候变化	能源进口来源多元化、能源品种多样化	经济军事援助多边政治合作建立合作框架	军事威胁多边战争政治经济制裁

一　冷战后美国国际能源战略发展演变的三个阶段

受来自体系层面和国内层面的战略三因素的影响,冷战后美国战略决策者形成了对客观国际能源利益的不同认知,因而确定了各有侧重的国际能源战略目的,选择了不同的战略途径和手段。

通过第五章对冷战后美国各届政府国际能源政策与实践的系统回顾及总结,可以得出:冷战结束后至今是美国国际能源战略形成与发展的关键时期,呈现出不断发展、完善的动态过程。以冷战后美国所面临的国际战略环境、战略实力和战略文化三个战略影响因素以及战略目的、战略途径和战略手段三个战略构成要素为判断依据,冷战后美国的国际能源战略的发展和演变可以划分为三个阶段:第一阶段,美国的对外能源政策与实践受到冷战思维的影响,表现为"重石油、重武力"的倾向,全面的国际能源战略尚未形成,仍处于"国际能源战略的孕育阶段",也就是"国际油气战略阶段";第二阶段,美国的战略决策者对国际能源利益的认知不断充实,对国际能源战略目的的认识更加全面、战略途径合理调整、战略手段的选择趋于多元化。因此,此阶段美国处于"从政策层面向战略层面过渡的阶段",即"从国际油气战略向全面能源战略过渡阶段";第三阶段,美国的战略决策者对美国国际能源利益的认知理性而全面,表现为国际能源战略目的具有全局性且立足长远、战略途径系统而稳定、战略手段刚柔并济。因此，此阶段美国的国际能源战略基本形成，且不断发展完善，美国的对外能源政策逐步提升至战略层面，即"全面国际能源战略阶段"。下面将对各阶段的内容与特征进行简要分析。

（一）冷战思维延续阶段（国际油气战略阶段）——冷战结束到克林顿政府中前期

从冷战结束一直到克林顿政府中期，美国的对外能源政策与实践依然受到冷战思维的影响，表现为强调利用国家硬实力（军事、经济实力）控制全球的能源资源，尤其是对石油资源进行控制，从而建立全球石油霸权、保障美国石油资源的稳定供给和进口石油安全。

1. 战略三因素的影响

冷战结束后，美国成为唯一的超级大国，其从二战后建立起来的全球霸权地位得到了进一步的巩固。鉴于石油资源对美国的重要作用，为了维护全球霸权，美国必须建立由其主导的国际石油秩序，保障石油的稳定供给，维护美国的石油安全。

从能源战略环境来讲，冷战后美国面临的国际能源战略环境较为宽松，国际能源市场绝大部分时间处于买方市场，国际油价稳定在较低价位，并没有出现较大幅度的波动，大致保持在每桶20美元的价格。同时，此阶段国际上并没有形成统一的能源政治经济格局，国际能源市场的能源供给国和消费国基本按照市场经济规律运作。作为冷战后唯一超级大国，美国凭借其强大的政治、经济和军事实力，可以对国际能源政治经济格局施加压力。值得注意的是，自1991—1996年，石油在美国国内能源消费结构中所占的比重高达40%，其中一半的石油需要进口，而进口的石油大部分则来自中东波斯湾地区，美国对中东地区的石油资源依赖程度很高。

从能源战略文化来讲，此阶段跨越了老布什和克林顿两届政府，主导的政治文化虽有所不同，但均具备干涉主义的特征，表现为对世界主要能源生产国和出口国内政和外交的强行干预。对老布什政府来讲，其国际能源战略还受到鹰派好战势力和石油利益集团的影响，表现为对武力的崇尚和对石油资源的热爱。

从能源战略实力来讲，美国虽然是世界上最大的能源消费国，但其也具备雄厚的战略石油储备。此时期美国的战略石油储备相当于约80天石油的进口量，处于冷战后的最高水平；而对外石油依存度为45%—50%

之间，处于冷战后的最低水平。此外，在全球能源市场上，美国还具备明显的资本和技术优势。这样的环境会带来两方面的影响：其一，强大的能源战略实力使美国在争夺世界能源霸权的战场中更加主动，对行为后果的顾虑也相对较小；其二，优越的能源战略环境令美国缺乏开发新能源、实现能源来源多元化的动力。

2. 对战略目的与战略途径的认知

战略三因素是确定国家能源战略利益的基础。20世纪90年代初，美国在确定国家利益时，把能源利益列为保证经济利益和经济安全的重要途径。因此，为了保证美国经济健康稳定的发展，就要"保证美国能够畅通无阻的获取外国的能源与矿产资源"。① 因此，在1991年老布什政府出台了《国家能源战略》，将美国国际能源战略的宏观目的界定为：改善国际能源安全、加强国际能源安全体制建设、解决全球性的能源问题；具体目的为：保障能源的稳定供应和合理价格、维持美国在经济上的超级大国地位、减少美国及其盟友对不稳定地区能源的依赖、增强能源和环境保护。从本质来看，其核心目的为保障美国能源安全。②

由于长久以来形成的高能耗的经济发展方式和生活方式，美国的发展建立在石油资源之上，石油在美国能源消费结构中所占的比例接近50%。而中东地区作为当时美国最为重要的石油来源地，自然也就成为此阶段美国国际能源战略中最为重要的对象。因此，冷战后初期，美国形成了以石油为中心，以中东地区为主要战略对象的国际油气战略。在"国际油气战略阶段"，美国的战略目的是建立全球石油霸权、塑造全球石油秩序、维护美国进口石油安全；战略途径为保障从中东地区进口石油的稳定。

3. 战略手段的选择

冷战期间美苏的军备竞赛令美国积聚了强大的军事实力，再结合美国在此阶段所面临的有利的战略环境、强大的战略实力和干涉主义的战略文化，在该阶段初期，即老布什任期的后期，美国"国际油气战略"中所采取的手段激进而强势，表现为对武力的崇尚，并辅之以政治、经济制

① The White House, *National Security of the United States*, 1991, Washington, D. C.: The White House, August 1991, p. 3; *National Security of the United States*, Washington, D. C.: The White House, July 1994, p. 17; *National Security of the United States*, Washington, D. C.: The White House, February 1996, p. 30.

② The White House, *National Energy Strategy*, Oct. 25, 1991.

裁。老布什总统发动了代号为"沙漠盾牌"和"沙漠风暴"的海湾战争，对中东重要产油国伊拉克进行了直接的军事打击；但克林顿政府对采取直接武力的热衷程度有所降低，取而代之的是对敌对能源输出国强劲而持续的政治、经济、军事制裁与民主改造，以及对友好能源生产和输出国的政治、经济和军事援助。从 1995 年 5 月开始，克林顿政府开始对伊朗和伊拉克实行"双重遏制"政策，对两伊进行军事上的打击和经济上的封锁。而对于友好的中东产油国沙特阿拉伯、以色列等国，美国在军事上制定防务合作计划、提供大量现代化的武器装备、建立军事基地，在经济上免除债务、提供经济资助基金、提供发展援助和粮食援助等。

不过由于这个阶段国际石油价格稳定低价，国际能源市场处于供大于求的买方市场，因此，美国此阶段针对中东敌对产油国的军事打击和经济制裁行为，以及对友好国家援助行为的最主要的目的并不只是暂时或短时间内获取石油资源，而是为美国巩固全球霸权进行战略布局而服务。

综上所述，自冷战结束初期至克林顿政府第一任期，美国的对外能源政策与实践深受冷战思维的影响，表现为"零和思维"的模式。这一时期，美国"国际油气战略"的战略目的为构建全球石油霸权，获取价格低廉且供应稳定的石油资源；战略途径是确保中东地区进口石油的安全，因而其对外能源政策与实践的重点集中在中东波斯湾地区；而在战略手段方面略有不同，老布什政府"重武力，辅之以政治经济手段"，而克林顿政府"重政治经济手段，辅之以武力"，但都强调军事力量在维护美国进口石油安全问题上的作用。综上所述，此阶段美国对外能源政策与实践几乎都是围绕石油资源进行，且缺乏对能源的全面性、长期性、战略性的部署，只是一种应激性的政策性安排。因此，此阶段美国全面、系统的国际战略还处在孕育阶段，仅可以称作是"国际油气战略阶段"。

（二）调整过渡阶段（国际油气战略向全面国际能源战略过渡阶段）——克林顿政府中后期到小布什总统第一任期

1. 战略三因素的影响

从战略环境来讲，这一阶段是国际能源秩序的重要转折期，转折点始于 1999 年。第一，从国际油气市场角度来讲，逐步由买方市场过渡为卖方市场。1999 年国际油价跌至冷战后最低水平，一度低于 10 美元/桶；随后国际油价强劲反弹，2001 年年初突破 30 美元/桶，国际油价出现较大幅度的波动；第二，从国际能源（石油）秩序角度来讲，以 1999 年欧佩克产油国与非欧佩克产油国达成限产合作协议为界，国际石油秩序由以前的"分裂割据"转变为"合作规制"。① 美国凭借其强大的实力和影响力，在"合作规制"的国际石油新秩序中的地位逐步提升，并抢占了主导地位；第三，从国际宏观环境来讲，此阶段发生了影响美国战后全球战略布局的"9·11"恐怖袭击，这对美国国际能源政策的调整具有深远影响。

从能源战略实力来讲，第一，美国对进口能源的依赖程度加剧，其石油对外依存度持续攀升，2001 年已经突破 60% 大关。此外能源进口来源的结构并没有优化，来自中东不稳定地区的石油量达到冷战后的最高水平，2001 年高达 270.8 万桶/天，约占美国当年进口石油总量的 29%。第二，战略石油储备大幅缩水。由于克林顿政府时期对战略石油储备的释放与轮库，此阶段战略石油储备降低为冷战后的最低水平，2001 年战略石油储备量仅相当于 50 天石油进口量，并始终低于 60 天的石油进口量水平；第三，美国依然占据世界唯一超级大国的地位，政治、经济、军事、技术影响力和号召力依旧强大。

从战略文化来讲，这一阶段从克林顿政府过渡为小布什政府，小布什总统是一名具有深厚石油背景的新保守主义者，其国防部部长拉姆斯·菲尔德更是典型的鹰派"好战派"代表。总体来讲，这一阶段，美国对外政策中的保守主义色彩和干涉主义倾向更加明显。

2. 对战略目的与战略途径的认知

持续恶化的国际能源战略环境和变化的战略文化直接影响了本阶段美国战略决策者对客观国际能源利益的认知。第一，继续关注石油资源。克林顿政府后期，美国经济增长了约 75%，但由于美国的石油消费总量并没发生改变，而国内的石油生产却呈下降趋势，美国对进口石油的依赖程度加深。因此，克林顿政府后期的对外能源政策将石油资源作为关注的重点。② 小布什总统出自代表石油利益集团的家族，其对外能源政策自然会倾向于解决石油进口问题。第二，开始重视石油进口的多元化。1997—2002 年发布的《美国国家安全战略报告》体现美国能源政策的这一转变。

---

① 王波：《美国石油政策研究》，世界知识出版社 2008 年版，第 50 页。

② The White House, *National Security of the United States*, 1997, Washington, D. C. : The White House, May 1997, p. 21.

从 1997 年开始，虽然美国近一半的石油资源依然需要进口，且很大部分来自中东波斯湾地区，但从整体来讲美国石油进口结构已经发生了一个根本性的转变，①即美国进口石油来源地开始从中东地区转向局势相对稳定的美洲、非洲与中亚—里海地区。委内瑞拉成为美国进口石油的最大供给国，美国从美洲加拿大、墨西哥和委内瑞拉进口的石油量是从 OPEC 阿拉伯国家进口石油量的 2 倍之多；非洲也成为美国重点的石油进口地之一，在此阶段，美国从非洲进口的石油占总进口量的 15%，与中东地区基本持平；拥有 2000 亿桶②石油储量的中亚—里海地区被小布什政府列为对外能源政策的优先地区，是美国重要的潜在石油进口地区。但不能忽视的是，在较长的时间内被证实的石油储量大国依然集中在中东地区，中东地区的作用依然不容小觑。③第三，关注开发清洁能源和节能增效。除了对传统油气资源的重视，美国还特别强调提高能源效率、发展可替代能源是保证美国能源安全的重要战略之一。④由此可见，此阶段美国国际能源战略的目的主要是巩固国际石油霸权、实现石油进口来源的多元化，并开始强调清洁能源技术的研发。

从战略途径来讲，美国于 1998 年出台了《国家综合能源战略》文本，在该文件中，克林顿政府提出了实现能源利益的五个途径，其中涉及三个实现国际能源利益的途径：（1）通过降低进口能源供应（尤其是石油供应）中断威胁、提高进口石油多元化水平以保障能源稳定供给；（2）在全球范围内通过投资能源新技术研发以增加能源品种；（3）通过开展国际能源合作来解决国际经济、安全及环境问题。⑤小布什政府

---

①　虽然中东地区进口石油量在 1997 年从老布什总统到克林顿总统执政一直呈现下降趋势，但这主要是缘于优越的国际能源形势，国际油价低位运行。但从 1998—2002 年，美国从中东地区进口石油量的比例又增加了 7—8 个百分点，直到 2003 年才开始出现下降趋势。本阶段属于从能源政策向能源战略过渡的阶段，虽然战略思想逐渐明朗，但依然会出现反复。

②　1998 年的《美国国家安全战略报告》将里海地区石油储量从 2000 亿桶修改为 1600 亿桶。

③　The White House, *National Security of the United States*, 1997, Washington, D. C.: The White House, May 1997, p. 21; *National Security of the United States*, 1998, Washington, D. C.: The White House, October 1998, p. 32; *National Security of the United States*, 2002, Washington, D. C.: The White House, September 2002, p. 19 – 20.

④　The White House, *National Security of the United States*, 1999, Washington, D. C.: The White House, December 1999, p. 24.

⑤　U. S. Department of Energy, "Message from the Secretary of Energy," *Comprehensive National Energy Strategy*, Washington, D. C., April 1998, p. 3.

于 2003 年出台的《能源部战略计划》基本延续了克林顿政府时期的这些战略途径。① 但是从执行效果方面来讲，在通过国际合作来提高能效、开发清洁能源方面则缺少具体行动的支撑。

3. 战略手段的选择

由于国际能源战略目的、战略途径发生了变化，因此，此阶段美国国际能源战略的手段也随之发生了转变。美国更加关注国际能源合作对维护国际能源秩序的重要性。美国在此阶段开展的国际能源合作主要包括两个方面：一是通过同同盟国、贸易伙伴和能源生产国开展政治、经济合作，尤其是与西半球（美洲地区）、非洲、中亚和里海地区重要能源生产国建立合作关系，来实现进口能源来源的多样化和能源品种的多样化，进而确保美国的能源安全。如克林顿政府在中亚—里海地区拉开了能源外交的帷幕、小布什总统开启了冷战后美俄能源合作的大门等。二是继续同伙伴国家共同开展先进能源技术研发合作，研发清洁能源和提高能效的技术，② 如开始与加拿大建立"美加能源协商机制"，并在该框架下开展双边能源合作；与美洲国家间建立"西半球能源大会"和"西半球能源部长会议"，加强同拉美能源生产国在传统能源和清洁能源领域的合作等。

迫于国际油价的高位运行，美国开始调整国际能源政策方向，不断深化国际能源合作。但由于本阶段主导战略文化及政治传统的影响，美国在对敌对石油生产国和出口国进行政治、经济制裁的同时，仍对其进行武力打击，甚至不惜直接发动战争。1998 年年底，克林顿政府对伊拉克发动了代号为"沙漠之狐"的军事行动；1999 年 3 月，克林顿政府又发动了针对南斯拉夫的科索沃战争。这两次战争，美国均打着"消灭大规模杀伤性武器"或"人道主义"的旗号进行，但其重要目的之一实为获取对中东石油局势的控制、抢占通往中亚—里海能源腹地的油气运输枢纽，带有典型的新干涉主义色彩。小布什政府也发动了两场战争，2001 年"9·11"事件以后，小布什政府发动了阿富汗战争，该战争虽以"反恐"为名，但其或多或少与石油资源有关，因为阿富汗深处中亚—里海能源向外输送的关键地带，其重要性不言而喻；2003 年 3 月，小布什更是在国际

---

① U. S Department of Energy, *The Department of Energy Strategic Plan*, Washington, D. C., 2003.

② The White House, *National Security of the United States*, 2002, Washington, D. C.: The White House, September 2002, pp. 19 – 20.

社会的反对声下，绕开联合国，对伊拉克发动了"先发制人"的第二次海湾战争。通过发动战争，美国成功地将美国军队驻扎在了国际能源战略地图的核心位置，实现了在中东、中亚—里海等地区的长期驻军。此外，在这一阶段，除了直接发动战争，美国继续对敌对能源生产国和输出国进行政治、经济制裁，如对两伊继续实施"双重遏制"政策等。

综上所述，从克林顿政府中后期至小布什总统的第一任期，美国对外能源政策与实践发生了重要转折。第一，在战略目的方面，将目标定为继续巩固全球石油霸权、保障进口石油安全、实现能源品种多样化。第二，在战略途径方面，有两个方面的转变：从能源品种角度来讲，除了重申石油资源的重要性之外，也开始强调发展清洁能源和节能增效的重要性，但缺乏行动力和执行力；从能源进口来源角度来讲，开始重视能源进口（尤其是石油）来源的多元化，除了中东地区之外，美洲、中亚—里海、非洲等地区也成为美国关注的能源进口来源地。第三，在战略手段方面，此阶段一方面强调通过开展广泛的国际能源合作来维护美国的能源利益，并积极推动合作机制的建立；另一方面，在对敌对能源生产国和出口国进行严厉的政治、经济制裁的同时，美国再次举起"干涉主义大棒"，利用军事力量打击敌对能源生产国和出口国，在小布什政府阶段甚至不惜发动先发制人的单边战争，武力的应用达到冷战后的另一个高峰。从总体看来，本阶段美国对其对外能源政策和实践进行了积极的调整，开始出现新特征和新趋势，全局性思维和长远性目标初见端倪，战略目的逐步全面而明晰；但此阶段，这些新的战略目的却缺乏具体而具有可操作的实践来支撑，并没有稳定地固定下来，而且战略途径和战略手段应激性较强，缺乏战略部署。所以，从这个角度来讲，本阶段美国全面而系统的国际能源战略并没有完全形成，处于从政策层面向战略层面过渡的阶段。

（三）完善成熟阶段（全面国际能源战略阶段）——小布什总统第二任至奥巴马政府时期

1. 战略三因素的影响

从战略环境来讲，第一，国际石油价格剧烈动荡。从 2004 年年底开始，国际油价结束了低油价时代，并伴随着油价的持续上升、猛烈下降的剧烈波动。以 2008 年年中、2009 年年初和 2014 年年底为拐点，国际油价经历了三次大涨大跌，整体看来，分为四个阶段。第一阶段：从2004—2008 年 7 月，国际油价一路飙升，从 2004 年年初的 30 美元/桶一直上升到 2008 年 7 月的 139 美元/桶；第二阶段：从 2008 年 8 月至 2009 年 1 月，国际油价剧烈下降至 35 美元/桶；第三阶段：从 2009 年 2 月至 2011 年 11 月，国际油价大幅快速上升至 2011 年 4 月 113 美元/桶的峰值后，基本保持在 90—100 美元/桶左右；第四阶段：从 2014 年 10 月开始，国际油价直线下降，短短几个月时间国际油价从 90 美元/桶降至 50 美元/桶以下。① 该阶段油价的巨大波动一方面源于供需失衡；另一方面则源于地缘政治因素和国际金融因素。第二，中东重要产油国以石油为武器挑战国际能源秩序。第二次海湾战争和 2011 年爆发的利比亚内战使伊拉克和利比亚这两个重要产油国的油气生产能力遭到巨大而持续性的破坏。同时，利比亚卡扎菲政权故意破坏地中海沿岸的油气生产设施和运输管道，也在一定程度上破坏了国际石油市场的供需平衡。2012 年年初美伊冲突的升级再度影响伊朗石油的稳定供应。据统计，在此期间，受到威胁的油气资源总产量占世界油气需求总量的 10%—20%，严重影响了石油资源的有效供给。此外，主要油气生产地区的剩余生产能力剧烈下降，不足 2002 年的 1/5。第三，国际金融危机波及全球。2008 年年底肇始于美国的次贷危机很快席卷全球，演变成世界性的金融危机。金融危机使全球各国损失惨重，根据亚洲开发银行的统计，本次金融海啸给全球带来的损失高达 50 万亿美元，② 全球损失了 2000 多万个就业岗位，而且这一数字还可能继续翻番。③ 第四，乌克兰危机爆发，美俄关系恶化。以美国为首的西方国家以石油为武器制裁俄罗斯，加剧了国际油价的下降。2014 年 3 月，美国能源部宣布计划至少释放 500 万桶战略石油储备。奥巴马政府选在这个时候释放战略石油储备的主要目的意为向俄罗斯施压，表明"美国有能力应对地缘危机所引发的能源市场问题"。④ 但持续下行的国际油价给美国非常规油气资源开采行业带来了巨大的挑战。

---

① U. S Energy Information Administration, *Weekly All Countries Spot Price FOB Weighted by Estimated Export Volume* (http://tonto. eia. gov/dnav/pet/hist/LeafHandler. ashx? n = PET&s = WTOTWORLD&f = W).

② 《金融危机使全球损失 50 万亿美元开始冲击最弱势全体》，2009 年 3 月 10 日，21 世纪财经（http://finance. 21cn. com/news/gjcj/2009/03/10/5975169. shtml）。

③ 《金融危机使全球损失 2000 万就业岗位明年或翻倍》，2011 年 9 月 28 日，新华网（http://news. xinhuanet. com/fortune/2011 – 09/28/c_ 122100204. htm）。

④ 《美国宣布释放战略石油储备》，2014 年 3 月 14 日，新华网（http://news. xinhuanet. com/fortune/2014 – 03/14/c_ 126265235. htm）。

从战略文化上讲，本阶段经历了从新保守主义的小布什政府向自由主义的奥巴马政府的过渡。在对外能源实践中，强硬的直接军事干涉减少，取而代之的是越来越多地打着人道主义、维护世界和平等"新干涉主义"旗号的政治、经济和军事干预行为。但美国战略价值观中的优越性以及追逐霸权的思想根深蒂固，美国对外政策中谋取世界霸权的目的并没有发生变化，这也必然导致美国的国际能源战略与政策是以获取国际能源霸权为目标。

从能源战略实力来讲，第一，美国的战略石油储备总量保持稳定，弥补进口石油暂时中断的能力稳步提升。从 2005 年至今，美国的战略石油储备稳定保持在 7 亿桶左右，而弥补进口石油暂时中断的能力从 2005 年的 55 天逐年提升至 2011 年的 82 天（具体参见图 4 - 11、表 4 - 4）。不过从战略石油储备总量来讲，距《2005 年美国能源政策法案》提出的从 7 亿桶到 10 亿桶的目标还有一定的差距。[①] 第二，美国对外石油依存度开始出现拐点。2006 年，美国石油对外依存度达到历史最高水平，为 66.26%，奥巴马政府期间，美国的石油对外依存度呈现显著下降趋势，2012 年年底，美国石油对外依存度降至 13 年最低点，为 57.32%（具体参见表 4 - 7）。第三，美国具有领先的清洁能源与非常规油气资源开采技术和研发团队。在发展清洁能源领域方面，美国具有政策和资金优势，在丰厚的资金支持和优越的政策推动下，美国掌握了世界先进的洁净煤技术、风光储输技术（风能、太阳能储存和输送技术）、智能电网等清洁能源技术，并在一定程度上占领了全球清洁能源研发的先机。此外，美国页岩油气、致密油等非常规油气资源开发技术取得了重大突破，国内非常规油气生产能力迅速提升。第四，从政治、经济、军事综合实力上讲，美国依然是世界唯一的超级大国，但伴随着众多新兴国家在政治、经济、军事领域的发展壮大，美国的霸权地位也受到了越来越多的挑战。

2. 对战略目的与战略途径的认知

本阶段是美国全面、系统的国际能源战略形成的关键时期。2005 年 8 月，小布什总统签署发布了《美国能源政策法案》，法案将保障美国能源安全的重任从主要依赖进口能源来源的稳定和价格的合理，转变为增加国

---

① U. S. House Committee on Energy and Commerce Press Office, *Energy Policy Act of 2005*, April 2005, p. 2 (http://energycommerce. house. gov).

内能源供给、节能增效和降低能源对外依存度，即从单独强调"开源"转变为"开源节流"并行。同时，小布什总统还号召美国在未来的几十年中全力解决对进口石油的依赖问题。① 此后，小布什政府和奥巴马政府相继出台了《2006 年能源部战略计划》②《先进能源行动计划》和《美国竞争力行动计划》《2007 年能源独立和安全法》③、2009 年美国众议院《美国清洁能源与安全法案》《2011 年能源部战略计划》等一系列能源政策和法律法规，均旨在提高美国在国际能源政治经济格局中的竞争力，进一步摆脱美国对进口石油资源的依赖，实现能源独立，保持美国在非常规油气能源与清洁能源领域的领先地位，这也是这一阶段美国国际能源战略的主要目的。这一系列政策和措施的出台标志着美国全面而系统的国际能源战略的战略框架基本形成，美国国际能源战略的目的与手段也随之发生变迁。

综合看来，本阶段美国对实现国际能源战略目的的战略途径认知发生了如下几方面的变化：第一，突出强调能源来源多元化，降低对不稳定地区进口石油资源的依赖。第二，实现能源经济转型，④ 强调能源品种的多样化，大力发展清洁能源与非常规油气资源。美国对进口化石能源的依赖会损伤美国的能源安全和经济发展，小布什政府后期已经充分认识到这一点，尤其是在奥巴马时期，美国希望通过大力发展非常规油气能源与清洁能源一方面摆脱对化石能源的依赖；另一方面在国际新能源开发领域引领新的工业革命，抢占国际能源领域新的制高点。第三，持续关注石油进口的稳定及国际石油价格的稳定。虽然美国通过采取节能技术和发展替代能源等方式减少石油的消费，美国国内的能源消费结构也得到一定程度的改善，但美国进口石油量的比重依然很大。此外，鉴于石油资源的战略重要性，美国依然十分关注关键石油生产和出口地区的稳定与安全，以确保国际油价的稳定。

① U. S. House Committee on Energy and Commerce Press Office, *Energy Policy Act of 2005*, April 2005（http://energycommerce. house. gov）.

② *U. S. Department of Energy Stratetic Plan*, 2006（http://energy. gov/sites/prod/files/edg/media/2006StrategicPlanSection1. pdf）.

③ *Energy Independence and Security Act of 2007*, 原被称为 *CLEAN Energy Act of 2007*。

④ The White House, *National Security of the United States*, Washington, D. C.：The White House, May 2010, p. 30.

3. 战略手段的选择

本阶段美国为保障国际能源利益所采取的战略手段更加多元化。第一，借助"巧实力"大力推行全球性和区域性的能源外交，广泛开展国际能源合作，尤其是国际清洁能源合作。在传统能源方面，美国把能源外交的重点放在了西半球（美洲地区）、非洲、中亚—里海地区、中东地区等，用于实现美国化石能源供应来源的多样化。如在中东地区，奥巴马总统实施了"新中东政策"，通过"巧实力"改善美国在阿拉伯国家中的形象，从而稳固美国在中东地区的能源霸权；在中亚—里海地区，进一步深化与俄罗斯的能源合作，开展战略性的能源对话，并与该地区的主要油气生产国和过境运输国签署能源合作协议；在美洲，美国积极推动建立美洲能源合作统一战线；在欧洲，共同推进"南部能源走廊"的建设；在非洲，通过"美国与撒哈拉以南非洲贸易与经济合作论坛"和各种双边合作机制深化美国与非洲的能源合作等。在清洁能源方面，美国与欧盟、日本等同盟国家，以及美洲、亚太国家搭建合作开发清洁能源技术和节能增效技术的合作平台。如奥巴马总统号召成立"全球主要经济体能源和气候论坛"，在全球范围内推广清洁能源的开发和应用；与美洲国家建立"美洲能源与气候伙伴关系"，成立"加勒比地区政府间清洁能源对话"机制、"美国—智利能源商业理事会"等一系列双边与多边对话合作机制，推动美国与美洲国家在清洁能源和传统能源领域开展务实合作；与欧盟共同成立"美国—欧盟能源理事会"，并通过下设的能源工作组和部长级对话机制共同推进具体的能源合作事务等。在非常规油气资源方面，美国极力在全球范围内推广页岩气资源的开发。2012 年 12 月 19 日，美国雪佛龙石油公司与阿根廷第一大石油企业 YPF 石油公司正式达成了共同开发阿根廷境内乌肯省巴卡穆埃尔塔盆地非常规油气资源的合作协议，项目投资总额高达 150 亿美元。该非常规油气资源开发项目预期作业面积约 395 平方公里，首期工程将由雪佛龙公司出资开凿实验性非常规油气钻井 100 余口，最终目标是在 2017 年把非常规油气钻井的数量增加至 1500 口左右，预计项目完工后日均非常规石油产量将达到 5 万桶，非常规天然气日均产量将达到 300 万立方米。经过十余个月的谈判，2013 年 7 月，美国雪佛龙石油公司与阿根廷 YPF 石油公司已就具体合作方式达成共识，并正式签署了首个 15 亿美元的投资协议。①

第二，在此阶段，美国对敌对能源生产国和出口国的军事行动也更加注重"巧实力"，主要依托于北约或联合国采取"多边主义"、"有限参与"的方式对敌对能源生产和出口国进行武力干涉，减少主导性的直接军事行动，干涉方式更加间接而隐蔽。例如，美国主动结束伊拉克战争，2011 年 12 月 16 日美国正式从伊拉克撤军，结束了对伊拉克长达 9 年的军事占领；在联合国决议下，美国联合北约国家挑起了利比亚战争，并及时将战争的主导权转移到北约手中，刻意避免以领导者的身份卷入战争，修复美国的国际形象；在哥伦比亚，小布什政府以禁毒为名，向哥伦比亚派遣部队维护能源运输管道安全等。第三，政治、经济制裁。美国对敌对能源生产国和出口国的政治、经济制裁从未停止过。例如，2010 年奥巴马总统签署了《伊朗全面制裁、问责和撤资法案》，显著增加了对在伊朗能源领域从事相关活动的限制，加大了制裁力度；2011 年年底，美国出台了新一轮制裁伊朗的措施，其中针对伊朗石油化工产业的第 13590 号行政命令加大了在伊朗石油、天然气领域从事生产、贸易、投资和服务行为的制裁力度等。

综上所述，小布什总统第二任期至今是美国全面而系统的国际能源战略形成、发展、完善的关键时期。从战略目的来讲，美国政府对国际能源战略目的的认知更加完善，发展成为优化能源进口结构，降低传统油气资源对外依存度，同时努力开发非常规油气能源与清洁能源技术，实现能源独立，保障美国能源安全和国际能源市场的稳定。从战略途径来讲，则强调通过石油进口来源多元化和能源品种多样化来实现战略目的。从战略手段来讲，虽然"干涉主义"的色彩依然浓重，但美国已经逐步放弃了单边主义、强硬干涉的做法，取而代之的是推动国际能源合作、"巧实力"能源外交和"巧实力"军事干预等刚柔并济的方式。在国家合作方面，美国还主导搭建了切实可行的能源合作平台，并通过具体项目使各种政策

---

① 根据 YPF 公司于 2012 年 12 月 19 日致阿根廷证券委员会的公告，YPF 石油公司将向雪佛龙公司提供内乌肯省境内非常规油气田 50% 的开发权。2012 年 9 月 14 日双方曾为此签署谅解备忘录，商定共同分摊勘探、开采、科技研发和人力资源成本。具体请参见《阿根廷 YPF 与美国雪佛龙达成油气开发协议》，2012 年 12 月 20 日，新华网（http://news.xinhuanet.com/fortune/2012 - 12/20/c_ 114094821.htm）；《美国雪佛龙斥巨资开采阿根廷非常规油气资源》，2013 年 7 月 17 日，新华网（http://news.xinhuanet.com/fortune/2013 - 07/17/c_ 116570339. htm）。

和措施落到了实处。由此可见，此阶段美国通过出台一系列能源政策，搭建起了全面国际能源战略的基本框架，并通过具体的战略举措推动国际能源战略的完善和强化。因此，从战略的基本要义来考察，此阶段美国已经形成了全方位的国际能源战略，战略目的具有长远性和全局性的特征，战略实施途径与手段多元合理、刚柔并济、操作性强，并不断充实和完善。冷战后美国国际能源战略发展与演变的三个阶段如表 6 - 2 所示。

表 6 - 2　　　　　　冷战后美国国际能源战略发展演变的三个阶段

时期	阶段	特点
冷战后到克林顿中前期	国际油气战略阶段	重石油； 重中东； 重武力
克林顿中后期到小布什第一任期	调整过渡阶段	石油进口多元化、开始关注国际清洁能源合作； 战略目的缺乏具体、可操作的行动来支撑； 战略途径和战略手段应激性较强，缺乏战略部署
小布什第二任期至奥巴马时期	全面国际能源战略阶段	优化石油进口结构和进口来源，降低传统油气资源对外依存度，对能源进行全面规划； 维护国际能源市场稳定； 重视国际清洁能源与非常规能源合作、应对气候变化； 战略途径多元化；战略手段刚柔并济、操作性强

二　冷战后美国国际能源战略的内容及特点

（一）美国国际能源战略的内容

冷战后美国国际能源战略的内容可以简单总结如下：以实现美国能源独立为战略目的、以能源进口来源多元化和能源品种多样化为战略途径、以"巧实力"手段来实现美国国际能源战略利益。具体如下。

战略目的：实现美国的能源独立、保障能源的可靠供给、维护国际能源市场稳定、巩固美国在全球能源政治经济格局中的主导地位。

战略途径：通过"巧实力"来实现"能源品种多样化"和"能源来源多元化"。

　　战略手段：在政治上，控制主要能源生产地区和输出管线地区的内政和外交；在经济上，垄断国际能源市场，操纵国际能源价格；在文化上，在主要能源生产地区和输出管线地区推广美国民主政治和宗教文化，借助"软侵略"瓦解抗美力量；在军事上，编织美国军事力量的全球网络，将美国的军事力量覆盖主要的能源生产和输出管线区域；在外交上，推行全方位的能源外交、开展广泛的能源合作，在巩固传统能源合作的基础上，进一步推广清洁能源合作与非常规能源合作。

　　（二）美国国际能源战略的特点

　　1. 全局性与区域性的战略部署

　　冷战后美国国际能源战略的一个重要特征是重视全局规划与重点突出的战略部署。

　　能源进口来源的多元化是降低美国能源进口风险、保障美国能源安全的措施之一。为此，美国通过全局性和区域性的战略部署，减少从不稳定地区的能源进口，开拓新的能源进口渠道，实现能源来源的多样化，把美国的能源触角伸到全球每一个能源富集的角落。

　　美国向来把能源关键生产国和出口国作为对外能源政策的重点对象，尤其是富集庞大油气等传统能源的中东地区。冷战后美国的对外军事行动或经济制裁政策大部分与该地区相关。由于美国国际能源战略强调要实现能源来源的多样化，从2004年起美国从中东地区进口油气量开始呈现下降趋势，并于2010年达到历史最低点。但从2011年开始，美国从中东地区进口石油量开始持续大幅上升，再次突显中东地区在美国国际能源战略中的重要地位。此外，美洲和非洲地区也是美国进口油气资源的主要来源地，是美国国际能源战略的重点目标，从2004年起美国从这两个地区进口油气资源的数量稳中有升，约占美国进口石油总量的七成。如图 6 - 1 所示。

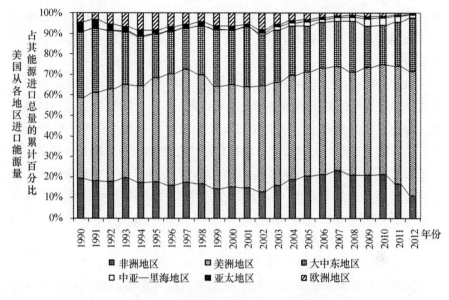

图 6 - 1　美国石油进口结构（按大洲）

资料来源：U. S. Energy Information Administration，EIA，*Oil：Crude and Petroleum Products Explained-Energy Explained*（http：//www. eia. gov/energyexplained/ index. cfm？page = oil _ home # tab2）.

注：大中东地区包括：巴林、伊朗、伊拉克、科威特、卡塔尔、沙特阿拉伯、阿联酋和利比亚、也门、埃及、叙利亚、阿曼；中亚—里海地区包括：阿塞拜疆、哈萨克斯坦、白俄罗斯和俄罗斯；非洲地区包括：阿尔及利亚、安哥拉、尼日利亚、喀麦隆、乍得、刚果（金）、刚果（布）、赤道几内亚、加蓬、科特迪瓦、毛里塔尼亚、南非、突尼斯；美洲国家包括：加拿大、厄瓜多尔、委内瑞拉、阿根廷、伯利兹、巴西、玻利维亚、哥伦比亚、危地马拉、墨西哥、秘鲁、特立尼达和多巴哥；亚太地区国家包括：澳大利亚、中国、文莱、印度尼西亚、马来西亚、新加坡、泰国、越南。

2. 长远性战略布局

在对全球能源版图进行布局谋篇之时，美国国际能源战略更加关注长远的战略意义。长远性主要表现为：美国不仅重视现实的能源生产国和出口国，还对潜在的能源生产国与能源过境运输国等具有关键地缘政治地位的国家和地区给予特别的关注。以美国针对中亚—里海地区的能源外交为例，中亚—里海地区石油和天然气储量不及俄罗斯的 2/3，美国从中亚—里海地区进口的石油资源也不足美国进口石油总量的 5%，但鉴于该地区重要的地缘政治地位，美国政府坚定地支持美国石油巨头参与该地区石油项目的运作。据统计，中亚—里海地区逾六成的石油开发项目由美国的能源公司经营，[①] 美国毋庸置疑成为该地区石油秩序的主导者。

因此，美国在中亚—里海地区开展能源外交的目的并不仅是获取石油资源，更是为美国长远的能源安全布局谋篇。其一，美国希望通过经济手段（如将美国大型石油公司的实力安插在该地区）掌控中亚—里海地区的石油秩序，从而为全球石油市场提供一个稳定的石油供给者；其二，美国希望通过与中亚—里海国家建立政治友好关系，进一步排挤俄罗斯在该地区的影响，夺取俄罗斯在该地区的石油霸权，并服务于美国全球战略。[②] 美国针对非洲、拉美等地区的对外能源政策均立足于全球战略，均着眼于长远利益的构建。

3. 石油进口来源逐步优化

实现进口能源稳定而安全的供应是美国国际能源战略的重要目的之一。为了达到该目的，美国一方面开拓新的能源进口来源地，推行能源进口来源地多元化政策，尤其是石油进口来源多元化政策；另一方面则尽可能维护其主要能源来源地区的政治、经济与社会稳定。以美国石油进口来源地为例，自 20 世纪 80 年代初以来，美国进口石油来源地的多元化趋势日趋明显；从地区分布来讲，美洲地区已经成为美国进口石油的主要地区，美国约 50% 的石油资源来自该地区，2012 年这一比例更是突破了 60% 大关；中东地区也是美国进口石油资源的重点地区，但美国从该地区进口石油的数量受该地区政治局势的影响而呈现不稳定态势。此外，非洲、中亚—里海地区等也成为美国进口石油的重要后备地区。

美国进口石油来源地的变化趋势如图 6-2 所示。

---

① 王海滨：《美国能源外交的新动向》，《中国石化报》2007 年 8 月 9 日第 5 版。
② 同上。

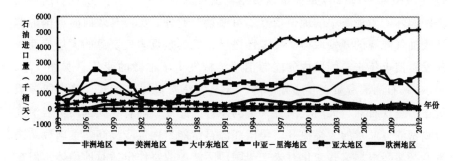

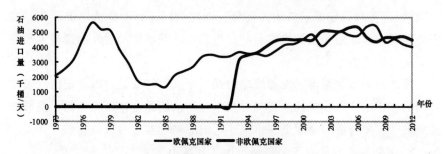

图 6 - 2　美国石油进口来源地变化趋势

资料来源：U. S. Energy Information Administration，EIA，"U. S. Imports by Country of Origin,"
Oil：Crude and Petroleum Products Explained（http：//www. eia. gov/dnav/pet/pet_ move_ impcus_
a2_ nus_ epc0_ im0_ mbblpd_ a. htm）．

4. 短期内战略重点为获取稳定的油气资源，同时开展清洁能源与非
常规能源外交

近些年来，美国投入巨资进行清洁能源技术研发，并在全球范围内
大力推广清洁能源外交。从美国国内的能源消费结构来看，清洁能源消
费所占比重有所提升，能源品种多样化的特征逐渐凸显。但综合看来，
清洁能源在美国能源消费结构中所占的比重依然很小，仅为 17％。因
此，从短期来讲，清洁能源对弥补美国能源缺口、满足能源消费需求
的能力依然有限。但若从长远看来，发展清洁能源具有深远的战略
意义。

与清洁能源相比，石油（37％）、天然气（29.6％）、煤炭
（19.8％）等传统能源在美国的能源消费结构中依然占据着绝对优势地

位（1990 年—2012 年的能源消费结构图可见图 1 - 2），[①] 传统化石能源在美国国际能源战略中的地位依然不可撼动。此外，奥巴马政府时期国内非常规油气能源的开发取得了突破性进展，尤其是页岩气资源的大规模商业开发，使近年来美国国内的能源消费结构发生了细微的变化（如图 1 - 2 所示）：石油消费量逐年小幅下降，天然气消费量逐年提升，美国能源消费逐步呈现石油与天然气平分天下的态势。此外，随着美国国内页岩油气与致密油等产量的大幅提升，美国能源自给能力也逐步提高。美国战略决策者必然会根据这些变化对未来美国国际能源战略作出适时地调整，但在短期内，"获取稳定的进口油气资源"、"维持国际石油价格稳定"依然是美国国际能源战略的重要战略目的，也是主导美国短期对外能源政策与实践最关键的因素。

因此，美国全面国际能源战略的又一个突出特征是：以稳定国际石油市场为主、以开展非常规油气能源技术与清洁能源合作研发为辅。发展非常规油气能源与清洁能源更多是为长远的战略利益进行谋划。

5. 战略手段刚柔并济，强调运用"巧实力"

美国国际能源战略在战略实施手段上强调运用"巧实力"，在实施政治、经济、军事制裁的同时，注重建立政治、经济合作机制，为能源合作搭建机制性平台；注重缓和"文明的冲突"，缓和同伊斯兰重点能源生产国与输出国的紧张关系等。"巧实力"战略实施手段为美国国际能源战略的实施创造了良好的国际环境。

6. 对军事实力的崇拜

美国对外军事行动或多或少与石油资源相关。石油在美国能源消费结构中的地位举足轻重，虽然自小布什政府后期开始重视可替代能源的开发，但美国进口石油的数量在美国进口能源总量中所占的比重依然居高不下。因此，美国历届政府都十分重视进口石油资源的安全与稳定。鉴于美国主要石油进口地区的不稳定性（尤其是中东地区、拉丁美洲地区），美国对其自身"山巅之国"的认知，以及"干涉主义"思想的影响，美国国际能源战略的实施手段中一向包括军事力量的运用，甚至不惜发动战争。冷战结束至今，美国发动了多次与争夺石油资源相关的战争，如表

---

① U. S. Energy Information Administration, EIA, *State Energy Data System*, *SEDS*（http：//www. eia. gov/state/seds/）.

6-3 所示。不过，美国运用军事力量的方式发生了变化，即从单边主义战争逐渐转变为多边主义战争，从传统干涉主义发展为"新干涉主义"。在绝大多数情况下，美国是以北约的名义、打着"人道主义"的幌子采取军事行动，这样的方式一方面可以降低美国的军事负担；另一方面还可以降低国际社会对美国军事部署的负面印象。

表6-3 冷战后美国发动/参与的与能源（石油等）相关的战争一览

时间	名称	能源考虑	战争实质
1991	海湾战争	伊拉克、科威特油气资源	
1999	科索沃战争	中亚—里海油气运输管线	
2001	阿富汗战争	中亚—里海油气运输管线	为石油而战
2003	伊拉克战争	伊拉克油气资源	
2011	利比亚战争	利比亚油气资源	

通过对全球能源重点地区的军事部署，美国已经形成了对全球油气战略枢纽、能源运输通道和能源输送管线的全面控制，最大程度地降低能源进口风险，保障能源进口安全，维护了国际能源市场的稳定。

三 冷战后美国国际能源战略存在的问题

不可否认，冷战后美国国际能源战略在保障美国能源安全、推动经济发展，乃至维护其全球霸权等方面发挥了举足轻重的作用。然而，由于美国在文化传统、思维方式、政治体制等方面的独特性，其国际能源战略也具有不同于他国的独特性。这些独特性像一把双刃剑，在保障美国能源安全的同时也带来不少无法回避的问题，这些问题不仅会令美国国际能源战略的实施效果大打折扣，还可能为美国招致更多的潜在威胁。

（一）"刺激—反应"的战略形成机制具有先天弊端

美国是一个缺乏战略性思维的国家，其各项战略基本是在"刺激—反应"的战略诱发机制下形成的。因此，美国的战略又可称为"问题导向型战略"，即美国各项战略的出台及完善是对外界环境与外界挑战的应激性反应，"应激性"是美国战略的鲜明特征。

美国能源战略是典型的"问题导向型战略"，美国面临的国内外能源危机与挑战是其制定和出台能源战略的导火索。因此，能源战略的思想和行动方案支离破碎的存在于美国政府各个部门（国务院、能源部、商务部、国防部、国土安全部等）在不同时期为应对一定能源问题而制定的各种能源政策与能源法案中。美国国际能源战略是美国能源战略体系的重要组成部分，也具有"问题导向"的特征。

1. 问题导向型能源战略的被动性

美国能源战略是在被动应对国内外能源危机的过程中逐步形成和完善的。早在 20 世纪 30 年代，为实现社会经济改革，罗斯福总统开始着手设立专门的能源管理机构；二战结束以后，美国行政与立法部门开始制定相关能源政策与能源立法，以解决国内能源领域的棘手问题。20 世纪 70 年代初爆发的两次石油危机则是迫使美国政府酝酿全面能源战略的直接诱因。两次石油危机之后，美国陆续出台了多部能源立法与能源计划，并对现有能源管理机构进行密集调整。尽管这一时期美国密集出台了多部能源立法与能源计划，并建立健全了相关能源管理机构，但由于各方势力的博弈，自尼克松政府至里根政府，美国始终没有形成一个得到各方认可的国家能源战略方案。老布什总统执政时期，国际格局发生了革命性的转变，东欧剧变、苏联解体使国际格局从"两极格局"向"一超多强"的多极化格局转变。同时，随着美国经济的飞速发展，其对石油资源的需求量猛增，畸高的石油对外依存度严重威胁美国国家能源安全，美国迫切需要形成包括国际能源战略在内的全面、系统的国家能源战略体系。1989 年，在老布什总统的授意下，能源部成立了由其所有机构代表组成的专门的"国家能源战略起草委员会"，并开始制定全面的国家能源战略；1990 年 10 月，老布什政府的《国家能源战略》文本在"沙漠盾牌"行动与"沙漠风暴"行动的空隙间逐步成型，并于 1991 年 2 月 20 日正式颁布，该能源战略的核心目的是确保美国的能源安全。[①] 随后，美国又先后出台了《国家综合能源战略》（1998）、《国家能源政策报告》、《美国能源政策法案》（1992）、《能源独立和安全法》（2007）、《美国清洁能源与安全法案》（2009）、《能源安全综合战略》等战略纲领性文件与法案，美国能源战略体系逐步形成并日臻完善。

由此可见，美国国际能源战略作为能源战略的一部分，其形成、发

---

① ［美］维托·斯泰格利埃诺：《美国能源政策：历史、过程与博弈》，石油工业出版社2008 年版，第 65、67、230 页。

展、调整与完善是被动性动态适应国内外能源环境变化、应对国内外能源挑战的结果。正如原美国能源部助理副部长维托·斯泰格利埃诺所说："美国第一部能源战略的出台是对1973年石油危机的最终反应。"①

2. 问题导向型能源战略隐患重重

与中国"未雨绸缪"式能源战略相比，美国以"应激性"为特征的问题导向型能源战略则更像"亡羊补牢"。维托·斯泰格利埃诺曾在其《美国能源政策：历史、过程与博弈》一书中明确地揭示了美国国际能源战略的不足："美国在1973年之前并未制定统一的能源战略（政策），从而在很大程度上导致了石油危机和海湾战争及其后果。"②

问题导向型能源战略带来的隐患主要体现在两个方面：一方面，不"防微"何以"杜渐"！由于美国战略制定者对能源问题反应迟钝，放任了能源问题的日益恶化，直至能源问题发展成为足以威胁美国能源安全与经济发展的能源危机。例如，早在1960年9月，中东和南美洲地区主要产油国成立了石油输出国组织欧佩克，旨在协调和统一各产油国的石油政策、打破西方大型石油公司的垄断、维护成员国各自的和共同的利益。然而，由于战后初期西方石油垄断财团几乎控制着世界石油从勘探、开采到销售的所有环节，美国国内石油资源供给充足、石油企业利润丰厚，美国能源专家们对"美国能源前景"持有较为乐观的判断。③ 此外，当石油输出国组织开始有目的地协调各成员国能源政策的时候，美国制定能源政策的责任却分散于数不清的、各自为政并享有特权的专门联邦机构中，这些专门能源政策机构的首要任务是出台有利于维护其权利范围的能源政策，而不是融合统一的联邦能源政策。于是当欧佩克成立之初，美国并没有"切实的体制来激励这些专门能源政策机构去考虑自己职权范围之外的公共利益"，去全面评估欧佩克成立对美国的挑战。因此，欧佩克的成立并没有引起肯尼迪政府的足够重视，以至于"养虎为患"，直至20世纪60年代末至20世纪70年代初欧佩克发动针对西方国家的石油减产、禁运与提价运动，将美国推向危机的边缘，美国才充分意识到统一能源管理机构、出台相关能源政策以应对欧佩克挑战的紧迫性与重要性，并开始逐步

① ［美］维托·斯泰格利埃诺：《美国能源政策：历史、过程与博弈》，石油工业出版社2008年版，序第2页。
② 同上。
③ 同上书，第11页。

减少对中东进口石油的高度依赖。

另一方面，危急情况下"急不择路"，形成恶性循环。20 世纪 70 年代以前，由于缺乏对全球进口能源的战略性部署，长期以来，美国进口能源来源单一，石油进口结构畸形，深度依赖中东石油。因此，中东敌对产油国成为威胁美国能源安全的"达摩克利斯之剑"，其可以以"石油为武器"报复美国。为了消除中东敌对产油国可能带来的消极影响，美国不得不动用武力，发动战争。因此，从一定程度上讲，美国长期高度依赖中东石油资源是导致美国对中东敌对产油国发动战争的重要原因之一，海湾战争就是美国"为石油而战"的一个典型例证。美国前总统尼克松一语破的："海湾战争既不是为了民主，也不是为了自由，而是为了石油"；布热津斯基也曾指出，美国在海湾战争中的利益诉求即为"确保海湾地区成为西方国家获取定价合理石油资源的安全而稳定的源泉"。由此可见，由于缺乏在能源领域的战略性安排，美国形成了不合理的石油进口结构，为了避免不合理石油进口结构带来的危害，美国又"急不择路"地选择了隐患更多的武力手段，进而形成恶性循环。海湾战争以来，美国历届政府都致力于纠正不合理的能源进口结构，斩断恶性循环链条。

（二）"干涉主义"的战略手段弊端凸显

"二元对立、物竞天择"的世界观、"自我中心"的价值观与"天定命运"的人生观构成了美国战略文化，[①] 在这样的战略文化下，美国经常以国际秩序的维护者自居，干涉他国事务。美国对外能源战略与政策也烙有"干涉主义"的印记，为了满足国家能源利益，美国长期对世界主要的能源生产、出口国家和地区进行政治、经济、军事、文化干预。不可否认，美国对主要能源生产国家和地区的干预确实能够在一定程度上保障了进口能源的安全，但过度干预也为美国带来了潜在的隐患与问题。

1. 干涉主义激发国际社会的仇美情绪、削弱美国影响力

美国对主要能源生产、出口国家和地区的主要干预行为包括武力和非武力两种方式。武力干涉是美国对外政策中的传统手段，打着"人道主义"旗号的"新干涉主义"武力干涉则是冷战后美国的惯用手段。据统计，冷战后，美国以"捍卫人权"、"人道救助"、"反恐"等为名，曾先

---

① 赵景芳：《美国战略文化研究》，时事出版社 2009 年版。

后进行过 40 余次对外军事行动，其中对单个国家进行的直接强制武力干
涉就多达十次。① 近年来，美国进行了五次针对"敌对"石油生产国或保
卫石油战略通道而进行的军事行动，即海湾战争、科索沃战争、阿富汗战
争、伊拉克战争和利比亚战争。除了直接的武力干预之外，美国还借助军
事力量渗透等间接武力干预方式加强对能源重点地区的控制，主要包括：
与中东、非洲、中亚—里海等地区的能源生产国与能源过境运输国建立双
边军事关系、开展军事合作、提供军事援助并设立军事基地等。美国正是
依靠这些军事力量铲除了萨达姆、卡扎菲等反美政权，维护了美国在这些
地区的能源利益。

经济、政治、文化干涉等非武力干涉同样是美国惯用的干涉手段。经
济干涉主要包括经济制裁和经济援助，经济制裁是借助美国经济实力打击
敌对能源国家，而经济援助则是通过扶植美国的地区代理，改造敌对能源
国家。例如，小布什政府时期，美国通过美国国际开发署对中亚—里海地
区国家进行经济援助，同时支持美国跨国石油公司和财团扩大对该地区油
气产业的投资力度，积极参与修建能源基础设施、开发石油产业辅助服务
项目、联合开采田吉兹等油田、推动"土—阿—巴—印管线"建设等。
对于敌对能源国，美国则采取了一系列经济制裁，克林顿政府曾对苏丹进
行了严厉的经济制裁，禁止美国石油公司在苏丹进行任何贸易和投资行
为；美国凭借《1996 年伊朗—利比亚制裁法案》对伊朗和利比亚进行了
长达十年的经济制裁。此外，政治文化干涉也是美国对能源富集国家和地
区进行干预的重要手段之一。能源富集的阿拉伯国家、非洲国家同美国存
在严重的文化冲突，美国文化干涉的目的是通过意识形态渗透向这些国家
"输出美国式民主"，以美国的民主模式对这些国家和地区实施改造，以
期实现对这些国家的和平演变，"颜色革命"、"阿拉伯之春"都是美国民
主输出战略助推的结果。

尽管美国的干涉主义意在维护美国利益，但事与愿违，美国对能源富
集地区的强行干预却招致了这些地区和国家的反感，反而深化了固有矛
盾、激化了反美情绪。以美国对中东地区的干涉为例，其消极影响主要体
现在以下几个方面。其一，美国对这些地区的干涉刺激了该地区宗教保守

---

① 田娟：《试析冷战后美国外交政策中的新干涉主义》，《哈尔滨学院学报》2007 年
第 8 期。

势力与宗教极端势力的发展壮大。牵制宗教异端势力的中东世俗政权在美国等西方国家的干涉下纷纷丧失政权，取而代之的是反美宗教保守势力与宗教极端势力的卷土重来。例如，2011 年"暴力恐怖组织"宗教保守政党"伊斯兰复兴运动"成为突尼斯议会第一大党；奉行伊斯兰教原教旨主义的埃及宗教极端势力"穆斯林兄弟会"在穆巴拉克下台后影响力开始抬头；利比亚激进极端伊斯兰圣战组织"伊斯兰战斗团"恢复活力等。① 其二，中东地区民众对美国干涉的目的产生越来越多的质疑，反美情绪有增无减。盖洛普的调查数据显示，超七成的中东地区民众认为，美国干涉的目的并不是帮助该地区发展经济、捍卫民主，而是维护美国在该地区的能源利益。中东民众对美国干涉主义本质认识的加深加剧了其对美国的仇恨。其三，美国干涉主义苍白无力的效果使大中东地区民众逐渐丧失了对美国的信心。从给人带来无限期待的"阿拉伯之春"到令人无奈的"阿拉伯之冬"，美国对伊斯兰世界的政治、经济、军事干涉并没有带来这些国家秩序的恢复、社会的稳定、经济的振兴与民生的改善，取而代之的则是无穷无尽的混乱与贫困。大中东地区的现实令美国在该地区的影响力严重受损。此外，美国对能源富集地区和国家进行的政治、经济、军事和文化干涉的行为属于干涉他国内政的行为，侵犯了他国的主权，是违反《联合国宪章》、国际法基本准则和基本原则的行为，更是违反道义的行为。

2. 干涉主义增加美国能源成本

美国对国外重点能源生产地区与国家的干涉行为极大地提高了美国进口能源的成本、推高了美国进口能源的价格。军事成本的扩张是导致美国国内石油价格高位运行的重要原因，1991 年的海湾战争耗费了 70 亿美元军费开支，这些军费最终均成为美国进口石油的成本。

综上，美国对能源密集地区的干涉主义措施，虽然在短时间对保障美国进口能源的稳定、维护美国的国际能源霸权有利，但从长远看来，"干涉主义"的弊大于利，可能为美国招致更多报复性的敌对情绪和敌对行为，降低美国的国际影响力，同时导致更多国内能源问题。

---

① 田文林：《中东剧变，美国得到了什么？》，《解放军报》2013 年 2 月 16 日。

（三）"极度分权"的政治体制下的能源立法低效与能源利益偏移

美国宪法中的"三权分立"原则将行政、司法、立法分开，旨在限制政府的权力，维护权力平衡，使美国远离暴政危险；"政治竞争与权力交替"的制度则旨在使执政者更加尊重选民利益，敦促两党相互监督、控制腐败。美国这种"代议制民主"制度曾是西方政治制度的典范。然而，时至今日，美国政治分权制衡制度的弊端不断涌现，其"极度分权"趋势不断强化，这不仅影响美国制定政策与法律的效率，也危及美国的国家利益。表现在能源领域即为能源立法的低效与能源利益的偏移。

1. "耗时冗长"的政策制定过程导致能源立法低效、能源政策出台迟缓

美国能源政策的出台需要经过白宫各党派官员的无休止辩论；而能源立法的颁布则更是大费周章，能源法案必须往返于国会与总统之间，获得参议院、众议院的一致通过，并经过总统的签署才能成为法律。其中，众议院需一半以上的赞成票，而参议院则需要 3/5 以上的赞成票，立法过程漫长而艰辛、复杂而低效。

美国政府第一部《国家能源战略》耗时 19 个月才蹒跚颁布。其实，早在 1989 年 6 月初，老布什政府就成立了"国家能源战略起草委员会"，并任命时任美国能源部部长詹姆斯·沃特金斯负责领导制定一部全面的国家能源战略。然而，经历了十几个月的听证，以及管理与预算办公室、经济政策委员会、财政部、内政部、能源部、总统经济顾问团等部门的反复讨论与修改，美国首部《国家能源战略》才最终于 1991 年 2 月 20 日由老布什总统正式颁布。[①] 与白宫颁布的《国家能源战略》相比，美国能源法律制定的周期更长。例如，美国《2005 年综合能源法》则在参议院和众议院经过了五年的辩论与磋商，才最终于 2005 年 7 月 29 日获国会通过，并于 8 月 8 日经小布什总统签署后正式生效。[②]

---

① ［美］维托·斯泰格利埃诺：《美国能源政策：历史、过程与博弈》，石油工业出版社 2008 年版，第 65—230 页。

② 于然：《美国国会通过 2005 年能源法》，《国际电力》2005 年第 5 期。《2005 年能源法》的具体内容请参见美国能源部网站 ENERGY POLICY ACT OF 2005（http：//energy. gov/downloads/energy-policy-act－2005）；该法案修改与执行过程请见美国联邦能源监管委员会（U. S. Federal Energy Regulatory Commission，FERC）官方网站为 http：//www. ferc. gov/legal/fed-sta/ene-pol-act. asp。

由此可见，在美国"极度分权"的政治体系下，能源政策出台迟缓、能源立法低效，美国在面临能源危机及棘手能源问题之时不得不抱火寝薪。

2. "两党政治"下的党派之争绑架国家能源利益

美国立法机构内部存在民主党与共和党两大阵营，由于能源利益诉求的不同，基于其各自利益的党派之争往往凌驾于国家利益之上。随着两党能源利益诉求"两极分化"现象的日益加深，驴象之争愈演愈烈，国会沦为两党能源利益博弈的竞技场。正如美国著名学者弗朗西斯·福山所说，"否定式民主"正在成为美国立法的特征，牵制了立法进程，严重危及美国政府整体的运作能力。

以旨在降低美国温室气体排放、减少美国对外国石油的依赖的《美国清洁能源和安全法案》为例，民主党希望依托该法案大力发展清洁能源产业，进而降低美国石油对外依存度、创造"绿色"就业、实现能源经济转型；而共和党则认为，该法案对美国企业二氧化碳等温室气体排放的限制严重损害了美国电力与能源企业的利益，不利于美国经济的健康持续发展。2009年6月26日，美国众议院以219票对212票的微弱多数通过该法案，其中，绝大多数赞成票来自奥巴马所属的民主党，投赞成票的共和党人只有8名。[①] 但由于民主党与共和党对该法案涉及的一些关键议题存在严重分歧，该法案暂时止步于参议院，最终没有成为法律。[②] 2010年7月，美国参议院多数派领袖哈利·里德宣布，由于无法凑够必要票数，参议院暂停了已运作近一年的《美国清洁能源和安全法案》立法，奥巴马政府积极倡导的向清洁能源经济转型的计划也不得不因此延缓。[③]

相比之下，就当美国驴象两党纠结于各自利益而迫使能源经济转型计划搁置之时，2010年中国旨在实现能源经济转型的"新兴能源产业发展

---

① Open Congress, *H. R. 2454 - American Clean Energy And Security Act of 2009 - Votes*（http://www.opencongress.org/bill/hr2454 - 111/votes）.

② Open Congress, *H. R. 2454 - American Clean Energy And Security Act of 2009 - Overview*（http://www.opencongress.org/bill/hr2454 - 111/show）.

③ 《美参议院搁置气候立法清洁能源竞赛中进美退》，2010年7月27日，凤凰网（http://finance.ifeng.com/news/hqcj/20100727/2446668.shtml）.

规划"已编制完毕，并于 2011 年 3 月上报国务院，[①] 该规划计划大力推动中国能源结构的优化与升级。由此可见，党派之间狭隘的利益之争使美国立法者忽略了国家整体的战略利益，由此导致的政策与立法缺失则成为危害美国能源安全、制约能源经济转型的重大阻碍。

此外，由于美国的民主党与共和党对客观能源利益的认知各有偏好，因此，民主党和共和党轮流执政的政治结构将会影响美国国际能源战略的稳定性。两党轮流执政对美国国际能源战略稳定性的具体影响主要表现在两个方面：第一是对发展清洁能源、开展清洁能源外交与合作的影响；第二是对国际能源战略实现途径与手段的影响。

共和党有着深厚的石油背景，其国际能源战略与对外能源政策均以获取稳定的石油资源为侧重点，并青睐使用强硬政策，善于在对外能源行为中使用武力。虽然，在小布什总统后期，小布什总统也提出了发展清洁能源、实现能源品种多元化的目标，推动了美国国际能源战略的完善与成熟，但从执行效果来看，国际清洁能源合作的执行力度不够、收效甚微。

民主党关注气候变化、清洁能源等问题，尤其是进入奥巴马政府以来，奥巴马总统期冀以清洁能源为引擎，实现美国经济的复兴，并大刀阔斧的开展清洁能源外交，在全球推销清洁能源理念、推广国际清洁能源合作、搭建清洁能源技术研发平台。在国际能源战略实现方式上，奥巴马政府主要依赖"巧实力"，除了传统的政治、经济、文化、军事干预之外，更多采用了国际合作的方式。美国的国际能源战略进入了内容全面均衡、手段刚柔并济的时代。

3. 利益集团与游说团体使美国能源政策与立法沦为金钱游戏

作为典型的代议制国家，美国众多的利益集团是除总统、政府官员、国会议员之外影响美国政治的重要力量，其在国会政治中的作用尤为突出。利益集团凭借其强大的经济实力，通过雇佣专业化的游说团体与政治捐款等方式将自身利益主张传达给决策者，进而对联邦政府的政策与法律施加影响，其在美国政治体系中的作用不可小觑。近些年来，利益集团与游说团体对美国政治体系的影响力不断增加，国家利益受到个别利益集团

---

① 《〈新兴能源产业发展规划〉上报国务院》，《经济参考》2011 年 3 月 16 日（http：//jjckb. xinhuanet. com/2011 - 03/16/content_ 294011. htm）。

利益的蚕食，一步一步沦为富人利益的代表。近期，英国《经济学人》
刊登了一篇名为《民主出了什么问题?》的文章，该文章指出："金钱在
美国历史中获得了前所未有的政治影响力"；福山也认为"金钱已经成为
美国政治体系中的王牌"，"最高法院认可企业利用雄厚的经济实力来支
持有利于自身经营的候选人和政策"①。当今的美国，平均每位国会议员
身边围绕着 20 余名受雇于各种利益集团的说客，② 他们源源不断地将少
数富人的利益诉求通过美国政治制度堂而皇之地变为国家利益，这不仅歪
曲了美国民主的初衷，也严重损害了美国的国家利益，将美国置于危险的
境地。

正是基于以上原因，美国能源利益集团及能源大企业以其自身利益为
出发点，通过游说与政治捐款左右能源立法，进而影响美国政府能源政策
的实施、约束能源经济转型计划的开展。以《2005 年综合能源法》为例，
美国的石油公司曾经通过雇佣游说团体成功地在该能源法中加入一项条
款，免除他们在墨西哥湾开采石油和天然气资源时需要向联邦政府支付的
特许税，这些石油公司因此节省了 70 亿—280 亿美元的支出。然而，特
许税的免除显然与美国的资源能源政策背道而驰，特许税是美国联邦政府
征收的资源税的一种，主要目的是限制石油企业对国内石油、天然气等资
源的过度开发，保护国内能源。再如，在国外一些大型制药公司的游说
下，共和党参议员皮特·多梅尼西成功地在该能源法案中增加了一项取消
美国限制高浓缩铀出口的修正条款。根据该修正案，美国允许每年向外国
制药公司出口 100 多磅武器级高浓缩铀，而这正是广岛原子弹的主要材
料。美国核管制学会高级政策分析家艾伦·库珀曼批评称："此修正案的
生效无疑增加了美国遭受恐怖分子核打击的风险，因为恐怖分子有了更多
机会窃取正在运输途中或者储存在外国制药公司的武器级高浓缩铀。"然
而，受聘于国外大型制药企业的游说团体则对多梅尼西议员宣称，之所以
向国外制药公司出口这些高浓缩铀，主要是由于美国国内没有能够生产医
用同位素铀的制药企业，而美国却存在大量需要治疗的患者，国外这些制

① 张维为：《西方的制度反思与中国的道路自信》，《实是》2014 年第 9 期。
② "What's gone wrong with democracy," *The Economist*, March 1, 2014（http://www.econo-mist.com/news/essays/21596796 - democracy-was-most-successful-political-idea - 20th - century-why-has-it-run-trouble-and-what-can-be-do）.

药企业将成为美国患者的福音。① 该修正案条款的生效则深刻地说明，在美国现有政治体系下，狭隘的商业利益可以通过合法途径击败"至高无上"的国家安全利益。

（四）"清洁能源"的能源战略愿景过于依赖政府的财政支持，缺乏市场动力

奥巴马政府以来，美国希冀以能源改革为契机复兴经济、摆脱金融危机。广泛开展清洁能源外交、大力发展清洁能源成为美国国际能源战略的重要内容之一，也必将对国际能源格局产生深远影响。

然而，从驱动力角度来看，大力发展清洁能源的战略愿景却缺乏内在的市场驱动力。奥巴马政府初期美国推广清洁能源外交的原因有二：其一，国际油价的高位运行、跌宕莫测，美国政府希望寻找替代能源的意愿十分强烈；其二，气候变化、全球变暖挑战人类生存环境。但是，由于清洁能源的利用和开发存在不确定性大、资金投入高、前景不明朗、回报周期长、应用不便利、使用价格高等缺点，这些缺点使得清洁能源的发展不具备市场竞争力，世界各国的投资者缺乏对清洁能源的投资信心和投资热情，缺乏自发的市场动力。因此，清洁能源外交与国际清洁能源合作严重依赖美国与其他政府出台的优惠政策，以及巨额的财政支出。据统计，在奥巴马政府的"救市计划"中，对清洁能源的直接投资和减免税收的金额高达 1000 亿美元；② 《2009 年美国清洁能源与安全法案》还计划向清洁能源发展领域投资约 1900 亿美元；此外，美国政府在清洁能源外交中与他国共同建立的清洁能源发展行动计划也需要巨额的政府投入。美国后届政府是否有能力，并且始终有意愿对清洁能源的发展进行长期、持续、大量投资？国会是否能够通过政府持续对清洁能源进行投资的提案？这些都是不确定的问题。因此，清洁能源外交及发展国际清洁能源合作的战略愿景受到缺乏市场推动机制的挑战。

---

① 《美专家：美新能源法是向恐怖分子送"大礼"》，2005 年 8 月 15 日，新华网（http://news. xinhuanet. com/world/2005－08/15/content_ 3354399. htm）。

② 马小宁：《重振"美国制造"的战略与政治考量》，《人民日报》2010 年 8 月 13 日。

（五）"能源独立"的战略目的过于理想化

美国的国际能源战略以实现"能源独立"为战略目的，该战略目的是受到冷战后美国国内的一度出现的"孤立主义"残余思想的影响而出现。但在全球化的时代，各个国家处于普遍的联系之中，国家之间在政治、经济等方面的相互依赖是不可避免的，国际交往、国际分工、国际合作是大势所趋，美国国内能源的稳定供给和能源安全也不可能仅仅依靠本国的力量而实现。因此，从这个意义上讲，美国国际能源战略中"能源独立"的战略目的过分理想化，其可行性深受质疑。

美国对能源独立的追求始于 20 世纪 70 年代的中东石油危机。第一次石油危机使美国政府充分认识到"进口石油依赖症"的巨大威胁，为此，以后历届美国总统均将实现"能源独立"作为一项重要的使命。近年来，随着美国离岸石油的开发、清洁能源开发技术的逐渐成熟，尤其是美国页岩油气等非常规油气资源的大规模商业化开采，美国的能源自给率不断提升，石油对外依存度由 2006 年 66.26% 的历史最高值下降至 2012 年的 57.32%，达到近十年的最低值;[①] 2011 年，美国首次成为成品油净出口国，且出口数量持续上升。这无疑为美国实现"能源独立"的目标奠定了坚实的物质基础，于是，国内外一些人认为美国"能源独立"的战略目的已经初步实现。然而，美国实现"能源独立"的道路依然布满荆棘，且即使美国已实现"能源独立"，美国经济的繁荣稳定、能源的稳定供给和能源安全依然无法依靠所谓的"能源独立"而实现。

从国内层面来讲，美国"能源独立"目的的实现受到重重阻碍。首先，美国能源高消费习惯不可能在短期内改变。"一栋房子、两辆车"是美国人所追逐的具体的"美国梦"。目前，超六成的美国人居住在自己的别墅中，在世界各国中比例最高；夫妇双方每人一辆车是美国中产阶级的

---

① 本书石油对外依存度的计算方法：石油对外依存度 =（原油及成品油进口量/原油及成品油消费量）*100%。2006 年，美国原油及成品油进口量与消费量分别为 1370.7 万桶/天与 2068.7 万桶/天，经计算，2006 年美国石油对外依存度为 66.26%；2012 年，美国原油及成品油进口量与消费量分别为 1059.8 万桶/天与 1849 万桶/天，经计算，2012 年美国石油对外依存度为 57.32%。所有数据来自美国能源部信息管理署（U. S. Energy Information Administration）官方网站，详见 http: //www.eia.gov/energyexplained/index.cfm? page = oil_ home。

"标准配置"。①"美国梦"看似美好,但"美国梦"的实现却是建立在能源高消费基础之上。2012年,在美国能源消费结构中,交通和居民生活能源消费量占美国能源消费总量的近五成,其中,交通领域的能源消费量占美国能源消费总量的28%,居民能源消费量则占21%。②尽管奥巴马总统下决心降低汽车能耗、提倡节能,但要改变美国人长期以来形成的能源高消费习惯却任重道远,美国能源消费强度依然居高不下,美国还是世界上数一数二的原油进口大国。其次,能源开发与能源保护、环境保护之间的矛盾影响"能源独立"目标的实现。以给美国"能源独立"带来极大信心的页岩油气资源为例,由于页岩油气资源在生产过程中耗水量较大,同时还存在污染地下水、引起地面下陷和引发地震等潜在次生灾害威胁,所以从一开始,页岩油气的开发就受到美国一些环保组织的严厉抵制;此外,对于增加美国国内石油产量的提案也一直受到美国能源保护、环境保护组织的强烈反对。

从国际层面来讲,"能源独立"并不一定能够确保美国的能源安全与经济繁荣。首先,美国是现有国际能源格局的既得利益者,享受着全球价格最低的石油和天然气资源,而当美国实现"能源独立"后却将面临更加复杂的局面。以天然气价格为例,在全球三大天然气市场中,北美市场的价格最低,而欧洲与亚洲市场的价格分别是北美市场的3倍和4.6倍之多,③而且这种差距随着美国页岩气产量的增长而持续扩大。如果美国实现"能源独立",并实现天然气出口之后,充足的天然气供给会大幅拉低欧洲与亚洲市场的天然气价格,其结果便是美国制造业将不再独自享受能源"洼地价格"带来的成本优势,取而代之的则是成本的上升、全球竞争力的下降,这势必会给美国经济带来一定的影响。但如果美国不对外出口天然气,则意味着美国放弃能源出口的巨额利

---

① 楚树龙:《解读习总书记关于外交战略的重要论述》,2014年1月17日,中共中央党校中国干部学习网(http://study.ccln.gov.cn/fenke/zhengzhixue/zzspjz/50681.shtml)。

② U. S. Energy Information Administration, *Use of Energy in the United States*: *Explained* (http://www.eia.gov/energyexplained/index.cfm? page = us_ energy_ use)。

③ 以2013年10月全球三大天然气市场的天然气价格为例,美国市场天然气现货约3.5美元/百万英热单位,欧洲市场天然气现货约为11—12美元/百万英热单位,亚洲市场的液化天然气价格则高达16美元/百万英热单位。《国际天然气市场"亚洲溢价"如何破解?》,2013年12月12日,新华网(http://news.xinhuanet.com/fortune/2013-12/12/c_118535382.htm)。

润，也意味着美国放弃了进一步操控全球能源市场的机会，这也是美国政府不愿看到的。其次，在经济全球化的时代，各个国家的经济联系日益紧密，国家之间在金融、贸易、投资等方面相互依赖的程度不断加深。因此，即便美国已经实现"能源独立"，但由于国际能源市场的分割状态，不同能源市场上价格波动对经济的负面效应也会通过美国的盟友与贸易伙伴传递给美国，进而波及美国经济，对美国经济产生或多或少的影响。

综上所述，根据对冷战后美国国际能源战略形成过程及特点的综述可以看出，美国是一个缺乏战略性思维的国家，其全面、系统的国际能源战略的形成与演变遵循"刺激—反应"的模型，是对内外界战略环境刺激做出应激反应的结果。随着国内外战略环境的恶化、美国国际能源战略实力的相对削弱，美国对外能源政策与实践不断充实、完善、系统化，从而形成了全面、系统性的国际能源战略。与此同时，受到美国战略文化中的保守主义、干涉主义，以及所谓"二元对立"、"自我中心"、"天定命运"的战略价值观的影响，冷战后美国国际能源战略的实施手段具有其独特性，主要表现为战略目的的理想主义、能源战略实施过程的漫长与复杂、战略手段的干涉主义等。虽然在奥巴马总统上任以来，美国政府高官在多种场合公开强调在对外行动中将采取"巧实力"，但对军事实力的强调依然在美国对外能源政策和实践中占据重要地位，是美国区别于其他国家的重要特点。实践表明，美国国际能源战略在维护美国能源安全、保障经济稳定等方面发挥了重要作用，并在一定程度上塑造了国际能源秩序、维护了美国在国际能源秩序中的主导地位，然而，在国际能源新环境下，由于美国战略文化、政治结构、历史传统等独特性，美国国际能源战略的弊端也愈发凸显。未来，美国国际能源战略应该如何调整依然是摆在美国政府面前的难题。

第二节　冷战后美国国际能源战略的技术性评估

一　冷战后美国能源进口的多元化程度评估——基于 HHA 方法的分析

HHA（Herfindahl-Hirschman Agiobenebo，HHA）分析法是在赫芬达尔—赫施曼指数（Herfindahl-Hirschman Index，HHI）分析方法的基础上

发展而来。HHI方法是用来衡量市场集中程度的经典方法，H指数又称为"多元化指数"，可以用来进行可靠性的度量，H指数越小表示多元化水平越高，可靠性越高。[①] 在能源进口分析中，H指数是指从单个能源进口国进口的能源量占该国当年能源进口总量的比重的平方和，具体定义方程式如下：

$$H = \sum_i S_i^2 \qquad\qquad (6—1)$$

其中，S_i 表示从第 i 个能源进口国进口的能源量占该国当年能源进口总量的比重。

HHA分析方法是以HHI分析法为基础改进而来，是衡量某种商品的市场占有率、某个国家进口商品多元化程度的重要指数之一，也用于某种进口商品供应可靠性的衡量。HHA指数与H指数的关系及HHA的定义公式如下：[②]

$$HHA = \frac{\sqrt{H}}{100} = \sqrt{\sum_i^n S_i^2} \qquad\qquad (6—2)$$

在能源进口多元化程度的分析中，式6—2中的 S_i 表示从第 i 个能源进口国进口的能源占该国当年能源进口总量的比重。多元化指数H和优化的多元化指数HHA均是用来表示能源（石油）进口来源多元化程度，其数值越小表明能源进口多元化程度越高、进口风险越分散。根据美国能源信息署提供的历年数据可以计算出美国某年从各主要石油进口国/地区进口的石油量占该年石油总进口量的比重（如图6-3所示），再应用公式（6—2）计算出冷战后美国石油进口多元化指数HHA，如图6-4所示。

---

① 张阿玲、王翠萍：《用H方法分析我的石油供应安全》，《中国软科学》2002年第11期。

② 魏一鸣、范英、韩智勇、吴刚：《中国能源报告（2006）：战略与政策研究》，科学出版社2006年版，第239页。

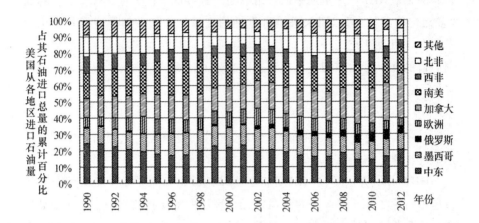

图 6 - 3　1990—2012 年美国从各石油进口国/地区进口的石油量
占石油进口总量的比重①

资料来源：U. S. Energy Information Administration, EIA, "Petroleum Statistics", *Oil: Crude and Petroleum Products Explained*（http: //www. eia. gov/energyexplained/index. cfm? page = oil_ home）.

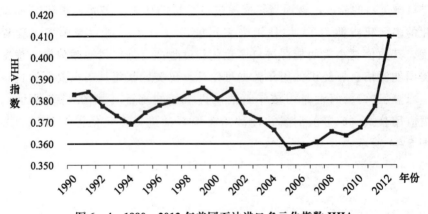

图 6 - 4　1990—2012 年美国石油进口多元化指数 HHA

　　从图 6 - 4 可以看出，从冷战结束后到 2010 年，美国石油进口多元化指数 HHA 总体呈现下降趋势，这说明在这一时期美国的石油进口多元化程度有所提高；然而从 2011 年起，美国石油进口多元化指数 HHA 大幅提升，石油进口多元化程度急速下降。出现这一现象并不是因为美国国际能

---

　　① 进口石油包括原油与成品油。

源战略出现了根本性调整，而是美国战略决策者根据国际、国内能源战略
环境的变化而对国际能源战略作出了应激性调整，这也体现了美国国际能
源战略"应激性"的特征。首先，从国际角度来讲，2011 年中旬利比亚
战争结束，中东地区暂时重回稳定，石油生产能力得以复原，国际石油
供应恢复正常，国际石油供应短缺危机终止，美国从该地区进口石油的
数量也自然随之增加；其次，从国内角度来讲，由于国内非传统油气资
源与海上油气资源的大规模开发，美国能源自给能力大幅提升。与此同
时，能效的提高、非常规油气资源与清洁能源的商业性开发，使美国能
源消费结构得以优化，减少了美国对石油资源的依赖。基于以上两方面
的因素，美国国际能源战略决策者对"进口能源多元化"的关注程度
有所下降。

二　冷战后美国能源进口风险（R）的评估

石油进口多元性分析的 H 分析法或 HHA 分析方法都有一个前提假
设：即假设从各个能源出口国进口能源的风险是相同的，但实际上由于
石油进口来源地区/来源国的特殊性，某个国家从每个石油出口地区/国
家进口石油资源的风险是具有差异性的。因此，石油进口多元化指数 H
和优化的多元化指数 HHA 并不能准确衡量石油进口的风险程度。为了
解决之一问题，魏一鸣等在进行能源进口风险评估中，将风险权系数 ω
引入到了 HHA 分析方法中，借助这样的优化，可以构建出基于 HHA
分析方法计算某个国家能源进口风险指数 R 的方法，进而可以用能源
进口风险指数 R 来衡量某个国家能源进口风险程度，[①] 具体计算公式如
下：

$$R = \sqrt{\sum_i^n \omega_i^2 S_i^2} \qquad (6—3)$$

其中，R 表示能源进口风险指数，ω_i 表示第 i 个能源进口国的风险权
系数。

对于风险权系数 ω 的确定，魏一鸣等学者的具体方法如下：首先通

① 魏一鸣、范英、韩智勇、吴刚：《中国能源报告（2006）：战略与政策研究》，科学出版
社 2006 年版，第 240 页。

过层次分析法建立石油进口风险评价的指标体系;[①] 其次采用专家赋值法为指标体系中每项因素赋予权重;最后,通过加权计算得出各主要能源进口国石油进口风险权系数。其中,美国石油进口风险权系数 ω 如表 6-4 所示。鉴于石油进口风险权系数在一段时期内具有一定的稳定性,因此,本书对美国石油进口风险指数的计算将基于表 6-4 中的风险权系数。

表 6-4　　　　　　　　美国石油进口风险权系数[②]

	中东	墨西哥	俄罗斯	北非	西非	加拿大	南美	欧洲	其他
风险权系数	0.079	0.083	0.143	0.195	0.122	0.019	0.028	0.069	0.063

资料来源:魏一鸣、范英、韩智勇、吴刚:《中国能源报告(2006):战略与政策研究》,科学出版社 2006 年版,第 241 页。

结合图 6-1 美国某年从各主要石油进口国/地区进口的石油量占该年石油总进口量的比重和表 6-4 的风险权系数,可得出冷战后历年美国石油进口风险指数(请见图 6-5)。

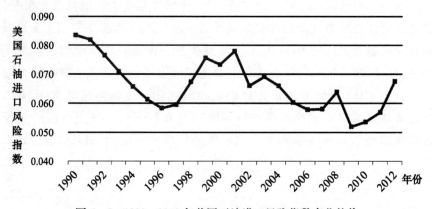

图 6-5　1990—2012 年美国石油进口风险指数变化趋势

① 魏一鸣等(2006)建立的"确定石油进口风险权系数"的指标体系包括五个层面的因素,分别是区域因素、经济因素、运输因素、政治因素和多元化因素。每个因素下又包括 3—5 个子因素。请参见魏一鸣、范英、韩智勇、吴刚《中国能源报告(2006):战略与政策研究》,科学出版社 2006 年版,第 240—241 页。
② 魏一鸣、范英、韩智勇、吴刚:《中国能源报告(2006):战略与政策研究》,科学出版社 2006 年版,第 241 页。

从图 6-5 可以看出，总体上从冷战结束后至今美国石油进口的风险指数整体呈现下降趋势，这说明在这期间美国能源多元化水平有所提高，石油进口风险大幅下降，美国的国际能源战略在保障进口石油安全方面具有一定的有效性。但在这期间，美国石油进口风险指数出现两次峰值，第一次出现在克林顿政府后期，第二次出现在奥巴马政府第二任期初期。

从克林顿政府后期开始，美国石油进口的风险指数突然攀升，究其原因这是由美国当时所面临的国内外能源环境及国内执政的民主党对传统能源的态度共同决定的。首先，由于国际能源市场供大于求，且美国在国际能源市场上占据相对主导地位，克林顿政府忽视了对国际能源政策的制定和实施；其次，支持当时执政民主党的利益集团并不热衷于传统能源产业，因此，国内石油产业发展缓慢，石油产量下降，对外依存度再度提高；再次，由于克林顿政府打着"新干涉主义"的旗号对重要产油地区/产油国进行干预，使得这些产油地区/产油国反美情绪高涨，进一步恶化了他们对美国的石油供给，这些因素共同导致了自 1997—2001 年美国石油进口风险出现攀升的状况。在小布什政府时期，由于国际能源环境进一步恶化，国际石油价格高位运行，小布什总统积极致力于能源来源多元化政策，拓展石油进口来源，适度增加从美洲、中亚—里海地区、非洲等地区进口石油的数量，并采用政治、经济、外交和军事手段对主要石油进口地区/进口国进行干涉。总的看来，小布什政府一系列对外能源政策起到了一定的效果。在此期间，美国的石油进口风险指数震荡下降，石油进口风险有所下降。当美国迎来第一位非裔总统时，奥巴马总统在国内鼓励发展替代能源、在国际大力推行能源"巧外交"的做法进一步改善了美国的石油进口状况。2009 年，美国石油进口风险指数下降至 1990 年以来的最低值 0.052。此外，从图 6-2 也可以看出，美国进一步减少了从高风险地区进口石油的数量、适度增加了从低风险地区进口石油的数量，石油进口的多元化水平逐步优化。

奥巴马总统第二任期的初期再次出现了石油进口风险指数的高峰。但综合看来，这次高峰与克林顿政府初期的情况完全不同，其并不意味着美国进口石油安全受到实质性威胁，而是美国能源战略调整的结果。自奥巴马政府以来，美国国内的能源生产与消费状况发生了明显的变化。第一，从能源生产角度来讲，美国本土能源供给能力强劲提高，这主要得益于非常规油气资源（尤其是页岩油气与致密油）的规模化生产、清洁能源的开发与海上油气资源的开采，美国对进口油气资源的依赖程度明显下降（如图 6 - 6 所示）；第二，从能源消费角度来讲（如图 1 - 3 所示），随着能源利用效率的提高、新能源的开发，美国的石油消费量稳步下降，石油供需缺口进一步收窄；相比之下，天然气、核能、水电与其他可再生能源的消费量逐步提升，美国能源消费结构得以改善。由此可见，在奥巴马第二任期内，美国对进口石油的依赖程度下降，进口石油对美国能源安全的威胁程度也在逐步降低。因此，尽管 2012 年美国从"石油进口风险权系数"较高的国家和地区进口石油的比例与实际数量均出现较大幅度增加，致使美国出现了石油进口风险指数的小高峰，但随着美国国内石油生产能力的提高、能源消费结构的优化、进口石油总量逐年下降，美国能源安全并因此未受到实质性挑战，反而进一步彰显了美国在能源领域的战略自信。

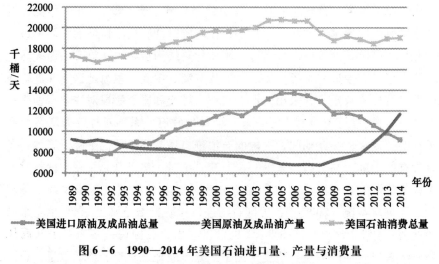

图 6 - 6 1990—2014 年美国石油进口量、产量与消费量

资料来源：U. S. Energy Information Administration，EIA，*U. S. Imports of Crude Oil and Petroleum Products*（http：//www. eia. gov/dnav/pet/hist/LeafHandler. ashx？n = PET&s = MTTIMUS2&f = A）；*Supply and Disposition*（http：//www. eia. gov/dnav/pet/pet_ sum_ snd_ d_ nus_ mbblpd_ a_ cur. htm）；"International Energy Statistics，"*Petroleum Consumption*（http：//www. eia. gov/cfapps/ipdbproject/iedindex3. cfm？tid = 5&pid = 5&aid = 2&cid = US，&syid = 1989&eyid = 2012&unit = TBPD）.

综上所述，经过冷战后美国石油进口风险的评估，可以得出这样的结论：冷战后，美国的国际能源战略与政策在推动美国石油进口多元化、降低美国石油进口风险方面是有效的，但由于两党轮流执政带来的战略与政策的中断，使得美国国际能源战略与政策的效果存在周期性的波动。

三　冷战后美国国际能源战略对美国经济影响的定量评估

保障美国进口能源的稳定供给，尤其是进口石油资源稳定供给，是冷战后美国国际能源战略重要目的之一，也是保障美国国内经济发展的关键因素。鉴于石油资源在美国国际能源战略中的重要地位，本书将用"美国石油进口量与美国实际 GDP 的关系"来评估"冷战后美国国际能源战略与美国经济增长的关系"。为此，本节将首先验证美国"实际 GDP"和"石油进口量"两组时间序列变量之间是否存在相关关系，再对两组变量进行因果关系检验，进而判断"石油进口量增加"和"经济增长"之间孰因孰果，最后得出"美国经济增长是否是进口石油拉动型？"的判断。

（一）相关性分析

为了进行因果关系检验，要首先证明美国"实际 GDP"（Y）与"石油进口量"（X）两组时间序列数据具有相关性。根据美国商务部与能源部提供的数据，1990—2013 年美国经济增长（实际 GDP）数据及 1990—2013 年美国进口原油及成品油数据如表 6-5、表 6-6 所示。

表 6-5　　　　1990—2013 年美国经济增长（实际 GDP）
（单位：十亿美元，以现值美元为基准）

年份	GDP	年份	GDP	年份	GDP
1990	5979.6	1998	9089.1	2006	13857.9
1991	6174.0	1999	9665.7	2007	14480.3
1992	6539.3	2000	10289.7	2008	14720.3
1993	6878.7	2001	10625.3	2009	14417.9
1994	7308.7	2002	10980.2	2010	14958.3
1995	7664.0	2003	11512.2	2011	15533.8
1996	8100.2	2004	12277.0	2012	16244.6
1997	8608.5	2005	13095.4	2013	16803.0

资料来源：Bureau of Economic Analysis, U. S Department of Commerce, "Gross Domestic Product," *National Economic Accounts*, 2014（http://www.bea.gov/national/xls/gdplev.xls）.

表 6 - 6　　　　　　　1990—2013 年美国原油及成品油进口量

年份	进口量	年份	进口量	年份	进口量
1990	8018	1998	10708	2006	13707
1991	7627	1999	10852	2007	13468
1992	7888	2000	11459	2008	12915
1993	8620	2001	11871	2009	11691
1994	8996	2002	11530	2010	11793
1995	8835	2003	12264	2011	11436
1996	9478	2004	13145	2012	10598
1997	10162	2005	13714	2013	9794

资料来源：U. S. Energy Information Administration, EIA, "U. S. Imports of Crude oil and Petroleum Products," "Oil: Crude and Petroleum Products Explained," *Energy Explained* (http: //www. eia. gov/dnav/pet/hist/LeafHandler. ashx? n = PET&s = MTTIMUS2&f = A).

　　根据表 6 - 5 和表 6 - 6 中的数据可以得出 1990—2013 年美国实际 GDP 与石油进口量的变动趋势，如图 6 - 7 所示。

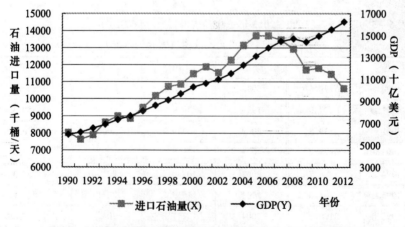

图 6 - 7　1990—2013 年美国实际 GDP （Y）与进口石油量
（X）之间的变动趋势

　　从"1990—2013 年美国实际 GDP 与进口石油量之间的变动趋势"

（见图 6 - 7）可以看出，1990—2010 年，美国实际 GDP 与美国进口石油量大体呈现同向变动趋势，但从 2011 年开始，美国实际 GDP 与美国进口石油量却开始呈现反向变动趋势。由此可以初步猜测 1990—2010 年间美国实际 GDP 与美国进口石油量可能存在正相关关系，但由于 2010 年后只有 3 年的数据，无法形成两者为负相关关系的猜测。

　　在统计学领域，可以用散点图来初步观察两个变量之间的相关关系。散点图坐标中的每一个点由一个变量在横坐标轴上的值与另一个变量在纵坐标轴上的值的交叉点（x，y）来表示。1990—2010 年美国石油进口量（X）与美国实际 GDP（Y）之间的散点图如图 6 - 8 所示。从散点图透露的两个变量的变化趋势可以看出，所有的点大体聚集在某一条直线附近，这表明美国的石油进口量与实际 GDP 之间呈现线性关系；与此同时，两个变量的变动方向一致，因此，这表明美国的石油进口量与 GDP 之间是正相关的关系。

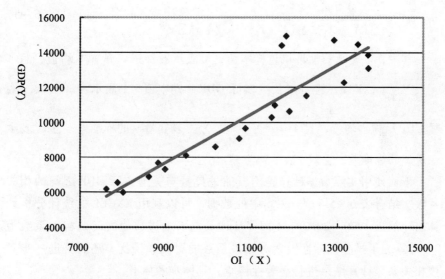

图 6 - 8　美国进口量与实际 GDP 的相关关系散点图、趋势图

　　散点图可以直观地观察两个变量之间的相关关系，并从趋势曲线图中可以初步判断两个变量之间呈现直线回归关系。而一些统计量还可以更加精确地描述两个变量之间的相关关系，皮尔森相关系数就是这样的统计量。皮尔森相关系数是由英国统计学家卡尔·皮尔森首先提出的，也称为简单相关系数，可以准确地衡量变量间相关关系的相关方向和相关密切程度。[①]

皮尔森相关系数是描绘两组变量线性相关程度的统计学指标，一般用 p 来表示变量总体的皮尔森相关系数，用 r 来表示用某一个样本估计的总体皮尔森相关系数。r 的取值范围在 -1 到 1 之间，$r > 0$ 表示正相关、$r < 0$ 表示负相关，$|r|$ 越大表明两组变量的相关程度越高，$|r| = 0$ 表示两组变量之间存在确定的线性函数关系。一般情况下，如 $|r| \geq 0.7$ 则可以认定两组变量之间存在较为密切的相关关系。[②] 在本书中，用 r 来表示美国"经济增长"与"石油进口量"之间的相关关系，以此为依据判断两组变量之间是否存在相关关系。总体皮尔森相关系数 ρ 和样本估计的总体皮尔森相关系数 r 的计算公式如下：

$$\rho = \frac{E\left[X - E(X)\right]\left[Y - E(Y)\right]}{\sqrt{D(X)}\sqrt{D(Y)}} \tag{6—4}$$

$$r = \frac{\sum (X_i - \bar{X})(Y - \bar{Y_i})}{\sqrt{\sum (X_i - X_i)^2 \sum (Y - Y_i)^2}} = \frac{\sum x_i y_i}{\sqrt{\sum x_i^2 \sum y_i^2}} \tag{6—5}$$

其中，X 表示石油进口量样本值，$\bar{X}$ 表示石油进口量样本均值，且 $\bar{X} = \frac{1}{n}\sum_{i=1}^{n} x_i$，$Y$ 表示经济增长（实际 GDP）样本值，$\bar{Y}$ 表示经济增长（实际 GDP）样本均值，且 $\bar{Y} = \frac{1}{n}\sum_{i=1}^{n} y_i$，$\sum y^2$ 表变量 y 的标准差，$\sum x^2$ 表示变量 x 的标准差，$\sum x_i y_i$ 表示协方差。

下面使用实际数据计算美国石油进口量与美国实际 GDP 之间的相关系数。结合表 6-5 和表 6-6 中的数据，可以利用 EXCEL 的统计分析计算出冷战后 1990—2010 年美国经济增长与石油进口量之间的相关系数为 0.914。为了排除偶然性因素对相关系数的影响和干扰，还需要进一步对该相关系数计算结果进行显著性检验，具体步骤如下。

---

① 陆菊春：《应用统计学》，武汉大学出版社 2007 年版，第 171 页。

② 高祥宝、董寒青：《数据分析与 SPSS 应用》，清华大学出版社 2007 年版，第 198 页；周康：《美国在中亚—里海地区的能源政策研究》，硕士学位论文，兰州大学，2010 年，第 12 页。

（1）建立假设：假设总体的相关系数为 ρ

原假设：相关关系不显著，即 H_0：$\rho = 0$；

备选假设：相关关系显著，即 H_1：$\rho \neq 0$。

（2）构造统计量：

$$T = \frac{r-0}{\sqrt{\dfrac{1-r^2}{n-2}}} \sim t\,(n-2)$$

（3）给出显著水平 $\alpha = 0.05$，查表求得自由度为 $(n-2)$ 的临界值 $t_{\frac{\alpha}{2}}$；

（4）统计推断：

如果 $|T| > t_{\frac{\alpha}{2}}$，则拒绝 H_0，接受 H_1，说明相关关系显著；

如果 $|T| \leq t_{\frac{\alpha}{2}}$，则接受 H_0，说明无相关关系。

通过计算可知：$T = \dfrac{0.914 - 0}{\sqrt{\dfrac{1 - 0.914^2}{21 - 2}}} = 9.798$，

此时，自由度为 $n - 2 = 19$，所以查 t 分布表可知：$t_{\frac{\alpha}{2}} = t_{0.025} = 2.093$。[①]

由此可知，$|T| = 9.798 > t_{\frac{\alpha}{2}} = 2.093$，所以拒绝原假设 H_0：$\rho = 0$，则说明美国的 GDP 增长同石油进口量的相关关系显著。

根据以上的计算，美国的"实际 GDP"（Y）与"石油进口量"（X）两组变量的皮尔森相关系数为 0.914，说明这两组变量之间的确存在非常显著的相关关系。然而，这样的结论也只能够说明两组变量之间存在较为密切的线性相关关系，并不能够说明美国"经济增长"与"石油进口量"之间一定存在因果关系，也不能具体表明两个变量之间具体的函数关系。因此，下一步还有两个问题需要进一步验证，即：美国"实际 GDP"（Y）与"石油进口量"（X）之间是否存在因果关系？如果两者存在因果关系的话，"石油进口量"是否是实际 GDP 的原因？为此，下面将对实际 GDP 和"石油进口量"这两个变量进行因果分析，并通过回归方式进一步证明两个变量间的具体函数关系，以此判断美国经济增长是否为"进口石油拉动型"。

---

① "t 分布表"，请见陆菊春《应用统计学》，武汉大学出版社 2007 年版，第 339 页。

（二）格兰杰因果关系（Granger Causality）分析

通过上文的相关性分析可以得出，美国"实际 GDP"（Y）与"石油进口量"（X）之间存在相关关系，但是究竟是"石油进口量增长是经济增长的原因"，还是"经济增长是石油进口增长的原因"仍有待证明，为此需要引入因果分析。能源经济领域中应用最为广泛的因果关系检验方法是 Granger 因果关系检验方法。Granger 因果关系的概念由英国著名的计量经济学家克莱夫·格兰杰于 1969 年提出。Granger 因果检验主要是利用变量的历史数据来更加精确、客观地评估各个宏观经济变量间的相关关系。[1] 后来，各国学者将 Granger 因果关系检验方法引入到了能源经济的研究领域。1978 年，美国学者应用该方法对美国的能源经济进行了实证研究，发现了美国的 GDP 对其国内能源消费的因果关系，[2] 之后各国学者纷纷效仿这种实证研究方法，Granger 因果关系检验方法逐渐成为能源经济领域研究的主流方法。

Granger 因果关系检验方法的主要思路是：在有两组经济变量 X 和 Y，且包含 X 和 Y 历史数据的条件下，如果同时用 X 和 Y 的历史数据对 Y 进行预测，要比只用 Y 的历史数据预测的效果更好，即如果变量 X 的历史数据可以提高对变量 Y 预测的准确性，则可以认为 X 是 Y 的原因，[3] 并称 X 是 Y 的"格兰杰原因"。

但是能源经济领域的时间序列数据大多具有非平稳性、非线性的特征。时间序列数据的非平稳性会直接导致用普通的最小二乘法（OLS）进行格兰杰因果分析时出现"伪回归"，[4] 出现不真实的因果关系；而非线

---

① Clive W. J. Granger, "Investigating Causal Relations by Econometric Models and Cross-Spectral Model," *Econometrica*, Volum 37, 1969, pp. 424 – 438; Eric Ghysels, Norman R. Swanson and Mark W. Watson eds, *Essays in Econometrics: Collected Papers of Clive W. J. Granger*, Volume Ⅰ & Ⅱ, Cambridge: Cambridge University Press 2011; [英] 克莱夫·W. J. 格兰杰等著、[美] 艾瑞克·吉塞尔等主编：《格兰杰计量经济学文集（第一卷）——谱分析、季节性、非线性、方法论和预测》，朱小斌等译，上海财经大学出版社 2007 年版，第 288—289 页；张明玉：《小样本因果关系检测模型及其在宏观经济分析中的应用》，《系统工程理论与实践》1999 年第 11 期。

② Kraft J and Kraft A, "On the Relationship between Energy and GNP," *Energy Development*, Volum 3, 1978, pp. 401 – 403, 转引自魏一鸣、范英、韩智勇、吴刚《中国能源报告（2006）：战略与政策研究》，科学出版社 2006 年版，第 31 页。

③ 魏一鸣、范英、韩智勇、吴刚：《中国能源报告（2006）：战略与政策研究》，科学出版社 2006 年版，第 33 页；[德] 赫尔穆德·鲁兹波尔、马库斯·莱克茨希编：《应用时间序列计量经济学》，易行健等译，机械工业出版社 2008 年版，第 113 页。

④ 卢万青、沈培喜：《格兰杰因果检验在我国经济周期中的应用》，《统计研究》2002 年第 2 期。

性的特征则会导致线性向量自回归模型出现不准确的现象。[①] 因此，两组能源经济领域的时间序列数据变量在做格兰杰因果关系检验分析之前，应该先做平稳性检验，主要采用 ADF 检验方法；如果两组时间序列数据变量具有平稳性，则直接进行格兰杰因果检验，如果不具平稳性，则需要对两组时间序列数据变量通过 d 阶差分来进行协整性检验[②]，如果经过 d 阶差分的时间序列数据变量最终具有平稳性，说明该时间序列数据变量具有协整性，则可以继续进行格兰杰因果关系检验，如果不具备协整性，则不能再继续进行格兰杰因果关系检验，格兰杰因果关系检验至此结束。具体检验过程如图 6 - 9 所示。

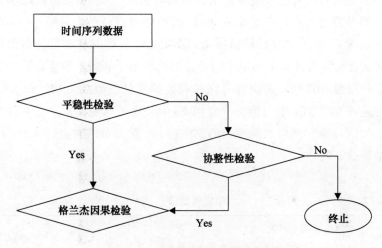

图 6 - 9　格兰杰因果关系检验过程

下面将借助计量经济学 EViews 6.0 统计软件，分三步对美国 GDP 与

---

①　E. Baek and W. A. Brock. A, *A General Test for Non-Liner Granger Causality：Bivariable Model*, Madison：University of Wisconsin, 1991, pp. 230 - 279, 转引自朱鲩华、贺红波《Granger 因果分析模型研究进展》，《广东行政学院学报》2007 年第 2 期。

②　两组时间序列数据变量之间协整性是指：虽然随机游走的两组时间序列变量存在不同的长期波动规律，但其变化趋势之间具有长期稳定关系。协整性的检验方法就如下：首先，对时间序列变量进行平稳性分析，即对时间序列变量进行 d 阶差分，如果经过 d 次差分后两组时间序列变量具有平稳性特性，则此两组时间序列称为 d 阶单整序列；其次，进行最小二乘法（OLS）对两组时间序列进行协整回归，得到协整回归方程；最后，通过判断协整回归方程的残差进行 ADF 检验，判断其具有平稳性，则说明两组时间序列数据变量之间具有协整性。请参见魏一鸣、范英、韩智勇、吴刚《中国能源报告（2006）：战略与政策研究》，科学出版社 2006 年版，第 32 页。

"石油进口量"两组时间序列数据变量进行格兰杰因果关系检验。

第一，基于 ADF 方法对美国实际国内生产总值（GDP）和石油进口量（EI）两组时间序列数据变量进行平稳性检验。

单位根检验（Unit Root Test）是非平稳时间序列数据变量研究的基础，最常用的检验方法是 ADF 检验。该方法的原型最初是迪克和富勒于1976 年提出的 DF 检验（Dickey-Fuller，DF），后来经过优化，发展成为增加了滞后项的"增广 DF 检验"，即 ADF 检验方法。[①] ADF 检验的原理为：如果被检验的时间序列中存在单位根，那么该时间序列就不具有平稳性，有可能会使回归分析中出现伪回归。

ADF 检验方法有三个基本模型，即有常数项（c）（也称截距项、漂移项）有趋势项（t）、有常数项（c）无趋势项（t）、无常数项（c）无趋势项（t）。[②] 本书将按照检验形式"由繁到简"的方式进行，当各种检验形式在任何滞后阶数下均不平稳后，再把检验序列的 n 阶差分形式进行检验，并依据 AIC 原则确定各时间序列数据变量的滞后阶数，即 AIC 最小且变量残差不存在序列相关。应用 EViews 软件对美国的"实际 GDP"和"石油进口量"两组时间序列的原序列、一阶差分序列进行 ADF 检验，输出结果如下表。

表 6-7　　　　　　　　平稳性检验

序列	检验形式 (c, t, m)	ADF 检验值	1% 显著水平	5% 显著水平	10% 显著水平	P 值	结论
GDP	(c, t, 1)	-2.8941	-4.5326	-3.6736	-3.2774	0.1856	不平稳
GDP	(c, 0, 1)	-0.3369	-3.8315	-3.0300	-2.6552	0.9018	不平稳
GDP	(0, 0, 2)	3.1638	-2.6998	-1.9614	-1.6066	0.9988	不平稳
△GDP	(c, t, 4)	-4.9103	-4.7284	-3.7597	-3.3250	0.0074	平稳**
EI	(c, t, 1)	-1.1252	-4.5326	-3.6736	-3.2774	0.8972	不平稳
EI	(c, 0, 1)	-2.0299	-3.8315	-3.0230	-2.6552	0.2726	不平稳

① 魏一鸣、范英、韩智勇、吴刚：《中国能源报告（2006）：战略与政策研究》，科学出版社 2006 年版，第 32 页。

② 聂巧平、张晓峒：《ADF 单位根检验中联合检验 F 统计量研究》，《统计研究》2007 年第2 期。

续表

序列	检验形式 (c, t, m)	ADF 检验值	1% 显著水平	5% 显著水平	10% 显著水平	P 值	结论
EI	(0, 0, 1)	0.8059	-2.6924	-1.9602	-1.6071	0.8781	不平稳
△EI	(c, t, 0)	-3.5089	-4.5326	-3.6736	-3.2774	0.0671	平稳＊

c 表示截距项，t 表示趋势项，m 表示滞后阶数；△表示变量的一阶差分；＊＊、＊分别表示在 1% 和 10% 的显著水平下拒绝不平稳假设；此表中的单位根检验的显著性水平 1%、5% 和 10% 的临界值采用的是 MacKinnon（1996）的协整检验临界值。

由 EViews 的输出结果可知，在 10% 的显著水平下，美国"实际GDP"和"石油进口量"两组时间序列数据变量均不能拒绝有一个单位根的假设，所以美国的"实际 GDP"和"石油进口量"两组时间序列数据变量均为非平稳序列。而通过对这两组变量进行一阶差分的 ADF 检验表明，美国"实际 GDP"和"石油进口量"在 10% 的显著水平下都拒绝了有单位根的假设，所以这两组变量均是一阶单整 [Intergrated of 1，I(1)] 序列。由于两组时间序列数据具有相同的单整阶数，所以下面可以对两个时间序列数据变量进行协整性检验。

第二，因两组时间序列均是单整序列，所以对其再进行协整性检验。协整性检验有两种常用的方法，一是 EG 两步法，即对两组时间序列数据变量进行回归，再将回归得到的残差进行 ADF 平稳性检验；二是 Johansen 和 Juselius（JJ）的似然检验法。[①] 本书采用第一种方法对美国"实际GDP"和"石油进口量"这两组时间序列数据变量进行协整性检验。

首先建立美国"实际 GDP"和"石油进口量"之间的协整方程，

$$GDP_t = \alpha + \beta \cdot EI_t + \varepsilon_t \tag{6—6}$$

然后用 OLS 方法对方程（6—6）进行回归估计，得出两组时间序列变量的协整回归方程：

$$GDP_t = 1.403928EI_t - 4948.27 + \varepsilon_t \tag{6—7}$$

---

① Johansen S. , "Identifying restrictions of linear equations with applications to simultaneous equations and cointegration," *Journal of Econometrics*, 1995, Vol. 69; Engle R. F and Granger C. W. J, "Cointergration and error correction: representation, estimation and testing," *Economerica*, 1987, Vol. 55, No. 2, 转引自钟志威、雷钦礼《Johansen 和 Juselius 协整检验中应注意的几个问题》，《统计与信息论坛》2008 年第 10 期。

$(t = 9.851)$　　$(t = -3.137)$

$R^2 = 0.836$　$F = 97.041$　$S.E. = 1276.395$

从而可以得出 1990—2010 年美国"实际 GDP"与"石油进口量"之间的协整方程拟合及残差图，如图 6 - 10 所示。

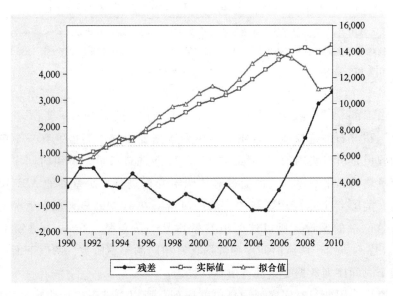

图 6 - 10　1990—2010 年美国实际 GDP 与石油进口量 EI 间的协整方程拟合及残差

最后再用 ADF 法对残差进行检验，协整回归方程 ADF 检验结果如表 6 - 8 所示。

表 6 - 8　　　　　1990—2010 年美国实际 GDP 与石油进口量协整方程残差 ADF 检验结果

检验形式 (c, t, m)	ADF 检验值	1% 显著水平	5% 显著水平	10% 显著水平	P 值	结论
(c, t, 6)	- 5.1374	- 4.9923	- 3.8753	- 3.3883	0.0081	平稳＊＊
(c, 0, 1)	- 3.6545	- 3.8868	- 3.0522	- 2.6666	0.0158	平稳＊
(0, 0, 0)	- 3.5148	- 2.6998	- 1.9614	- 1.6066	0.0015	平稳＊＊

注：c 表示截距项，t 表示趋势项，m 表示滞后阶数；＊＊、＊分别表示在 1% 和 5% 的显著水平下拒绝不平稳假设；此表中的单位根检验的显著性水平 1%、5% 和 10% 的临界值采用的是 MacKinnon（1996）的协整检验临界值。

由于美国"实际 GDP"和"石油进口量"两组时间序列数据变量在 1% 和 5% 的显著水平下通过了协整性检验，所以下面可以进一步进行因果分析。

第三，对美国"实际 GDP"与"石油进口量"两组时间序列数据变量进行格兰杰因果分析，进而判断两者的因果关系。根据 Granger 因果检验的定义建立因果关系分析模型，并假设随机误差项 μ_t 和 ν_t 不相关。

$$GDP_t = \alpha + \sum_{i=1}^{m} a_i GDP_{t-i} + \sum_{i=1}^{m} b_i EI_{t-i} + \mu_t$$

$$EI_t = \beta + \sum_{i=1}^{m} c_i EI_{t-i} + \sum_{i=1}^{m} d_i GDP_{t-i} + \nu_t \qquad (6—8)$$

在检验过程中，分别以"美国石油进口量（EI）不是实际 GDP 的 Granger 原因"，即以 $b_1 = b_2 = \cdots = b_m = 0$，和"实际 GDP 不是石油进口量（EI）的 Granger 原因"，即 $d_1 = d_2 = \cdots = d_m = 0$ 为零假设进行 Granger 因果关系检验。但是，由于美国实际 GDP 和石油进口量 EI 均是一阶单整序列，要经过一阶差分后才是平稳序列，因此，这里只能对 $\triangle GDP$（GDP 的一阶差分）和 $\triangle EI$（EI 的一阶差分）进行 Granger 因果检验。检验结果如表 6 – 9 所示。

表 6 – 9　　　　　1990—2010 年美国实际 GDP 与石油进口量 EI
多个滞后阶数的 Granger 因果关系检验结果[1]

零假设：$\triangle GDP$ 不是 $\triangle EI$ 的 Granger 原因				零假设：$\triangle EI$ 不是 $\triangle GDP$ 的 Granger 原因			
滞后阶数	F 值	P 值	结论	滞后阶数	F 值	P 值	结论
1	2.3099	0.1469	不能拒绝零假设	1	5.5436	0.0308	拒绝零假设 * *
2	0.1543	0.8585	不能拒绝零假设	2	1.1424	0.3471	不能拒绝零假设
3	5.8762	0.0120	拒绝零假设 * *	3	1.5056	0.2674	不能拒绝零假设
4	5.0537	0.0250	拒绝零假设 * *	4	1.4363	0.3066	不能拒绝零假设
5	4.6428	0.0587	拒绝零假设 *	5	2.9509	0.1300	不能拒绝零假设
6	22.0185	0.0441	拒绝零假设 * *	6	1.6330	0.4272	不能拒绝零假设

* *、* 分别表示在 5% 和 10% 的显著水平下拒绝零假设；$\triangle GDP$ 表示 GDP 的一阶差分、$\triangle EI$ 表示石油进口量 EI 的一阶差分。

---

[1]　由于美国实际 GDP 和进口石油量 EI 均是一阶单整序列，要经过一阶差分后才是平稳序列，因此，这里只能对 $\triangle GDP$（GDP 的一阶差分）和 $\triangle EI$（EI 的一阶差分）进行 Granger 因果检验。

通过 EViews 6.0 软件的 Granger 因果关系分析可知，当滞后阶数在 1—6 之间时 Granger 因果分析才有意义。

（1）当滞后阶数为 1 时，能够在 5% 的显著水平下拒绝"$\triangle EI$ 不是 $\triangle GDP$ 的 Granger 原因"，即存在由 $\triangle EI$ 到 $\triangle GDP$ 的单向 Granger 因果关系，表明"石油进口量是美国实际 GDP 的 Granger 原因"；但不能拒绝"$\triangle GDP$ 不是 $\triangle EI$ 的 Granger 原因"，即不存在由 $\triangle GDP$ 到 $\triangle EI$ 的单向 Granger 因果关系，表明"美国实际 GDP 不是石油进口量的 Granger 原因"。

（2）当滞后阶数为 2 时，$\triangle GDP$ 和 $\triangle EI$ 的双向 Granger 因果关系均不显著。

（3）当滞后阶数为 3、4、5 和 6 时，分别能够在 5% 和 10% 的显著水平下拒绝"$\triangle GDP$ 不是 $\triangle EI$ 的 Granger 原因"，即存在由 $\triangle GDP$ 到 $\triangle EI$ 的单向 Granger 因果关系，表明"美国实际 GDP 是石油进口量的 Granger 原因"；但不能拒绝"$\triangle EI$ 不是 $\triangle GDP$ 的 Granger 原因"，即不存在由 $\triangle EI$ 到 $\triangle GDP$ 的单向 Granger 因果关系，表明"石油进口量不是美国实际 GDP 的原因"。

根据以上的分析，综合看来可以得出这样的结论：在 5% 和 10% 的显著水平下存在由 $\triangle GDP$ 到 $\triangle EI$ 的单向 Granger 因果关系，即"美国实际 GDP 是石油进口量 EI 的 Granger 原因"，但不存在反方向的 Granger 因果关系。

由此可见，冷战结束后至 2010 年，美国石油进口量的变动是由美国经济的变动而引起的，即美国经济增长拉动了石油进口量的增加，而不是进口石油的增加推动美国经济的增长，这说明美国的经济增长并不是"进口石油拉动型"。这种由"经济增长"到"石进口油量增加"的单项因果关系对美国来讲是有利的，因为这种单向因果关系的传导机制是从"经济增长→能源需求量增加→石油进口量增加"。在这样的传导机制下，为了避免较高的石油对外依存度对美国经济的影响，美国可以通过增加国内能源供给、开发替代能源等方式满足国内经济增长对能源需求增加的要求。正如奥巴马总统所主张的那样，可以通过大力发展可再生能源、鼓励国内石油资源的开发等方式来增加国内能源供给，降低石油的进口量，从而减少石油进口风险给美国经济带来的威胁。事实证明，奥巴马政府的能源战略在维护美国经济增长方面是十分有效的。由于美国能源生产能力的增强、能源消费结构的优化，2010—2013 年间美国进口油气资源的数量大幅下降，与此同时，美国的经济依然保持3%—4%的年均增长率，[①] 美国经济增长正在逐步脱离对进口石油的依赖。由图 6-5 可以看出，冷战后初期美国石油进口的风险指数 R 显著下降，这说明美国进口石油的风险程度大幅下降，美国进口能源环境得到了明显的改善。

综上所述，尽管冷战后美国经济的增长依然与进口石油之间存在密切的相关关系，但是它们之间的因果关系仅仅表现为从"经济增长"到"石油进口量增加"的单向因果关系，美国经济并不是"进口石油拉动型"；同时，随着冷战后美国进口石油的多元化水平提高、风险程度显著下降，美国经济对进口石油资源的依赖程度进一步降低。以上说明冷战后美国全面而系统的国际能源战略在保障进口能源安全、维护国内经济发展方面是卓有成效的。

本章小结

在第五章史实分析的基础上，本章对冷战后美国国际能源战略的发展阶段、内容与特点进行了综述，并对战略的执行效果进行了定量评估。

首先，本章第一部分对冷战后美国对外（国际）能源政策与实践的不同阶段进行了系统归纳，根据战略基本理论得出"美国已经形成了全面而系统的国际能源战略"的结论，并总结了冷战后美国国际能源战略的内容、特点及潜在问题。其次，本章以"战略环境"、"战略实力"和"战略文化"战略三因素分析为基础，以"战略目的"、"战略途径"和"战略手段"战略三要素和战略的基本特征为依据，将冷战后美国国际能源战略的形成与发展划分为三个阶段：（1）第一阶段，是从冷战后到克林顿政府中期，该阶段美国全面、系统的国际能源战略尚未形成，仍处于"国际油气战略阶段"；（2）第二阶段，是从克林顿政府后期至小布什政府第一任期，该阶段是美国国际能源战略的调整过渡阶段，即从"国际油气战略向全面国际能源战略过渡的阶段"；（3）第三阶段，是从小布什政府中期至奥巴马政府时期，该阶段是美国全面而系统的国际能源战略完

---

① Bureau of Economic Analysis of the U. S. , *National Economic Accounts*：*Gross Domestic Product*（http：//www. bea. gov/national/index. htm）.

善成熟阶段。

　　冷战后美国全面、系统的国际能源战略的主要内容为：以实现美国能源独立为战略目的、以能源进口来源多元化和能源品种多样化为战略途径、以"巧实力"手段来实现美国国际能源利益。其主要具备以下六个特点：（1）全局性与区域性的战略部署；（2）长远性战略布局；（3）石油进口来源逐步优化；（4）战略重点为获取稳定的油气资源、同时开展国际清洁能源和非常规能源外交；（5）战略手段刚柔并济，强调运用"巧实力"；（6）对军事实力的崇拜。虽然，美国已经形成了较为完善的国际能源战略，但冷战后美国的国际能源战略依然存在以下问题：（1）"刺激—反应"的战略形成机制具有先天弊端；（2）"干涉主义"的战略手段弊端凸显，激发国际社会的仇美情绪、增加美国能源成本；（3）"极度分权"的政治体制下的能源立法低效与能源利益偏移；（4）"清洁能源"的能源战略愿景过于依赖政府的财政支持，缺乏市场动力；（5）"能源独立"的战略目的过于理想化。美国国际能源战略存在的这些问题为美国的能源安全乃至国家安全带来了潜在威胁。

　　本章的第二部分借助计量经济学和统计学方法，以及国际贸易相关理论对冷战后美国国际能源战略进行了技术性评估，主要评估的指标有：石油进口多元化程度和石油进口的风险程度。经过定量测算，冷战后美国的石油进口多元化指数 HHA 总体呈现下降趋势，表明冷战后美国的石油进口多元化程度提高了；石油进口风险程度逐步降低，说明冷战后美国国际能源战略在推动美国能源进口多元化、降低美国能源（石油）进口风险方面是有效的。但由于两党轮流执政带来的战略与政策的中断，美国国际能源战略的效果存在周期性的波动。此外，这部分还借助 Granger 因果分析法，对冷战后美国石油进口量与美国实际 GDP 之间的关系进行了分析。通过分析发现，冷战后美国经济的增长与进口石油量之间存在密切的相关关系，它们之间的因果关系仅仅表现为从"经济增长"到"石油进口量增加"这个单向因果关系传导机制方面，这表明美国经济的增长并不是"进口石油拉动型"。因此，一旦美国进口石油意外中断，美国经济增长对能源需求的增加依然可以通过发展替代能源、开发国内能源等方式来弥补。

第 七 章

结论与启示

第一节　主要结论

　　冷战后美国是否存在全面而系统的国际能源战略？如果存在，美国的国际能源战略的形成机制如何？其内容到底是什么？有哪些特点？执行效果和影响如何？这些问题是本书要回答的核心问题。本书以国家战略理论与国家利益理论为基础，以"战略环境、战略实力和战略文化"三个战略影响因素为自变量，以"主观国家利益"为中间变量，以"战略目的、战略途径和战略手段"三个战略构成要素（即"国际能源战略"的具体表现）为因变量，建立了分析冷战后美国国际能源战略形成机制的"战略三因素—主观国家利益—国家战略"的理论框架，并以冷战后美国对外（国际）能源政策和实践作为实践基础，论述了冷战后美国国际能源战略形成、演变和成熟的过程，归纳了冷战后美国全面而系统的国际能源战略发展演变的三个阶段，总结了冷战后美国国际能源战略的内容、特点及存在的问题，评估了冷战后美国国际能源战略的执行效果及国际影响。下面将简要阐述本书得出的理论认识和实践发现。

一　理论认识

　　结论一："战略三因素—主观国家利益—国家战略"理论框架对解释冷战后美国国际能源战略的形成与演变过程具有有效性。

　　在深入结合美国对外能源政策与实践的基础上，本书以国家利益理论中的主观国家利益为纽带，将战略理论和利益理论有机联系起来，并分别以"战略三因素""主观国际能源利益"和"国际能源战略"为自变量、中间变量和因变量，构建了"战略三因素—主观国家利益—国家战略"

的理论分析框架。在分析过程中，本书结合美国的具体情况，对"战略三因素"——战略环境、战略实力和战略文化进行了细化。其中，战略环境包括宏观战略环境、美国在国际能源体系中的地位和国际能源市场的供需情况；战略实力包括：美国经济军事实力、能源优势和能源劣势；战略文化包括："二元对立""自我中心"和"天定命运"的战略价值观、保守主义和（新）干涉主义的战略思维和行为方式。细化的"战略三因素"在冷战结束后的不同时期具有不同的特征，发挥的作用也不尽相同，进而影响战略决策者对客观国际能源利益及实现方式的认知，从而形成各时期不同的战略目的、战略途径和战略手段（"战略三要素"）。因此，冷战后，"战略三因素"通过影响战略决策者的主观国际能源利益，进而左右美国的战略决策者对"战略三要素"的选择，从而使冷战后美国国际能源战略呈现出从孕育到发展，直至最后形成、完善的动态过程。

冷战后美国国际能源战略形成、发展和演变的过程可以证明，"战略三因素—主观国家利益—国家战略"理论分析框架具有一定的有效性。

结论二：战略环境是冷战后美国国际能源战略形成和发展的诱因。

美国是一个缺乏战略性思维的国家，正如美国著名学者江忆恩所说："美国人重技术轻思想、重管理而轻战略。"[1] 纵观冷战后美国国际能源战略的形成过程不难看出，冷战后美国国际能源政策与实践的每一次调整都是外部国际能源战略环境刺激的结果，每一次调整都使得对外能源政策更加全面而完善，在经历了不断调整与完善之后，美国的国际能源战略才得以最终形成。

冷战结束后的最初几年内，美国是世界上唯一的超级大国，面临优越的国际能源环境，尽管约一半的进口石油资源来自中东地区，但由于国际油价的低位运行，美国并没有未雨绸缪制定长远的国际能源战略。然而随着中东地区的动荡、国际油价持续攀升，并犹如过山车般波动，再加之新兴国家不断与美国争夺有限的石油资源，美国的国家能源安全受到挑战。为了维护美国的能源利益，美国一方面拓展进口石油资源的来源；另一方面着手开展清洁能源外交，研发替代能源技术。此外，美国还特别注意对

---

[1]　Alastair Iain Johnsten, "Thinking about Strategic Culture," *International Security*, Vol. 19, No. 4, Spring 1995, 转引自钮先钟《战略研究》，广西师范大学出版社 2003 年版，第 136 页。

外能源交往手段的调整，更加注重"巧实力"在能源外交中的应用。

因此，冷战后美国国际能源战略的形成与完善是对国际能源战略环境应激性反应的结果，并通过不断重复的"刺激—反应"机制而最终发展完善起来。

结论三：战略文化在美国战略决策者确定国际能源战略目的、选择战略途径和战略手段方面发挥最为关键的作用。

文化通过内化于思想而指导行为，战略文化通过影响战略决策者的思维方式来影响其对客观国际能源利益认知，进而影响战略决策者对战略目的、途径与手段的选择。美国的战略文化突出表现为两个方面：

第一，"二元对立""自我中心""天定命运"的战略价值观。"二元对立"的世界观使美国在确定国际能源战略之前，将世界一分为二，划分为敌人和朋友，对敌人进行政治经济制裁，乃至武力打击，对朋友开展合作；"天定命运"的人生观使美国以世界领袖自居，并以自身的政治、经济、军事和文化实力作坚强后盾，善于使用国家实力，充当国际能源秩序的维护者；"自我中心"的价值观使得美国在国际能源体系中更多关注自身利益，甚至不惜以损害他国利益为代价。

第二，保守主义与干涉主义倾向的战略思维和行为模式。保守主义的思维和行为模式使美国的经济和社会发展更加倾向于依赖传统的石油资源，致使保障进口石油资源的稳定供给成为美国国际能源战略中最关键的战略目的之一。此外，保守主义也成为美国发展清洁能源的潜在阻碍。干涉主义的思维和行为模式使得美国在具体的对外能源实践中，惯于对其他能源生产和出口国采用政治、经济、军事、文化等干涉措施。近年来，美国传统的干涉主义披上了"人道主义"的新装，打着人道主义的旗号，凭借其政治实力、文化影响力和军事实力对关键能源出口国进行干涉，使其按照美国的意志行事。从本质上讲，奥巴马政府在全球推销"清洁能源"、与他国建立广泛的清洁能源合作机制也是干涉主义思维方式的表现。

在这些战略文化的影响下，美国的国际能源战略决策者对石油资源具有天生的偏好，在维护客观国际能源利益时，美国各届政府都倾向于采取政治挤压、文化渗透、军事打击、经济制裁等方式。但当处于恶劣的战略环境且战略实力相对较弱之时，美国这种强势的战略文化也会做出一些妥协和让步，奥巴马政府"巧实力"战略手段的运用就是一个佐证。

二　实践发现

结论四：冷战结束后至今是美国国际能源战略孕育、形成和成熟的关键时期，以"战略三因素"和"战略三要素"为依据可以分为三个阶段。

根据冷战后美国面对的战略环境、战略文化和战略实力，美国各届政府对客观国际能源利益、战略途径和战略手段的认知不尽相同。整体看来，冷战后美国国际能源战略形成与演变可以划分为"三个阶段"，即：

第一阶段为冷战思维延续阶段（冷战结束到克林顿政府中前期），即国际油气战略阶段。本阶段国际油价低位运行，美国石油对外依存度处于冷战结束以来的最低点。在这个阶段，美国并没有全面而完善的国际能源战略，其对外能源政策的主要目的是构建美国全球石油霸权，对外能源政策的重心也偏向于战略性石油资源，并把中东地区作为美国地缘政治角逐场，在实现手段上强调军事力量的运用。

第二阶段为调整过渡阶段（克林顿政府中后期到小布什总统第一任期），即从国际油气战略向全面国际能源战略过渡阶段。本阶段是国际能源市场由买方市场向卖方市场过渡阶段，国际油价持续上升。此外，从国际宏观环境来讲，"9·11"恐怖袭击的发生成为敦促美国减少从不稳定地区进口石油资源、实现能源来源多元化的催化剂，推动了美国对外能源政策的发展与完善，并不断向全面而系统的国际能源战略过渡。在对客观国际能源利益的认知上，除了依旧关注传统能源之外，美国的战略决策者开始将开发清洁能源和节能增效提上日程；在实施途径上，重视石油进口来源地的多元化，但从结果来看却缺乏行动力和执行力；在客观国际能源利益实现手段上，除了依旧重视运用军事力量、重视政治、经济等制裁手段之外，还开始关注国际能源合作机制对维护国际能源秩序、保障美国能源安全方面的作用。

第三阶段为完善成熟阶段（小布什总统第二任至奥巴马政府时期），即全面国际能源战略阶段。此阶段国际能源市场处于供不应求的卖方市场，国际油价高位运行，并伴随着剧烈的动荡。此外，主要的能源生产国国内持续发生大规模的动乱，石油生产能力的破坏又进一步加剧了国际能源环境的恶化。在对客观国际能源利益的认知上，本阶段美国战略决策者将实现能源独立、摆脱对进口石油的依赖、维护国际能源市场稳定、捍卫美国全球能源霸主地位作为战略目的；在实施途径方面，美国的战略决策者大力推动能源经济的转型，突出强调通过实现能源（尤其是石油资源）来源的多元化和能源品种的多样化来保障美国的客观国际能源利益，并在保障石油等传统能源稳定供应的基础上，不断鼓励通过国际合作方式开发清洁能源；在客观国际能源利益实现手段上，大力推行"巧实力"能源外交，与重点国家在传统能源和清洁能源领域开展广泛的合作。此外，对于敌对国家，美国通过"多边主义"和"有限参与"的方式对其进行武力干涉与政治、经济制裁。根据战略的基本内涵，本阶段美国全面而系统的国际能源战略已基本形成，具有全面性、长远性、主动性的特征。

结论五：以战略的基本特征和"战略三要素"为判断依据，美国已经形成了较为全面而系统的国际能源战略。

国际能源战略是一个国家能源领域的对外战略，是对一个国家对外能源政策和实践作出的全局性、长远性的规划与指导。作为战略的一种，国际能源战略具备战略的基本特性，即：在范围维度上具有全局性、在时间维度上具有长远性和在效果维度上具有主动性、稳定性、适应性和有效性的特征。以这些特征为判断依据，自小布什政府中后期开始，美国的国际能源战略已初露端倪，并不断发展完善，目前美国已经形成了较为全面而系统的国际能源战略。

美国国际能源战略的目的包含两个层面的含义：第一，从体系层面来讲，维护美国在世界能源格局中的霸权地位，从而为稳定美国国际霸权服务。第二，从单个国家层面来讲，美国的国际能源战略的目的在于实现能源独立，保障美国进口能源的稳定供给，捍卫美国的能源安全，从而维护美国的经济繁荣、社会稳定与国家安全。

美国国际能源战略主要包括以下几方面的内容：第一，优化能源进口结构，实现能源来源的多元化，降低进口能源的风险；第二，在保障国内石油资源稳定供给的情况下，进一步降低石油的对外依存度，减轻国际能源市场价格波动对美国经济的影响；第三，维护国际能源秩序，稳定国际市场石油的供需，避免国际油价出现大幅度的波动；第四，在全球推广清洁能源开发，并通过国际合作开发清洁能源技术，实现能源品种的多元化，占据非常规能源开发的先机。

美国国际能源战略的战略途径是通过"能源来源多元化和能源品种多样化"来实现战略目的。战略手段的重要特征是重视"巧实力"的应用，软硬兼施、刚柔并济。一方面，传统的政治、经济、文化制裁依然是美国惯用的手段，甚至不惜使用武力。但武力使用的方式已经发生了很大的转变，即摒弃传统的单边主义做法，取而代之的则是以联合国或者北约的名义、打着"人道主义"等旗号开展军事行动，尽量减少战争对美国国际声誉及国际形象的负面影响；另一方面，特别重视国际合作的作用，采用和平手段潜移默化地对国际能源体系施加影响，塑造国际能源新秩序。美国的这种国际能源合作包括两种形式：其一，"非对等合作"形式，即美国与能源进口关键来源地区或国家之间的合作，主要合作方式为"以援助换能源"，美国与非洲、中东地区产油国、中亚—里海地区能源过境运输国之间的合作就是这种性质；其二，"对等合作"，即美国以其能源优势为交换条件，与他国进行"互补合作"或"强强合作"，并通过合作从他国获取更大的能源实力。美国与欧盟、日本、中国等的合作就是这种性质。如在中美清洁能源合作实践中，美国以技术为交换条件，获取中国广阔的清洁能源市场和巨额资金。

结论六：冷战后美国国际能源战略在维护美国能源安全、保障经济发展方面具有有效性。

本书利用计量经济学的方法对美国国际能源战略实施的有效性进行了定量分析。借助能源经济学的 HHA 方法和计量经济学的相关方法可以得出两条结论：其一，目前美国能源多元化水平得到了明显提高，石油进口的风险程度大幅下降，美国的国际能源环境得以明显改善；其二，美国经济增长并不是"进口石油拉动型"。通过 Granger 因果检验可知，在美国，"经济增长"与"石油进口量增加"是单项因果关系，其传导机制是从"经济增长→石油进口量增加"，这表明美国"进口石油量增加"是经济增长导致的结果，而不是美国经济增长的原因。因此，美国经济的增长对能源需求量的增长还可以通过增加国内石油供给、发展清洁能源与非常规能源等方式实现。

定量分析可以证明，冷战后美国的国际能源战略在维护美国能源安全、保障经济发展方面是有一定成效的。

第二节　对我国国际能源战略的启示

冷战后美国能源战略在战略途径与战略手段方面存在诸多不足，然而在维护美国能源安全、促进经济发展与社会稳定方面卓有成效，有不少有益的做法值得我国借鉴。

一 完善战略石油储备，提高应对油价波动的能力

自 1977 年开始建立国家战略石油储备以来，美国已拥有世界最大规模的紧急原油储备，建立起了全球最完备的战略石油储备①体系。截至 2013 年 12 月 31 日，美国的战略石油储备已高达 7.27 亿桶，达到历史最高水平，耗资逾 220 亿美元。② 纵观美国战略石油储备建立以来的三十多年历史，美国国家战略石油储备在平抑国际油价、维护美国能源安全和经济发展方面发挥了非常重要的作用，美国也在国家能源战略储备的管理与运营方面积累了宝贵的经验，这是值得我国学习和借鉴的。

作为快速发展的国家，我国经济发展对石油资源的依赖程度很高，早在 1996 年，我国已经成为石油净进口国。根据相关统计，截止到 2010 年上半年，我国的石油对外依存度提高至 55.14%，并将在 10 年内突破 70%。③ 此外，国际石油市场价格屡创新高，客观上这也使我国更容易受到国际石油市场价格波动的威胁。因此，完善的战略石油储备对我国经济长期稳定发展至关重要。

20 世纪 90 年初期我国才开始酝酿建立战略石油储备，起步较晚。2001 年 3 月"建立国家石油战略储备，维护国家能源安全"正式出现在"十五"计划文本的第七章第三节中。④ "十一五"计划则进一步明确提出要提高我国石油战略储备能力，"扩建和新建国家石油储备基地";⑤ 2007 年 12 月，我国成立了国家石油储备中心，专门负责我国战略石油储备的建设与管理。在各方的共同努力下，我国第一期四个国家战略石油储

---

① 美国的战略石油储备体系包括两个方面：国家战略石油储备和商业战略石油储备。

② U. S. Department of Energy, *Strategic Petroleum Reserve* (http://energy.gov/fe/services/petroleum-reserves/strategic-petroleum-reserve#Current).

③ 《10 年内我国石油对外依存度将突破 70%》，国家石油和化工网 (http://www.cpcia.org.cn/news/view.asp? id=77144)。

④ 《中华人民共和国国民经济和社会发展第十个五年计划纲要》，2001 年 3 月 15 日，人民网 (http://www.people.com.cn/GB/historic/0315/5920.html)。

⑤ 《中华人民共和国国民经济和社会发展第十一个五年规划纲要》，2006 年 3 月 14 日，中华人民共和国中央人民政府网 (http://www.gov.cn/gongbao/content/2006/content_268766.htm)。

备基地[1]已于 2008 年建成并投入使用，总储备量相当于 10 天原油进口量，[2] 再加上 21 天的商业战略石油储备量，我国战略石油储备总能力大约相当于 1 个月原油进口量。2010 年 9 月底，我国第二期八个战略石油储备基地[3]的建设开始动工，第三期基地也处于紧锣密鼓的选址中。按照国务院批准的《国家石油储备中长期规划（2008 年—2020 年）》，预计到 2020 年，我国将形成相当于 100 天石油净进口量水平的战略石油储备能力。[4]

不过目前我国的战略石油储备总体水平依然较低，只有相当于 30 天的进口量，仅仅达到美国战略石油储备的一半，这对实现保障我国经济快速、稳定发展、免受国际油价震荡冲击的目的来说还是不够的。此外，我国现行的战略石油储备体系还存在一些明显问题，如：战略石油储备管理体系和运行机制不够成熟、石油的国家储备与企业的商业储备没有建立联动机制、战略石油储备基地的选址和储备方式不尽合理、融资渠道过于单一、缺乏相关法律法规的保障等。因此，在当今国际油价大起大落的国际环境下，加快健全和完善战略石油储备体系对我国来讲刻不容缓。

战略石油储备体系的建立和完善是一项系统的工程，需要高昂的资金投入、成熟的管理机制和完备的法律体系进行支持。因此，在建立和健全战略石油储备体系的过程中，我国可以结合实际情况有选择地借鉴美国的

---

① 第一期 4 个战略石油储备基地均位于我国的东南沿海，分别位于：浙江舟山、浙江镇海、辽宁大连、山东黄岛。第一期战略石油储备基地的计划原油储备能力为 1640 万立方米，约 1.02 亿桶。请参见《解密"中国战略石油储备"》，2011 年 1 月 21 日，新华网（http://news.xinhuanet.com/2011-01/21/c_121006711.htm）。

② 根据国家统计局的数据，2014 年 11 月底，国家石油储备一期工程实际总储备库容为 1640 万立方米，实际储备原油量为 1243 万吨（9000 余桶），相当于 16 天的石油进口量（以 2014 年 10 月我国原油日均进口量计算）。其中，舟山国家石油储备基地库容为 500 万立方米，储备原油 398 万吨；镇海国家石油储备基地库容为 520 万立方米，储备原油 378 万吨；大连国家石油储备基地库容为 300 万立方米，储备原油 217 万吨；黄岛国家石油储备基地库容为 320 万立方米，储备原油 250 万吨。请参见《我国 1243 万吨战略石油储备首次公布：仅约为 16 天进口量》，2014 年 11 月 24 日，新浪财经（http://finance.sina.com.cn/chanjing/cyxw/20141124/022520898068.shtml）。

③ 第二期 8 个战略石油储备基地除了位于东南沿海的 6 个城市之外，还包括 2 个西部地区，具体选址分别位于：辽宁盘锦、天津、江苏金坊、山东青岛、广东惠州、广东湛江、新疆独山子和甘肃兰州。第二期战略石油储备基地的计划原油储备能力为 2680 万立方米，约 1.68 亿桶。请参见《解密"中国战略石油储备"》，2011 年 1 月 21 日，新华网（http://news.xinhuanet.com/2011-01/21/c_121006711.htm）。

④ 《我国 1243 万吨战略石油储备首次公布：仅约为 16 天进口量》，2014 年 11 月 24 日，新浪财经（http://finance.sina.com.cn/chanjing/cyxw/20141124/022520898068.shtml）。

经验。

第一，加快战略石油储备的立法工作，完善战略石油储备法律制度，推进战略石油储备建设与管理的法制化、规范化，为我国战略石油储备体系提供法律支撑。第二，储备基地与储备方式的多样化与科学化。战略石油储备基地的选择要综合布局，综合考虑安全、成本、便利性等多方面的因素，构建高效、安全的网络体系；在存储方式上，根据各基地的不同特征，多种方式相结合，节约成本、提高安全性。第三，资金来源的多样化。战略石油储备的建立需要大量的资金投入，政府除了进行财政投入之外，还应当在确保国家利益的基础上适度的引入市场机制，调动市场资本参与战略石油储备基地及基础设施的建设。第四，管理体制的制度化和规范化。

二　开展全面能源外交，提高能源来源多元化水平

冷战结束以来，美国历届政府积极通过外交手段为其建立全球能源霸权布局谋篇。纵观历史，美国的能源外交遍布全球各个大洲，能源外交的手段也多种多样。在北美洲，美国以北美自由贸易区为依托，创建了以美国为主导的北美内部能源市场；在中南美洲，美国借助经济手段与该地区国家建立能源合作关系，并使这些国家的能源战略和政策符合美国的能源战略利益；在亚太地区，美国在亚太经合组织框架下，借助该组织下的能源工作组，积极同中国、日本等有影响力的国家开展能源合作，输出美国的能源价值观；在中亚—里海地区，美国通过大型的石油公司将能源势力渗透到该地区，建立美国主导的能源过境运输网络；在大中东地区，美国单独或依托于联合国对该地区关键的产油国推行区别性的能源外交政策，对友好产油国进行政治、经济、军事援助，对敌对产油国进行政治、经济制裁，甚至武力打击，以维护美国对该地区石油资源及地区局势的控制；在非洲，美国以经济、社会援助等手段，积极争夺非洲石油资源；在欧洲，美国同其欧洲盟友积极开展能源合作，希望引领国际能源发展潮流，占领能源技术最高峰，主导国际能源格局……美国全方位的能源外交为美国能源的稳定供给及全球能源价格的稳定起到了尤为重要的作用。

我国同主要能源出口国之间的能源外交始于20世纪80年代末，到目前为止也取得了一定的成果。但整体看来还存在一些缺陷和不足，主要表现为能源外交多元化程度较低。第一，能源外交地区的单一化。我国进口

石油总量的近一半来自中东地区，因此我国能源外交的对象国主要集中在这一地区。而对于石油、天然气富集的中亚—里海地区、俄罗斯、非洲等地区，我国的能源外交努力明显不足。地区单一化造成我国过分依赖中东的石油资源，这也使我国的经济被脆弱的中东局势所累，能源安全受到威胁。第二，能源外交手段的单一化。在我国的能源外交中，虽然也采用投资、贸易、援助等经济形式，但最主要的方式依然是政治形式的高层互访，尤其是进入 21 世纪以来，我国国家领导人几乎每年都要对世界主要产油国进行访问，这对我国获取稳定的能源供应不无裨益。但总体看来，我国能源外交的手段过于单一，经济、文化等多元化手段的应用相对欠缺。

因此，我国应该积极借鉴美国能源外交的精华。第一，能源外交目标地区的平衡性。能源外交目标地区的多元化有助于实现能源来源的多样性，从而分散进口能源的风险，保障我国的能源安全。为此，我国应有针对性地与能源输出地区和国家开展广泛而有区别的能源外交。如在非洲，可以通过人道主义援助的方式同非洲国家开展能源合作；在拉丁美洲和俄罗斯，可以利用我国"金砖四国"的身份，与巴西等国进行能源项目的开发与合作等。第二，能源外交方式的多样化。我国应开展形式多样的能源外交，除高层互访、能源贸易、经济援助等传统方式之外，还可以进行外交手段的创新，不断尝试采用筹办双边/多边能源论坛（会议）、建立能源技术人员交流互访机制、筹建能源对外交流基金等新形式，提高能源外交的有效性。第三，积极参与地区性和多边性能源合作，在合作中寻求互利共赢，提高我国在国际能源问题上的话语权。地区性能源合作是能源外交中相对容易且最为关键的，是建立地区能源安全体系的基础。我国应该以上海合作组织、东盟 10 + 3 等地区性组织的合作框架为依托，逐步建立稳固的区域性能源安全合作体系。此外，我国还要积极开展全面的能源外交实践，参与多边能源合作，不断提高我国在国际多边组织中的地位，增强我国的话语权。如在国际能源论坛、二十国集团峰会、世界能源大会等国际能源会议中发挥积极作用；与国际上主要的政府间能源组织，如国际能源机构、欧佩克等保持密切的联系，开展实质性合作等。

三　鼓励海外能源开发，满足日益增长的能源需求

冷战后美国历届政府都十分关注海外能源的开发，尤其是石油与天然

气资源的开发。美国政府除了在外交层面积极推动同主要能源大国的能源贸易之外，还通过税收减免、政策倾斜、财政补贴等多种措施鼓励国内大型能源企业进行海外能源的勘探和开发，进行跨国经营。在这些举措的推动下，美国大型石油企业进行海外能源开发的积极性十分高涨。例如，美国第一大石油企业埃克森美孚公司的业务遍布全球，其能源开发和合作项目遍及全球45个国家和地区，[①] 是名副其实的跨国能源企业。

　　近些年来，随着我国综合国力的提高和经济的高速发展，我国大型能源企业的海外能源开发活动也日渐增多。但与美国相比，我国能源企业跨国经营的能力还十分有限，承担的跨国能源经营项目规模和地域范围都有一定的局限。此外，我国能源企业跨国经营面临的国际环境也不容乐观。综合看来，我国能源企业跨国经营面临的风险主要来自两个方面，即政治风险和经济风险。（1）政治风险，主要由海外东道国政策和政局变动引起的，主要表现为：政策的不连贯性、法律法规制度的欠缺、政局的不稳定性、第三国干预风险等；（2）经济风险，主要由东道国的经济、财税制度和外汇政策等原因造成，表现为：汇率风险、外汇储备风险、税收风险等。[②]

　　为了进一步促进我国能源企业的海外能源开发活动，本书有以下建议：第一，以政促经。我国应在政府层面积极推动与重点能源输出国开展全方位的外交，为我国能源公司进入这些国家从事能源开发活动扫清政治障碍、提供政治保障；第二，完善能源企业海外能源开发的政策支持。我国能源企业的海外能源开发活动还处于起步阶段，需要政府在战略和政策层面提供政策倾斜，如政策导向、税收减免、财政补贴、金融优惠等措施；第三，建立健全能源企业海外能源开发的公共管理和服务体系等。

四　重视清洁能源外交，优化各行业能源消费结构

　　自克林顿政府时期开始，发展清洁能源进入《美国国家安全报告》，成为实现美国能源独立的重要手段之一。但由于在克林顿政府时期国际石油价格的低位运行、小布什政府时期石油利益集团的强力干涉，所以直到

---

　　① 详细内容请见埃克森·美孚的官方网站（http://www.exxonmobil.com/Corporate/Imports/globalwebsites/about_ where_ countries.aspx）。

　　② 孙铭宣：《中国资源型企业对外直接投资中的国家风险评价研究》，硕士学位论文，沈阳工业大学，2010年，第17—21页。

奥巴马总统时期，发展清洁能源才真正登上议事日程。奥巴马总统为发展清洁能源赋予更重要的意义，其将大力发展清洁能源作为应对气候变化挑战、实现能源多样化、保障国家能源安全的重要手段，作为实现美国能源经济转型的新抓手。清洁能源的发展使美国的能源消费结构得以优化，可再生能源①在能源消费总量中所占的比例从 1990 年的 9.4% 上升到 2010 年的 12.7%，提高了 3 个百分点。此外，美国还通过在全球范围内开展清洁能源外交，推动具体的国际双边与多边清洁能源合作，主导国际清洁能源发展方向。例如在奥巴马总统的积极倡议下，全球 16 个主要经济体建立了"全球清洁能源技术伙伴关系"，共同致力于清洁能源技术的开发；在亚太地区，美国依托中美战略经济对话、中美能源政策对话等框架机制推动中美清洁能源合作；在美洲，美国主导成立覆盖全美洲的清洁能源合作机构；在欧洲，美国与欧盟相互协调清洁能源项目的政策和制度，共同部署能源技术的示范与推广等。可以说，美国已经在清洁能源领域占据了发展先机，并借助清洁能源的开发优化了能源消费结构，降低了美国经济对进口石油资源的过度依赖，保障了美国的能源安全。

虽然我国清洁能源的发展起步较早，但与美国和欧盟相比，我国还存在一些问题：清洁能源核心技术缺失、清洁能源消费占一次能源消费的比例相对较低等。为此，我国要大力发展清洁能源这个战略性新兴产业，在重视本国清洁能源研发的同时，还要通过外交方式增进与西方发达国家的合作，进一步提升清洁能源在能源消费结构中的比例，优化能源消费结构。具体建议如下：第一，增进清洁能源技术研发人才的交流，倡导建立国内清洁能源研究机构与国际先进研究机构之间的常规人才交流机制；第二，依托具体项目开展技术合作，加强清洁能源技术的研发和应用；第三，推动清洁能源技术的示范与推广，共同建立有效的清洁能源示范机制，加快清洁能源技术的实施部署。

第三节　学术贡献与不足之处

本书的主要学术贡献体现在以下四个方面。

---

① 此处统计的可再生能源包括：核能、水电、风能、地热能、太阳能、生物质能和垃圾发电。

第一，以战略环境、战略实力和战略文化"战略三因素"为自变量，以"主观国际能源利益"为中间变量，以"国际能源战略"（具体表现为"战略目的、战略途径和战略手段"）为因变量，将战略理论与利益理论有机结合起来，构建了"战略三因素—主观国家利益—国家战略"的理论分析框架，具有一定的理论意义。

第二，对冷战后美国历届政府实施的对外能源政策与实践进行了系统的梳理与回顾。战略本质是思想，其不能仅仅停留在政策层面，更重要的是指导具体的实践。因此，本书冷战后美国具体的对外能源实践活动入手，在"战略三因素—主观国家利益—国家战略"的理论框架下，对从老布什政府到奥巴马政府的具体对外能源政策与实践进行了较为全面的梳理和总结，为了解冷战后美国的对外能源政策走向及对外能源实践提供了翔实丰富的史料，具有一定的现实意义。

第三，在具体史实的支撑下，对冷战后美国国际能源战略形成与演变的过程进行了深入的剖析，并严格依照战略理论对战略基本概念及基本特征的界定，得出"目前美国已经形成了全面而系统的国际能源战略"的结论，并总结了冷战后美国国际能源战略的发展阶段、主要内容与特征、存在的问题等，具有一定的开创性。

第四，将定量分析方法引入到国际政治与国际关系领域，利用计量经济学和国际贸易学领域的定量分析工具对美国国际能源战略实施的有效性进行了定量分析，增强了文章结论的说服性。

但由于笔者知识积累的欠缺，以及时间、精力和篇幅的限制，本书还存在以下缺点和不足，笔者希望在未来的学术研究中弥补这些缺陷。

第一，在美国国际能源战略目标地区的选择上存在不足。本书将研究焦点聚焦在美国对主要能源出口国家和地区，即重点能源生产国和过境运输国的战略与政策，着重剖析了美国对中东地区、中亚—里海地区、美洲地区、非洲地区及重点能源输出国的国际能源战略与政策。未来，笔者还将就美国对主要能源消费国家和地区的国际能源战略与政策、美国针对国际能源组织的战略与政策进行论述，从而勾勒出冷战后美国国际能源战略的全景。

第二，受到信息与数据的局限，对冷战结束初期老布什政府对外能源政策与实践的分析力度略显不足。由于国内外对老布什政府时期能源政策的相关研究成果较少，而且美国政府官方网站（国务院、能源部等）的信息也随着总统任期的更迭而不断更新，许多重要的历史资料、史实信息、统计数据等无法获得。因此，本书对这一阶段的分析仅仅集中在其对中东地区的石油战略与政策，缺乏其他地区的分析，且多为二手数据，这也是遗憾之所在。

第三，定量分析中引用的专家评估数据相对滞后。笔者在本书第六章利用国际贸易领域的 HHA 方法计算美国石油进口风险程度时，需要通过"专家赋值法"得出美国从各个主要石油产地进口石油的"风险权系数"（ω），但由于笔者没有能力组织本领域专家进行赋值进而获得一手数据，所以只能间接地引用了魏一鸣教授 2006 年的数据。国际能源环境风云变幻，如今的国际能源秩序与 2006 年相比已经发生了变化，"风险权系数"也可能发生了一些变化，这在一定程度上影响了定量分析结果的准确性。笔者期待在未来的研究中对这一问题进行改进。

参考文献

英文文献

Amory B. Lovins, E. Kyle Datta, *Winning the Oil Endgame: Innovation for Profits, Jobs, and Security*, Peking: Tsinghua University Press, 2009.

AmosA. Jordan, William J. Taylor, Lawrence J. Korb, *American National Security: Policy and Process*, Baltimore: Johns Hopkins University Press, 1989.

Anthony H. Cordesman, *The Middle East and the Geopolitics of Energy: a Graphic Analysis*, Center for Strategic and International Studies Report, 1999.

BP Corporation, *BP Statistical Review of World Energy*, London, (http://www.bp.com/statisticalreview).

Bruce Russett, Harvey Starr, *World Politics: The Menu for Choice*, New York: W. H. Freeman, 1992.

Cambridge Energy Research Associates, Inc., CERA, *The Pace Quickens in the Caspian: Caspian Energy Watch*, 2007.

Donald E. Nuechterlein, *America Overcommitted: United States National Interests in the 1980s*, Lexington: University of Kentucky Press, 1985.

Douglas Koplow, Aaron Martin, *Fueling Global Warming: Federal Subsidies to Oil in the Unite States*, Washington, D. C.: Greenpeace, 1998 (www.greenpeace.org/ ~ climate/oil/ fdsuboil. pdf).

Eric Ghysels, Norman R. Swanson, Mark W. Watson eds., Essays in *Econometrics: Collected Papers of Clive W. J. Granger*, Volume I & II, Cambridge: Cambridge University Press, 2011.

European Uinon, EU, *Green Paper: A European strategy for sustainable, com-

petitive and secure energy, 2006 (http://europa. eu/legislation_ summa-ries/energy/european _ energy_ policy/l27062_ en. htm.

European Union, EU, *Energy 2020: A Strategy for Competitive, Sustainable and Secure Energy*, Brussels: EU Publications Office, 2010 (http://ec. europa. eu/energy/publications/doc/2011_ energy2020_ en. pdf).

Francisco Parra, *Oil Politics: A Modern History of Petroleum*, New York: I. B. Tauris, 2004.

Jack L. Snyder, *The Soviet Strategic Culture: Implications for Limited Nuclear Operations*, Santa Monica: The Rand Corporation, 1977.

J. David Singer, "The Level – of – Analysis Problem in International Rela-tions," in Klans Knorr and Sidney Verba eds. , *The International System: Theoretical Essays*, Princetton: Princeton University Press, 1961.

Jean Radvanyi, "Moscow's Designs on Chechnya," *Le Monde Diplomatique*, English – edition, 1999 (http://www. monde – diplomatique. fr/en).

Jimmy Carter, *Keeping Faith: Memoirs of a President*, New York: Bantam Books, 1982.

Jim Nichol, *Turkmenistan: Recent Developments and U. S. Interests*, Congres-sional Research Service, 2011 – 05 – 26 (http://www. fas. org/sgp/crs/row/97 – 1055. pdf).

John M. Collins, *Grand Strategy: Principles and Practices*, U. S. Naval Institu-te Press, 1973.

Kenneth N. Waltz, Man, *The State and War*, New York: Columbia University Press, 1959.

Kenneth N. Waltz, *Theory of International Politics*, New York: Random House, 1979.

Mahdi Darius Nazemroaya, *Plans for Redrawing the Middle East: The Project for a "New Middle East"*, Centre for Research on Globalization Report, 2006 – 11 – 18 (http://www. globalresearch. ca/index. php? context = viewArticle&code = NAZ20061116&articleId = 3882).

Martin S. Indyk, *U. S. Poicy Toward the Middle East*, Washington, D. C. : U. S. Department of State Dispatch, 1999.

McKinsey Global Institute, MGI, *Mapping Global Capital Markets, Fourth An-*

nual Report, 2008.

MichaelGfoeller, Tatiana Gfoeller, *United by the Caspian*: *Pursuing U. S. National Interests in Central Asia and the Caucasus*, Institute for the Study of Diplomacy, Georgetown University, 2002.

Peter Katzenstein ed. , *The Culture of National Security*, New York: Columbia University Press, 1996.

RichardL. Morningstar, *Remarks at the EU Summit "Southern Corridor – New Silk Road"*, 2009 – 05 – 08 (http: //www. state. gov/s/eee/rmk/123530. htm) .

Richard Muir, *Modern Political Geography*, MacMillian Publishing Company, 1981.

Siamack Shojai ed. , *The New Global Oil Market*: *Understanding Eenrgy Issues in the World Economy*, London: PRAEGER, 1995.

Stephen D. Krasner ed. , *International Regimes*, Ithaca: Cornell University Press, 1983.

The Pew Charitable Trusts, *Who's Winning the Clean Energy Race?* —— *Growth, Competition and Opportunity in the World's Largest Economies*, 2010 – 03 – 24 (http: //www. pewtrusts. org/uploadedFiles/wwwpewtrustsorg/Reports/Global_ warming/G – 20% 20Report. pdf) .

The White House, *National Security Strategy of the United States*, *1990 – 2010*, Washington, D. C. : The White House.

Thomas Donnelly, Donald Kagan, Gary Schmitt, *Rebuilding America's Defenses*, Washington, D. C. : The Project for the New American Century, 2000 (www. newamericancentury. org/RebuildingAmericasDefenses. pdf) .

Thomas L. Neff, "The Changing World Oil Market," in David A. Deese and Joseph Nye eds. *Energy and Security*, Cambridge: Ballinger Public Co. , 1981 .

Thomas Robinson, "National Interests," in James N. Rosenau ed. , *International Politics and Foreign Policy*: *A Reader in Research and Theory*, New York: Free Press, 1969.

U. S. Department of Energy, DOE, *Comprehensive National Energy Strategy*: *Message from the Secretary of Energy*, 1998.

U. S. Department of Energy, DOE, *Strategic Petroleum Reserve Annual Report 2009*, Washington, D. C.: Office of Petroleum Reserves, 2010.

U. S. Energy Information Administration, EIA, *Annual Energy Review*, Washington, D. C.: Office of Energy Markets and End Use.

U. S. Energy Information Administration, EIA, *Monthly Energy Review*, Washington, D. C.: Office of Energy Markets and End Use.

U. S. House Committee on Energy and Commerce Press Office, *Energy Policy Act of 2005* (http://energycommerce. house. gov).

U. S. National Energy Policy Development Group, NEPDG, *National Eerngy Policy: Reliable, Affordable, and Environmentally Sound Energy for America's Future*, Washington, D. C.: US Government Printing Office, 2001.

U. S. Office of Management and Budget, *Historical Tables*, *Budget of the United States Government*, *Fiscal Year 2011*, Washington, D. C.: U. S. Government Printing Office (http://www. whitehouse. gov/sites/default/files/omb/budget/fy2012/assets/hist. pdf).

Vo Xuan Han, *Oil*, *the Persian Gulf States*, *and the United States*, London: PRAEGER, 1994.

William Olson, Nicholas Onuf, "The Growth of a Discipline," in Steve Sith, eds., *International Relations: British and American Perspectives*, Oxford: Basil Blackwell Ltd, 1985.

中文文献

［英］爱德华·卡尔:《20 年危机 (1919—1939):国际关系研究导论》,秦亚青译,世界知识出版社 2005 年版。

安维华、钱雪梅:《海湾石油新论》,社会科学文献出版社 2000 年版。

［美］巴拉克·奥巴马:《我们相信变革:重塑美国未来希望之路》,孟宪波译,中信出版社 2009 年版。

［俄］勃·弗·拉奇科夫:《石油与世界政治》,上海师范大学外语系译,上海人民出版社 1977 年版。

楚树龙:《跨世纪的美国》,时事出版社 1997 年版。

楚树龙:《国际关系基本理论》,清华大学出版社 2003 年版。

戴维·桑德罗:《打破石油魔咒:如何摆脱对石油的依赖》,传神翻译公司译,中信出版社 2010 年版。

丹尼尔·耶金:《石油·金钱·权力》,钟菲译,新华出版社 1991 年版。

丹尼尔·耶金:《石油大博弈(上、下):追逐石油金钱与权力的斗争》,艾平等译,中信出版社 2008 年版。

丹尼斯·德鲁:《国家安全战略的制定》,王辉青等译,军事科学出版社 1991 年版。

法里德·扎卡利亚:《后美国世界:大国崛起的经济新秩序时代》,广成、林民旺译,中信出版社 2009 年版。

高祖贵:《冷战后美国的中东政策》,中共中央党校出版社 2001 年版。

高祖贵:《美国与沙特关系走势分析》,《现代国际关系》2002 年第 9 期。

高祖贵:《奥巴马治下的美国中东政策初析》,《亚非纵横》2009 年第 2 期。

[美] 汉斯·摩根索:《国家间政治:权力斗争与和平》,徐昕等译,北京大学出版社 2006 年版。

[德] 赫尔穆德·鲁克波尔、马库斯·莱克茨希编:《应用时间序列计量经济学》,易行健等译,机械工业出版社 2008 年版。

姜琳:《美国保守主义及其全球战略》,社会科学文献出版社 2008 年版。

[德] 克劳塞维茨:《战争论精华》,钮先钟译,台北麦田出版社 1996 年版。

[美] 肯尼思·华尔兹:《国际政治理论》,上海世纪出版集团上海人民出版社 2008 年版。

李少军:《干涉主义及相关理论问题》,《世界经济与政治》1999 年第 10 期。

李少军:《论战略观念的起源》,《世界经济与政治》2002 年第 7 期。

李少军:《论国家利益》,《世界经济与政治》2003 年第 1 期。

李少军:《国际战略报告:理论体系、现实挑战与中国的选择》,中国社会科学出版社 2005 年版。

刘军宁:《保守主义》,天津人民出版社 2007 年版。

刘月琴:《冷战后海湾地区国际关系》,社会科学文献出版社 2002 年版。

陆菊春:《应用统计学》,武汉大学出版社 2007 年版。

[美] 卢安武等:《石油博弈解困之道:通向利润、就业和国家安全》,李

政、江宁译，清华大学出版社 2009 年版。

罗伯特·布莱斯：《能源独立之路》，陆妍译，清华大学出版社 2010
年版。

罗伯特·基欧汉主编：《新现实主义及其批判》，郭树勇译，北京大学出
版社 2002 年版。

罗伯特·基欧汉：《霸权之后——世界政治经济中的合作与纷争》，苏长
和、信强等译，上海世纪出版集团上海人民出版社 2006 年版。

马小军、惠春琳：《美国全球能源战略控制态势评估》，《现代国际关系》
2006 年第 1 期。

［美］迈克尔·克拉夫：《美国与非洲：自私自利的脱离接触》，《现代历
史》1992 年第 5 期。

梅永红、王元主编：《全球能源大棋局》，时事出版社 2005 年版。

倪世雄等：《世纪风云的产儿——当代国际关系理论》，浙江人民出版社
1989 年版。

倪世雄等：《当代西方国际关系理论》，复旦大学出版社 2001 年版。

钮先钟：《西方战略思想史》，台北麦田出版公司 1995 年版。

钮先钟：《战略研究》，广西师范大学出版社 2003 年版。

诺米尼：《战争艺术》，钮先钟译，台北麦田出版公司 1996 年版。

钱满素：《美国自由主义的历史变迁》，生活·读书·新知三联书店 2006
年版。

秦亚青：《层次分析法与国际关系研究》，《欧洲》1998 年第 3 期。

秦亚青：《霸权体系与国际冲突》，上海人民出版社 1999 年版。

任晓、沈丁立：《自由主义与美国外交政策》，上海三联书店 2005 年版。

［美］萨缪尔·亨廷顿：《文明的冲突与社会秩序的重建》，周琪等译，新
华出版社 2002 年版。

［俄］斯·日兹宁：《能源外交》，莫斯科科学书籍出版社 1999 年版。

［俄］斯·日兹宁：《国际能源：政治与外交》，强晓云等译，华东师范大
学出版社 2005 年版。

［俄］斯·日兹宁：《俄罗斯能源外交》，王海运、石泽译，人民出版社
2006 年版。

舒源：《国际关系中的石油问题》，云南人民出版社 2010 年版。

舒先林：《美国中东石油战略研究》，石油工业出版社 2010 年版。

王波:《美国石油政策研究》,世界知识出版社 2008 年版。

王京列:《动荡中东多视角分析》,世界知识出版社 1996 年版。

[美] 维托·斯泰格利埃诺:《美国能源政策:历史、过程与博弈》,郑世高、刘晓青、孙旭东译,石油工业出版社 2008 年版。

魏一鸣、范英、韩智勇、吴刚:《中国能源报告 (2006):战略与政策研究》,科学出版社 2006 年版。

吴磊:《能源安全与中美关系:竞争、冲突、合作》,中国社会科学出版社 2009 年版。

许勤华:《新地缘政治:中亚能源与中国》,当代世界出版社 2007 年版。

阎学通:《中国国家利益分析》,天津人民出版社 1997 年版。

阎学通、孙雪峰:《国际关系研究实用方法》,人民出版社 2007 年版。

杨光主编:《防范石油危机的国际》,社会科学文献出版社 2005 年版。

伊滕宪一:《国家与战略》,军事科学院外国军事研究部译,军事科学出版社 1989 年版。

[美] 约翰·伽思维尼恩:《能源战争:非洲石油资源与生存状态大揭秘》,武铁、唐晓丽译,国际文化出版公司 2008 年版。

[美] 约瑟夫·奈:《美国霸权的矛盾与未来》,蔡东杰译,台北左岸文化事业有限公司 2002 年版。

张国庆:《一个人的世界——透视布什》,世界知识出版社 2004 年版。

张宁:《中亚能源大国博弈》,长春出版社 2009 年版。

赵景芳:《美国战略文化研究》,时事出版社 2009 年版。

赵克仁:《美国与中东和平进程研究》,世界知识出版社 2004 年版。

周丕启:《大战略分析》,上海人民出版社 2009 年版。

[美] 兹比格纽·布热津斯基:《大棋局:美国的首要地位及其地缘战略》,中国国际问题研究所译,上海世纪出版集团上海人民出版社 2007 年版。